現代中国の
法治と寛容

―― 国家主義と人権憲政のはざまで ――

アジア法叢書 34

鈴木敬夫 編訳

郭道暉　李歩雲　江 平　徐顕明
高全喜　許紀霖　杜鋼建　龔刃靭
舒国瀅　陳根発　鄒吉忠　宋海彬
　徐 行　李妍淑　周 英　徐 寅　陳 選

成文堂

編訳者序 ……「依憲執政」を問う

　「中国には国家主義がみられる。国家主義は国家の主義、国家の利益、国家の安全が至上至高のものであると強調し、国内においては個人の自由を抑圧し、海外においては国際法を無視する。ここ数年、中国の法学界、政治学界で巻き起こったシュミット旋風は、その一例である。2004 年以来、ドイツの法学者カール・シュミットに言及し、国内の『核心雑誌』に掲載された論文数は 400 篇近くに達している。……国家主義を強調し、敵と味方を区別するシュミットの思想は、中国の学界にフィーバーを起こしている。それが学界だけの現象であるのであればとやかく言う必要もないが（百家争鳴であるから）、しかし、シュミットの思想が中国の国情、あるいは当局の要請に応えることに原因があるのであれば、意味深長な問題となる。国家主義の雰囲気が漂うなかで、一部の学者は政府の力となって科学的な戦略を打ち出すどころか、人々に学者は政府の代弁者であるかのような印象を与えてしまう。」

　これは北京大学法学院教授龔刃靭が述べた「大学論」（2015）の一節である。今日、中国には国家主義とシュミットに関して論じた論文は多数みられるが、これほど簡単明瞭に、いわゆる「シュミット旋風」の内実を明らかにしたものは他に類例がない。もし「旋風」が学術論争を超えて、人々の平穏な社会生活に「敵」と「味方」が芽生える土壌を拓き、ひいては個々人のもつ多様な価値観を否定して、その自由な言論と行動を睨視し、「異端者」の所在を突き止め、彼を敵対視しようとするのであれば、だれもが傍観できないであろう。

　いま中国の憲法学、政治学の分野で批評されている議論の一つに、「憲政」論を敵対視する「反憲政」の主張、ないし「憲政」に対する「依憲執政」の論争がみられる。まず、『中国共産党新聞綱』（2013. 5, 2013. 10）に掲載された二つ論文をみよう。その論点は「依憲執政」である。

秋石論文はいう。「我が党は従来から憲法は国家の根本法であり、国を治め人民の生活を安定させるための総規約であって、最高至上の法的地位を有することを強調している。従来から法による統治は、まずもって憲法に依る統治であり、法に依る執政の鍵は憲法に依る執政であって（原文：依憲執政）、いかなる組織と個人も憲法を基本的な行動規範としなければならないことを主張してきた。党が人民を指導し、憲法と法律を制定し、党が人民を指導し、憲法と法律を執行し、党自身は率先して憲法と法律の規範内で行動せねばならないことは、まったく疑う余地のないことである。」また、同一歩調の楊暁青論文も、「人民民主制度」の要に「議行合一」を掲げる。いわく「人民民主制度下の国家政権体制は人民代表大会制を実行し、"議行合一"（議会と行政の役割とを共に兼ね備えること。訳者）であり、各レベルの人民代表大会がともに国家権力を行使する。"一府両院"（人民政府、人民法院、人民検察院のこと。訳者）は、人民代表大会によって生まれ、人民代表大会に対して責任を負い、人民代表大会の監督を受ける。人民代表大会制度は我が国の国家の性質を体現するための最もよい形式である。ただし、それは憲政体制を基準とするが、三権分立を実行しない。すなわち憲法はあるが憲政はない。憲治はなおさらない」と[1]。二論文には、「憲政」を巡る中国の憲法解釈と適用に関する基本的な姿勢が示されているとみても過言ではないであろう。

　如上の文脈から判読できるのは、この「依憲執政」論は、所謂「憲政」（Constitutionalism）の観念、広く「憲法の条文に遵拠して行われる政治」を意味する憲政観とは、およそ異なった考え方であることである。そこに展開されている抽象的な憲政論には、中国憲法の人権条項と社会の現実が大きく乖離している現状認識や、それを早急に解決しようとする道筋が何一つ明らかにされていないといえよう。それだけに学者からなされる「憲法あって

---

1) 秋石「鞏固党和人民団結奮闘的共同思想基礎」http://theory.people.com.cn/n/2013/1016/c49150-23218275.html; 楊暁青「憲政与人民民主制度之比較研究」http://theory.people.com.cn/n/2013/0522/c40531-21566974.html　これらの論文をめぐる優れた先行研究、但見亮「憲政と依憲執政―中国夢の法治を考える」、『一橋法学』13（2）：93-124, 2014-07. がある。「反憲政論」批判の魁論文といえよう。

も、憲政なし」（張千帆）、「憲政がなければ憲法は、文字が記されただけの紙片にすぎない」（許崇德）という指摘も[2]、単なる揶揄以上の重大な意味が込められている。

　郭道暉は、「言論、出版、結社の自由がなければ政治の民主もあるはずがなく、それが黙認されているのは専制的法制にすぎぬ」として、「自由な社会の法治国家を目指す憲政社会主義」を唱えている。「三権分立なければ憲法なし」とは、"依憲執政"の論点の一つ、三権分立否定論に対する郭道暉の痛烈な批判である。楊論文が掲げる「議行合一」論に対しても、それは国権を驚愕する党権の掲揚以外のなにものでもなく、憲法改正史に反する、と主張する[3]。

　郭道暉に対する秋・楊論文の対決姿勢は鮮明である。そもそも「憲政」を主張するのは、「我が国の現行憲法を否定し、これに反対」しようとするものであることは「明らかである」と。「党と人民が団結して奮闘する共同思想基礎を固めよう」とされる現況において、諸「憲政」論は並べて、「西側の制度モデル」を鵜呑みにして「共産党の指導を否定し、わが国の社会主義制度を改変する」ことを目論んだ「誤った思潮」に他ならず、徹底して「排除しなければならない。」こうした異なった価値観を敵対視する根拠には、明らかに「中国人民は、我が国の社会主義制度を敵視し、破壊する国内外の敵対勢力及び敵対分子に対して、闘争を行わなければならない」（『中国憲

---

[2]　張千帆「認真対待憲法－論憲政審査的必要性与可行性」『中外法学』2003年第5期、56頁；許崇德「憲政是法治国家応有之義」『法学』2008年第2期、3頁。

[3]　郭道暉「当面反憲政思潮評」http://www.aisixang.com/data/4647522-2.html　郭道暉は「議行合一」を批判している。「問題なのは、楊暁青が論文で、人民代表大会と三権分立の本質的な区別は、人民大会は共産党の指導の下におかれたものであると、指摘したことである。これは、82年憲法の憲法改正精神に背いているといえよう。82年憲法は、54年憲法を承継し発展させ、さらに75年憲法を否定して切り捨てた上での産物である。その最も優れた点はまさに、75年憲法原条文にある"全国人民代表大会は、中国共産党の指導下にある最高国家権力機関である"という規定の中の"中国共産党の指導下にある"という修飾語を削除した点である。そうすることによって、一応憲法の文言上において、党権と国権の関係を正しく、そして、党政不分、以党治国、"党権高於一切"をもって国権（人民大会）を凌駕するといった憲制の誤謬を排斥したものである。」憲法史を歪曲してまで説かれる「議行合一」論の意図如何。

法』「序言」）が据えられている。
　いま「依憲執政」か「憲政」か、その是非が問われている。その真っ只中で本書は編纂された。それでは国家主義と人権憲政論との論争をどう見るか。以下に、本書の目次にしたがって、諸論文の論点を素描しよう。

　緒論　郭道暉「社会至上の法治国家を建設しよう」　郭道暉は、社会権力の国家権力に対する多元的な牽制を力強く主張する社会主義思想、「憲政社会主義」を掲げる。そして、相対主義を説く法哲学者 G. ラートブルフの一節、「正義の核心をなす平等が、法律が制定される際に、意識的に否認されたような場合には、そのような法律は悪法（gesetzliches Unrecht）にとどまらず、法としての本質を欠いている」を引用して、真の法治国家の建設を目指している。

　第一部　いま、なぜ人権か　最初に人権のもつ「普遍的価値」を確認し、次いで中国の人口の絶対多数をしめる農民の人権を問い、そして少数民族の尊厳とは何か、を考える。　**第1章　徐顕明「人権の普遍性と人権文化についての解析」**　人権の「普遍的価値」が再確認される。論点の一つとして、所謂「人権大国」による「人権の覇権主義」、「人権の強制主義」がある。**第2章　龔刃韌「中国における農民の権利…無差別原則と人間の尊厳」**では、農民という、いわば「身分」によって苦しむ農民、労働基本権で不平等を強いられる農民工の実態を突く。**第3章　宋海彬「少数民族の教育の民族性と教育を受ける権利」**　宋海彬は　大漢民族の国家アイデンテイテイと、そこに見え隠れする同化政策から、少数民族の尊厳を擁護し、民族性を育む教育権を訴える。

　第二部　法治における不寛容を問う　「以党治国」の実社会にあって、この5篇の論文の"行間"には、不寛容な現実に対して抗うことのできない人々の良心の訴えが読み取れる。
　第1章　王福民「寛容と自由の張力」　寛容とは、個体が自主的に自由に生きることが可能な社会を指す。もし中国の権力作動が客観的、公開的に人

民本位の軌道を推進すれば、個人の自由と寛容な空間が社会の現実になるだろう、と説く。**第 2 章　鄒吉忠「現代の制度における寛容の機能について──現代の制度における寛容の本性と自由秩序の形成」**　寛容は自由という精神の中核である。自由を否定するテロリスト、独裁（原文：極権）政治などは不寛容な行為の典型である。こうした「不寛容な行為を黙認する寛容」は許されてはならない。**第 3 章　尹華容「政治的寛容の憲政実現メカニズム」**　公民の政治参加と選挙の保障は、政治的寛容の核心部分である。権力者自身がもつべき自制や節度は、権力が向けられる民衆に対する寛容、言論の自由と出版の自由を保障することである。どうして政治的寛容がないところに「憲政」があろうか、と。**第 4 章　陳根発「法律上の寛容とはどういうことか」**　陳根発は「寛容の哲学」に「三人で行動したならば、きっとそこに自分の師を見つける」（『論語』）を据える。「法律上の寛容」とは"寛猛相済"であって、まさに執政者が寛容に拠って厳罰を抑えるべきだ、とを主張する。この論理を、A.カウフマンや J. B. ロールズの法哲学で補完を試みる。**第 5 章　劉素民「寛容：宗教の自由及び宗教観対話の前提」**　いま中国で、キリスト教の布教活動に向けられた諸規制や十字架取り壊しなど、宗教的に不寛容な事件がみられる。人々にとって「宗教の自由」は、良心の自由と意思の自由によって支えられている。これらの自由に対する干渉は、到底受け入れられない。**第 5 章　杜鋼建「寛容の思想と思想の寛容」**　この論考は、杜鋼建の「新仁学」思想を展開したものである。"居上不寛""上に居て寛ならず"、"攻乎異端、斯害也已""異端を攻むるは、斯ち害あるのみ"（『論語』）を掲げる。権力者が反抗するものを異端視する不寛容が、いかに為政にとって有害であるか、儒学思想を新しく解釈し直し、詳細にこれを論証している。

第三部　C. シュミット旋風と党国体制論批判　ここでは、高全喜と許紀霖によるシュミット批判、より正確には中国にシュミットの思想を導入しようとする国家主義への批判がとりあげられる。

中国にシュミットを信奉する者は多い。なかでも劉小楓著『現代人及其敵人　公法学家施米特引論』（現代人及びその敵　公法学者シュミット入門、

2005）及び陳端洪著『制憲権与根本法』（憲法制定権と根本法、2010）等は、政治学や憲法学の分野を代表するシュミット研究書といってよい。劉小楓は主にシュミットの代表的著作『政治神学』(Politische Theologie, 1934) を、陳端洪はその『憲法理論』(Verfassungslehre, 1928) と『政治的なものの概念』(Der Begriff des Plitischen, 1932) を精緻に引用して立論の基礎を固めた[4]。二人に共通しているのは、ルッソー的な「同一性」とホッブス的な「代表」とを政治形式の理想図としたシュミットを基軸にして、人民主権や議会制度、国家の在り方を模索している点である。

　しかし問題は、劉小楓、陳端洪ともに、その著書において、政治的統一体を創り、表現し、その在り方を決定する者は誰かであり、誰であったかを魅惑的に描いてはいるが、第三帝国においてシュミットの図式にしたがって布かれた法制とその不法な仕組みについては、まったく触れられていないことである。一例をあげれば、周知のごとく、ナチスは「全権授権法」(Ermachtigungsgesetz) を布いて、ドイツ国民に対して「強制的同質化」(Gleichschaltung) を強要し、イデオロギーの画一化を図るなど不寛容の限りをつくして第三帝国を構築した。この「同質化」政策こそ、国民の精神的自由、政治活動の自由をすべて国家に捧げ、委託することを強要したものである。とくに「司法の同質化」(Gleichschaltung der Justz) は、司法権の独立を根幹から覆した[5]。こうした「同一性」と「代表」を要とするナチスの法制

4）　劉小楓著前掲（華夏出版社）、「施米特論政治的正統性」77頁～238頁；劉小楓「施米特与自由主義憲政理論的困境」、香港『二十一世紀』、1998年6月号24頁以下；陳端洪著前掲（中国法制出版社）、主に39頁、「人民既不出場也不欠席」、111頁～182頁、215頁、233頁、「"中国人民在共産党的領導下"是第一根本法。」283頁～332頁。

5）　K. D. Bracher, Die deutsche Diktatur — Entstehung, Struktur, Folgen des Nationalsozialisus, Kiepenheuer, Köln, 4., Auflage 1972, S. 246; 邦訳『ドイツの独裁Ⅰ』山口定・高橋進訳（岩波書店、1975）、406頁。また、シュミットが「平等」の代わりに「同質性」を掲げ、法治国家の平等概念を排除したことはよく知られている。Raphael Gross, Carl Schmitt und die Juden — eine deutsche Rechtslegre, Suhrkamp Verlag, Frankfurt a. Main, 2000, S. 62.; 邦訳『カール・シュミットとユダヤ人　あるドイツ法学』山本尤訳（法政大学出版局、2002）、39頁。この点を指摘して、鈴木敬夫「国家主義と寛容…中国にみる〈敵・味方論〉の不寛容を問う」、『専修総合科学研究』第24号（2016）、6～7頁。

に対して理論的な根拠を提供したのが、まぎれもなく政治神学者シュミットその人であった。その顛末として「憲法制定権力者」が「主権者」てあり、そして同位的に「憲法」であるとする論理が導かれたといえよう。劉小楓や陳端洪は、シュミットが「全権授権法」や「ニュルンベルク法律」を"新しいドイツの暫定憲法"[6]と理解し、時には"自由の憲法"（Die Verfassung der Freiheit）[7]と宣布して、この不法な法律群を推進した史実をおよそ語ろうとしない。シュミットの敵・味方を区分し、異質な「敵」の自由を否定するこの「分極」思考、「決断主義」から導かれる「政治化」思考は、それは実質的にはドグマ支配に転化して、確定した〈真理〉への良心の強制をもたらす、真理への独裁以外のなにものでもない。真理を求める良心に対して、政治的な覆いを被せ同化を迫る、シュミットの「敵・味方」論ほど、不寛容な思想はない。

第1章　高全喜「中国的文脈におけるシュミット問題」　高全喜はいう。この問題は最大のパラドックスである。もし、現に実質的な独裁である中国という文脈の下で、シュミットの「敵・味方政治論」を導入した場合、中国における自由・民主的な憲政に関する訴えにいったい何をもたらすかは、想像に難くない。我々が求めているのは、味方と敵の区別を解消する「市民の自治」である、と。「法治上にある政党国家は危険な存在である」と主張する。**第2章　許紀霖「ここ十年における中国国家主義思潮の批判」**　中国国家主義の思潮にある二つの脈絡、すなわち右に旋回した急進左翼とシュミット主義を中心に、高全喜、強世功、王紹光、汪暉、陳端洪等々の所説を解明する。許紀霖は「シュミット主義の亡霊：国家の絶対的な権威」を説いて、シュミット式政治神学の移植は、人民の意思を神聖化し、呪術化させ、中国に「崖から転落する危険性」をもたらす、とその危惧を訴える。**第3章**

---

6) Walter Hofer, Der Nationalsozialismis Dokumente 1933-1945, Frankfurt a. M. 1957. Nr. 27. b）カール・シュミット教授の解釈.; 邦訳『ナチス・ドキュメント, 1933—1945年』救仁郷茂訳（ペリカン社、1975）、78頁。

7) Bernd Rüthers, Carl Schmitt im Dritten reich Wissenschaft als Zeitgeist — Verstärkung? München 2., Auflage 1990, S. 96.; 邦訳『カール・シュミットとナチズム』古賀敬太訳（風行社、1997）、93頁。

高全喜「政治憲法学の興起と発展」 総じていえば、高全喜の規範的憲法学の立場から、陳端洪のイデオロギー的憲法学への徹底した批判である。シュミットを崇拝する陳端洪は説く。「憲法は主権者の政治決断である」と。我が憲法を貫く"五大基本法"は、人民制権に基づく党の指導を体現したもので、それは「共産党の指導」、「民主集中制」、「社会主義」、「現代化建設」、「基本的権利」である[8]。この"五大基本法"の法源たる「党の指導」こそが、中国憲法の第一原則である。共産党が「政治的決断の主権者」である限り、その形態は真に「党制政治」でなければならない。いわく「人民は出場もせず、欠席もしない。」「制憲権」は主権者人民の手の内にある。だが、人民は主権の行使を常設代表機関たる共産党中央に委託しさえすればよい、と。この御用学者の論説に抗して高全喜は訴える。政治的強権に依拠する政治憲法学に、我々は抵抗し、防御しなければならない、と[9]。

第四部 中国における法治の軌跡と曲線

第1章 龔刃韌「中国の農民土地収用に関する憲法の苦境」 ここでは、中国憲法第10条の農村の土地収用に関する、収用主体、収容目的、保証の条項が、「揚公抑私」という古い法意識のまま放置され、憲法が機能不全に陥っている実態を直視する。**第2章 杜鋼建「梁啓超の人権思想―人権憲政への示唆」** どうすれば「人権憲政」が実現できるか。厳しい専制に屈せず、梁啓超が人々に対して「自由を放棄する罪」を問責した理由が明らかにされる。**第3章 舒国瀅「司法の広場から司法の劇場化へ―記号学の視点から―」** 司法の広場では「正義の追求」を求める自由な空間が大前提である。法は舞台（法廷）の上で演出される。党という演出家が指導する「司法の劇場」では、観客は劉暁波を裁いた法官の演技を、「文字獄」[10]の再来として鑑賞したのではあるまいか。**第4章 江平「中国法治の30年―軌跡と曲線」** 人治と法治の面で、江平は何よりも「党の権力に対する制約と監督を

---

8) 陳端洪「論憲法作為国家的根本法与高級法」『中外法学』2008年第4期、494頁以下。
9) 高全喜著『政治憲法学綱要』（中央編訳出版社、2014）、18頁。
10) 鈴木賢「現代中国における立憲主義」、高見澤磨・鈴木賢著『中国にとって法とは何か 統治の道具から市民の権利へ』（岩波書店、2010）、第6章、139頁。

強化すべき」ことを直言している。そして、人々の私的な権利が公権力よって不法に侵害されている現実をみて、「憲法があっても、憲政があるとは限らない」と訴えている。

結論　李歩雲「現代法の精神についての論考」　中国の「権利本位論」が、いま人々から幅広く賛同され支持されているという現実を踏まえ、人権は決して「外界が下賜するものではない。」人々が勝ち取った自由と人権は、もっと「権利保障のために使われるべき」だ、と強調する。法のヒューマニズム精神を掲げる李歩雲にとって、この自由と人権こそ現代法の精神の核心である。

以上、「憲政」問題をめぐる議論が交わされるなかで、15編の論文がどのような位置にあるかを概観した。「憲政」か「依憲執政」か、本書がこの是非を問う山岳のすそ野に一歩でも二歩でも接近し、何が実像で何が虚像であるかを陽光の下に晒すことができ、中国憲政論の生きた資料を紹介できたとすれば、編訳の目的は達せられる。ただ掲げた諸論文は、いずれも独自の史的背景を有しており、展開するその理論は深く、様相も一様ではない。これを咀嚼して選択するのは不可能である。独断と偏見の誹りを免れないことを承知で、ただ一点、「人権憲政」を志向している研究論文にのみ絞って括った。読者諸兄には、目次を捲られ、三権分立、司法権の独立などを西洋の偏向思想として認めない隣国における研究者の、自由と人権の訴えに傾聴され、現下の日中法学交流の礎を固めるきっかけを育んでいただければ幸いである。

目　次

編訳者序 ……「依憲執政」を問う　*i*

緒論　社会至上の法治国を建設しよう　　　　　郭　道暉　*1*
　　　　　　　　　　　　　　　　　　　　　　　鈴木敬夫 訳

- I 「法治中国」とはどのようなものか？ …………………………………… *3*
- II 法治社会を建設しよう ……………………………………………………… *6*
- III 自由な社会的法治国を建設しよう ………………………………………… *8*
- IV 社会主義とは何か ………………………………………………………… *14*

第1部　いま、なぜ人権憲政か

第1章　人権の普遍性と人権文化についての解析
　　　　　　　　　　　　　　　　　　　　　　　徐　顕明　*21*
　　　　　　　　　　　　　　　　　　　　　　　鈴木敬夫 訳

- I 人権の普遍性 ……………………………………………………………… *21*
- II 文化における人権観 ……………………………………………………… *27*
- III 人権文化 …………………………………………………………………… *32*

第2章　中国における農民の権利
　　　　――無差別の原則と人間の尊厳――　　　龔　刃韌　*35*
　　　　　　　　　　　　　　　　　　　　　　　徐寅 訳

- 序 ……………………………………………………………………………… *35*
- I 無差別の原則は人権尊重の基本的前提である ………………………… *36*
- II 中国における農民の身分問題 …………………………………………… *40*

Ⅲ　中国における農民に対する差別待遇 ………………………… 44
　　Ⅳ　無差別の原則と中国政府の義務 ……………………………… 54
　　結　農民と人間尊厳の尊重 ………………………………………… 59

第3章　少数民族教育の民族性と教育を受ける権利

宋　海彬　65
陳　選　訳

　　Ⅰ　問題の提起 ………………………………………………………… 65
　　Ⅱ　民族教育の民族性問題 …………………………………………… 67
　　Ⅲ　少数民族の教育を受ける権利を保障する国家の義務について …… 72

第2部　法治における不寛容を問う

第1章　寛容と自由の張力について

王　福民　85
周　英　訳

　　Ⅰ　寛容：自由な個性の尊重 ………………………………………… 85
　　Ⅱ　寛容と自由の張力関係 …………………………………………… 88
　　Ⅲ　寛容と自由の制度実践 …………………………………………… 92

第2章　現代の制度における寛容の機能について
　　　　――現代の制度における寛容の本性と自由な秩序の形成――

鄒　吉忠　97
周　英　訳

　　Ⅰ　現代社会の寛容とその問題点 …………………………………… 97
　　Ⅱ　現代の制度における寛容の本性 ………………………………… 99
　　Ⅲ　現代の制度における寛容の機能と自由秩序の形成 ………… 101
　　Ⅳ　寛容の限度と必要な不寛容 …………………………………… 104

第3章　政治的寛容の憲政実現メカニズム　　尹　華容　107
　　　　　　　　　　　　　　　　　　　　　　　陳選訳

　Ⅰ　政治参加のメカニズム …………………………………… 108
　Ⅱ　政治競争メカニズム ……………………………………… 109
　Ⅲ　政治の相互牽制メカニズム ……………………………… 111
　Ⅳ　政治の過誤を正すメカニズム …………………………… 113

第4章　法律上の寛容とはどういうことか　　陳　根発　117
　　　　　　　　　　　　　　　　　　　　　　　鈴木敬夫訳

　Ⅰ　「寛容と厳罰の兼用による補完」（"寛猛相済"）と法律上の寛容
　　　……………………………………………………………… 118
　Ⅱ　法律上の寛容とその生成 ………………………………… 123
　Ⅲ　法哲学上の寛容原則 ……………………………………… 130
　Ⅳ　法律上の寛容の価値 ……………………………………… 135
　Ⅴ　結論 ………………………………………………………… 140

第5章　寛容：宗教の自由及び宗教間対話の前提
　　　　　　　　　　　　　　　　　　　　　　　劉　素民　143
　　　　　　　　　　　　　　　　　　　　　　　周英訳

　Ⅰ　宗教における寛容の主張とその欠陥 …………………… 144
　Ⅱ　宗教間対話の前提である寛容 …………………………… 150
　Ⅲ　寛容が示唆するもの ……………………………………… 152

第6章　寛容の思想と思想の寛容
　　　――儒学思想と寛容な憲政――　　　　　　杜　鋼建　155
　　　　　　　　　　　　　　　　　　　　　　　鈴木敬夫訳

　Ⅰ　寛容の思想と忠誠なる良心 ……………………………… 156
　Ⅱ　寛容の思想と分殊共和 …………………………………… 160
　Ⅲ　寛容と大心大志 …………………………………………… 166
　Ⅳ　寛容と立人達人 …………………………………………… 171

Ｖ　寛容と不寛容な者 ……………………………………………………… *177*

第3部　中国のＣ.シュミット旋風と党国体制論批判

第1章　中国的文脈におけるシュミット問題　　高　全喜　*185*
　　　　　　　　　　　　　　　　　　　　　　　　徐行　訳
　　Ⅰ　シュミットの毒針 ………………………………………………………… *185*
　　Ⅱ　自由主義政治法学の弱点 ………………………………………………… *190*
　　Ⅲ　中国的文脈におけるシュミット問題のパラドックス ……………… *198*
　　Ⅳ　自由主義的立憲主義国家 ………………………………………………… *205*

第2章　ここ十年における中国国家主義思潮の批判
　　　　　　　　　　　　　　　　　　　　　　　　許　紀霖　*211*
　　　　　　　　　　　　　　　　　　　　　　　　徐行　訳
　　Ⅰ　左から右へ：国家主義の二つの思想の脈絡 ………………………… *212*
　　Ⅱ　「応答民主主義」、それとも「応答権威主義」？ ……………………… *218*
　　Ⅲ　シュミット主義の亡霊：国家の絶対的な権威 ……………………… *228*
　　Ⅳ　呪術化［神魅化］に近づく国家理性 ………………………………… *242*

第3章　政治憲法学の興起と発展　　　　　　　　高　全喜　*247*
　　　　　　　　　　　　　　　　　　　　　　　　周英　徐寅訳
　　Ⅰ　政治憲法学の登場 ………………………………………………………… *247*
　　Ⅱ　政治憲法学の問題意識 …………………………………………………… *254*
　　Ⅲ　政治憲法学：政治学それとも憲法学？ ……………………………… *262*
　　Ⅳ　規範主義の政治憲法学 …………………………………………………… *271*
　　Ⅴ　政治憲法学と歴史主義 …………………………………………………… *281*

第4部　中国における法治の軌跡と曲線

第1章　中国の農村土地収用に関する憲法の窮境

龔　刃靭　*295*
李妍淑 訳

はじめに *295*
Ⅰ　憲法第10条にみられる「揚公抑私」という特徴 *296*
Ⅱ　憲法規定に存在する問題点 *299*
Ⅲ　農地収用問題を引き起こす制度的要素 *306*
おわりに *319*

第2章　憲政における梁啓超の人権思想

杜　鋼建　*323*
鈴木敬夫 訳

序 *323*
Ⅰ　良心的人格と在るべき権利 *324*
Ⅱ　人権・民権と国権・君権 *333*
Ⅲ　法律上の平等権と人権の平等性 *343*
Ⅳ　国家本位主義と権利義務観 *352*
結語　代価と矛盾 *359*

第3章　司法の広場化から司法の劇場化へ
　　　　　──記号学の視点から──

舒　国瀅　*365*
周英 訳

要　旨 *365*
Ⅰ　司法と広場空間 *366*
Ⅱ　司法広場の「陽光」と「陰影」 *371*
Ⅲ　法廷：「劇場」の記号的意味 *374*
Ⅳ　結語 *380*

第 4 章　中国法治の 30 年
　　　——その軌跡と曲線—— 　　　　　　　　　　　　　江　　平 *383*
　　　　　　　　　　　　　　　　　　　　　　　　　　　鈴木敬夫 訳

　　Ⅰ　人治と法治 ………………………………………………………………… *383*
　　Ⅱ　集権と自治 ………………………………………………………………… *385*
　　Ⅲ　私権と公権 ………………………………………………………………… *388*
　　Ⅳ　法制と法治 ………………………………………………………………… *390*
　　Ⅴ　法治の未来 ………………………………………………………………… *392*

結論　現代法の精神についての論考　　　　　　　　　李　歩　雲 *395*
　　　　　　　　　　　　　　　　　　　　　　　　　　　鈴木敬夫 訳

　　Ⅰ　法の精神の一般的特性 …………………………………………………… *395*
　　Ⅱ　現代法の精神における価値追求の方向性 ……………………………… *399*

あとがき ……………………………………………………………………………… *407*
原著者・翻訳者紹介 ………………………………………………………………… *410*

緒論　社会至上の法治国を建設しよう

郭道暉（Guo Daohui）
鈴木敬夫 訳

- I 「法治中国」とはどのようなものか？
- II 法治社会を建設しよう
- III 自由な社会的法治国を建設しよう
- IV 社会主義とは何か

　中国共産党第十八回大会では「社会主義法治国家の建設を加速しよう」、「法律に依って治国をしよう」、「幹部指導者の法治意識と法治方式をもって改革の深化、発展の促進、矛盾の解決、安定維持の能力を向上させよう」が提起された。第十八回大会で選出された新たな党中央指導者習近平等は多くの場所で法治の要点と要求を再三にわたって述べ、「平安中国、法治中国の建設」、「法治国家、法治政府、法治社会の一体化した構築を堅持する」を指摘し、さらに憲法の生命力と権威は実行にあり、「権力を籠に納めよう」などと強調した[1]。

　これをみてみると、これらの表明には、いくつかの点で注目し、検討すべき法治についての新たな思考が含まれていることに気がつく。新しいとは、初めて「法治中国」、「法治社会」という概念と目標を提出し、いくつか新しい未来への憧れと承諾を示し、政治制度の改革に関する人々の期待を再び募り、理論界の思考を引き起こしたことにある。

　改革が始まって以来三十数年がたち、法治は、依然として理論上絶え間のない論争と展開のテーマである。「社会主義法治国家の建設」という方略と

---

1) 中央政治局第四回集団学習会における習近平の講話。2013年2月23日、新華社、2013年2月24日報道を引用。

目標は、中国共産党十五回大会で確立され、その後、憲法の条文に追加されたが、実践上では一歩前進することも至難で、前進と後退が繰り返され、今日になっても体制上では人治、党治から法治、憲治への進化に至っていないありさまである。理論界、法学界において、このテーマをめぐって発表された論文や対策や提案は数え切れないほどあり、言うべきことは既に言い尽くされた感じはするが、今になっても党と政府幹部の脳裏にはそれが何ら刻まれておらず、実践にも付されていない。気に入らないであろうか、あるいは「中国の国情に合致しない」を口実に「そんなことはしない」と断ってきた。これらの行動は人々を失望させ、落胆させた。

　ところで、理論界、法学界では法治、憲政についてどれほどの理念、理論、方策、議論を、徹底して究明したであろうか。とくに上述の十八回党大会以後、法治についての幾つかの新たな言い方は、国民がまだはっきりと分かったわけでもないであろう。たとえ「新思惟」の唱導者であろうとも、はっきりと説明しきれないであろう。

　たとえば、「法治国家」と「法治中国」といった二つの言い方は、果たして同じものであろうか、それとも概念の重複か、もしくは異なった範疇や概念であろうか。

　「法治国家」と「法治社会」には、いったいどこに違いがあるのか。これは両者を「一体建設」することなのか、それとも両者間で「同歩建設」することなのであろうか。

　また、我われはどのようなタイプの法治国家を建設するのか、我われが建設する社会主義とは、どのような社会主義であろうか。

　どうすれば権力という猛獣を鎮め、籠の中に閉じ込められるのか……。

　これらは推敲、討論、研究しなければならないことがらである。

　如上の、こうした法治についての思惟に関する新しい概念、新たな意味合いをはっきりさせる必要があり、さらに実情に合わせて政府がなすべき諸々の職務行為のために、以下にその理論的根拠を提供したいと思う。

I 「法治中国」とはどのようなものか？

　法治中国と法治国家という二つの概念は、「国家」を内包しているが、いかなる区別があるのか。

　「法治中国」はもっとも広汎の概念であり、法治国家、法治政府と法治社会についての憲政概念をカバーしており、とくに「法治世界」と並ぶ大きな概念であって、政権、主権範疇に属すると思われる。

　法治国家とは、すなわち、すべての国家装置、国家権力の民主化と法治化を指し、主に国家統治権という意味を言うものである。

　法治政府とは、一般的に行政権力、たとえば法律に従って行政を行う、法治行政等を指すものである。

　法治社会は社会権力という範疇に属し、法治国家という概念と相対的に存在し、独立的にまたは並存するものであり、社会の自治と自律を行う主体である。法治社会と法治国家との関係は、お互いに補完し、影響しあい、牽制しあうものである。

　ここで、「法治中国」についての一つ特別な意味合いを説明する必要がある。これは国際関係では「法治世界」の一員を意味する。（これを言わなければ、「法治国家」という概念の他に「国家」を含める「法治国」という概念を重ねる必要がない）

　「我われのこの時代の最大な挑戦は、グロバール化である」[2]。

　グロバール化は国際政治、経済と法律についての制度、概念、理念、ゲームの規則について数多くの衝撃と変動をもたらした。

　各種の金融、貿易のグロバール化、人権が国家主権を超えること、司法が国家管轄を超越すること、生態環境の世界的災難、国境を跨ぐ犯罪と国際テロ主義の災難は例外なくグロバール化しており、旧い時代の民族国家の境界に対して挑戦している。これにともなって、グロバール化に通用する法制

---

2) ロディゴ・フコト（呂迪格・幅格特）：「国内政治が終焉したのか？―グロバール化の印としての政治と法律」、議会週報復刊『政治と現代史』（ドイツ）、1998年第29/30号。

も、一部の分野ではあるが芽生えている。世界的法制と法治も次第に形成されつつあり（両国間と多国間の国際関係上の契約に限らず）、そればかりか戦後、現在に至って世界的な法制へと徐々に発展してきた。たとえば、国連憲章及び国連で可決した各種の人権規約、経済と安全に関する規約、並びに国際裁判所、国際平和維持活動などがそれである。ロシア極東研究所所長ミハイル・ジタレンコ院士は、「グロバール化は、政治、金融、文化関係とその交流が世界的なものになるのみならず、同時に国境をなくし、"国家主権"、"独立"、"人権"、"公民社会"等の概念を改めて解釈しなければならず、また過去のさまざまな伝統と国家法の準則を壊し、国連の地位を含めて、数多くの国際組織の地位を揺るがしている」と述べている[3]。彼のこのような発言は言い過ぎであり、そのタイミングも早すぎるかもしれないが、現況と発展の趨勢をある程度物語っているといえよう。

　欧米の資本主義先進国がリードしているグロバール化の過程において、中国は重大な挑戦に臨んでいる。今の中国は「世界大国」といっても過言ではないが、ハードパワーとソフトパワーの面で「世界大国」というには相当の隔たりがあり、「不完全な大国」と呼ばれているにもかかわらず[4]、世界第二の経済体制となり、世界政治と法律の地位では国連安保理事会の常任理事国であり、WTOとその他いくつもの区域的国際組織（たとえば上海協力機構、BRICS等）のメンバーであって、さらにはその支柱である。国際的な影響力の発揮に際しては、発展途上国と新興国家のリーダといってもよく、国際的な事務では「世界的な役割」を果たすものとして、非常に重みのある存在である[5]。中国は大国としての国際責任を負い、国際条約の義務を守り、厳格に国際規則を順守し、またその確立に積極的に参加すべきであって、そして今日こそ世界ナンバーワンの強国である米国と「新たなタイプの大国関係」を築かなければならない。もしも、閉塞的で鎖国状態に留まり、外国人

---

[3] ミハイル・チダレンコ（見米哈伊尔・季塔连科）：「中国とグロバール化」、『極東問題』（ロシア）、双月刊 1993 年第 6 号。2004 年 2 月 1 日『参考消息』から引用。

[4] アメリカの中国問題専門家、ディビッド・シャンボー（David Shambaugh）著：『中国はグロバールへ向かう―不完全な大国』。

[5] イギリスの『金融時報』Financial Taimes, 2013. 4. 9. 作者：ジャエルス・センス（贾尔斯・錢斯）：「中国は世界的な役割を果たすように変化すべき」。

が言うどうのこうの（不満や非難）に耳を貸さず、独り自己陶酔するという状態に陥り、あるいは「専制的中国」を維持し、もしくは民族ショービニズムの「覇権的中国」になり、国内に対しては人権法治を無視し、対外的には信義と平和を守らず、国際的法制に従わずに行動して、大国としての責任を負わないようであれば、現在あるいは将来の「大同法治世界」に受け入れられることなく、孤立に陥ってしまうであろう。もっとはっきり言えば、我われが大国として国際社会において有するはずの発言権や参与権（国際規則の制定に参与する権利）を損ない、その国際的威信に傷をつけることになるであろう。

　法治中国とは中国が法治世界の一員になることを意味するもの以上、我が国の法治を世界に合わせなければならない（当然なことであるが、これは凡そ「全面的に西側化すること」ではなく、また決してそうなってはならない。そのような指摘は、ただ資本主義を恐れる卑怯者や人類の普遍的価値に反対する者が捏造するものに過ぎない）。我が国の人権立法は、これまでに締結した国際人権条約が求めるものとは未だ大きな隔たりがあることを認めなければならない。とうの昔、1998年に中国政府はすでに『市民的及び政治的権利に関する国際規約』に署名している。国の指導者も複数の場所において、当該規約の批准を必ず行う旨、受諾すると繰り返し言ってきた。これは、全世界に向かって、中国は絶対にみずから普遍的な法治文明や国際義務から逸脱しない、と宣告したことに等しい。ところが、今になっても全国人民代表大会は未だにこの条約を批准しておらず、このことは、中国の法治と人権のイメージに傷をつけている。千人以上の知識人が全国人民代表大会に向けて署名運動を行い、当該条約の批准を求めた。これは正しく、かつ必要な行動であって、人民代表大会代表から貴重な意見として重んぜられ、積極的な応諾を得るべきものである。この条約の批准は、全国人民代表大会の職務行為であり、もし同意できない条文があるなど、現在、実施することが不可能な条文があるならば留保を声明すればよい（当然なことであるが、余りにも多くの「留保」があれば、自らの国際的イメージに傷をつけることになる）。しかし、何もせず漠然と放置してはならない。長期間批准しないような場合は、大きく職責を果たさないことになるであろう。

もし、我われの党と政府の指導者幹部が「法治中国」という広大な思惟を持つならば、公的職務行為の履行にあたっては、国家や世界という大局的な視野に立脚して、地元、自分の階級と利益集団の些細な成敗や権力・地位に拘らず、法に従う治国を憲法に従って執政するものとみなして法治中国を建設し、国内では憲政民主を断固として実施し、公平と正義を追求し、対外的には平和的な発展を遵守すれば、大国の責任を果たすことができる。このようにしてこそ、初めて国際社会から尊敬されることになるであろう。

Ⅱ　法治社会を建設しよう

　決して「法治国家」を、一面的に国家が法を以って社会を治めることなどと、いとも簡単に解釈してはならない。たとえば、法に従い国を治めるのは、法に従って民を治めることであって、法に従い権力や官僚を治めるようなことではないと、過去に、党と政府官僚の一部が歪曲したことがみられた。近年来、中央は「社会管理のイノベーション」を提唱している。しかし、幹部の一部には、これは社会に対する管制であって、この管制の目的は社会の安定を図ることであり、社会安定を図る意義は、その執政の地位と指導者の権力と地位を維持するためであると、一方的に理解したり、捻じ曲げたりしている。

　実際には、いわゆる法治社会は社会の民主化、法治化、自治化を指すものである。市場経済を実施してから「国家―社会」は一元化から二元化に転化し、社会主体は物質と精神などの社会資源を自ら持つようになり、相対的に独立した実体になった。しかも、このような資源の影響力、支配力（すなわち"社会権力"）を運用し、国家権力を支持しあるいは監督することによって、権力の多元化、社会化を生んできた。法も多元化、社会化が芽生える趨勢になり、すなわち国家が制定する法律以外に、社会自治規範、慣習法、業界規程、社会団体の章程、さらに国家法の上にある人権（いわゆる"自然法"）等、社会的な法も存在することになった。

　法治社会の核心は公民社会である。それは公民の政治的権利と社会組織の社会的権利及び、国家と社会多元化の法治規範を運用して、社会的自律、自

治を行い、国家権力を分担し、とくに国家権力に対する監督と制約を行うことによって、権力が過度に政府に集中する状況を改変するものである。

過去において、理論界では法治社会に殆ど言及したことがなかった。言及した場合であっても「国家―社会」の一体化をカバーする大きな概念とみてきたのである。社会は国家のなかに内包され、「国家の社会」であった。人びとは法治社会を法治国家と同様な意味合いで考えていた。これは「国家―社会」の一体化時代の旧い思惟である。わが国では改革開放の以前に、人民の間で育まれている社会を独立の実体として「国家」と対立する位置づけをした場合は、我が国の「人民性」（いわゆる"人民中国"とは、国家が自ずと人民と社会を代表し、社会の利益と完全に合致し、両者は不可分であると認識された）を否定するものとして批判された。

ところが、実は法治社会は法治国家と相対的に言うものである。現在、社会とは国家や政府の指導と管理から切り離すことのできない法治国家を建設することだけ言っているが、それと制約しあい、影響しあう法治社会がその基礎力量として存在しなければ、法治国を建設することはできないのである。況やマルクスの予想によれば、国家は最終的に「消滅」するとされるが、その一方で、人類社会は長時間に存在し、社会も法治が無くてはならないから、理論的には法治社会は法治国家より、もっと長い年代にわたって存在するといえよう。

今日、執政党の指導者が「法治社会を建設する」という目標を提起したのは、先見性のある一歩を踏み出したものと認識できる。もしも、党と政府の指導者が法治思惟をもって国家権力を運用し治国すると同時に、公民社会、法治社会の巨大な潜在力をできる限り大切にし、国家権力と社会資源に対して独占することを改め、権力と法治の社会化、多元化を促進して、部分的に権力を社会に授与し、あるいは社会組織に国家と社会事務に対する管理の分担を委託し授権して、社会が国家に対する監督を強化できるようにすれば、法治国家の建設のステップは、それほど困難なものではなくなるだろう。喜ばしいことに、党の十八回第二次中央委員会の「決定」は「社会組織の活力を奮い立たせる。政府と社会の関係を正しく処理して、政府と社会の分離を早めて実施し、社会組織が権力と責任を明確にする。そして法に従って自治

を行い、その役割を果たすようにし、社会組織が提供できる公共サービスと、解決することの可能な事務は、社会組織に任せる」こと、「社会の管理方式……を改めて進め、社会各方面の参加を奨励し、かつ応援して、政府による管理と社会の自己調節、住民自治との良質の互助作用（互動、interactive）を実現する」とはっきりと定めた。最近、党と政府当局は、今後、公益性に属する社会組織（NPO、非政府組織）について登記のみで設立でき、事前許可は必要でない、と吐露している。これは法治社会の役割についての認識と重視についての兆しかもしれない。良質の社会組織こそが、公民社会や法治社会の核心と支柱にほかならず、法治国家建設の社会的基礎でもあるのである。

Ⅲ　自由な社会的法治国を建設しよう

　党の第十五回大会以来、我われは頻繁に「法に従う治国」、「社会主義法治国家の建設」を口にしてきた。「法に従う治国」あるいは「法に依拠して、物事を処理」しさえすれば、万事がめでたし、めでたしとなるようであるが、しかしその殆どが、果たしてどのようなタイプの法治国を作るのか、あるいはどういう法（良法もしくは不法な法、さらには悪法）に従うのか、または誰が国を治めるのか（治国の主体は党と政府の幹部のみなのか、それとも社会の主体―人民、公民と社会組織を含めるのか）、何を治めるのか（民を治めるのか、もしくは権力と官僚を治めるのか）と問いかけていない。

　「従う法があり、法があれば従うべきであり、法の執行は厳格になすべきであり、違法があれば追及すべきである」（有法可依、有法必依、執法必厳、違法必追究）という、いわゆる十六字方針を実行するのは、それだけでは法が無く、天をも恐れずに悪事を働くことよりも進歩的ではあるが、とはいえ、それは形式上の法制に過ぎないもので、実質上の法治でないことを認識すべきである。というのは、これには上述してきた法治の主体と内容が言及されていないからである。

　「法治国家」には、多様なタイプと性格の異なったものがある。歴史と現実からみれば、専制的法制国、自由主義的法治国、国家主義的法治国、社会

的法治国など、さまざまなタイプに分かれている。それらは社会との関係では、それぞれの特色がみられるが、基本的には国家を本位として社会のコントロールを目的とするものである。社会主義法治国家は自由な社会的法治国であるべきであり、社会を本位とする民主化、法治化した国家の建設のみならず、さらには法治社会を形成しなければならない。国家は社会に奉仕するだけではなく、社会の民主、自治、自由をも保障するものでなければならない。

歴史上の法治国には、ごく大まかに言えば、下記のようないくつかのタイプがある。

1 実証主義法治国あるいは国家主義法治国

「法治国」という概念を初めて提起したのは、19世紀のドイツである。ドイツ語の本来の意味及びカントの解釈によれば、それは「法制のある国家」を指すものである。法治国では、すべての国家機関と人民が、最高立法者の制定する法律に服従し、法律に従い物事を処理するように求める。ただし、この最高立法者は専制君主、独裁者であろうと、民選の立法機関であろうと、より高いレベルのある種の法律（憲法、自然法、人権など）の束縛を受けないものであって、立法者の意志は法律の根本の源であり、法律を変更することもできる、とされた。したがって、ドイツの「法治国」は、十七世紀イギリスの「法による支配」という思想とは異なっている。その法治国思想は実証主義法学の一部分であり、立法者としての支配者の意志と権力が最高のものであり、すなわち国家が至上であることを強調するものである。それが公布する如何なる法律であれ、良いものか悪いものかを問わず、一律に無条件で服従するよう求められる。このような「法制国」では、重心が国家及び支配権力であって、法律は国家による社会支配の道具にすぎない。その国家観もヘーゲルが指摘したように「国家が社会を決める」のであって、「社会が国家を決める」のではない。

このような「法治国」は主に「形式法治」であり、しかも国家立法者の権力至上に基づき国家、立法者（すなわち立法権を掌握する統治者）が制定する法律であれば、すべてを無条件に遵守しなければならない、と強調する。こ

のようにして、統治者の専横と乱行によって、いかなることも随時、青信号とされる。

　正真正銘の民主の性格を有する法治は、人民大衆の権利に寄り添い、統治者の専横や乱行をなす権力を制約するものである。しかし、当時のドイツの「法制国家」は統治者の権力を擁護し、社会をコントロールするものであった。したがって、これは事実上、国家権力が至上の国家主義法治国に過ぎなかったのである。

　当時、ドイツの法学者であるラートブルフ（G.Radbruch）は法実証主義観点に基づいて法的安定性がその正義よりも優先されなければならない、と強調した。その一方で、この観点は法律の実質が正義に適合するかどうかを問わなかったことによって、その後ナチスに利用されることになった。ヒトラーは、人民にその強暴なファシズム法律を服従させる場合にも、「法治」と標榜したのである。戦後に至り、ラートブルフは「法実証主義は"法律は法律だ"という確信によってドイツの法曹階級から恣意的に、かつ犯罪的内容をもった法律に対して抵抗する力を奪い去った」[6]と悲壮感を以って指摘している。

　したがって、彼は、過去における自らがとった実証主義の形式法治観を修正して、つぎのように述べている。

　「どのような法律であろうと、少なくともそれが法的安定性を作り出すという意味で、つねに法律がない状態よりは勝っている。ところが、法的安定性は、決して法が実現すべき唯一の価値でもないし、決定的な価値でもない。法的安定性と並ぶ他の二つの価値、すなわち合目的性と正義が現れる。」

　「正義の追求が些かもなされない場合、正義の核心となる平等が実定法の規定に際して、意識的に否認されたような場合には、そうした法律は、おそらく単に"悪法"であるにとどまらず、むしろ法たる本質を欠いているものである。」

　「もっとも、正義に対する実定法規の矛盾が余りにも甚だしいため、その法律は"悪法"として正義に道を譲らなければならない。」

　「民主主義は確かに称賛に価する財産である。しかし、法治国家は日々に食べるパン、飲む水、呼吸するための空気のように不可欠なものである。そ

して民主主義のみが、このような法治国家を守るのに適しているということこそ、まさに民主主義の最大の利点である。」[7]

このようにして、現代的意義の「実質法治」に近づいたのである。

現代的意義としての民主法治国家は、その主な印は国家機構、国家権力の民主化、法治化である。それは権力の分立とその相互制約の理念、それを育む制度という基礎によって作られる。法は、国家が社会の支配とコントロールする道具であるのみならず、もっとも重要で第一の要務は、国家自身が法の統治と支配を受けるべきことである。いわゆる「法治」と「法治国家」は、「法制（法律制度）のある国家」ばかりでなく、「法律に従う治国」にするべきであり、しかもそこには、治国の法律が遵守すべき原則、規範や理念、たとえば人権至上の原則、民主の原則、公正の原則、平等の原則などが包含されるべきである。国家の立法権は人権、人民の権力そして公民の権利による制約を受けなければならない。もし、人民の権力と権利が国家権力による侵犯を受け損害されたような場合には、被害者は法律に基づき政府機関と対等な地位に立って訴訟を行い、救済が得られるようにする。人民は悪法に対して抵抗権を有する。

2 「自由な法治国」

これは現代ドイツ法学者ペーター・バドゥラ（Peter Badura）が「自由な法治国と社会的法治国における行政法」という彼の講演で提起されたものである。いわゆる「自由な法治国」は、主に社会が国家（政府）の干渉を受けることなく自主、自由になることであり、国家の行政権力によって社会をコントロールする国家主義の法治国と区別するのに使われる。それは18、19世紀自由資本主義時代の国家を指す。国家の職能は国防や社会治安の維持であって、警察権力と税収権力を用いて国家と人民を管理することに終始し、

---

6)・7) Gustav Radbruch, Gesetzliches Unrecht und übergesetzliches Recht (Suddeutsche Juristenzeitung, 1946) Gustav Radbruch, Aphorismen zur Rechtsweisheit, 1963, Nr. 85, Nr. 122, Nr. 123, Nr. 219.：『法律智慧警句集』、舒国瀅訳、中国法制出版社2001年10月版、〈この原書の鈴木敬夫訳が、札幌医科大学『論集』第15号（1975）〜第21号（1977）に所収、訳者〉

その他の活動は概して人民が自ら自由を駆使しておこない、政府は干渉をしないが、公民に対して「生存への配慮」の義務も果たさないというものである。公民の権利と自由は、政府の公共権に対するある種の制約である。

3　社会的法治国

　いわゆる「社会的法治国」は、国家主義の法制国と「自由な法治国」に相対して言われるもので、その特徴は福祉国家思想をもった立法者が法律を制定し、社会の発展を主導し、社会における生産の成果に対する規範と分配を行うことによって、政府は消極的な管理行政から積極的な「奉仕行政」へと変わり、人民のために指導性のある奉仕型の公共財を提供することにある。国家は、命令発布を行使する権利のみならず、同時に公衆の需要を満たす義務を果たさなければならない。政府は奉仕行政の理念を確立し、人民に対して「揺りかごから墓場まで」という「生存への配慮」義務を果たし、積極的な社会政策の推進を通じて、良好な社会環境と条件を作り出し、社会の人びとがもっている自分の生存への要求と福祉追求の潜在的な能力を発揮できるよう保障し、社会的な弱者階層への保護と補償を行い、貧富の格差が拡大するのを平衡にして、不公正で調和のない社会矛盾の解決を図ることである。

　「奉仕」と「生存への配慮」は、社会的な法治国家の核心的理念である。いわゆる現代的「福祉国家」は、憲法上の意義からすれば、すなわち社会的法治国家である。現行のドイツ基本法第二十八条第一項は「ラントの合憲的秩序とは、基本法の意味における共和国、民主的及び社会的な法治国家の諸原則に適合していかなければならない」と規定している。

　文脈から見ても、社会的法治国家は社会を本位とする法治国家でなければならない。このような法治国家は国家主義的法治国家よりはるかに進歩している。だが、それは依然として国家本位に立脚したもので、国家が社会主体の「生存への配慮」を担う責任に偏っており、国家権力は社会へ奉仕しなければならず、依然として国家権力をもって社会を支配し、コントロールする。もしも、進歩的で民主的な政府であれば社会のために福祉を図ることができるが、政府の社会福祉に対する負担が超過すれば、「万能政府」、「大きな政府」、「高価な政府」などデメリットをもたらす。もし、専制的な政府で

あれば、人民の生存への配慮を口実にして、社会に対して過度に干渉し、強権統治を行うようになる。ヒトラーのファシズム国家社会主義、スターリンの全てを統治する党による専制や、社会の全資源を独占する計画経済は、社会主義の旗、国家が人民の生存空間の配慮、あるいは人民のために奉仕するという旗を掲げて変身したものである。国家は社会生存の「配慮」のために存在するかのように見えるが、実は社会を本位とせずに国家を本位としており、「人民を代表する」が人民の主人になってしまい、社会をコントロールするに至る。従って、それらは真の社会主義でも現代の民主国家でもなく、社会的法治国の変種であって、専制的国家至上の、執政党専制の、国家社会主義の法治国家である。

4 社会主義的法治国

　真正の「社会主義法治国家」は、専制的な法制国や国家主義的な法制国と区別される必要があるばかりでなく、社会義務を果たさない自由な法治国とも区別すべきであって、また社会的法治国と同様なものになってはならない。上述の諸タイプの法治国の病弊や偏重を捨てて、その合理的要素を吸収し、自由な社会の法治国を建設すべきである。

　いわゆる自由な社会の法治国は、社会を本位として社会至上を礎にするものである。法治国家を建立するのみならず、法治社会の形成を図らなければならない。法治国家は現代民主国家であるべきである。社会に奉仕するだけでなく社会の自主、自治、自由を保障しなければならない。法治社会は自由の社会、公民社会であるべきである。法治国家は自由な公民社会を基礎にし、国家と公民社会が相互に制約しあい、補完する関係を形成しなければならない。

　社会（人民）が自由でなければ、国家は民主的なものでも、社会主義的な法治国家でもあるはずがない（有権者の自由意思による選挙がなければ、民主的な選挙ではない。言論、出版、結社等の自由がなければ、政治の民主があるはずもなく、その法治もただの専制的な法制にすぎない）。まさに自由な社会は、公民が政治権利を有する公民社会、そうした法治社会であって、ただ国家から分離して完全に独立して存在することができないとしても、まったく国家

に依存して国家に何もかも恵んでもらう、国家に迎合するようなものではなく、相対的に国家より独立し、自由、自主、自治を保ちながら国家に利益をもたらし、国家をコントロールする社会でなければならない。法もまた国家法が全てをコントロールする道具から次第に多元化し、社会化へと変身する。そうしたなかで、社会自治の法や自発的な社会規範（慣習法、社会契約、団体規程、公序良俗など）は、国家法の補充と社会の自己調和及び自衛の手段になる。このような自由社会の終極目標こそ、正にマルクスが追求する「自由人の連合体」である。

その他に、法治社会の建設を提唱するのは、国家と社会が計画経済で一体化した時代から二元化へと展化したことを意味する。しかも、両者間の関係も「国家の社会」から「社会の国家」に形を変え、両者はそれぞれが独立し並存する一方、相互に補完し、互助し合う関係にある。これは我が国が改革・開放を行い、市場経済を実行した成果である。したがって、両者の「一体建設」という言い方は、少なくとも文面上では計画経済時代の「国家と社会の一体化」への逆戻りと誤解されやすく、後退であるといえよう。そこで両者間の「同歩建設」を使用するよう提案する。

Ⅳ　社会主義とは何か

社会主義法治国家の建立にあたり、問題が一つ残っている。すなわち、我われがどのような「社会主義」を建立するのか、「社会主義はどういう性格のものであるか？」を問わなければならない。

鄧小平はかつて、社会主義が何であろうか、我われが現在に至ってもはっきり分かっていない、と指摘したことがあった。彼はその後、社会主義について、「社会主義の本質は生産力の解放であり、生産力の発展であり、搾取を無くし、両極分化を無くし、人民生活の向上を図ることであり、最終的には共同富裕を実現することである」と定義した。これは過去における階級闘争を主柱とした社会主義よりも大きく進歩をしているが、社会主義の本質を言い切っているとは言えず、少なくとも社会主義制度の政治的な上層建築について、何ら制限することや規制することに言及していない。

我われには、過去に物事の処理に当たって、「社会主義か資本主義か」をまず問いかける習慣がある。今日、「普遍的な世界価値」を敵視する先生達と極左派以外、このような言論はかなり減った。事実、社会主義と資本主義は現在、相互依存の関係（少なくとも経済分野では）にあり、ある程度融合している。現代の資本主義国家には社会主義的要素があり、社会主義国家にも資本主義的要素がある（両者の主導的地位は異なるが）。特に経済分野では東と西側、中国と米国は相互依頼という関係になり、両者「共生」の現象になっている（したがって、「中米国」Chimerica という言葉すら作られた）[8]。マルクスはずっと以前に、資本主義が社会主義にとって物質的前提であると認識し、晩年には資本主義社会で実施した議会制と株式制が、社会主義に移行する形式であると思うようになっていた。現在の西ヨーロッパと北欧のいくつかの国では、その社会主義的要素は、社会主義を自称する一部の国家よりもはるかに実在している。

　我われは社会主義国家であるが、我が国でも資本主義も存在しており、たとえば香港やマカオ特別行政区では、資本主義制度を実施している。内陸の企業では混合経済、国有株、個人所有株、外資所有株が混在するものが多くみられ、社会主義のものなのか資本主義のものかはっきり言い切れない。

　人類社会は現在のグロバール時代に発展し、経済と政治文明の普遍的価値が日増しに広がっている。物事を処理するさいに、もし我われが社会主義か資本主義かと問いかける段階に留まるなら、大変な時代遅れになってしまう。むしろ、もう一つの問題が我われにとってより重要であろう。それは社会主義の性格を確認することである。どのような社会主義であるのか、どの階級、どの時代、どのタイプの社会主義であるか。

　『共産党宣言』を改めてめくってみると、第三章において著者達は科学的社会主義と対立する各種形態の社会主義を重点に批判している。その中には、さまざまな反動的で保守的な社会主義、たとえば封建的社会主義、小ブ

8）「中米国」という言葉（英文：Chimerica. その他訳語：「中米共同体」、「中華アメリカ」）は米国ハーバード大学の著名経済史教授ニール・ファグソン（Nial Ferguson）とベルリン自由大学のセリク（石里克）教授が共同で使用した造語で、中米経済関係の緊密性を強調し、中米が共生時代に入ると指摘。（「百度百科」web から引用）

ルジョア的社会主義やドイツの「純粋」哲学者による深遠で抽象的な「真正社会主義」、さらに保守的なブルジョア社会主義、そして空想社会主義等が含まれている。総じて言えば、著者達の時代においても、既に封建主義的あるいは資本主義的な異なる階級のさまざまな社会主義がみられたのである。

　我われのこの時代は、社会主義を標榜する方法と種類がもっと多く、社会主義実践の歴史及び目下の中国と国外の状況に基づいて、いわゆる社会主義というのが七十種類以上あると統計的に計算した者がいる。マルクス主義派に属する社会主義について言えば、「第一インターナショナル時代」のマルクス、エンゲルスの科学的社会主義、「第二インターナショナル時代」の社会民主党員による社会民主主義、現代では北欧福祉国家の民主社会主義、「第三インターナショナル時代」のレーニン、スターリンの専制的社会主義、暴力社会主義、毛沢東の「マルクス＋秦始皇帝」の社会主義、あるいは貧困社会主義、さらに我が国東北の隣国みられる世襲制社会主義が数えられる。その他、邪説異論としての「社会主義」もある。たとえばヒトラーのファシズム主義は、また「国家社会主義」と呼ばれる。「ナチス」とは、「国家社会主義」の音訳である。カザフィの独裁も「大衆社会主義」と名づけた。ラテンアメリカにおいても社会主義と自称する小国がある。

　現在の中国では、この数年来、数多くの社会主義のスローガンと流派が現れた。たとえば執政党が遵奉するのは「中国的特色のある社会主義」であり、主流である。謝韜先生が提唱するのは民主社会主義で、多くの人々の賛同を得ている。それに毛沢東派の社会主義がある。メディアの統計によれば全国では約五十数個に及ぶ毛沢東派の社会主義組織があり、彼らは「造反有理の旗を掲げて」、「第二次文化大革命を引き起こし」、「資本主義道路を依然として闊歩している走資派修正主義集団を」打倒しようとしている。

　その他の社会主義思想流派も、雨後の竹の子のようである。いわゆる中国儒家社会主義、中国新盛世社会主義、民族社会主義、新左派社会主義などがそれである。

　こうしてみると、社会主義は多種多様であって善悪が入り混じっている。いったい、どの種の社会主義が進歩的、科学的で、時代の趨勢と人民のニーズに適合し、我われの賛同が得られるであろうか。また、どれが時代の趨勢

と異なって、社会の潮流に逆戻りをするのだろうか。それを究明する必要があると思われる。

　近年来、理論界の一部分の学者が「憲政社会主義」の実行を提唱しているが、この命題は政治という上層建築を以て社会主義を規定するもので、まさに憲政を実行しない限り社会主義ではない、と言っている。

　小生が賛同する憲政社会主義は、その社会主義が社会を本位とする社会至上主義であって、提唱する憲政は新しい憲政主義である。つまり国家権力間の分権と相互牽制を重視しつつ、社会権力の国家権力に対する多元的牽制をより一層強調する社会主義である。この二者間の結合は、憲政と社会主義の社会性と人民性を際立たせ、時にはそれを制限し規制するものである[9]。

※原載：郭道暉「建設社会至上的法治」、『炎黄春秋』2014年第3期。

9）　郭道暉：「私の賛成する憲政社会主義」、『南方週末』、2011年10月13日（E31版）、「社会主義は正に社会至上である」、『長城月報』、2011年8月21期を参照。

第1部　いま、なぜ人権憲政か

第1章　人権の普遍性と人権文化についての解析[*]

徐顕明（Xu Xianming）
鈴木敬夫 訳

I　人権の普遍性
II　文化における人権観
III　人権文化

　人権の普遍性を認めたことは、九十年代の中国において人権についての多学科による共同研究がなされ、研究の功利性（弁論を目的とするもの）から学理性（理論の系統性を目的とするもの）へと代わって以来の最も重要な成果の一つである。いま、東方と西方の人権観の区別について改めて議論する場合、人権の特殊性を以って人権の普遍性を抹殺すべきことを説く人はすでにいないであろう。ところで、人権の普遍性とは一体何であろうか。それは西方の学者がいう人権文化の普遍性、もしくは「クリントン主義」によって確立された人権基準の普遍性と内容の普遍性をいうのであろうか。我が国の学術界ではそれについて深く論じた者は未だに見られない。そこで本論文は、この問題について検討すべく、下記の三つの概念を、すなわち人権の普遍性の概念、文化における人権観念及び文化概念を解釈しようとするものである。

I　人権の普遍性

　人権に普遍性があると認めることは、すでに現在、世界のコンセンサスに

---

[*] 本文は著者が1999年4月に北京で開催された「人権と21世紀」国際学術フォーラムで行った報告要旨である。

なっている。しかし、人権の普遍性が真に何をいうのか、これについては、異なった見解がみられる。人権の普遍性は人権の当為の属性として、在るべき人権の本質属性として、そこに含まれている意味は下記二つの判断につながっている。一、権利の角度から考察すれば、人権の普遍性はいかなる人の人権であろうと、その他のあらゆる人の人権と同一性があることを意味する。二、主体の角度から考えた場合、人権の普遍性は、個々のいかなる人権であっても、その他の個々のあらゆる人権の属性と同じであることを意味する。さらに人権の普遍性は、すなわち人権主体の普遍性でもあって、個々の人権は例外なく個々の個人がもつ普遍性に属するものである。

　主体の角度から人権の普遍性を掲示するのは、そこに特別な歴史的意義があるからである。主体の普遍性は人権の要求であり、人権は人権だからこそ独特の価値があるというものである。人権は特殊な背景と特定の意味合いをもった権利概念で、その誕生はすべての歴史に対する反逆と超越であるといえよう。人権の観念は政権、特権、神権に対する不満、不平等、不公正に対する反抗に由来するものであった。人権は反抗する権利にほかならず、非人道な現実から発生する権利であるといっても過言ではない。人権の内容を考察すれば、凡そすべての人権はそれが生まれる歴史において、そこに対立した側面を見つけることができる。たとえば、服装を身にまとうことができないがために「衣服」についての権利を、腹を満たすことができないがために「食」の権利を、住む処がないがために「住」の権利を、命が恣意的に蹂躙されるがために「生命」の権利を要求する[1]、人格が蔑視され侮辱されるがために「尊厳」の権利を、思想が拘束されるがために「信仰の自由、思想の自由」を求めるのである……、このように人権を以って反抗するのは何故かということが明らかになって、はじめて人権が求めるものはいったい何であるか、よく理解できるようになるのである。人権が対応する最も重要なものは、特権であるといえよう。まさに人権と特権の相違は、権利の内容が違うのではなく、権利を享受する主体の範囲が違うだけである。特権は人びとを差別化し、さらに差別の対象となった弱者と劣者を、権利主体の外に排除し

1）　羅隆基「人権について」、『新月』第二巻第二期。

ようとした。しかし、人権は人びとに平等を与え、しかも権利と普遍性をもった主体をしっかりと結合させることを最終目的として、それを徹底して追求するのである。特権のもつアンフェアな差別的な応対は、まさに人権が否定し、排斥しようとするものである。人権が保障しようとするのは、一人の個人、何人かあるいは集団にある者ではなく（これはまさに特権の機能である）、すべての個々の個人にほかならない。一つの権利は、その主体がいかに広範である否かを問うものではなく、ただ一人が権利の主体から排除されるような場合であっても、そのような権利は依然として人権ではない。というのは、今日、ある理由と基準を以ってある者を人権の主体から排除したとすれば、明日は異なった理由と基準を以って他の一人を人権の主体から排除し、明後日は新たな理由と基準を以って集団にいる者を人権主体からに排除することもできることになるからである。最後に「人権」を享受するものが一握りの者であるとしても、しかし実質上は、この一握りの者の人権も保障が得られない。今日の「人権」の主体は、明日には「人権」主体の資格を失ってしまうかもしれない以上、真の「人権」と結びつくことはおよそ無縁である。人権主体の普遍性という柵に隙間ができた場合には、人権は直ちに人権でなくなり特権へと変質してしまう。権利と普遍的な主体が結合する以前は、すべての歴史的権利はともに特権であり、人権ではなかった。主体のもつ普遍は、人権があらゆる歴史的権利と区別できる最も顕著な特徴であって、主体の普遍も権利自身の発展過程における一つの質的飛躍でもある。

　人権の普遍性は少なくとも下記の内容を含んでいる。（一）人権はすべての人に及ぶ。人間に享受される権利はそのすべてが人権であるわけではないが、同時に、すべての人に同等に享受され得る権利こそが人権である。ある権利を甲という者だけが享受している場合、甲という者の権利に過ぎず、ある権利を乙という者だけが享受している場合には、乙という者の権利に過ぎない。ある権利はすべての人が享受すべきもので、しかもそれが享受できてこそ、普遍的な「人」の権利となり人権になる。人権は甲から乙へ、乙から丙へ、丙から丁へ、戊からさらにすべての人に及ぶ。「自己から他人へ」と「これよりそれへ」というのは、人権がもつ特有の思考方式であり、人権がもつ特権に対する反抗は、このような普遍的な広がりのなかにある。（二）

人権にはいかなる外在条件も付随する必要はなく、すべての人に及ぶ。人権には内在的な自己制限があり、すなわち「自分に利をして他人に損害を被らせない」ことである[2]。人権が成り立った時点、すでに自ずと条件をつけるようにしたからである。このような条件に符合しないのは人権ではないため、人権主体が人権を享受する場合には、なんら外在的条件の付随を必要としない。主体の人権享受はそれが十分にあることを恐れるのではなく、その不足を恐れる。人権はその内在的な制限に服従するので、外在的制限は必要でない。人権の自律と他律（すなわち、人権の内部、外部制約）は主体が享受し、行使する人権だけを保障し、内在的要求に符合する人権であって、内在的要求以外に付加して要求をするものではない。（三）人権はいかなる状況であっても剥奪されることなく、すべての人に及ぶべきである。「人権の獲得は、最初から他人もまた同じ条件で獲得できるという原則に従うものであるから、あらゆる人の人権は必ず他人の人権との調和において取得できる、その統一にほかならない。」[3] 誰であろうとも自分の有する人権を享受する場合に、他人に損害を与えるようなことがあってはならず、また同様に、他人の人権を剥奪して利益を得るようなことがあってはならないのは当然である。人の人権の剥奪する、あるいは何らかの外在的条件付きで人に人権を与えるようなことは、人権の普遍性に対する挑戦を意味するものである。

　普遍性は人権のもつ不動の属性であり、人権の普遍性と人権が普遍的に認められることとは異なった概念である。普遍的な人権はほぼ三種の形態を以って人びとの認識に繋がっている。一つ目は、すでに普遍的に認められている人権であり、たとえば生命権と尊厳権である。人権観念の普及は第二次世界大戦後、『国連憲章』と『世界人権宣言』の発表から今日に至る半世紀で、人権の概念と人権の内容は飛躍的に発展し、人権の国際基準（または人権の共通標準とも呼ばれる）はすでに確立されている。これらは全人類の共通の道徳判断と価値観の方向性を体現して、世界で公認される普遍的な人権である。二つ目は、現在、部分的に認められている人権である。一部の普遍的人権は未だに世界的に認められておらず、たとえば宗教、信仰の自由は、政教

2）　拙作「人権の境界について」、『当代人権』1992年版、85頁。
3）　2）と同じ。

一体の国もしくは国教を定めている国では否定されている。実質上、これらの普遍的に認められる人権も殆ど少数人が認めるものから多数人が認めるものへ、さらに普遍的に認められるという過程を辿っている。たとえば、発展権という概念は第二次世界大戦後、発展途上国が平等的な発展の機会を得ようとする過程で初めて提起したものであり、十年近く紆余曲折を経て初めて国連総会で承認され、1986年12月4日に『発展の権利宣言』が正式に可決され、公布された。ただし、発展権についての具体的内容については、東方と西方が一致した意見達成に至っていない。三つ目は、未だに認識されていない人権である。我われが列挙できる人権は、我われが認識しただけのものであるが、我われの視野以外にさらにどれほどの人権があるであろうか。人権は人類の自由を図る尺度であり、人権が豊になればなるほど、人類が享受する自由はより十分なものになる。だが人権が追求するのはより完璧な人間の生存状態であるから、人びとは現実に対する不満と反抗のなかで、新たな人権を次第に見出し提起するようになる。従って、人権の体系は開放的であり、その発展は無限であるといえよう。

　人権の普遍性は人権の内在的な規定性として、現在、人びとがそれに対する認識の程度によって影響を受けることはない。世界に普遍的に認められる人権は普遍性のある人権で全人類に適合し、普遍性のある人権以外に特殊な人権が存在し、異なる国と地域に適合する、それによって甲の人権と乙の人権が同じものでありながらも異なるところもあるという認識は適切ではない。人権の普遍性は人権の特殊性を否定するものではない。ただ普遍性のある人権と特殊性のある人権は並列する権利関係ではなく、それは二者の関係は同一次元における分断し対立する関係ではなく、異なった次元で相互に関連する関係である。人権の特殊性は二層の意味合いをもっている。第一は、特殊な人権主体の人権の特殊性を指す。特殊な人権主体は主に婦人、児童、老人、身障者など社会の弱者及び種族、宗教、言語、文化の意味でいう少数者及び逮捕された者、受刑者、無国籍の者などのグループを指している。普遍的な人権を実現する過程において、これらの特殊な人権主体に対して特殊な保護をしない限り、これらの人びとの人権は真実性を失って、見えはするが入手することはできず、描いた餅を以って飢餓を凌ぐというような人権に

なってしまう。特殊性を認めるのは人の形式平等に対する止揚であり、また人の実質的平等に対する追求である。特殊性のある人権から派生する特権と歴史的な権利としての特権には本質的区別がみられる。前者は普遍性的人権の実現の手段に過ぎず、後者は自身以外に他の目的がない。前者の権利主体は普遍的人権主体のなかにいる弱者と身障者であって、後者の主体は正に弱者と身障者を除いた社会の強者である。前者は社会的権利の総和を増やすが、後者は社会的権利の総和を減らす。人権特殊性の第二層の意味合いは、異なる国と地域は歴史伝統、文化、宗教、価値観念、資源と経済など要素の差異であり、人権の十分な実現を追求する過程においては、その具体的方法、手段とモデルは多様であって、人権の基本原則に背かない限り、一致を強要してはならない。中国の国家主席江沢民は1997年、アメリカを訪問した際の談話で「人権問題は普遍的な意義を有する」が[4] ただし、「人権は歴史の産物であり、それの十分な実現は個々の国家の経済、文化水準と関係し、次第に発展する過程である」と指摘した[5]。1993年世界人権大会で可決した『ウィーン宣言と行動綱領』は、人権の普遍性を強調すると同時に「民族特性と地域特性の意義、および異なる歴史、文化と宗教背景」に配慮するべきであると指摘した。まさに人権の特殊性が人権の豊富性を作り出し、人権の普遍性は豊富多彩な普遍性であるべきで、普遍性はこのような特殊性の中に含まれているのである。ただし、人権の特殊性はどの次元のことを言っても飽くまでも人権保障次元の属性であり、人権の普遍性に影響することができず影響もせず、その反対に人権の特殊性があって初めて人権の普遍性は十分に実現できる。それらは、こちらが消えたらそちらが増えるという関係でなく、共生共栄の関係である。人権の特殊性が日増しに少なくなり、人権の普遍性が次第に増えるという認識は、人権の普遍性に対するある種の誤解でもある。

近代の人権は異化される方式で生まれ、『世界人権宣言』において初めて

---

4) 1997年10月30日、米中協会等6団体の主催の昼食会で行った中国国家主席江沢民の演説、「中国とアメリカの生産的戦略パートナー関係の建設に努力しよう——江沢民主席のアメリカへの外交訪問」、世界知識出版社、1998年版、38頁。

5) 4)と同じ。

普遍的な人権主体をはっきりと宣告し、人権普遍性の特徴を復活させた。主体の普遍性の確立は、人権が異化から復帰する最も価値のある転換である。

II　文化における人権観

　人権は人類の文化発展の産物であり、文化の伝統は人権観の形成に深刻で広範な影響を与えた。

　人権主体観を例に上げよう。近代の人権観は西方に起源をもっており、西方文化の最も顕著な特徴は、自由と個体を重視することである。古代ギリシャはソロン改革期に個人の権利概念が現れ、古代ローマ法はさらに私人平等と個人の自由を表す一連の法律原則を確立した。

　ヨーロッパ中世期の神権が圧倒的に強かった暗黒な時期においても、個人の自由と権利の平等という伝統は依然として挫けることなく継続し発展した。さらにキリスト教においても「人の普遍的な同胞関係」という信仰があり、人を平等で独立した個体としての人であると見なす。12世紀以後、宗教改革とルネッサンスが喚起した強烈な個人主義の人間性意識と、ローマ法の復興により貢献してきた貴重な私人平等の権利意識は、近代人権理論の誕生の確かな基礎となった。古典自然法理論は、最終的に自然権の形式を以って人権の概念を表現し、しかも古典的自然法にいう自然権は、明らかに人類全体から独立する個体としての人（individual）を対象とするものである。このような個人主義と自由主義の文化的背景の下で発展してきた人権概念は、その主体が自ずと個人であると定められるようになった。したがって、『バージニア人権宣言』や『独立宣言』でも、また『人権と公民の権利宣言』においても、例外なく個人を対象としている。個人を全体から切り離し、個人の権利を国家の権利の上に置いて、個人の権利が国家の権利に侵されないよう保障することは、西方の個人主義的人権論の基本原則であるといえよう。

　個人至上の文化伝統以外に、西方文化のなかには二種類の危険な意識、すなわち、種族差別意識と性差別意識が潜んでおり、この二種類の意識は近代西方の人権主体感に大きな影響を与えた。西方の種族差別の伝統は根が深く鞏固なものであり、とくにアメリカにおける種族主義は、一つの歴史的な文

化として広汎に政治、経済、社会生活の多分野に存在し、長期に亘り、支配的な地位をもち、社会の主流思想となっている。種族差別文化が近代の人権主体観に影響する最後の結果は、いわゆる「下等種族」は理論上、人権主体の外に排除され、「独立宣言」の中にある「生まれながの平等」である「人」には、当然のことながら奴隷、黒人、インディアン人、さらに中国人、日本人、メキシコ人などの人種は含まれない。近代西方の文化は、種族差別の伝統をもった媒体であるから、近代西方の人権主体は自ずと女性を排除した。アメリカでは1920年になって、ようやく憲法改正案で女性に選挙権を与え、フランスの女性は1944年にこの権利を手にした。1948年に起草された『世界人権宣言』は、人権概念についての表現で遂に「human rights」と「rights of man」に取って代わり、女性は人権主体としての地位がようやく正式に確立されることとなった。

　20世紀に入ってから、アジア、アフリカとラテンアメリカでは自分なりの人権概念を育てた。これらの人権概念は、近代西方の人権概念と異なる鮮明な文化的特徴をもっている。たとえば中国の人権観がそうである。西方で古代ギリシャ以来の商品交換の普遍的な発展が個人所有制の経済構造を形成し、個人意識の発展を促進させた。ところが中国は西周時代から氏族家長制度及びそれと緊密に結合する分封制度を確立し、家と国が一体化になり、天子から平民までが普遍的な人間の従属関係を形成した。西方文化における「人」は、他人と分立し対抗的、外制的、欲望的、私利的、他人と戦うという利益主体であり、絶対的な個体人「individual person」であるが、中国の伝統文化における「人」は氏族家長制度の人倫関係にあり、義理の人であり、内省的、譲与的、利他的、他人との調和を図る道徳主体である。西方文化における「人」は、集団から独立しているのみならず、集団より優先的で高い次元にあるものである。これに対して中国伝統文化における「人」は、他人、自然界、社会、家族、民族、国家というような全体とは、実質的な意味で同一性があるものと見なされ、個人は社会関係というネットワークに存在して初めて有意義なものとなる。しかも個体が集団に従属するのは、まず集団のために奉仕し、人びとは集団の中における責任と義務を守らなければいけない」[6]。「人が群れることで人間として成るのは、儒家学説の基本的目

標である」[7]。孔子は、人は七十歳になって初めて慣習を破ることなく、自分が思った通りに行動できるようになると述べ、このレベルに達するまで人は完璧ではなく、独立した個人としての地位を有しない、という。中国の伝統文化を背景にする中国の人権観（その分析と表現では、大いにマルクス主義理論の影響を受けている。しかも、マルクス主義が中国で受容されることには、マルクス主義が同じく集団を重視することと関係がないわけではない）は、西方の人権観と比べ主体について顕著な差異があり、「人」を単行的、抽象的、孤立する個体としての人と見なすことに反対して、「人」は歴史的、社会的、具体的な人であると主張する。歴史上、中国伝統文化の影響を受ける東アジアと東南アジアの大多数国家でも、人権主体観について類似した観点を有している。

　集団的人権を要求するのは、発展途上国の人権観の一つ共通の特徴である。発展途上国は植民者に侵略されるという同じ屈辱の歴史を共通し、植民侵略が齎した苦痛と恥辱は、彼らの民族心理と民族文化に深刻な影響を与えている。覇権主義と強権政治は今日においても未だに存在し、アンフェアな国際政治、経済関係は、発展途上国の経済発展の追求にとって最大の障害である。歴史を通じて、彼らには民族が一つの集団となって外来の不公正に対抗する権利があり、それが個人の権利実現の前提と基礎である。このことは人権の主体には集団を含むべきであることを認識させる。ムスリム国家は、宗教から出発して集団の権利を強調する。イスラム教徒は集団的な幸福を尊重している。イスラム教、すなわちサリアによれば、すべての権利はアラーの賜り物であり、個人は主権をもった実体でなく、人権は個人の権利でなく、集団の権利と考えられている。アフリカの伝統文化は人とは集団の中にあるものであって、集団には対立的側面があるとはみていない。アフリカの特色のある人権からすれば、その集団の権利はさらに強調されるべきで、集団の権利は少なくとも個人の権利と同様な尊厳を享有するべきものと認識されている。

6）　夏勇著『人権概念の起源』、中国政法大学出版社、1992年版、第185頁。
7）　包天民著「中国の人権観を決定する文化的、政治的要素」、白桂梅主編『国際人権と発展』、法律出版社、1998年第一版、34頁。

人権内容についての異なる理解も、文化の特徴を体現する。民主と科学は、近代における西方の両大文明伝統である。西方の古典人権論の発展過程は、西方の民主政治が発展する過程でもある。西方の封建時代をみれば、それは思想の禁圧と宗教的圧迫による最も暗黒な時代であった。このような歴史的文化背景の下で発展した人権観念は、民主と自由を最も尊いものと認識せざるを得ない。『世界人権宣言』は、初めて人権を二つの大きな種類に、すなわち公民の政治権利と経済、社会、文化の権利に分けた。この二種の人権において、西方の人権観はことのほか公民の政治的権利を好む。西方の人権観によれば、一般的に公民の政治権利はいち早く実現する権利であり、経済、社会、文化の権利は国家が最大の能力を発揮し相応の措置をとって次第に実現する権利であって、前者は後者よりもっとも重要で緊迫性があると認識されている。だが、一部の西方の人権学者は、さらには経済、社会、文化の権利が人権の範疇に属することを否認している。たとえば、イギリスの学者M.クランスドン（克蘭斯頓）は、人権を判断する三つの特徴に、すなわち実用性、最重要性と普遍性をあげ、経済、社会、文化の権利がこのような特徴に符合しないので、これらを人権に含ませてはならないという。だが、これと逆に大多数の発展途上国は、植民地による搾取と圧迫から脱出する過程において次第に彼らの人権観念を確立したが、貧困は彼らにとってもっとも緊急性のある問題である。こうしてみると、大多数の発展途上国においては、衣食の充ちた暮らしこそが優先されるべき人権であり、その生存と発展が保障されてこそ、はじめて公民の権利と政治の権利の実現を云々する余裕が生まれというものである。

　多元の文化は、多元的な人権観を作り出すといえよう。人権認識についての分岐と衝突は、現在、国際的な人権のフィールドが抱える最大の問題である。そうしたなかで、西方で広く流行している文化優越主義は人権の実現にとって大きな危険を孕んでいる。文化優越主義の思潮は、本世紀に人権に対して二度の大きな災いを招いた。第一次世界大戦は文化衝突を背景にしたものであり、第二次世界大戦はまぎれもなく文化優越に基づく種族優越が戦争の駆動力になった。東方にある日本で明治維新が起きたのは、その歴史的背景において漢学を捨て、「蘭学」[8]を手本にしようとしたことに起因する。

東方のルソーとも呼ばれる福沢諭吉は、日本における文化進化論の始祖であるのみならず、日本の軍国主義思想の生みの親でもある。彼の文化代替論は、彼の「植民地になるよりも宗主国になる」という政治的な軍事観に結びついている。日本は、なぜ東方の国でありながら最終的に西方と同一歩調をとって、終に中国とアジアに対して民族に致命的な災害と悲運をもたらす元凶になったのであろうか。その原因を追究すれば、最も重要なことは1894年日清戦争で初めて勝利した日本の軍国主義分子が、これを文化選択の勝利の結果であると信じたためであり、東方の専制主義と西方の文化優越論が結合したことによって、東方のファシズムは西方のファシズムよりも酷くなってしまったことに起因する。日本民族が心理上、前世紀末に次第に形成した優越感は、日本が有する文化が、傲慢にも儒学の影響を受けた東方の文化を超越したものと自大し、このことは日本民族が東方にいながら西方に頭を下げて敬服し、東方に対しては高慢な態度に終始する原因である。ファシズム主義形成と変化の歴史は、文化において優越感をもつ者が、人種上あるいは民族上においても優越感を持ち、その遂行する政治、経済、軍事及び対外政策が、自分の固有の基準を尺度として他人に対して厳しく強要し得ることを証明している。人権分野にみる文化優越主義の直接的表現は、種族と民族の差別的対応、並びにイデオロギーにおける、いわゆる低劣種族に対する蔑視にほかならない。実際に、アメリカ初期のインディアン人に対する政策と、現在、依然として社会の主流意識として残存している白人の優等観念は、人権の標準からみればファシズムと何ら変わるところはないのではないか。現代の西方の人権観は、つねに優越者としての声色で他国を非難し、また世紀末の人権外交及び人権を口実に挑発した戦争、あるいは経済制裁などの新たな人権現象は、やはり文化優越主義が人権主体観として顕現したものであるといってよいであろう。自分の基準を以って世界がこれに従うよう強要するというのは、世界的な範囲における人権保護分野にとって最大の危険となる。

---

8) 日本では明治維新以前、漢字や儒家文化を「漢学」といい、それに対照してオランダから伝来した欧州文化を「蘭学」といった。日本人は最初、オランダを通じて、しだいにイギリス、フランス、ドイツ、イタリアを知ることになった。

Ⅲ　人権文化

　1993年、アメリカの学者サミュル・ハンティトン（Samuel Phillips Huntington）は、未来の世界的な衝突は、文明の衝突であり、西方文化と非西方文化の衝突であり、しかも儒学文明とイスラム教は、西方文化にとって大きな脅威である、と指摘した。したがって、彼は東方の文化を抑止することによって西方の文化と価値観を守ることができると主張した[9]。これに鋭く反対した、シンガポールとマレーシアを代表とする東南アジア国家は、「アジアの価値観」と「東アジア文化」を熱心に主張したのである。日本では「再アジア化」を訴え、アラビアでは「再回教化」を提唱し、インドでは「インド教復興」活動を起し、漢字文化圏では「新保守主義思潮」（新儒学思潮）が現れた。これらは、すべて西方文化の侵略に抵抗するために、自分の本土文化の優秀な伝統とその発揚を唱導するものである[10]。

　人類の文化発展の歴史は、文化というものは複雑であって、単純なものでないことを示した。その歩みから明らかなことは、相互接触の人類文化においては、およそ一つの文化は、自己生成と閉鎖のなかでは、決して発展することはないということである。ほぼ全ての現存文化には、自生のオリジナル文化と外来文化が含まれており、そこには自生のオリジナルな伝統と外来の伝統が含まれ、さらに各種の文化と伝統は溶け合って、彼方の中に我があり、我の中に彼方があり、どれがオリジナルでどれが外来のものか、はっきりし難くなっている。いわゆる「アジア文化」とはいっても、一つ完全にまとまった正確な概念ではない。アジアの一員としての日本は、明治維新前に主に中華伝統文化を受け入れ、明治維新からドイツの文化を受け入れ始め、第二次世界大戦後、アメリカの占領下でアメリカ文化の要素を取り入れてい

9）　サミュル.P.ハンティトン著『文明の衝突』（Samuel Phillips Huntington, The Clash of Civilizations and the Remaking of World Order, 1996）、新華出版社、1998年版を参照。

10）　周運清「世界化：東西融合の未来文明」、沙蓮香等著『中国社会文化心理』、中国社会出版社、1998年第一版、40頁。

る。韓国の文化も日本に類似し、東方文化と西方文化の融合による産物である。インドネシア文化とマレーシア文化は典型的なイスラム文化であり、タイ文化は仏教を主導とするものである。伝統な中華文化も儒家文化が主流であるが、道家、法家及び仏教思想の知恵を取り入れている。したがって、「アジア文化」そのもの自身は非常に複雑な文化の融合体であるといえよう。同様に、いわゆる西方文化もその内部構造は極めて複雑なものである。ヨーロッパ大陸のすべての文化は、およそ古代ギリシャと古代ローマ文化の影響を受けないものはない。また東方文化も西方文化にヒントを与えたこともあった。たとえば、イスラム文化は暗黒のヨーロッパ中世紀に微細な明かりを送ったこともあったのである。よく見られるように、文化の衝突と同時に文化の融合も進行するものである。

　20世紀は人権思想が迅速に普及し発展した世紀で、また各種の人権観念が激しく衝突し拮抗した世紀でもある。こうした衝突と拮抗の過程において、さまざまな人権観念は自己表現をしたばかりでなく、相手についても理解を示し、その融合も緩やかに進んでいる。西方の個人本位の人権思想は理論的に批判され、実践の面で衝撃を受けたが、その後、一部の法学者によって社会本位思想が提起され、個人に対して社会と国家への責任が強調された。『世界人権宣言』五〇周年に可決された「個人、団体および社会機構が、普遍的に公認されている人権と、基本的に自由な権利と義務を促進し、保護することに関する宣言」（すなわち『人間の責任に関する宣言』）はこのような変遷を経たシンボルである。集団本位と団体本位を尊重するアジア、アフリカ国家においても、その伝統文化の構造に個人を尊重する要素をさらに多く取り入れたことにより、しだいに個人の権利分野おいて一つ一つと認められるようになった。近代に古典的な人権理論が説かれて今日に至り、人権の主体は個別主体から普遍的な主体へ、生命主体から人格主体へ、個人主体から集団主体へと三つ大きな変遷をしてきた。人権の内容も自由権本位、生存権本位、発展権本位といった三つの段階を経て、世界における大きな各種の文化類型は、それぞれの方式を通じて人権理論の発展に貢献してきたのである。

　人権の普遍性は、人権が世界的なものであることを求める。人権は地域

性、国別の具体的な文化を超え、全人類の共通する道徳追求と価値選択にならなければならない。人権に対する普遍的なコンセンサスに達成するのは人権尊重と保障の前提であり、また人権についての普遍的なコンセンサスの達成は斬新な文化、すなわち人権文化の形成によるのである。人権文化は人道主義文化と権利文化の結合であり、世界範囲における人権についての普遍的な賛同、尊重と保障の文化であり、人類文化発展の更なる高度な形態である。人権文化の形成は必要であり、可能である。各種異なる文化はいずれも一定の人権尊重という積極的な要素を含み、またこれらの人権尊重という積極的な要素は、平等な交流と意志の疎通を通じ、相互にモデルにしあい浸透しあう過程で、必ず融合し昇華することになるであろう。第二次世界大戦後、人類が人間への対応について達成したコンセンサスは限定されてはいたが、人権文化の形成のために、その基礎を築いた。人権文化は西方のものでも東方のものでもなく、インドのものでもイスラムのものでもなく、いかなる既定の文化を中心とするもでもない。それは人類のすべての優れた文化の調和と融合であって、すべての人類に帰属するものである。西方文化はすでに人権文化のために貴重な貢献をし、儒家の「仁者、人を愛する」という観念、調和の観念、個人が社会に対して責任を負う観念、君子が「和」でありながらも、異なるという寛容の観念も、人権文化の重要な組成部分になろうとしている。

　文化は多様性を有し、文化間の差異と分岐は長期に存在するが、その差異の中に調和を求め、衝突の中に融合を求め、人権の尊重と保障を目標とする世界的な人権文化を目指すのは、21世紀の人権学者にとって不可避の重要な課題である。新旧世紀の交替に当たり、人権の拮抗によって「人権大国」で形成される人権の政治化、人権の道具化と人権のイデオロギー化などの「人権の覇権主義」と「人権の強制主義」は、人権文化を建設するさい、最初に一掃するべき最大の障害と危険である。

※原載：徐顕明「対人権的普遍性与人権文化之解析」、『法学評論』双月刊、1999 年第 6 期（総第 98 期）。

第2章　中国における農民の権利
――無差別の原則と人間の尊厳――

龔刃韌（Gong Renren）
徐　寅 訳

序
I　無差別の原則は人権尊重の基本的前提である
II　中国における農民の身分問題
III　中国における農民に対する差別待遇
IV　無差別の原則と中国政府の義務
結　農民と人間尊厳の尊重

序

　中国では、改革開放の前に差別を受けた団体は主に「黒五類分子」とその家族だと言えるなら、改革開放以来、差別を受けている最も大きな団体は中国における人口の大多数を占める農民である。言うまでもなく、「黒五類分子」は「人民の敵」として差別されていたのみならず、「無産階級専政」の対象ともなっていた。一方、憲法第1条の規定によると、「工農連盟」の一員として、農民階級は従来から人民の枠内に属している。
　2004年以来、中国共産党中央の毎年公表する「一号文件」が連続数年「三農」（農民、農村、農業）問題に注目しているが、ある一面では、「三農」が長期的に中国における最も基本的な社会問題であることを示している。「三農」の核心は農民の権利問題である。一国における農民の権利を、重要問題としてもっぱら取り上げることそれ自体、非常に特別で重い意味を持っている。

I　無差別の原則は人権尊重の基本的前提である

1　無差別原則の形成過程

　無差別の原則は、第二次大戦の末期から国際人権文書に現れた。国際労働機関憲章の一部として、1944年の「フィラデルフィア宣言」第2条の(a)は、「すべての人間は、人種、信条又は性にかかわりなく、自由及び尊厳並びに経済的保障及び機会均等の条件において、物質的福祉及び精神的発展を追求する権利を有する」と宣言している。「フィラデルフィア宣言」は「人種、信条と性」の三つの面で差別を禁止する。

　1945年の『国際連合憲章』第1条3項は「……人種、性、言語又は宗教による差別なく、すべての者のために人権及び基本的自由を尊重するように助長奨励することについて、国際協力を達成すること」と規定され、第55条の(c)も類似する規定があり、「人種、性、言語、宗教」の四つの面についての無差別を提唱し、「フィラデルフィア宣言」に比べ「言語」の無差別に関する規定が加わった。

　1948年の『世界人権宣言』の第2条は、「すべての人は、人種、皮膚の色、性、言語、宗教、政治上その他の意見、国民的若しくは社会的出身、財産、門地その他の地位又はこれに類するいかなる事由による差別をも受けることなく、この宣言に掲げるすべての権利と自由とを享有することができる」と規定し、無差別原則の包摂は更に拡大された。よって、『世界人権宣言』が『国際連合憲章』にくらべ「皮膚の色、政治上その他の意見、国民的若しくは社会的出身、財産、門地その他の地位」などの新たな内容が加わった。それ以降、国連の主要な人権条約が無差別の原則に関する場合には、基本的に『世界人権宣言』における上記のような言葉遣いに従っている。

（1）　無差別原則の定義

　無差別原則は、既に重要な国際人権文書によって繰り返し規定され、または確認されてはいるが、前述の『フィラデルフィア宣言』、『国際連合憲章』及び『世界人権宣言』には「差別」という言葉が明確に解釈されていない。「差別」の概念について解釈し始めたのは、国際労働機関が1958年に採択し

た『差別待遇（雇用及び職業）条約』（第111号公約）である[1]。上記公約第1条1項(a)は、「差別」という言葉を「人種、皮膚の色、性、宗教、政治上の意見、民族的出身又は社会的出身に基づいて行われるすべての区別、除外又は優先で、雇用又は職業における機会又は待遇の平等を破り又は害する効果をもつもの」と定義したのである。

その後、1960年の『教育における差別を禁止する条約』第1条1項、1965年の『あらゆる形態の人種差別の撤廃に関する国際条約』第1条1項、1979年の『女子に対するあらゆる形態の差別の撤廃に関する条約』第1条は、それぞれ教育、人種及び性についての差別について解釈した。しかし、上記条約は、すべて特定団体か特定分野に関する規定である。総合的人権条約としては、「市民的及び政治的権利に関する国際規約」によって設立した機関――自由権規約人権委員会が当該公約の無差別条項（第2条1項）に関する解釈が、一般的な参考価値を持っている。1989年に人権事務委員会が差別をなくすことに関する第18号一般的意見において、本規約でいう差別という言葉は、人種、皮膚の色、性、言語、宗教、政治的意見その他の意見、国民的若しくは社会的出身、財産、出生又は他の地位等によるすべての差別であって、その目的または効果はいかなる人間が平等にすべての権利と自由を認識または享有することを否認または妨害するものを指す[2]と示している。

もちろん、国際人権文書は、列挙されている差別の理由を窮めつくしているわけではない。人権条約に規定された無差別の理由以外、多くの国においては、その他の差別が存在している。たとえば、障碍者、同性愛者、伝染病患者への差別及び学歴、財産、身長、年齢に関する差別が存在する。その中には、法律と道徳に関する争いと混交している差別問題もある。各国において多様な差別現象が存在するため、差別という言葉のなかに包摂されている観念それ自身はまだ発展しつつある概念である[3]。それゆえ、社会の発展に

---

1) Michael P. Banton, Discrimination, Buckingham of Philadelphia: Open University Press, 1994, p. 7.
2) HRI/GEN/1/Rev.9 (2008), p. 197, para. 7.（中国語版第197頁、第7段）。
3) Banton, supra note 1, p. 9.

従って差別の包摂も拡大されるわけである。

　指摘すべきことは、無差別の原則はすべての差別待遇を禁ずるわけではないということである。合理な理由に基づく差別待遇もある。たとえば、各国において外国人の政治選挙権の制限、特殊職業（外交官、医師、軍人など）に関する言語、学歴、身体条件などの特定な要求、正常な退職年齢は高齢者の就職願望への差別にはならず、選挙権の年齢制限も児童への差別にはならない。

　各国の法制度または当局の政策には、差別の動機または目的があるかどうかにもかかわらず、いかなる人間であろうと平等に、すべての権利と自由を認識し、または享有することを否認または妨害する効果が発生した場合は、差別に該当する[4]。無差別の原則が保護すべき対象は個人のみならず、団体も含まれている。その理由は、差別の理由は特定の団体に立ち向かうことが多いからである。差別を受けている団体は弱者団体と呼ばれる。

2　差別における多様な形式

　差別の性質と内容については、異なる分類法がある。これは主に差別を公的差別と社会的（私人の間の）差別の二つの形式に分けられる。前者の例としては、当局の政策または法制度上の差別がこれに該当し、後者の例としては、人々が社会の偏見と古い道徳・習俗による差別及び企業における差別などが該当する。公的差別と社会的差別は時々つながっている、または相互に作用している。たとえば、20世紀前半におけるドイツ社会のユダヤ人への差別がそれに該当する。社会的差別は公的差別がもたらす結果になることが多い。20世紀50年代から70年代における中国社会の「黒五類分子」とその家族への差別がそれに該当する。

　故意による差別であれ、意識しないでした差別であれ、差別する者にとっては、他人またはある団体を差別するのは心理的満足または小用にすぎない。だが差別される者にとっては、心の傷が深く感じられ、そのダメージは更に彼らに生涯影響を及ぼす[5]。したがって、差別への反対については、教

---

4) Matthew C. Craven, The International Covenant on Economic, Social and Cultural Rights: A perspective on its Development, Oxford: Clarendon Press, 1995, p. 166.

育は非常に重要であり、特に人には、差別された人々の立場に立って考えるように教えることが大切である。

（2） 無差別の原則と平等原則

　無差別と平等は同じ原則の両面ということができるが、両者のあいだには違いがある。その違いを最もよく体現できるのは、アメリカ合衆国最高裁判所が1896年に「プレッシー対ファーガソン裁判」によって確立した「分離すれども平等」(separate but equal) 原則である[6]。その判決はアメリカ合衆国憲法修正第14条が各人種のために名義上平等または類似の施設を提供することを前提に、人種隔離を認容したことを意味する。その原則があってこそ、アメリカが半世紀以上にわたる黒人及び有色人種に対する人種隔離及び差別の制度が維持できた。1954年の「ブラウン対教育委員会裁判」に至り、「分離すれども平等」の原則が最高裁判所によって覆された[7]。したがって、平等は形式的平等と実質的平等に分けることができるから、無差別の原則が形式的平等とは限らない。無差別の原則が実際の効果を重視し、特に経済、社会及び文化に関する権利の面においては相当な結果平等の要素も含んでいるから、当該原則は「機会的平等」と「結果的平等」を有機的に結びつかせる紐帯である。無差別の原則は平等原則によって明確に標的をしぼりやすく、より操作しやすくさせたのである。

　人権条約の締約国にとっては、無差別の原則は条約の趣旨と目的を表現できる核心的義務であるから、関連する無差別条項に対して留保を申し出るわけにはいかない[8]。無差別の原則が人権条約によって幅広く認められ、さらに特定の面では、当該原則がすでに国際慣習法上のルールになった。たとえば、人種差別の禁止原則が国際裁判所に「対世的義務」(obligation

---

5） 林賢治編：『烙印：「教育を行うことができる子女」の集団記憶』、花城出版社、2010年、（序言部分）第2頁。

6） Plessy v. Ferguson, 163 U.S. (1896), 537, 544.

7） Brown v. Board of Education of Topeka, 347 U.S. (1954), 483, 495.

8） LiesbethLijnzaad, Reservations to UN-human rights treaties: Ratify and Ruin? Martinus: Nijhoff Publishers, 1995, p. 187, 291. 人権事務委員会は1994年に第24号一般性意見にも『公民と政治的権利の国際公約』第2条1項は留保することができないと指摘した。HRI/GEN/1/Rev.9 (2008), p. 212, para. 9.

ergaomnes）と認められている[9]。他の例としては、国の政策としての性的差別に免れる自由も国際慣習法の原則となった[10]。要するに、無差別の原則は人権保護に関する最も基本的な原則である。1989年に人権事務委員会が一般的意見18号では"差別を禁じ、法律の前の平等及び差別なき平等の保護は、人権を保護するための基本的かつ普遍的な原則である"と指摘した[11]。

II 中国における農民の身分問題

1 中国における農民の身分が固定される歴史的成因

「文化大革命」が終わるまで、頻繁に発生した政治運動及び長期にわたって「階級闘争」が中心となったので、社会通念上、差別されているのは主に「地、富、反、壊、右（地主、富農、反革命分子、破壊分子、右派）」の黒五類分子とそれらの家族であった[12]。しかし、改革開放政策が実施されてから、「黒五類分子」の汚名がそそがれ、都市部経済における高速成長にともない、都市と農村の格差が日増しに拡大し、農民がその身分によって不平等に扱われるという問題が次第に現われてきた。

農民という言葉は、もともと農業の生産を職業とする人々を指しているが、中国では、"農民"が特定の身分の一つであることを意味する。農民という身分は、特殊な歴史時期のなかで形成されたものである。20世紀50年代において、中国が「ソ連モード」によって、重工業優先の方針が確立され、農業集団化が実現された後、農民に対する差別的な扱いの制度的な要素が現れた。1958年1月9日の「戸籍登記条例」には、初めて行政立法の形式で農民による都市部への移住制限が確立され、農民の居住・移転の自由と

---

9) Case Concerning the Barcelona Traction, Light and Power Company, Limited (Belgium v. Spain), Judgment, I.C.J. Reports, 1970, p. 32, paras. 33 and 34.
10) Restatement of the Law, third, Foreign Relations Law of United States, §702, Comment, 1 gender discrimination, Vol. 2, St. Paul. Minn.: American Law Institute Publishers, 1987, p. 166.
11) HRI/GEN/1/Rev.9 (2008), p. 195, para. 1.
12) 本書第一章第一節を参照。

いう当時の憲法によって確認されていた権利が剥奪された[13]。その後、戸籍は、都市部の市民と農村部の農民を区分する基本的な身分標識となった。農業戸籍は特定の社会的身分であるのみならず、終身的身分と世襲的身分を象徴するものである[14]。現在の中国でも、農業戸籍を持っておれば、たとえ非農業に従事し、または都市部に居住しているとしても、依然として身分上の農民である。したがって、中国における農民が受ける差別は、職業上の差別ではなく、身分的差別である。

　イギリスの法制史学者のメインは、古代から近代に至る進歩的社会運動の規律を分析する際、そのような運動の特徴は「同族に従属することの消滅とともに、個人義務の増やすことである」、つまり、「身分から契約」という運動であったと指摘した[15]。しかし、中国における20世紀50年代以来の社会運動は、メインの言った「進歩的な社会運動」とは背馳し、固定的な身分をもって農民という最大の社会団体の社会地位を確定している。それも中国社会は、いまだにある面では前近代的な社会の痕跡が色濃く残っていることを示している。

　20世紀50年代における都市・農村二元構造の形成過程においては、中国の執政党とそのリーダーは、主観的に農民を差別する動機を持っていたわけではなく、一時的に農民の目前の利益の犠牲は、最終的に農民の長い目で見た利益にとって有利であると考えていたにちがいない[16]。しかし、20世紀50年代以降、一連の農民の目前の利益を犠牲にした政策、立法及び措置は、農民の長い目で見た利益をもたらさなかったばかりか、農民が長期にわたって差別される結果を導いたのである。

---

13) 1954年の中国憲法第90条2項は「中華人民共和国の公民は居住及び移転の自由がある」と規定されたが、1975年、1978年及び1982年の憲法には移転の自由に関する条項は存在しなくなった。

14) 俞徳鵬：『城郷社会：隔離から開放へ――中国の戸籍制度と戸籍法に関する研究』、山東人民出版社2002年、第52頁。

15) ［英］メイン：『古代法』（Henry S.Maine, Ancient Law, 1861.）、沈景一訳、商務印書館、1959年、第97-98頁。

16) 『毛沢東選集』第5巻、人民出版社1977年、第105頁。

2　中国における独特の「農民工」現象

　改革開放以来、都市建設の加速と、政府における農村労働力の出稼ぎに関する政策の緩和が原因で、農村労働力の都市部への大規模移動の高まりが現れた。1995年から2005年までの間、全国の出稼ぎ農村労働者は1.12億人に増加した[17]。2007年に農民工の人数はすでに2.74億人に増加した[18]。2014年の「国民経済・社会発展統計公報」によると、全国の農民工は2.74億人もいた[19]。2006年に国務院研究室の公表した『中国における農民工に関する調査研究報告』によると、農民工は第二産業従事者数の58％、第三産業従事者数の52％を占めていた。一方、加工製造業従事者数の68％と建築従事者数の80％も農民工であった。同時に、都市部の家政、飲食、修理、環境衛生などのサービス業の従事者の90％以上が農民工であった[20]。

　それにしても、農民にとっては都市部へ出稼ぎや商売のために移動することで農民の身分が変えられるわけではないにもかかわらず、「農民工」という中国における特有の呼称が使われてきた。「農民工」とは、実質上は各企業と事業単位で働くが、依然として農村戸籍を持っている人を指し、その呼称自身、身分上の差別と現実の反映という意味を持っている。1984年、中国社会科学院の『社会学通信』に初めて「農民工」という言葉が現れ、その後、その呼称は幅広く使われてきた[21]。1991年7月25日、国務院の「全民所有制企業の契約制農民労働者に関する規定」（第2条）も、初めて政府公式文書の形式で「農民工」という概念について言及した[22]。

---

17)　全国農村固定観察点弁公室：「中国における農村労働力の出稼ぎに関する状況とその特徴」、『中国人口年鑑』2006年、第310頁。
18)　新華網：http://news.xinhuanet.com/newscenter/2008-08/28/content_9730683.htm/　最終閲覧日：2015年8月10日。
19)　国家統計局：『2014年国民経済と社会発展の統計公報』。国家統計局網：http://www.stats.gov.cn/tjsj/zxfb/201502/t20150226_685799.html/　最終閲覧日：2015年8月10日。
20)　国務院研究室課題グループ：『中国における農民工に関する調査研究報告』、中国言実出版社、2006年、第7-8、90頁。
21)　同上、第2-3頁。
22)　第2条は「企業が募集する農民である契約労働者とは、農民から使用期間の一年間以上となり、労働契約協力制を実行する労働者のことであり、農民から募集する定期交替労働者も含む（以下は農民工と呼ぶ）。」『中華人民共和国国務院公報』1991年第28

3 農民である国民は、中国総人口の大多数を占めている

中国における農民数の総人口に対する割合については、二つの統計法がある。一つ目は常習居所地あるいは居住地を基準に統計するのに対し、二つ目は戸籍を基準に統計することにしている。中国政府は最近、国勢調査を行う際、一つ目の統計法を使うのは通例であった。たとえば、2010年の『第六回全国国勢調査に関する主要データの公報』によれば、中国大陸において都市部に居住する人口は6.66億人であり、総人口の49.68％を占めていた。一方、農村部に居住する人口は6.74億人であり、総人口の50.32％を占めていた[23]。しかし、国家統計局の戸籍に関する年度データによると、2012年の農村人口は9億706563人であった[24]。したがって、今に至るまでの農民身分の国民は、中国大陸における総人口の三分の二以上であり、総人口の大多数を占めている。

4 改革開放後における都市・農村格差の拡大

1978年の改革開放から1980年代中期にかけて、中国における都市部・農村部間の住民収入の格差が縮小される趨勢が短時間で現れた。たとえば1978年、中国における都市部・農村部間の住民収入の差が2.6倍近く、その数値は1985年に一度1.86倍に減少したことがあるが[25]、1980年代末以降、中国は経済の高速成長が維持できたものの、都市住民と農民の収入の差が拡大し続けている。2002年、その収入の差は初めて3倍になり、2005年には3.23倍に、2006年には3.28倍になってしまった[26]。その上、社会保障、福

期、第1001-1006頁。
23) 中央政府ポータルサイト：http://www.gov.cn/test/2012-04/20/content_2118413_2.htm/　最終閲覧日：2015年8月10日。
24) 国家統計局の年度データによると、2012年の農村人口は97065.63万人である。国家統計局網：http://data.stats.gov.cn/easyquery.htm?cn=C01/ 最終閲覧日：2015年8月10日。
25) 2006年のデータは2007年3月5日第10期全国人民代表大会第5回会議の政府工作報告によるものである。
26) 『2003年中国統計年鑑』、第344頁。『中国統計年鑑』2006年、第345頁。2006年のデータは2007年3月5日第10期全国人民代表大会第5回会議の政府工作報告によるものである。

利、教育などに関する差別待遇を加算すると、中国における都市部・農村部間の住民収入の差は実際上、最大5倍または6倍にもなった。中国におけるその差は世界で最も大きい水準になったものと思われる[27]。

国家統計局の年度データによれば、近年来、都市部・農村部間の住民収入の格差は縮小する趨勢が見られた。2014年、都市部住民が自由に使える収入は28843.85元で、農村部住民のその収入は110488.88元であった[28]。中国におけるその収入の差は13年ぶりに3倍以内に縮小したが、現在の収入差も明らかに改革の初期より大きくなり、多くの地域における農民の生活は依然として比較的に貧困である。

Ⅲ 中国における農民に対する差別待遇

中国社会にはさまざまな差別事象がみられ、たとえば、性、身分、年齢、身長、伝染病、職業、言語、宗教、種族、国籍などに関する差別が存在している。そのような差別事象の多くは社会的差別ではあるが、農民に対する身分的差別は、長期的に法律上または政策上の根拠によるものである。以下では、法律と政策を考え合せ、それを実践と結びつけて、中国における農民に対する不平等な待遇について考察する。

1 人民代表選挙権について

1954年憲法の制定から、中国は人民代表大会制度が実施されてきたが、中国の農民は長期にわたって都市部の国民と対等な人民代表選挙権を享有することはできなかった。たとえば、1953年の「全国人民代表大会及び地方各級人民代表大会選挙法」(以下、「選挙法」と略す)第20条の規定によると、当時の全人代の代表の定数配分は、都市・農村間の比率は1:8くらいになっている。1979年全人代常委会の新たに制定した「選挙法」は、都市・農村間住民の平等選挙の原則を規定せず、都市・農村間選挙権の区別をさらに

---

27) 李実、岳希明：「中国城郷収入格差調査」、『財経』第3・4期合刊、第30-32頁。
28) 国家統計局網：http://data.stats.gov.cn/easyquery.htm?cn=C01/ 最終閲覧日：2015年8月18日。

明確化・細分化した（第10、12、14条）。1982年と1986年に全人代常委会から「選挙法」に対して二度の改正が行われたが、上述の地方・全国人民代表の都市・農村の不平等な配分比率は維持されたままであった。1995年に全人代常委会が「選挙法」を三度目の改正を行ったときには、人民代表の定数配分を調整したが、都市・農村の差を8倍から4倍に戻させたに過ぎなかった（第16条）ので、農民の選挙権に対する差別は実質上変えられなかったのである。2004年に全人代常委会が「選挙法」を四度目の改正を行ったが、代表権の都市・農村の区別条項はまだ残されていた。

　中国の「選挙法」が長期的に都市・農村間選挙権の不平等を維持していたのは、「ソ連モード」の影響を受けているのが原因である。十月革命の後、ソビエト初期の憲法には、選挙権に関して農民を差別する条項が規定されていたことがある。たとえば、1918年憲法におけるソビエト大会の選挙に関する第25条の規定によれば、「都市のソビエトは25000人に1人の代表を選出し、郡のソビエト代表大会は125000人に1人の代表を選出することとする」と定められていた。1924年の「ソビエト社会主義共和国連盟基本法」（憲法）の第9条にも、政治に関する選挙で農民の差別条項が維持されていた[29]。

　中国の場合、2010年3月4日に至って、第十一期全人代が「選挙法」を改正する決定が可決されて以降、全国人民代表・地方人民代表の選挙における都市・農村人口対等の原則が初めて確立された（第14条、第16条）。2012年12月中旬から2013年1月の間、全国35カ所の選区において、2987名の第十二期全国人民代表が選出された。その選挙は初めて都市部と農村部が同一人口比率に基づいて全国人民代表の選挙を実施することとなっている。その時点は、中華人民共和国最初の「選挙法」の頒布からすでに60年も経過していた。

2　結社権について

　1950年の中国では、「組合法」と「農民協会組織通則」が同時に存在して

---

29)　『憲法資料選編』第五輯、北京大学出版社、1981年、第144、185頁。

いたが、当時に農民協会を成立したのは土地改革のためのみならず、改革が終わった後、農民協会は農村政権組織に取って代わった[30]。20世紀60年代の農村において、「農村整風整社運動」で現れた貧下中農組織の発展により、「貧下中農協会」が現れ、政治上の「階級闘争を綱にして」の思想の確立と社会主義教育活動の展開に伴い、生産隊、生産大隊などの基層組織に役割を替えて権力を行使し始めてきた[31]。「文革大革命」の時には、「貧下中農協会」は基本的に活動が停止され、改革開放以降は各地で次々と撤廃されてきた。

現在、都市部では企業、事業単位、機関が「労働組合法」（2001年改正）に基づいて労働組合を結成することができる。県級以上の都市では、労働組合以外、「社会団体」または「群衆団体」としての青年団委、婦連、文連、工商連、科協、障碍者連合会などの組織が存在するが、ただ農会は未だに存在しない[32]。農民には結社権がない以上、合法的な代弁者もいない。

3 社会保障権について

1951年の「労働保険条例」（1953年政務院改正）以降、すでに労働保険に関する都市・農村二元化の基礎が築かれた。なぜなら、その条例は農民に適用しないこととしていたからである。

1996年の「高齢者権益保障法」の23条は、都市部と農村部の高齢者に対する区別規定が設けられた。その規定に基づいて、高齢の農民は都市部の高齢者と同様に政府の救済または社会年金保険（養老保険）を享受することはできなかった。2009年から、国務院が試験的に新型農村社会年金保険を展開しようとしたが、都市・農村の格差が甚大であるため、農村部高齢者の年金は極めて少ない状況であった。2012年の農村高齢者が月に入手できる年金は都市部の5％に相当する74元しかなかった[33]。

---

30) 于建嶸：「20世紀における中国農会制度の変遷とその啓発」、『福建師範大学学報』2003年第5期、第15頁。
31) 高濤：「貧農会」、『档案天地』2011年、第9期、第17-18頁。
32) 曹錦清：『黄河沿いの中国』、上海文芸出版社、2000年、第550頁。
33) 全国老齢工作委員会：「2010年中国城郷高齢者人口状況の追跡調査に関する主要データの報告」、『新京報』2012年7月11日 A09版。

最低生活保障については、都市部の保障金は1999年の「都市住民の最低生活保障条例」などの法的根拠があるのに対して、農村部においては、2007の「国務院の全国において農村の最低生活保障制度を確立することに関する通知」からはじめて最低生活保障が構築されてきた。しかし、「通知」は政策文書にすぎず、農村の最低生活保障については、まだ相応の法律または行政法規を欠いている。

　都市・農村の格差は医療保健についても大きくなっている。中国の医療制度については、主に機関事業単位の公費医療、都市部国有集団企業の労働保障医療と農村合作医療の三種類から構成されている[34]。中国の衛生資源が長期にわたって主に都市部に集中される傾向がある。たとえば、2000年の時点では、農村の人口は全国総人口の70％を占めていたが、使用した衛生費用はその総額の33％しかなかった[35]。2000年の世界衛生組織年度報告によると、中国は「衛生財務負担公平性」に関する世界ランクは第188位であり、後ろから数えて第4位であったため、「衛生財政負担」に関する最も不公平な国の一つと評価されたことがある[36]。農村部における集団経済の衰退に伴い、従来の合作医療のカバー率は明らかに下がっており、大多数の農民はすでに自費医療者に成り下がった[37]。2002年10月に「中共中央、国務院の農村衛生業務のさらなる強化に関する決定」が公表され、「（特定の疾病に適用される）高額医療費保険制度を主とする新型農村合作医療制度の順次建立」を要求した。2013年までに、新型合作医療に加入した農民はすでに8.02億人に達した[38]。新型農村合作医療は、個人の費用負担、集団の援助及び政府の支援を結合する資金調達制度を採用しているが、農民の低収入、農

---

34) 陳佳貴主編：『中国社会保障発展報告（1997～2001）』、社会科学文献出版社、2001年、第77頁。
35) 胡一帆：「"三農"はどのように苦境に陥ったか」、『財経』雑誌、2004年、第3・4期合併号、第45頁。
36) The World Health Report 2000, http://www.who.int/whr2001/2001/archives/2000/en/pdf/StatisticalAnnex.pdf. 最終閲覧日：2001年2月22日。
37) 鄭功成など著：『中国社会保障制度の変遷と評価』、中国人民大学出版社、2002年、第251頁。
38) 『2014年中国統計年鑑』、国家統計局網：http://www.stats.gov.cn/tjsj/ndsj/2014/indexch.htm/ 最終閲覧日：2015年8月18日。

村集団経済がほとんど存在しないことや、政府の支援金が限られていることなどが原因で、新型農村医療保険については、資金調達手段の少ないこと、資金補償水準の低下、保険基金の運用に関する監督管理の無力、指定医療機関の少ないこと、サービスの質が悪いことなどの問題が現れてきた[39]。農村地域では慢性的に医者と薬物が不足しているため、農民の診断と治療を受けたいとする要求は満足できず、農民たちには「因病致貧（病気で貧困になった）と「因病返貧（富裕になった農家が、病気で貧困に戻った）」というケースが未だ残っている。現在に至るまで、農村の社会医療保険関係を調整する法律は存在しない。

4 教育権について

　義務教育というのは、要するに、政府は就学年齢に達しているすべての児童が平等及び無償の教育を享受できる義務を負うことである。『経済的、社会的及び文化的権利に関する国際規約』第十三条第2項(a)には、「初等教育は、義務的なものとし、すべての者に対して無償のものとすること」と規定しているが、中国の義務教育については、長期的に都市・農村における区別扱いの方針が行われている。国家教育委員会が1992年に公表した「義務教育法実施細則」第30条2項の規定によると、義務教育を実施する学校の新築、改造、増築のための資金については、農村においては郷、村に資金調達を行わせているので、政府の予算から出すわけではなかった。実際に、農民自身が基礎教育の費用の大部分を負担することになった[40]。上記「義務教育法実施細則」は2008年1月15日に至って廃止された。

　現在でも、農民の子女は教育を受ける権利については、あらゆる苦境に陥っている。例としては、郷と鎮の財税総額の減少による農村教育への投入が広く減少する問題が際立った。深刻な教育経費の不足は、農村における長期的な教師の不足や中小学校の危険家屋の改造・配置の調整問題が困難である

39）　楊江波、李妍：「我が国における医療保険法律制度に関する問題とその完備」、『山西省政法管理幹部学院学報』2015年第3期、第65-66頁。
40）　張玉林：「城郷基礎教育の格差」、中央教育科学研究所編『2002-2003中国居基礎教育発展研究報告』、教育科学出版社、2003年、第113頁。

ことなどの問題を引き起こした[41]。農村地域で長期的に教育の職場を守り通している代講教師は、地方政府の身分による不公平扱いを受けている[42]。農民である出稼ぎ労働者がますます増えていくのにともなって、「留守児童」が義務教育を受ける問題は深刻になっている。全国婦連2013年5月の研究データによれば、全国における農村の「留守児童」の数は6102.55万であり、農村児童総数の37.7％を占め、全国児童総数の21.88％を占めている[43]。農村の留守児童は長年にわたって両親から面倒を見てもらったり、監護を受けることが不足しており、これは彼らの心身の健康な成長に影響を与え、義務教育を受けることの不足を必然的なものにしている。同時に、農村部治安状況の悪化や生活環境の立ち遅れなどの原因で、留守児童の自傷・自殺事件、傷害事件、事故死、農村女児のわいせつ事件が時おり発生する。たとえば、2012年の冬、貴州畢節市では、5人の男児がゴミ箱の中で火を取るために炭を燃やし、一酸化炭素中毒で死亡した。2015年6月9日、同じ畢節市では、4人の児童が家で農薬を飲んで中毒死した。また、ある学者の統計によると、2006年から2015年までの10年の間に、留守児童に関する社会事件は計239件であり、主として留守児童の自殺、犯罪、非正常生涯、事故死の四種類である[44]。農民の子女が出稼ぎの両親と一緒に都市に入ることもあるが、農民の子女であるために、「流動児童」として平等に都市部住民の子女の受ける上質な教育を受けることができない。

---

41) 楊娟：「目下の農村義務教育の窮境とその対策」、『農村経済』、2014年第6期、第117-118頁。
42) 龔刃韧：「政府の責任と代講教師の権利」、『中国経済時報』2010年3月9日、未削減全文は北大法律信息網：http://article.chinalawinfo.com:81/article_prine.asp?article=52968/ を参照、最終閲覧日：2010年4月7日。
43) 李占啓：「新型都市化の背景における教育資源の現状に関する調査分析」、『教学と管理』2015年8月20日、第22頁。全国婦聯2013年5月に公布した「我が国における農村留守児童、城郷流動児童に関する状況の研究報告」、http://www.china.com.cn/news/txt/2013-05/18/content_28862083.htm/ 最終閲覧日：2015年8月20日。
44) 鄒湘江：「農村における留守児童の状況と安全問題」、『人民公安』2015年第10期、第10-11頁。李新玲：「留守児童の問題を解決するには流動で解決してはいけない」、『中国青年報』2016年2月17日第02版。

5 農民工の労働基本権について

現行「労働法」第2条によると、農民の身分を持つ人々にとっては、「労働法」に関わっているのは主として都市部で働く農民工たちである。「労働法」第3条1項には「労働者は平等に就業し、職業を選択する権利、労働報酬を取得する権利、休憩休暇の権利、労働の安全保護を獲得する権利、職業技能訓練を受ける権利、社会保障と福祉を享受する権利、労働紛争の処理を申請する権利及び法律に規定されたその他の労働権利を享有する」と規定しているが、実際のところ、農民工は平等に「労働法」の規定しているその権利を享受できるわけではない。

まず、農民が都市で働く際に、労働力市場や職業従事に関する参入許可の差別などの就業差別を受けている。各地の政府も農民工の就業に対する差別的な政策と法規を実施している。2007年8月20日に全人代常委会で通過した「就業促進法」第3条は「労働者の就業には、民族、種族、性別、宗教信仰などの違いに基づき差別を受けない」と規定している。しかし、その法律には、中国が批准したばかりの国際労働機関の『雇用・職業における差別禁止条約』と比べると、「政治的見解と社会的出身」が欠失している[45]。中国における農民への就業差別は社会的出身についてのみ関連しているため、「労働法」第12条にも就業差別の禁止条項、つまり「労働者の就業には、民族、種族、性別、宗教信仰などの違いに基づき差別を受けない」という規定はあるが、身分・出身から生じた差別は禁止されていない。

次に、農民工と都市職員が同一労働に対して、同一でない賃金を受け取っている。国務院研究室課題グループの調査によると、農民工の毎月の実働労働時間は都市職員の150%に相当するのに対し、毎月の平均収入は都市職員の60%しかなく、実際の労働時給は都市職員の1/4に相当する[46]。同時に、都市職員は住宅・住宅積立金や医療・養老保険など、数多くの福利を享受できるのに対し、農民工はそのような福利を一切享受することができない[47]。

---

45) 公約第1条の差別に関する定義は：(1) 人種、皮膚の色、性、宗教、政治的見解、国民的出身又は社会的出身に基いて行われるすべての差別、除外又は優先で、雇用又は職業における機会又は待遇の均等を破り又は害する結果となるもの。

46) 同前掲注20、国務院研究室課題グループ調査研究報告、第12頁。

農民工は身分上の農民であるため、職員ではないから、政府による労働に応じて分配する政策と最低賃金標準も、未だ農民工には適用されない[48]。多くの業種では、農民工の給料は月毎に支給されず、年に一括支給されるだけであって、その支払いが滞ることもよくある。今日においては、農民工給料の未払い問題も社会問題の一つである。2016年1月17日、国務院弁公庁は国弁発［2016］1号文件として発表した「農民工に対する給料未払い問題の解決に向けた意見」において、農民工に対する給料の未払いは未だ重大な問題とされ、政府投資の工事項目においても、農民工の給料を滞らせる問題がある程度存在するとされた。これは、農民工の合法的な権益が深刻に侵害されている証である。

そればかりか、農民工は多くの企業で過酷な搾取を受けている。一部の地域では、官商の結託により、数多くの企業は実際上「搾取工場」の制度を採用している[49]。農民工は労働の安全については保障がなく、労働中の災害事故に遭った場合でも、合理的な補償を受けられない。2016年1月に、中華社会救助基金会大愛清塵基金からの保守的な算定によると、現在、中国における塵肺症を患っている農民工の数は600万人であり、患者総数の95％を占めている。塵肺症はすでに中国における最も深刻な職業病になった。衛生部門の公開報告によると、塵肺症の死亡率は22.04％にも達しており、しかも、発病率における増加の幅も39％に達している。塵肺症を患っている農民工の中、僅か21.2％の人が「低保」の扱いを受けており、80.1％の農民工患者は医療救助を受けずに、立ったまま、あるいは座して死を待つしか仕方なく、横になると息が詰まって呼吸すらできないからである[50]。農民工

---

47) 国務院発展研究センター農村経済研究部及び中国農村労働力資源開発研究会聯合課題グループ：「城郷一体化の発展と伴う農村余剰労働力の移転」、中国農村労働力資源開発研究会編（鄧鴻勳、陸百甫主編）『二元構造から出る：農民工、都市化及び新農村の建設』、中国発展出版社、2006年、第108頁。
48) 鄭啓新：『民工潮のために三つの問題の解決を訴える』、同前注、第60頁。
49) 劉開明：『縁辺者』、新華出版社2003年、第139-167、188-208頁。
50) 財経網：http://china.caixin.com/2016-01-22/100902858.html/ 最終閲覧日 2016年1月23日。また中国青年報記者楊海：「呼吸できない村」、『中国青年報』2016年1月20日第12版を参照。

の権利が侵害された場合、司法手続きを行って補償を獲得するのはかなり時間がかかるだけではなく、費用も高く、裁判所においても、不公正裁判に遭う可能性もあるので、農民工における権利の保護は困難である[51]。

　さらに、農民工が労働組合に加入するときに差別を受けることがある。2001年に改正した「労働組合法」によると、農民工も労働組合に加入する権利を持ってはいるが、農民の身分と流動性が原因で、労組に加入する農民工の数は少ないのが現状である[52]。たとえ農民工が労組に加入したとしても、公有制企業と事業単位で働く都市部の職員との格差は明らかであり、農民工はあくまでも「準会員」に当たる[53]。非公有制企業においては、労組が存在しても形式的なものに過ぎない。「強い資本、弱い労働」のような労働関係を前提としては、労働組合における権利保護も相当に困難である[54]。本世紀の初頭、農民工が比較的に集中している建築業において、農民工の労働組合が結成されたことは労働組合組織の二元化現象を意味している。しかも、そのような労働組合には不確実性がみられ、農民工の権益保護に関しては、いまだに解決されていない問題も多く残されている[55]。

　最後に、農民工は企業の人員削減においても差別されている[56]。長年にわたって、数多くの農民工は中国における安い労働力の主要な源であり、都市部の企業であれ、各地方政府であれ、労働・社会のコストを節約するため、農民工のことを一時的な、いつでも替えられる労働力として使用し、す

---

51) 同前注20、国務院研究室課題グループ調査研究報告、第14-15、107-108、203-205、249-250頁、また劉開明：『権利喪失の社会構造』、深圳当代社会観察研究所、2005年を参照。この文献は深圳における農民工の権益保障に関する案件の調査報告であ

52) 2013年全国基層労組における農民工会員はすでに1.05億人に増加したが、まだその年の2.69億人の農民工総数の半分未満であった。「李建国が中国工会（労働組合）第十六回全国代表大会での報告」、『工人日報』2013年10月25日第1版。

53) 河南省信陽市総工会財務部：「農民工工会経費の徴収問題に関する問題の調査」、『中国工会財会』2014年第7期、第38頁。同前注20、国務院研究室課題グループ調査研究報告、第183頁。

54) 張挙：「我が国における農民工が労働組合組織に加入する現実状況と実行パターン」、『北京市工会幹部学院学報』第26巻第4期（2011年）、第15-16頁。

55) 董偉：「農民の労組参加：夢と現実の距離」、『中国青年報』2004年1月5日。

56) 林燕玲：「農民工の就職差別状況に関する報告―身分による差別」、蔡定剣主編『中国における就職の現状と反差別対策』、中国社会科学出版社、2007年、第235-236頁。

なわち、何年間で使い捨て、新たな農民工に交替するという考えを持っている。企業が不景気になった場合、農民工は常に真っ先に人員削減の対象となる。農民が都市で出稼ぎに移動することは、都市部の工業化発展と公共財政収入の増加に多大な貢献をしたが、一方で都市部の企業と政府は農民との関係が歪んでいき、農民工の目先の利益と長い目で見た利益両方に損害を与えることを基底とする発展パターンが形成された[57]。今日まで、政府が公布した失業率には、農民工を入れて統計を算出していない[58]。それは大多数の農民工が解雇されても失業救済金を貰うことができないことを意味する。

6　生命権とそれに適用する法律の不公平について

2003年、最高人民法院の「人身損害賠償事件の審理に適用する法律の若干の問題に関する解釈」には、人身損害賠償事件における障害賠償金と死亡賠償金も、都市部住民と農村住民では賠償金算定基準において異なった区分がなされている（法釈【2003】20号）。たとえば、第29条の規定によると、死亡賠償金は、訴訟を受理する法院所在地における前年度都市住民1人当たりの平均して自由に使える収入または農村住民1人当たりの平均純収入を基準に、20年間として算定する。中国では、都市と農村の収入における格差は甚大であることに加え、最高人民法院の司法解釈も法律に相当する効力を持っている[59]ことにより、同一の人身賠償案件における賠償金については、都市住民と農民が貰う賠償金の額は何倍もの差違が生じうる。

---

57)　同前注47、聯合課題グループ文、第126頁。
58)　例えば、人力資源と社会保障部が公布した「2014年度人力資源と社会保障事業の発展統計公報」によると、過去5年は都市部登記失業率が4％ちょっと超える数値を維持している。http://www.mohrss.gov.cn/SYrlzyhshbzb/dongtaixinwen/buneiyaowen/201505/t20150528_162040.htm/ 最終閲覧日：2016年1月23日。
59)　1997の『司法解釈工作に関する最高人民法院の若干規定』第4条によると、「最高人民法院が制定かつ発布した司法解釈は、法律としての効力を有する」。

Ⅳ 無差別の原則と中国政府の義務

1 農民の権利と社会の発展

1995年に国務院新聞弁公室が公表した人権白書『中国の人権事業の進展』には、中国政府が「中国人民の生存権と発展権を首位に置く」ことを明確に示したものである[60]。中国政府の「発展権」に対する解釈は主に経済の面に限られており、すなわち、まずは衣食に事欠かないことや貧困家庭の援助問題を解決した後に、人民の物質の生活水準を次第にあげようとしている。しかし、発展権に対しては、中国政府の理解は国連の文書と比べると、異なるところがみられる。国連は、1986年の『発展の権利に関する宣言』の第1条第1項は、「発展の権利は不可譲の人権であるため、すべての人と各国の人民が経済、社会、文化と政治の発展に参加、促進及び享受する権利があり、そのような発展とともに、すべての人権と基本的自由は十分に実現できる」と規定した。

したがって、「宣言」で言及した発展の権利は、総合的な権利であり、経済だけでなく、社会、文化および政治の発展も含まれている。『宣言』の第2条1項は、さらに「人は発展の主体であることにより、人は発展の権利に積極的な参加者と受益者となるべきである」と指摘した。人権は発展と相互に密接なものである。ノーベル経済学賞の受賞者、アマルティア・セン（Amartya Sen）が強調したように、人の自由も発展の構成要素である以上、発展は高い産出量・高い収入のような形式的な結果だけにとどまらず、人が自由に政治、社会及び経済の運行に参加できることも、発展の目的とその構成部分であると理解すべきである[61]。しかし、数年にわたって経済の急速成長を遂げた中国では、人口の大多数を占める農民たちは、国家の政治、経済、社会及び文化教育の発展の積極的な参加者と受益者にはならなかった。

実際に、現代の中国における農民の社会的地位は低いと思う。中国社会科

---

60) 中国人権研究会編：『中国の人権―人権に関する白書の資料集』、五洲伝播出版社、1997年、第79-84頁。

61) Amartya Sen, Development as Freedom, NewYork: Alfred A. Knope, 1999, p. 291.

学院社会研究所は、2002年に発表した「現代中国における社会階層の研究報告」は、職業上の分類に基づいて、組織資源、経済資源と文化資源の占有状況を基準に、中国においては、10大社会階層と5大社会経済的等級に分けられると提起して、農民は第9位の階層に属し、次に位置する最下位の第10階層の城郷における無職・失業・半失業階層と共に、最下位の第5の社会経済的等級を構成している、とする[62]。中国の人口の大多数を占める農民が長期的に社会の底辺に位置するのは、農民の権利が平等に保護されていないことを意味するほかに、中国社会の発展が完備されたものではないことも示している。

2 中国が負担すべき人権条約の義務について

国際人権条約自身は権利を創設するわけではないが、それらの条約は「すべての人民と国が努力して実現すべき共同基準」を提供し[63]、同時に各締約国に遵守すべき国際的義務を設定した。全国人代常委会は、2001年2月28日に批准した『経済、社会及び文化的権利に関する国際規約』は、すでに2001年6月27日に我が国で発効した。当該公約は第2条2項に無差別の原則を規定しているのみならず、当該条文の第1項にも締約国が「立法措置その他のすべての適当な方法により、この規約において認められる権利の完全な実現」することを要求している。

立法措置を促すことは、締約国が人権条約を実施する際の第一歩である[64]。中国の立法に関する考察を通して、農民に不利な区分、制限、排斥的な規定、または都市部の住民のみを対象として優先する規定を含む法律がまだ存在していること[65]が、その客観的な効果として、農民の身分を持つ個人または団体が平等的に基本権利を享有することを妨害している。公認の国際慣習の規則によると、国家がひとたび条約の締結国になった場合には、

---

62) 陸学藝主編：『当代中国社会階層報告』、社会科学文献出版社、2002年、第8-9頁。
63) 1948年『世界人権宣言』前文
64) HRI/GEN/1/Rev.9 (2008), p. 7, para. 3.
65) 「優先」とは、ある団体に損害を与えることを代償として、別団体の利益を不合理に増加することである。Craven, supra note 4, p. 164.

善意をもって条約を履行する義務を負い、国内法を理由に条約不履行をすることは許されない[66]。したがって、中国は条約が規定している無差別な原則によって、農民に対する不平等待遇に関する条項を含む法律・法規を廃止または改正すると同時に、それに応じて農民の権利を保護する法律を制定すべきである。

経済、社会及び文化に関する権利の実現は、ある程度国の経済・社会の発展水準によって決められるが、『経済的、社会的及び文化的権利に関する国際規約』の規定によって、次第に実現すべき権利もあるが[67]、経済、社会、文化権利委員会が1990年の「締約国義務の性質」に関する第3号一般的な意見によると、規約は締結国のためにも即時に発効する各種の義務を規定し、その中にある「無差別の条件で行使することを保障することに関する権利」と「立法を含む各措置をとる義務」の二項目は、締結国の義務の正しい性質を理解する上で格別に重要である[68]。

『経済的、社会的及び文化的権利に関する国際規約』には明文の規定による司法救済がないが、経済的、社会的及び文化的権利に関する委員会の一般意見第3号によれば、規約が所定する下記の権利は、締約国においては救済を得るべきである。それらの権利は、無差別の原則（第2条2項）、男女の平等（第3条）、同一価値労働、同一賃金（第7条(甲)(1)）(a)(i)、労働組合の結成・加入権（第8条）、児童の保護・少年労働者の使用禁止（第10条3項）、初等教育の義務化・無償化及びその他の教育権（第13条2項(甲)及び同条第3、4項）、科学研究の自由（第15条3項）2(a)などが含まれる[69]。したがって、中国は『経済的、社会的及び文化的権利に関する国際規約』の締約国として、規約第2条に従って農民を差別する内容を含む立法を制定または改正する国際義務を負うだけではなく、無差別の原則を遵守し、差別されているすべての人に司法救済を提供する義務も負う。

---

66) 1969年の「ウィーン条約法規約」第27条もこの国際慣習法規則を認めた。
67) 『経済的、社会的及び文化的権利に関する国際規約』第2条1項。
68) HRI/GEN/1/Rev.9 (2008), p. 7, paras. 1-2.
69) HRI/GEN/1/Rev.9 (2008), p. 8, paras. 5.

3 二種類の権利の関係について

　伝統的な人権は、公民の権利及び政治的権利並びに経済的、社会的及び文化的権利の二種類に分けられる。前者が形成した初期の主な基礎は、国家からの干渉を免れる古典的自由主義の中の三つの自由（政治的自由、人身的自由及び経済的自由）、すなわち、法の支配を通して国家または政府の個人自由への侵害を防止することを強調している。後者は、工業化と都市化に伴って誕生したのである。労働階級と社会下層の労働者大衆は、憲法が提供した自由と平等の形式主義にすでに満足できなくなって、国家が最低限の経済的安定と社会正義などの公共サービスの提供を要求することから生じた経済的及び社会的権利である[70]。歴史からみても、現実からみても、自由と平等の関係と同じく、二種類の権利の間にも、現実には相互不可分の関係が存在する。中国政府が起草に参加した1993年の『ウィーン宣言及び行動計画』にも、明白に「すべての人権は普遍的であり、不可分にして、互いに依存しており、関連している」と指摘した。

　うわべから見れば、「三農」問題は農民の経済的及び社会的権利の方面に集中されているようであるが、実は、それは農民の政治権利にも密接に結びついている。中国における経済改革は農村から始まり、農民が家庭請負責任制によって経営の自主権を得たが、経済改革から何年も経ったにもかかわらず、農民が経済改革の主要な受益者にならず、逆に長期的に多方面で差別を受けているのはなぜだろう。その中のもっとも重要な原因は、農民が充分に政治的権利を享受できないからである。

　農民が全国人口の圧倒的多数を占めているにもかかわらず、全人代代表の中に農民代表の人数は極めて少ない。たとえば、2003年に選出された第10期全人代代表の総数の2984名の内に、農民代表は56名しかいない。その数は代表総数の1.9％しか占めなく、その中の多くは郷鎮の企業者である。一方、県以上の指導者・幹部の代表数は1240名であり、代表総数の42％を占めていた[71]。農民が人口の大多数を占める農業県の人民代表大会において

---

70) Karl Loewenstein, Political Power and the Governmental Process, The University of Chicago Press, 1957, p. 323.
71) 蔡定剣：『中国人民代表大会制度』（第4版）、法律出版社、2003年、第220-221頁。

も、農民代表の割合も低い[72]。中国には2億人以上の農民工がいるにもかかわらず、2008年の第11期全人代に初めて、三人の農民工の全人代代表が選出された。しかし、彼らは労働模範であり、農民工の権益を保護する代表者ではない[73]。ここ数年、全人代の中に、労働者・農民の割合が増加しているのは確かなことである。2013年第12期全人代総数の計2987名の中、第一線の労働者及び農民代表の人数は合計で401名であり、代表総数を占める割合は13.42％になった[74]。しかし、次の問題についてはまだ公式の詳細なデータが足りない。その401名の労働者及び農民工代表の中に、本当に農業に従事しており、農民の権利を保護する代表者は何人いるのか。農民工の権利を保護する代表者は何人いるのか。

中国の農民は結社権がないことによって、合法的かつ有効な意見を表す方法が不足している。農民が土地の収用に対する抗争は常に「集団的な事件」を引き起こし、地方政府に制圧されている。よそで働く人も実家の村民のためにインターネットで違法の収用を暴いたため、違法に逮捕されたり、拘束されたり、刑に処されることまで遭ったこともあった。たとえば、2009年に、上海で働く王帥は、インターネット上に故郷の河南省霊宝市が違法に土地を収用することを書き込んだ廉で、霊宝市の警察に上海で逮捕され、故郷に移送され、拘留された。彼は上海と霊宝の刑務所において、人生で最も辛い8日間を過ごした[75]。同時に、山東省青島市の呉保全も、インターネットで二度ほど、友人の農村の実家である内モンゴルのオルドス市郊外の哈巴格希村と隣の寨子塔村における違法な土地収用を暴いた廉で、2007年と

---

72) 熊文剣：「河北省寛城満族自治県直接選挙調査」、蔡定剣主編『中国選挙状況の報告』、法律出版社、2002年、第62、81頁。

73) 「三人の中国農民工代表が平然と200名近くの国内外記者と会見」（2008年3月7日）、新華網：http://www.cq.xinhuanet.com/news/2008-03/07/content_12638261.htm/ 最終閲覧日：2008年3月9日。同じ理由で、2016年1月17日に、中華全国総工会執行委員会は全国労働模範と先進工作者である農民工の巨暁林を総工会副主席に選出した。

74) 2013年第12期全人代代表の中、党や政府の指導者・幹部の代表は1042名で、代表総数の34.88％を占めた。『新京報』2013年2月28日第A05版。

75) 中国青年報記者王俊秀ら：「8日の監禁を換えたズレ」、『中国青年報』2009年4月8日。王俊秀ら：「霊宝違法土地収用事件に関する調査」、『中国青年報』2009年4月16日。

2008年に二回にわたり内モンゴルのオルドス市の警察に青島で逮捕され、最初は10日間の勾留に、二度目はオルドス市東勝区人民法院に「誹謗罪」で1年間の懲役に処された。呉氏は不服で上訴し、中級人民法院も事実不明を理由に、第一審法院に差し戻したが、東勝区法院は新たな犯罪事実が発見されないまま、刑期を1年から2年に延長した[76]。王帥案件及び呉保全案件から見ると、広範な農民が自由に意見を表す有効な方法が不足しているだけでなく、他人が農民を代弁する場合も、自身の人身自由を失う危険性があることがわかる。

要するに、中国における農民の結社権、表現権、参政権はまだ種々の制限を受けている。さしたることではないが、2007年10月の中国共産党第17次全国代表大会が開かれる際、招請され列席した元中共中央農村政策研究室主任兼国務院農村発展研究センター主任の杜潤生は、会議後の11月30日に、中央に具申して、農民に合法的な代弁者をつけて、発言権の向上のために、農民協会の回復を提案している[77]。

結　農民と人間尊厳の尊重

上記をまとめると、中国における農民が受けている差別には下記の四つの顕著な特徴がある。

第一に、中国のいわゆる農民は従事する職業ではなく、特有の戸籍制度で確認されたものである。農業の戸籍を持つ以上、長期にわたって都市部で非農業の仕事に従事しても、身分上は相変わらず農民である。それゆえ、中国における農民への差別は身分的差別であり、職業差別ではない。

第二に、中国における農民への差別は、世間または社会の差別ではなく、政策上または法律制度上に根拠があることが重要である。

第三に、大多数の国における差別は、通常、少数者に向ってなされるのに対して、中国で差別を受ける農民は多数者である。中国では、今日においては、すでに農民籍の人は9億人余りで、大陸人口総数の三分の二以上を占め

---

76)　『南方都市報』2009年4月19日。
77)　『南方週末』2015年10月15日。

ている。その意味では、農民の権利問題は中国で最も基本的な社会問題といえよう。

　第四に、各国の歴史を見れば、政府または社会は特定の集団、階級または階層を差別するのは、各種の偏見、たとえば、性別による差別、種族主義、宗教的偏見、職業の偏見などによるものが多い。それに対して、中国では、農民を差別するのは上記にみられる各種の偏見によるものではなく、特定の歴史時期における国家の経済発展戦略の要請によるものである[78]。

　近年、「三農」問題はすでに社会全体から注目を集めており、政府も積極的に農民を優遇する措置をとって農民の経済負担を軽減しようとしている。法律上の差別的条項は相応な法規の制定及び実施を通して改正することもできるが、事実上の差別を取り除くのは容易ではなく、思想・観念上の偏見をなくすのは、なお長期的な過程になろう[79]。中国では、農民が長期的に「食糧の生産機械」とされ、完全に都市化・現代化が隔絶された[80]。総人口の大多数を占める農民は、身分上の差別を受けているのは、農民の権利に対する制度的保障の欠陥からくる以外に、深くしみ込んでいる官高民低という体制及び腐敗している意識からの伝統的な影響も受けている。

　1793年、イギリスのマカートニー（Macartney）伯爵が大規模な使節団を引率して中国を訪問したとき、使節団員の一人ジョージ・スタウントン（George Staunton）は沿道での見聞を書き残して、これを本にまとめた。彼は「中国では、一般的に官吏が勝手に民を圧迫しても処分されないが、いかなる場合でも上級政府に対して職務を全うしなければ、厳格な処分を受けることになる」、「棒で殴られることはヨーロッパ人から見れば非常に恥ずかしく思うが、中国では、官吏以外のいかなる人を、簡単に尋問した後で、勝手に折檻するのは普段にみられることである……中国の民は地位が既に底辺に達するほど低くなり、棒で殴られても恥を感じない」[81]と書き込んだ。深慮す

---

78)　本章第三節を参照。
79)　Craven, supra note 4, p. 182.
80)　鄭風田：『食糧―農業、農村、農民』、重慶出版社、1997年、第102頁。
81)　［英］ジョージ・スタウントン（George Staunton）：「英使の乾隆謁見記録」、葉篤義訳、上海書店出版社、2005年、第376、460頁。

べきことは、200 年も前に、イギリス人が清の時代を観察した現象が、21 世紀の中国社会においても依然として消えていないことである。中国は現在でも、上級に向かってだけ職務を全うすることや、官吏が民を威圧することはよくあることである。社会の底辺にいる農民が暴力で家屋を取り壊され、立ち退かれることや、基層官員と村の幹部に殴りののしられたり、侮辱されたりすることは珍しくないことである[82]。

　1992 年に上映された農村を描く映画「秋菊の物語」は、長期にわたって中国の法学界における多くの者が関心を持ち、話題になっていた[83]が、これを農民の人格の平等と人間の尊厳の角度から分析する法学者は少ない。実は、映画の主人公である秋菊は農村の婦女として、すでに権益を擁護する意識を持っているが、彼女は村長が夫を殴ったために抗議し、その説明を求めることには、村長が夫を殴ることは許されるが、急所を蹴って子孫が絶えるようにさせたことは許されないという暗黙的な前提がある。したがって、最後に、村長が本当に捕まった後、秋菊は深い困惑に陥った。そのような困惑を引き起した原因は何だろう。それは秋菊夫婦と村長の間は、同じ町内の人同士であることに加え、村の官員も「父母官」とみなされているからである。

　中国の歴史において、官本位制と儒家思想の二重作用で、官員を「父母官」とみなす伝統が存在している。1793 年に、マカートニー使節団に従って中国に来たバロウ（J. Barrow）は『中国紀行』に、「中国では上級が下級を、官員が民を殴るのは、恥をさらす刑罰ではなく、親が自分の子を懲罰するようなものである」、「最も小さな官員がうなずくだけで、誰であろうと棒で殴られる。しかも、殴られてから使われた棒にキスをして、ひざまずいて暴君が自分の過失を直してくれたことに感謝しなければならず、メンツや自尊は全く考えが及ばない」と書き込んでいる[84]。

---

82) 于建嶸：『岳村政治』、商務印書館、2001 年、第 512 頁。
83) 中国知網での検索結果によると、秋菊の物語に関する論文については、法理学・法史学に関して 477 篇、訴訟法・司法制度に関して 194 篇、民商法に関して 127 篇、行政法・地方法制に関し 72 篇である。http://acad.cnki.net/Kns55/brief/result.aspx?dbPrefix=CJFQ/　最終閲覧日：2016 年 1 月 10 日。
84) ［英］ジョージ・マカートニー：『マカートニー使節団による中国訪問の印象』、何高

本来、村の幹部は政府の官員ではなく、最も小さな「官」である。前世紀50年代中期に農業集団化運動で高級社を成立してから、農民が土地の所有権を喪失したため、村の幹部は権力が増大し、勝手に農民を殴ったり、罵ったり、侮辱したりすることが明らかに増えてきた[85]。「大躍進」の時には、いくつかの地域で、村の幹部が人を殴る現象はもっとも猖獗を極めていた。たとえば、安徽の鳳陽県武店公社で体罰を受けた農民は1285人であり、死刑に処されたのは95人である。当該公社のある生産隊長は、「群衆は奴隷であり、殴ったり、罵ったり、食物を減らさなければならない」と言った。彼は1960年に30人の農民を殴って、人を怪我させることも死なせたこともあった。鳳陽県小溪河公社で体罰を受けた農民は全社員総数の9.4％を占める3175人に達し、その中で、死に至った者は96人であり、身障者になったのは103人である[86]。改革開放後、農民が農村の土地の請負権を得たが、村の幹部は依然として村の財政を掌握し、地方政府を後ろ盾として土地の収用にも「共謀」権を持っている。したがって、農村地域では、村民を威圧する村覇と汚職の村官が再び現れてきた。映画「秋菊の物語」の中の村長はそのような悪人ではないかもしれないが、彼には「父母官」の心理や農民を平等な人として扱わない意識はおそらくあると思う。逆に、もし村民が村の幹部または基層政府の官員を殴ったならば、隣人の葛藤を仲裁する問題ではなくなり、通常は刑事事件となる。

　1948年の『世界人権宣言』の第1条で「すべての人間は、生れながらにして自由であり、かつ、尊厳と権利とについて平等である。人間は、理性と良心とを授けられており、互いに同胞の精神をもって行動しなければならない」という主旨を示した。人権の本質は、すべての人間を尊重することである。農民を尊重するには、まず農民の人格はすべての官員（職級を問わず）と完全に平等にすることを認めることである。誰であろうと農民を殴り、罵

　　済ら訳、商務印書館2013年、第206、216頁。
85）　国家農業委員会弁公庁編：『農業集団化重要書類資料集』上冊、中共中央党校出版社、1981年、第678-679、687、695頁。
86）　王耕今ら編：『郷村三十年：鳳陽農村社会経済発展実録1949〜1983』、郷村読物出版社、1989年、第199、202頁。

ったりすれば、人の尊厳と権利を侵害することになる。人権は人権条約で与えられたものでも国家またはその政府の恩恵でもない。真に中国の「三農」問題を解決するために最も根本的なことは、立法的、政策的及び観念的に農民の尊厳及び基本的権利を充分に尊重することである。

※原載：龔刃韌「中国農民権利考察」、『北大国際与比較法評論』第3巻第2輯、総第5期（2005）。

第3章　少数民族教育の民族性と教育を受ける権利※

宋海彬（Song Haibin）
陳　選訳

Ⅰ　問題の提起
Ⅱ　民族教育の民族性問題
Ⅲ　少数民族の教育を受ける権利を保障する国家の義務について

Ⅰ　問題の提起

　人類の一つの自覚の表れとして、教育は、社会化する自我イメージを育む行為であり、また文明を伝播させる一つの方式でもある。ここに、教育とは人類が知識―技能の伝播、徳行―規範の教化及びその他の経験、思惟及び成果を社会に広めることを通じて、社会構成員の精神的次元、実践的な能力と文化的素養を高め、個体の素質の向上と社会をよりよく発展し促進させる、そのための専門的な社会活動といえよう。我々は「学校が一つ多くなれば、監獄が一つ減る」という戒めに良く馴染んでおり、「科学技術は第一の生産力」という言葉にも賛成である。ただ、個人の発展であれ、社会の発展であれ、蓄財だけを重視して、精神、信仰、行為規範の混乱に目を向けず放置するようであれば、社会文明の程度と民族のもつイノベーション能力は必ず低下することになるであろう。そうすれば、個人と社会にとって良い状態であるはずもなく、明るい前途も期待できないといえよう。これは現下の中国社

※　この論文の主題は「少数民族教育の民族性と少数民族の教育を受ける権利の保障の国家義務」（"少数民族教育的民族性与少数民族教育権保障的国家義務"）である。この編訳書への掲載にさいして、主題を原著者の了解を経て表記の通り短縮した。鈴木記。

会からみて、まさに非常に深刻な現実問題である。我々はできるだけ早く個人が善良、文明、寛容という、社会に普遍的な基本理念を身に着け、社会で創造する、社会に貢献する、社会で助け合いをするなどの活動には、個体の生命価値を支えるという意味があるということを認識するよう努めるべきである。そして国家にとっても、単純な軍事大国や経済大国は、決して本当の意味での大国ではなく、このまま維持していくことでさえ困難になることを認識しなければならない。真の大国は、経済と軍事力という量的な支えが必要なことは言うまでもないが、同時に、人類の文明と理性それ自身の向上に多少なりとも貢献するような、すなわち道義の大国、文化の大国でなければならないように思われる。現在、中国人と中国社会に内在している、精神分野で起きている諸問題の原因とその責任のすべてを、教育領域にだけ負わせるわけにはいかない。とくに我々からみて、社会の現実おける人間に対する「教育」に関して言えば、こうした原因がまさに教育それ自身にあるのではない。とはいえ、長期にわたる我々の教育に対する姿勢、教育を発展させ促進させてきた諸々の措置にしても、さらに現行の教育体制や人材の管理体制の面においても、当然、反省すべきこと、改善すべき点が余りにも多いといえよう。

　民族教育についてみると、その認識は、上述された教育の一般的機能と意義に留まらず、民族教育それ自身としての特殊な内容を対象としている。言い換えれば、一般の国民教育と異なり、民族教育の特殊性は、教育と民族の内在している関連性に起因している。少数民族全体にとって、民族教育は少数民族の文化伝承と振興、少数民族の民族帰属意識、民族の自負心、民族の向上力に関係している。この意味で、民族教育は民族集団の人権の属性と機能を体現することを通じて、少数民族構成員の個体にとっては、民族教育と少数民族構成員の個体の素質の向上、個体の自由なる発展の可能性および自我の価値と人生の意味を実現することに緊密に結びついている。したがって、民族教育は少数民族の個体が教育を受ける権利の具体的内容と、それをいかに実現するか決めるものである。さらに少数民族構成員の政治的権利、経済的権利、その他の社会的権利の実現如何にも重要な影響を及ぼしている。民族の個体が、一般的な公民がもっている権利以外に、民族の身分によ

って享受する権利は、何時も当該民族全体がおかれている状態と、国家の民族に対する基本的な思想や考え方や制度に関係しているため、民族の権利がもつ個体の権利と集団の権利の区分は相対的なものである。一般的に言えば、集団的な権利が存在する基点は、個人の努力を以てしても個体的には解決できない、守るべき「類権益」の保障問題である。それだけではなく、個体の権利の実現は、必然的に集団が類としてもっている権利を獲得する力の増長に繋がり、それによって集団的な権利の実現程度も強まるというものである。この意味で考えると、民族という単元は、少数民族の権益保障の一つ基本的な社会的構成部分であり、民族個体の権利を保障することと、正しく民族問題を処理するということは、相互に表裏している問題である。従って、民族教育と少数民族の教育を受ける権利という密接に関連する二つの問題は、民族構成員たる個体にとっても、また民族全体にとっても、極めて重要な意味をもっている。

　近年来、一部分の地区で相次いで起きた民族分裂主義によるテロ行為は、国民が民族問題に関わって冷静な話し合いでは対応できなくなっている。第一の問題は、まさに、このような時期だからこそ、民族問題についての、冷静ではっきりと役立つ、目に見える考え方と判断が必要となる。民族教育はそれ自体に相対的で独立した問題領域があるにしても、それらは紛れもなく我々のもつ民族の観念と民族理論に直接に左右されるものである。本文は、後者について系統的に説明することはできないが、民族教育と少数民族の教育を受ける権利状況を顧みることを通じて、我々がこれまでとってきた現行の民族政策について反省を促し、その政策の背後に深く潜んでいる理論問題を認識するため、一つ具体的な分析を提供しようとするものである。

Ⅱ　民族教育の民族性問題

1　民族教育の民族性問題の方向性

　いわゆる民族教育の民族性は、我が国では、漢民族の教育あるいは一般的な国民教育と区別されている。それは民族教育という民族の特性をさらに強調し、民族教育の民族性を、民族平等という社会主義における民族関係の核

心的原則と内容に織り込んで、各少数民族と多元共生という指導思想を堅持しようとするものである。少数民族の教育内容と体系では、当該民族の歴史と文化が反映された内容を増やして強化しようとするもので、民族教育は少数民族の文化発展と促進のために、果たすべき重要な役割を具体的に実現するものといえよう。

　民族教育と民族の個性を保有すること、これと民族文化を継続し発展させる関係についていえば、我々はこれまで上述の教育価値に関する一般的分析において、特にこれを強調することをせず、ただ教育とは人類文明の発展の成果を反映し、個体と社会発展の現代的機能を推進する、という叙述に偏ってきた。ところが、我が国の一般的な国民教育にとって、教育と中華民族の伝統文化の継続と発展、さらに民族精神の発揚となんらの関係もない、現代人類文明の理性的意義にみちた常識的な教育などあるはずがない。言うまでもなく、各国、各民族の教育には必ずや民族性的な要素があるから、そこでは教育の現代性と民族性の二元関係を上手に処理しなければならない。とはいえ、教育の民族性問題は、漢民族にとっても、また各少数民族にとっても自ずと差異があるはずである。漢民族の教育では、正しい民族観念を確立すること、少数優秀民族の伝統文化を吸収する問題、中華民族の伝統文化と国民教育の現代性の間にある複雑で矛盾する問題を上手に処理することもまた必要である。従って、「文化ルーツの究明」、「主体性の危機」、「民族の復興」などという表現については、教育分野で真剣な思考と理解が必要になるが、総合的にみて、漢民族教育における民族的要素は全体的に欠けているというような問題はない。漢民族は長く各少数民族の優秀な伝統文化を吸収するという考え方に立ってきており、中国の民族文化を国民文化として、広く世界諸国との文化交流と競争に参与している。従って、現代の教育体制の下で伝統文化の発展に対する衝撃と圧力があるとはいえ、どうすれば現代の学校教育を通じて、中華の伝統文化が今日の社会環境の下で、もっと大きく伝統的価値を放出することができるのか、あるいは孔子学院設置のように、中華文化が世界へ広がるようなことを推進できるか検討する必要があるが、漢民族の伝統文化は散り散りに離散したり、消滅したりするなど、人を驚愕させる結論にはならない。だが、少数民族の教育状況はもっと厳しく、複雑になる

であろう。一方、理論上は、個々の民族の伝統文化はともに中華民族の伝統文化の構成部分であるが、他方では、我が国の55個の少数民族は、言語、歴史、生産、生活方式、慣習などの面で大きな違いをもっている。ある一部の少数民族同士の相違は、実は少数民族と漢民族間の違いよりも大きいが、全体的に見れば、少数民族の教育には、一般的に民族性を強化する問題が存在している。民族文化の離散や消滅は、漢民族にとっては大げさな話しではあるが、一部の少数民族からすれば、歴史上、当該民族がながく臨んできた客観的な状況である。それは、数千年来、少数民族と漢民族、その他の少数民族がともに中華伝統文化の輝かしい絵巻を画く過程で生まれる歴史的な歩みにほかならない。だが、これは民族教育問題において、教育の民族性を特に強調する原因の一つでもあるのである。

　目下の情況には、我が国の民族教育に現れた現代性の要素が、民族性の要素を厳しく押しつぶす状況があり、民族教育の内容と少数民族の生活現実との間には、精神的な需要が乖離している状況がある。ただそれは、少数民族教育それ自身の発展程度からくる歴史的な問題であって、ただ程度の差はあれ、我々がこれまで安易に漢民族の教育発展の目標と発展モデルに基づいて、少数民族の教育に対応してきた姿勢に関係している。つまり、長い年月をかけて蓄積してきた少数民族教育の現代性とその発展に配慮するあまり、各少数民族自身の文化が我が国の民族教育の内容において占めるべき重要な地位を大略無視してしまっていたのである。言うまでもなく教育の現代性は、現在、あらゆる民族、あらゆる国家が民族教育の発展において避けることのできない一つの現実的背景である。民族教育で民族性の強化を主張するのは、教育の現代性を否定し、少数民族が現代文明を吸収して、当該民族文化を発展させようとする推進のステップを阻むものではない。むしろ少数民族の教育と発展問題に対して、現代性と民族性の両者のバランスに特に配慮することである。民族教育には少数民族の文化発展と需要を反映する分野と側面があり、そこでは漢民族と異なる特別の対応方式が求められる。これには特別な政策的措置や、特に法制度上の按配、権利と義務に対する配慮も含まれるものであるから、漢民族と区別のない一元化した教学内容及び審査体制にのみ終始してはならないだろう。まさに、ある学者が我が国の民族教育

政策が「優遇モデル」から「特殊モデル」へ変わるべきだと指摘したように、「優遇モデル」の出発点は、少数民族教育と漢民族教育における発展の規模と発展レベルの格差をできるだけ補うことにある。これは不可欠な政策であって、少数民族教育の発展のために大きな成果を収めた。しかし「優遇モデル」の目配りが届かないところは、民族教育の民族性という問題への配慮を欠いたために、民族教育の漢化傾向が顕著になるという結果を招いてしまい、少数民族の文化発展と推進に対する、あってはならない機能上の瑕疵を生んだのである[1]。

2　民族教育の民族性と国家アイデンティティー

我々からみて、民族教育の民族性と現代性の関係をいかに把握するかという問題について、その深層に潜む問題は、民族アイデンティティー（原文：民族認同）と国家アイデンティティーに関する問題である。少数民族の民族アイデンティティーを国家アイデンティティーと対立させるべきか。この問題が解決できない限り、民族文化の多元的な発展や民族教育の民族性の強化にとって、最終的な解決を得る手立てはないといえよう。実際のところ、民族アイデンティティーと国家アイデンティティーの関係において、漢民族には、少数民族の全民族性へ不信と少数民族文化に対する軽視も含まれてお

1）　王鑒：「我が国少数民族教育政策の重心の転移問題についての試論」を参照。『民族教育研究』2009年第3期に掲載。王鑒：「我が国民族教育の特殊性及び政策支持について」、『学術探索』2010年第5期。王鑒：「我が国民族教育の政策研究における三つの問題」、『当代教育与文化』2010年第6期に掲載。王鑒、安富海：「現在我が国民族教育研究の最前線と焦点問題総論」、『学術探索』2011年第2期に掲載。その他、関連する研究成果は、銭民輝：「民族教育三つの疑問と三度目の議論」、『西北民族研究』2004年第3期に掲載。周国茂：「民族教育は民族文化伝承の重任を担うべきである」、『貴州民族学院学報（哲学社会科学版）』2008年第4期に掲載。張善鑫：「民族教育発展：優遇政策、経験と展望——新中国の民族教育と発展回顧」、『民族教育研究』2009年第5期に掲載。張善鑫：「我が国民族教育政策の時代転向について・試論」、『民族教育研究』2010年第2期に掲載。陳立鵬、李娜：「我が国の少数民族教育60年：回顧と思考」、『民族教育研究』2010年第1期に掲載。張建英：「我が国民族教育政策に存在する問題及びその対策」、『民族論壇』2012年第5期に掲載。常永才、哈経雄：「社会転換期にみる民族教育の発展と若干焦点問題についての思考」、『民族高等教育研究』2013年第3期に掲載。

り、大漢族主義に対して徹底した反省を迫るべきであり、併せて少数民族には、民族分裂主義に断固反対するべきである。すなわち、漢民族であれ、少数民族であれ、度量のない不寛容な民族アイデンティティーはすべて有害である。もし、大漢族主義、極端な民族主義、あるいは民族分裂主義を掲げる民族アイデンティティーが克服できるならば、国家アイデンティティーと協調できることになる。これを認めない限り、我が国における民族関係の重大問題を把握するさい、とり返しのつかないような指向性をもつ誤りを犯す結果になりかねない。少数民族に対して、もし国民アイデンティティーを強調する必要があるにしても、各少数民族の民族アイデンティティーを人為的に疎かにし、さらに弱めてはならない。あらゆる多民族国家にとって、民族による自我アイデンティティーのない国家アイデンティティーはおよそ脆弱なものばかりでなく、重大な結果を招く恐れがある。各民族間の往来、交流、融合は、民族平等の原則を基礎に、各民族文化の平等な発展を前提にしている。したがって各少数民族にとって当該民族文化が弱まるという状況の下では、容易に漢民族の歩調に合わせるようなことを推し進めないであろう。民族教育にとって、ひとたび教育内容が、長期にわたって少数民族の生産や生活の実状と離れてしまい、少数民族の当該民族文化の継続と発展の使命を担うことができないようであれば、このような教育の結果は、たとえ型にはまった現代教育の審査体系を上手に満たすことができるにしても、少数民族の実際の生産生活や需要に適合できないだけではなく、さらには少数民族構成員の当該民族への愛着心を根付かせることも、各民族間にみられる兄弟のように親しい関係にある向心力を育むこともできず、時には民族の団結を壊し、さらには民族の敵視や分裂の誘因になりかねない。民族教育は言うまでもなく民族文化の全部ではない。しかし現代の学校教育体制が構築されるにともなって、民族文化の伝承、発展ないし改造、イメージ作りに関する機能的役割が極めて大きくなってきている。民族教育から離れて民族文化を物語るのは不可能であり、ともすれば幾つか歴史的文物しか議論できず、民族構成員の現実の民族生活方式や個体がもっている生命の意義という次元で、民族文化を議論することができない。

　現在という歴史条件の下で、少数民族文化の発展を促進し、各民族が民族

平等の原則という基礎をベースにした往来、交流、融合を実現するためには、民族教育の教育内容、管理体系、評価メカニズムにおいて、各民族自身がもっている文化の特殊性を十分に生かし、民族教育を各少数民族の民族文化の発展に血筋を繋いで、各民族文化の多元的発展の重要なメカニズムと力にすることである。

Ⅲ　少数民族の教育を受ける権利を保障する国家の義務について

　いわゆる人権保障の国家的義務には、国家の人権尊重に基づく権力の行使規範や、人権を侵犯しないという消極的な義務のみならず、国家による立法や行政手段を通じて、積極的に人権保障事業の発展を促進するという積極的な義務も含んでいる。そこには、もとより少数民族の教育を受ける権利保障も含まれているが、各項目の民族の権利保障と民族事業の発展において、国家義務が指向する内容は、明らかに次の二点である。一つは、総じて原則的に「反市場化」指向であり、少数民族の人権保障事業の理論的立脚点を市場化し、自由放任のロジックで展開してはならないことである。他の一つは、推進メカニズムにおける「法治化」指向である。ここでいう国家の義務は、単純な道義的性質でも政策的性質でもなく、それが法律的性質をもつものである以上、より積極的に司法審査を含む国家責任の認定と権利救済のメカニズムを広げることでなければならない。少数民族の教育を受ける権利を保障する義務主体は、国家である。これは教育を受ける権利の「社会権」に内在する属性に因るものであって、多民族国家が民族平等の原則を守り、少数民族の発展を推し進め、民族団結と協力を促進する義務に起因するものである。

1　教育を受ける権利の「社会権」属性と国家義務

　一般的に、教育を受ける権利は第二代人権の発展に伴って生まれた憲法上の権利である。第二代人権と第一代人権の区分は、すなわち、自由権と社会権の区分である。その基準点は、国家の権利保障に関する考え方の基本的な

位置づけにある。第一代人権における基本理論の背景は、17、18世紀に盛んに流行った自然権、つまり個人主義と消極的国家観念を核心とする自由主義的な政治哲学である。第二代人権に内在する支点は、経済、社会領域における実質的な公平であって、まさに第一代人権が及ばなかったロジックの終点から始まったといえよう。言い換えれば、第二代人権は初めから政府の社会政策及び行政能力と直接に関係し、もしも政府による積極的な保障がなければ、これらの権利はまったく非現実なものになる。したがって政府の積極的な義務、さらには政府による権利行使の保障責任、その実践能力に強く依存するのが、第二代人権の最も重要な特徴となる。我々から見れば、二世代の人権区分理論は、ある程度、人権発展に内在するロジックと歴史の過程を反映しているが、さらなる問題は、これまで長期にわたり、二世代の人権区分理論を借りて、二世代人権間の差異を人為的に拡大し、第一代の人権観念にかかわって第二代人権保障を阻むというやり方は、明らかに推敲を重ねたものとは言えない。

　自由主義政治哲学は、そのロジックにおいて政治国家よりも早く、先験存在の抽象的人間性という仮設に依存して近代の普遍的な人権観念を表して、その道義的基礎を築いたことは明らかに大きな歴史的進歩と意義をもっている。だが、これを出発点として「政府の外に独立する先験存在」を、人権の本質について境界線を引くこととみなして、さらには政府の積極的な給付義務を前提のする社会権の人権的属性を否定するというのは、明らかに荒唐無稽である。というのは、このような言い方からすれば、観念的に存在している抽象的で、孤立した個人でなければ人権を有せず、各種の社会的身分、社会的な往来におけるすべての現実の人間とその集団は、むしろ人権が主張できないことになるからである。それ故、果たして政府による積極的な給付が必要になるのか、あるいはロジック上、先験的に自足できる地位を有するか否か、人権が存在するかどうかについて、我々の判断基準ではなくなってしまう。実際のところ、自由主義における天賦人権の経典、「権利の章典」論には頼らないならば、明らかに人間性の基礎から人権問題をみても、人間性の内容認識それ自身が歴史的なものであるため、人間性の道義指向とその社会的内容は、従来から不断に発展するということである。17、18世紀にお

ける意識の自治、私権の神聖を基礎にした厳格な公権力の分権バランス、公法と私法領域の境界に線を引くことを通じて、公民が国家権力の侵犯を受けない自由と人権を保障するのは、まさに人間性の普遍的要求であるといえよう。19世紀以後、単純なる形式的平等によって解決できない深刻な社会の分裂と社会的正義の問題に対し、各種の社会の一体化を強調する学説を背景にして、国家権力の積極的な作為によって保障する「生存権」、あるいは「受益権」が主張されてはいる。はたして現代社会において「人間に値する生活」の維持が、何故に「人間性の普遍的な要求」として認められないのであろうか[2]？　フランス公法学者、社会連帯法学の唱導者レオン・デュギー (Leon Duguit) は、20世紀初頭に「現代国家は幾つか積極的な義務を負うべきであり、また幾つかの公共事業を通じてこれらの義務の実現を確保すべきである。たとえば、現代国家は確かにすべての人々に対して、最低限度の無償教育を提供する義務をもっている」と述べている。また「これら国家の積極的義務に対して、我々には、人間が救済を受ける権利、労働する権利、教育を受ける権利がある」とも指摘した[3]。その一方で、現代社会に失業、貧困、経済不況などの社会問題が大量に出現したのは、根本的には個人の人柄や資質が原因なのではなく、社会経済の構造的な必然性に起因するのである。社会あるいは国家に依存する以外に、およそ個人の努力を以てしても有効に変えることができない以上、まさに社会権が基本的人権の最も現実的で、最も道義的な内容をもつ理由となる。権利の起源からみて、すべての権利は、つねに弱者が自らの生存状態を改善するために如何に努力しているか、に関係する。しかし問題は、このような努力は、社会制度や文明が発展

---

2)　日本の著名な憲法学者宮沢俊義は、人権はその発展史において「自由主義の下での自由権」―「民主主義の下での参政権」―「社会国家の下での社会権」という三つの階段があったと指摘した。「社会権は20世紀に入ってから、社会国家（福祉国家）の理想に基づき、社会的で、経済的な弱者の保護や、実質平等の実現のため保障される人権である。その内容は、国民が人間らしい生活の構築を保障するためである。法の意義では、それは国家に対して一定行為の権利を要求するものである（請求権として）。」、「［日］芦部信喜：「憲法」ご参照、林来梵等訳、北京大学出版社2006年版、第242頁。
3)　［仏］Leon Duguit：『憲法学教程』、王文利等訳、遼海出版社、1999年版、第240、243頁。

し継続するという意味で、それ自身が得るべき尊重を得て初めて権利として認められるものである。権利を尊重することは、すべての文明制度が自らの文明価値を発展させ、継続するさいの義務である[4]。ある学者が指摘したように「人々、特に西方では、第二次世界大戦期に起きた政治的動乱と独裁主義政権の出現は、広汎な失業と貧困に因るものだったと認識した時に、幾つかの国家は、経済と社会的権利の保障に対して真剣に興味を持つようになった。これは自身の利益の需要からばかりでなく、個人の自由と民主主義をも守るものである。この観念の基礎は、つぎの信念によっている。すなわち、いかに経済の不況期にあっても、すべての人が経済と社会的権利を享受することを確保しなければならない。」[5]。

まさに、この意味において、我々は有り合わせの自由権と社会権を二つに分ける考え方に問題があり、社会権それ自身が自由権の属性をもっているのみならず、かつ自由権の実現に関わると思っている。一方で、社会権を含む一切の権利は、政府と社会に尊重義務が必要になり、法の下における平等、保護という公平の要素を持っており、さらに程度の違いはあるにせよ選択権という意味での自己決定権を含んでいる。これらは共に第一代人権の政治的な「自由」を内容にしているもので、法治を防衛するという意味では、国家あるいは政府の積極的な作為が必要である。まさに「権利の維持、保護及び実現は、政治秩序に依存するという意味で、すべての権利は政治性をもったものである。」[6]他面では、経済自身がつねに優れて政治であるように、政

---

4) どのようなものでも、一つの権利論であれば「道徳の臍を有する」。早期の社会権論は例外なく社会連帯、つまり世の中にある全ての人類や人に対する広汎な愛との社会倫理及び社会主義の社会理想に関連している。日本の20世紀上半期の著名法学者美濃部達吉は、いわゆる社会権は「社会性の倫理主義に個体性の自由主義が加わった」産物である、と指摘した。[日] 美濃部達吉：『憲法学原理』参照。欧宗祐等訳、中国政法大学出版社2003年版、第362頁。我が国の前輩法学者王世杰、銭端升も、社会権は実際には「受益権」であり、すなわち人民が受ける国家の利益である。この権利が自由権と違っている点は、社会を出発点とし、社会主義との間で相関関係にあることである。王世杰、銭端升：『比較憲法』を参照、商務印書館、1999年版、第144頁。

5) [ノルウェー] Asbjorn Eide (1933〜)：『経済、社会と文化権利教程』(改訂第二版)、中国人権研究会訳、四川人民出版社、2004年版、第11頁。

6) [米] Carl Joachim Friedrich (1901〜1984)：『正義の超越——憲政の宗教的次元』、

治的な自由権は「妨害から免れる自由」(原文：免于干擾的自由)に限られてはならず、ある種「空洞から免れる自由」(原文：免于空洞的自由)でなければならない。言うまでもなく、「機能という面から分析すると、平等の原則は経済と社会の領域において、社会権などとリンクして初めて、実質上の役割を果たすことができる。」[7] この意味に限れば、社会権は自由権を吸収した人権形態の新しい発展として、それが真に表われるのは、実際上、現代の社会人、国家、社会などの制度形態の間にみられる深い依存関係である。それ故に、経済社会の権利保障を有効に推進できるかどうかは、個体の自由確保を政治的な要望とする自由主義法権制度の必然的な延長であるばかりか、あらゆる現代性的正義価値を防衛する社会制度に対する一種の重大な試練であるといえよう[8]。

　北京三聯書店、1997年版、第100頁。
7)　[日]大須賀明：『生存権論』、林浩訳、法律出版社、2000年版、第35頁。
8)　1977年12月16日、国連総会第32/130号決議で可決した『人権の新しい概念についての決議』が指摘したように、全ての人権と基本自由は分割することができないもので、相互に依存し合っているものである。市民的及び政治的権利、経済的、社会的及び文化的権利の執行、増進および保護に対しては、いずれにも同等な注意と切実な考慮をしなければならず、もしも同時に経済的、社会的及び文化的権利を享有しなければ、市民的及び政治的権利は、絶対に実現できる日は来ないであろう。国連の「経済的、社会的及び文化的権利に関する委員会」が1998年に公表した『経済的、社会的及び文化的権利に関する国際規約』の「一般的意見」では、次のように述べている。「法的拘束力のある国際人権基準は、各締結国の国内法制において直接的かつ即時的に機能すべきであり、それにより個人が国内裁判所及び審判所において、自らの権利の執行をもとめることが可能になる」と明記している。(第4段) また「規約上の権利に国内的な法的効力を与える最善の方法を決定する際に、裁判規範性(justciablitity)を確保する必要性が関連してくる。」(第7段)「委員会は既に、規約中の多くの規定は、即時の実施が可能であると考えることを明らかにしてきた。…それぞれの法制度の一般的なアプローチは考慮しなくてはならないが、大半の法制度において重要な裁判規範性のある側面を少なくともいくつかは有すると考えられない規約上の権利は一つもない。」(第10段) 特に「ほとんどの国では、ある条約規定が自動執行性(self-executing)を持つか否かは、裁判所が決めるべき事柄である。その役割を実効的に果たすために、関連する裁判所及び審判所は、規約の性質及びその意味合い、規約の実施における司法上の救済の重要な役割について認識しなければならない。」(第11段)。General Ceomment No. 9 (1998) of the Committee on Economic, Social, and Cultural Rights.〔この訳出は訳者の責任において、先行研究である申恵丰「『経済的、社会的及び文化的権利に関する委員会』の

上に述べてきた社会権の一般的な認識にもとづいて、我々からみて、国民が最低限度の教育を受ける権利の保障を求めるのは、実に彼らが基本的な生存に必要な技能と尊厳の維持を享受するのに不可欠な条件を保障することになるからである。日本の憲法学者中村睦男教授が指摘したように「現代社会は知識社会であり、情報社会である。教育あるいは教育を通じて得るものと、以前に、人民が生存するために配慮した財産と同じ位置づけになる。教育は生存にとって食糧である。とくに子供にとっては、独立した人格の形成や将来良い生活ができるようにするためには、教育は不可欠なものである。」[9] 最低限度の教育を受けること、飢餓に陥らないこと、就業、基本的な医療、住宅条件及び清潔な自然環境を享受すること同様に、それは社会権の主要な要望の一つとなる。教育を受けることを人権として確認し、しかも憲法と関連する教育法制度を通じて保障するには、当然、政府に新たな法義務を付け加えることである。それ故、政策などの形式をとって、一般的な社会事業という意味で行われる国民教育に満足してはならず、国家が教育を発展させる義務を果たすよう、そうした法律化を推進することである。これは、国民に対する教育権保障を全面的に国家の法治建設の軌道に乗せるべきことを意味している。

2　民族事務の法治化支配と少数民族の教育を受ける権利保障とその国家義務

　少数民族の教育を受ける権利は、我が国少数民族の人権保障事業の重要な構成部分として、如上の社会権の一般的な性質をもっていると同時に、その要素として民族的属性の問題も内包している。少数民族の教育を受ける権利が有している社会権的属性と民族的属性は入り混じっている。社会権的属性は、少数民族が我が国の公民として、漢民族と同様に、その教育を受ける権利の保障が国家の積極的義務に依存していることに決定づけられており、民族的属性は少数民族の教育を受ける権利が、権利の内容、保障メカニズムにおいて漢民族と異なる特殊性をもっていることに決定づけられており、国家

　　一般意見（3）」『青山法学』第42巻第2号、2000年．に依拠した。訳者〕
9)　〔日〕芦部信喜編：『憲法Ⅲ：人権』（第2巻）、有斐閣、1981年版、第382頁。

は少数民族の教育を受ける権利の実現に当り、漢民族と異なった特別な方式を取る必要があることが決定づけられている。少数民族の教育を受ける権利の保障は、少数民族教育を含む我が国教育事業の全体的な発展と、少数民族構成員の国民的素質の向上をはかる必要な条件でもあり、同時に我が国における民族平等の原則の実現、少数民族の文化振興の推進、調和のとれる民族関係の構築、各民族との共同繁栄を促進するための必要な条件でもある。まさにこの意味からみて、教育問題は我が国民族問題の重要な構成部分であり、少数民族の教育問題と教育を受ける権利の保障問題を上手に解決できるか否かは、多民族国家の有効な治国や国家の統一、そして各民族の共同繁栄に関わっている。

　我が国で、各民族は平等に教育を受ける権利を享受しているが、環境、歴史、経済状況などの原因によって、少数民族の教育事業の累積が薄弱であり、加えて少数民族自身に教育を受けるという権利意識が希薄という原因もあって、総合的に見て、少数民族教育の発展の状況は、漢民族に比べひどく遅れていると言わざるをえない。漢民族と比較して言えば、少数民族の教育事業と教育を受ける権利の保障は、依然として特別な援助政策が必要であり、少数民族の経済、社会の各項事務と比較して、もっと教育を優先的に発展させる原則を貫くべきである。前者では、総合的な指導思想において民族事業の発展での、いわゆる「反向差別」という見方を追及し、形式的平等を出発点とする安易で間違った認識をなくさなければならない。後者からみて、少数民族の教育を受ける権利の保障問題を、各級の地方政府の業績評価の体系に組み込まなければならず、さらに自然生態の環境保護がもつ社会的効果と同様に、少数民族への教育保障は、民族の発展と国民の素質を向上させるために、人文生態上の効果を収めている。

　国家による民族教育の発展と推進という具体的な問題について、以下の諸項目を強調すべきである。第一、教育内容では、民族教育において少数民族の伝統文化、少数民族が育んできた歴史的な内容を増やして、民族教育を当該民族の生活に近づかせ、教育が民族の生活方式、文化伝統の発展とその継続に対する機能を果たすようにさせ、少数民族の構成員に学校教育への共感を高めさせ、民族教育が民族生活のために持たなければならない実用性を強

めることである。第二、教学言語の使用にあたっては、少数民族母語の使用と発展を重視し、適度かつ平穏に「ダブル言語」という教学方式を発展させるようにする。「ダブル言語教学」と言えば、イコール漢語教学の強化というような間違った認識を追及して、母語教学を弱体化し障害になるような状況を回避し、さらに政治的で行政的なやりかたで「ダブル言語教学」の展開スピードを強制的に早めてはならない。併せて教師と学生の資源、就業の需要など客観的条件に踏まえて、差別化した「ダブル言語教学」を推進し、同時に積極的に民族高等教育における母語教学の専攻部門の設置を広げ、単純な行政的な推進モデルを少数民族構成員による自主選択モデルに転換して、少数民族構成員による教育選択権を尊重し、かつ積極的にこれを保障するようにする。第三、民族教育と少数民族の経済、社会、文化事業の発展を一つにして総合的に把握し、民族発展の需要を反映する民族的に特色のある専攻部門の設置を積極的に広げ、民族の職業教育を大いに発展させなければならない。それには、民族地区学校の専攻部門の設置が安易に内地にある学校のコピーにならないようにし、同時に、関連する就業法規を制定し、少数民族と漢民族に共に精通する人材の優先的な採用を奨励し、これまで民族学生が就業競争において劣勢に置かれていた状態を根幹から一変させ、同時に民族の事務分野における人材不足というジレンマから抜け出すようにする。総体的にいうならば、ある学者が指摘したように「非母語の授業は、少数民族の学生に学習過程で文化の『壁』にぶつからせ、その学業成績に影響を与える恐れがある。主流言語である漢語の道具性機能と教育機能の強化は、少数民族の学生に当該民族の文化価値のアイデンティティーや、集団のアイデンティティーの形成にマイナスの影響を及ぼす恐れがある。後者は、大多数の少数民族民衆にとって普遍的な関心事であり、憂慮する点である。」「民族教育政策の根本的な出発点は、各民族の国家アイデンティティーを促進し、全国範囲内で政治、経済、文化の一体化を推進し、しかもこれを以って現代国家の内部向心力の向上とイメージ作りを行うことである。従って、各少数民族

---

10) ゾリヤティ・スマギ（1978～、維吾爾）、新疆大学政治与公共管理学院教授、社会学博士：「民族政策の教育における実践：新疆『二元教育体系』分析」、『社会科学戦線』2012年第4期に掲載。

の歴史と文化伝統を尊重し、しかもその発展のために保障すると同時に、少数民族を国家アイデンティティーをもった公民に育てるのは、学校教育の本質的目的の一つである。このような目標を達成し、個体間の公正、かつ平等で、集団を対象としない文化多元主義の公民教育を実現するために、一つのよりよい道であるかもしれない」[10]。

　最後に認めなければならないのは、我が国少数民族の教育を受ける権利の法治化を保障する全体的なメカニズムである。今日の民族教育にみられる立法自身の内容でも、これらの法律の実際的な執行状況でも、我が国の民族教育における法治化の水準はスタートしたばかりである。これは主に二つの方面で表れる。第一、政府の民族教育を発展させる法律を推進するメカニズムは、未だ真に有効に確立していない。これは中国政府が民族教育の発展と推進に消極的で怠慢であることを意味するものではない。これまで政府が民族教育の発展を推進するためにとってきた措置は、全体的に言えば政策行為に過ぎず、観念上、これらの行為は執政者が自身の支配倫理あるいは政治責任を示す範疇に属し、具体的なメカニズムでは、主に地方人民政府及び教育行政部門の権力指向の直接作用を受けるもので、全人大あるいは民族地方の人大が制定する民族教育立法に立脚するものでない。学校に行けない児童の「僕は学校に行きたい」という叫びに直面しても、これに法律問題がからんでいると考える者など殆ど居ない。従って、民族教育立法という問題に関しては、指導思想から具体的な制度の設計にいたるまで、政府の法律的義務と法律上の責任の実際的な効力問題を強化しなければならない。このようにしてこそ初めて、民族教育の法律、法規による政府行為の規範に則った具体的な施策を着実に強めて、次第に民族教育問題が単に行政権力メカニズムに縋って法律メカニズムに依拠しないという全体的な状況を変えるようにする。第二、民族教育における行政行為の法治化程度の限界に関連して、最低限度の行政再審メカニズム、司法救済メカニズムを含む、我が国少数民族の教育を受ける権利の法的救済メカニズムは、未だ有効なものとして何一つ確立していない。政府による民族教育義務を推進させる履行状況は、法律的な圧力が上級政府と行政指導部局の圧力よりも遥かに小さいため、少数民族の教育を受ける権利の具体的内容の一つである「受益請求権」を確立することが至

難な状況にある。これに因って、少数民族の教育を受ける権利が義務主体をもたない表の殻しかない状態に陥っているのである。さらに、たとえ侵害主体が政府ではなくても、少数民族の教育を受ける権利の保障は、常に弱い主体が、弱い権利を主張するという悲惨な局面になっている。学校が教育主管部門から不当な取り締まりを受ける場合、学校にとって弱い主体が弱い権利を主張することになり、学生が学校から不当な取り締まりを受ける場合、学生にとって弱い主体が弱い権利を主張することになる。さらに教師が給料を要求する場合においても、教師も弱い主体が弱い権利を主張することになる。司法領域においては、少数民族であれ、漢民族であれ、教育を受ける権利の法的救済も、実証的な裁判事例の次元で取り扱われるにすぎず具体的な把握に欠けている。明らかに憲法に違反、公民の教育を受ける権利保障に反する事件であっても、往々にして司法機関を悩ませる「解決困難な事件」になってしまい、そればかりか裁判所がこれを受理せず、多数の不法行為事件はうやむやの内に終わらせてしまう。これら深層から露呈される問題によって、教育の法治化は、国家や社会全体の法治化状態から抜け出すことができないことを物語っている。逆に言えば、法治は具体的である。まさに、一つ一つはさほど悩む必要のない権利保障の問題であっても、それが本当の法的メカニズムを通じて有効かつ着実に執行されるようになれば、法治は次第に堅実なものへと築かれるにちがいない。この意味で、行政、司法を含む法的な救済の道を目に見える形で広げることが必要であって、それこそが、少数民族の教育を受ける権利を保障する国家的義務を着実に推進するためになすべき義務であろう。

※原載：宋海彬「少数民族教育的民族性与少数民族受教育権保障的国家義務」、『甘粛政法学院学報』2015 年第 2 期。

第 2 部　法治における不寛容を
　　　　問う

第1章　寛容と自由の張力について

王福民（Wang Fumin）
周　英 訳

I　寛容：自由な個性の尊重
II　寛容と自由の張力関係
III　寛容と自由の制度実践

要旨　「寛容」は自由と関連し、そして自由を本質とする複雑な張力構造である。自由は寛容に含まれる多次元意味において重要なディメンション（原文・向度、dimenstion. 訳者）である。寛容と自由が持つ社会的規定性は両者の間で一種の内在的な張力関係を作る。寛容と自由における人間本位の趣旨と現実指向は、両者の実践転向の必然性を決める。

I　寛容：自由な個性の尊重

　寛容は豊富な意味を持つ文化の範疇である。哲学のレベルからみると、寛容は本体論の趣旨をもつ。『易経・序卦』には、「天地有りて然る後に萬物生ず。天地の間に盈つる者は唯萬物なり。故に之に受くるに屯を以てす。（"有天地，然后万物生焉。盈天地之間者唯万物，故受之以屯。"）とある。『道徳経』では、「道は一を生じ、一は二を生じ、二は三を生じ、三は万物を生じる。万物は陰を負いて陽を抱き、沖気を以って和を為す。」（"道一生，一生二，二生三，三生万物。万物負陰而抱陽，冲気以中和。"）と考える。ここでは、『序卦』の「屯」も『道徳経』の「道」も宇宙本体が万物を生成し、包容するという寛容の本性について世界観の次元から解釈していると考えられる。
　倫理学のレベルからみると、寛容は主体が交流する過程の中で現れた倫理

的徳性を意味する。ヴァン・ルーン（Van Loon）は、寛容とは、他者に行動と判断の自由を認め、自己の、あるいは伝統的な考え方と異なる見解を容認することであると考えている[1]。(13頁)『荘子・在宥』によれば、老子と関尹には「濡弱謙下を以て表と為し、空虚を以て萬物を毀たざるを實とす……常に物事に寛容で人を痛めつけない」（"以濡弱謙下為表，以空虚不毀万物為實……常寛容於物不削人"）という徳を持っている。また『韓詩外伝』には、「徳行寛容にして、之れを守るに恭を以ってする者は栄ゆ。」（"徳行寛容，而守之以恭者容"）とある。これらはみな寛容について倫理のレベルから解釈しているものである。

寛容は社会性と歴史性を持つ。この点について三つの異なる次元からみることができる。個体の次元でいうと、それは交流活動の中で個体が他者を認め、肯定し、尊重する一種の徳行である。族群の次元でいうと、寛容は異なる文化、宗教、信仰を持つ民族、共同体、階層が互いに意思疎通をし、平等的に交流し、仲むつまじく共存する一種の相互主体性（intersubjectivity，訳者）と社会の倫理的雰囲気を表すものである。制度編成（原文・制度按配、訳者）の次元でいうと、専制時代の寛容度は民主時代のそれとは比べものにはならない。以上の三つの次元における寛容はいずれも具体的で歴史的なものである。前近代では、制度設計に寛容の精神が欠けていたために、社会全体における寛容の空間は極めて限られていた。現代的意義の寛容は、むろん個体と共同体の中の寛容も含まれるが、実質的には、寛容の精神を取り入れた制度編成と制度設計に基づいて構築された社会的寛容である。

現実性からいうと、寛容が一種の文化として次第に注目されるようになったということは、本質的には、生存状況が大きく変わった現代の人類の精神を映し出しているのである。現代社会はグローバルな意義における普遍的な交流時代にあるので、人類の経済、政治、文化はあたかも「普遍的につながっているネット」のようなもので、いかなる交流主体も、国家、民族であれ、集団、群集、個体であれ、いずれもこの「ネット」の上の「結び目」として生存しているのである。しかし、グローバルな交流は交流主体の持つ多

---

1) ヴァン・ルーン（Van Loon）:『寛容』、迮衛、靳翠微訳、生活・読書・新知三聯書店、1985年版、13頁。

元的差異と個性をなくすどころか、かえって絶えることのない「差異」の生成、衝突と共存を引き起こしてしまう。今日、人類の生存と交流が大きく転型したことで、多元化した主体の生成的な交流は現代及び未来の人類が生存していく上で欠かせない、常にある普遍的な形式となるであろう。ここでは、依然として主体の個性的差異を排斥するような伝統的な「不寛容な生き方」を頑なに守ると、今の時代を生きていくことはできない。いや、存在することさえできないであろう。

　社会文化のレベルでは、寛容は多元的な価値観と生き方の存在を容認することを意味する。主体の個体的で多様な存在空間の確立は寛容社会が真に存在することの現われである。個人の主体的要求は集団主義に反するのだと考える人がいるが、実際には、「偽の集団主義」こそが個体性を排斥するのである。自由な個性を持たない集団は偽の集団であり、真の集団というのはマルクスが言う自由人の連合体なのである。このような集団は自由な個性を表現し、要求すること（原文・訴求）を拒まないばかりか、人々に自由な個性が発展するための堅実な物質的基礎をも提供する。ここでは、各個人の自由な発展が万人の自由な発展の条件となるのである。人間の自由な個性の生成と発展は社会進歩の象徴である。中国の新文化運動はまさに「個性の解放」という旗の下に、各自の独立性を保った抵抗勢力と知識人を育てることによって、近現代中国が進歩するための主体的「種」を撒いておいたものである。現代的寛容はまさに、制度編成を通して絶え間なく生成していく多様で自由な個体のために、広大な、和して同ぜずの空間を切り開くという点に体現されるのである。

　寛容は個体の自由な個性に対する承認と尊重を意味する。個体が自主的に自己の生き方を選択するのは自由の核心理念であり、西洋の人文精神の源でもある。自由な個性の解放を目指す運動と思潮は、西洋では個人主義とも呼ばれる。これはもちろん、当代中国の政治文化背景の下で「極端に自己中心的で、他人を害してわが身を利する」ことを主旨とする個人主義の価値観とは異なる。当然、フランス革命及びその思想の源——啓蒙運動の思想に対する質疑と反駁として、ヨーロッパではかつて、個人の理性的な解放を主旨とするフランス革命は社会不安を招き、国家の安定を破壊したという思潮も流

行っていた。しかしフランスでは、空想的社会主義者の中にも「個体の自由な個性を主張する（原文・張揚）」ことに対して否定的な考えを示すものもいた。たとえば、エティエンヌ・カベ（Etienne Cabet）は、世界が誕生して以来、個人主義と共産主義という二つの制度が人類の分裂と両極化を招いた、と考えている。

一方、社会主義者のルイ・オーギュスト・ブランキ（Louis Auguste Blanqui）は、「自由」の意味から個人主義について弁証法的に分析を行った。彼は、個人主義の原則は個人を社会から剥離し、そして究極的な権利を賦与することによって個人を権力に執着させてしまうため、個体の社会的責任の欠如を招くことになるため、国家全体からすると自由放任を宣言したに等しいと考えている。同時に、彼は個人主義の進歩的な意義をも認める。彼からみると、個人主義の価値は以下のような点に体現される。まずそれは、長い時間抑圧され、圧迫された人類の思想に新たな歴史的活動空間を作り上げることで、人類の思想が持っていた誇りと勇気を取り戻してくれた。次にそれは、理性のある人間なら誰もがすべての伝統、時代、そして自分たちの成果と信念について独自に判断を下すことができるようにしてくれた。またそれは、時には人を不安に陥れ、危険で孤立無援の境地に立たせ、時には崇高で厳かな気持ちにさせてくれる。さらにそれは、尽きることのない戦いの中におかれても普遍論争の騒ぎの中におかれても、人間が自己の幸福や運命の問題について自ら解決することができるようにしてくれた。ここでは、ブランキの卓越したところはまさに、個人主義についての分析の中で人間の自由な個性の価値と厳かさを説いたという点にあるであろう。

このような自由な個性の生成と発展を促進した社会環境と、自由に存在し、発展することを保証する社会制度設計こそが寛容の時代の象徴であり、また、寛容の社会的歴史的価値もまさに、自由に対する包容、肯定と堅持といった寛容の本質的な部分にあると言うべきであろう。

II　寛容と自由の張力関係

自由は一種の主体の生存権として社会性と歴史性を持つ。「権利というも

のは、社会の経済的な形態、およびそれによって条件付けられる社会の文化的発展よりも決して高度ではありえない」[2]。(12頁) 人間は、一定の社会関係の中におかれたものとして、その自由は純粋な自然状態にあった動物的な自由ではない。「純粋な自然状態にあった自由」について、マルクスはかつて、「それが森林の中でしか見出されないとしたら、ドイツの自由の歴史は、いのししの自由の歴史とどこが違うのだろうか」[3] (454頁) と批判したことがある。人間の自由権及びその発展状況はつまるところ、一定の社会的生産力と生産関係の状況によって条件付けられるのである。マルクスは、「いつの場合でも人々は、彼らが人間について抱く理想でなくて現存の生産諸力が彼らに指定し、許容したかぎりにおいて、自分たちを解放したという運びでおこなったのである。」[4] (507頁) と指摘している。資本主義社会において、労働者が自分を雇うある資本家から自由に離れることはできるが、「しかし、労働力の販売を唯一の生計の源泉とする労働者は、生きることを断念しないかぎり、買手の階級全体すなわち資本家階級を捨てることはできない。しかもその際、自分を売りつけること、すなわち、この資本家階級の中に一人の買手を見つけることは、彼が自分でやらなければならない仕事なのである。」[5] (355頁-356頁) これは、資本主義の社会関係は当該社会に生きる労働者の自由を根本から制限していることを物語っている。

　自由の社会性はまたその歴史的相対性にも現れている。階級社会において、異なる社会集団ごとに特定の社会の経済的な形態における地位も異なってくる。「これまでのすべての解放にはその根底に限られた生産力があったのであり、この生産力の社会全体にとって不十分な生産は、一部の人々が爾余の人々を犠牲にして自分たちの欲求を満たし、そのことによって一部の人々（少数者）が発展を独占したのに、そのほかの人々（多数者）は最低不可欠の欲求の充足のためのうちつづく闘争によって、しばらく（すなわち、新しい、革命を引き起こすような生産諸力の産出まで）あらゆる発展からしめだ

---

2) 『マルクス・エンゲルス選集』第3巻、人民出版社、1974年版、12頁。
3) 『マルクス・エンゲルス全集』第1巻、人民出版社、1974年版、454頁。
4) 『マルクス・エンゲルス全集』第3巻、人民出版社、1974年版、507頁。
5) 『マルクス・エンゲルス選集』第1巻、人民出版社、1972年版、355頁-356頁。

されたという状態においてのみ、なんらかの発展を可能ならしめたにすぎない。」[4]（507頁）だから、一部の人々にとって自由な集団或いは階級であるものが、そのほかの人々にとっては自由を束縛する桎梏以外の何物でもない。個人の自由というものは、統治者階級の範囲内で発展する人にしか許されないものである。彼らが自由を有するのはこの階級集団に属しているからである。逆に、被統治者階級に属する個人にとっては、統治者階級は偽の、異端の集団であり、自己の自由と解放を実現するために批判し、否定しなければならないものでしかない。

　自由の社会性は、自由の実現と発展は社会関係の改造なしには語れないことをはっきり示している。歴史上、自由を求めることを何より第一の目標としない社会革命はなかった。資産階級の革命も社会主義の革命もその例外ではない。当代の中国の政治文化と大衆心理では、「自由」の社会的属性への制度的な誤読、すなわち、社会主義は自由とは相容れない関係にあり、自由を資本主義特有のものと見なすといったものが存在していることを指摘しておくべきである。これにはイデオロギーの世論に対する深刻なミスリードと政治文化的な原因があると考えられる。

　第一、資本主義のイデオロギーによる偏見。西洋の政治文化では、社会主義の国を自由のない専制国家と見ている。たとえば、ハイエク（Hayek）は社会主義とファシズムが同根であると見て、社会主義の計画経済は個人の生存資源を集中し、独占することで個人の自由の物質的基礎を解体してしまうので、社会主義は隷従への道なのだと考えている。ハイエクのこのような観点がもし、前改革期における社会主義国家の経済的事実と、計画経済を社会主義と混同し、市場経済を資本主義と混同するようなマインドセットに基づくのであれば、まだある種の客観性を持つと言えるが、しかし当代では、このような観点を支える根拠はすでに、当代中国の改革開放と社会主義市場経済の転型の歴史的過程によって否定されたのである。

　第二、毛沢東の『自由主義に反対する』と鄧小平が「資産階級自由化への反対」を終始堅持したことに対する誤読。歴史的にみると、当時毛沢東が反対していた「自由主義」は、赤四軍内部に存在していた非プロレタリア諸階級の誤った思想と、規律に違反する自由放任な行為を指しており、その根本

的な目的は、中国革命の勝利を獲得し、中国人民の解放と自由を手に入れることにあるのである。また、鄧小平時代に反対していた「自由化」は、「中国は資本主義の道を歩むべきだと主張する」場合の特定された政治的概念である。中国の実情で、もし「全盤西化」となれば、国民が間違いなく生存資源を奪い取る内乱に陥り、個人の自由も語れないであろう。以上見てきたように、現代中国では「資産階級自由化への反対」は人々の自由に反対するのではなく、むしろ人々の自由を保障し、発展させるためなのである。

第三、新中国成立後とくに改革開放までの間、中国の権力集団が個人の自由権に対して制度編成や実際の建設を行う際も、学界が個人の自由の価値について理論的な研究を行う際も、イデオロギーが社会主義の個人の自由について世論で宣伝する際も、理論的なレベルにおいても実践的なレベルにおいても重視もしなかった、有効な実践も行わなかったがために、厳重な問題が現れるに至ったのである。この教訓は深刻なものである。これが、今日の民衆が心理上で、自由に対する制度的な誤読が生じた歴史的、現実的な根源であると言えよう。

中国共産党の「第十五回全国代表大会」は、人間の自由は社会主義社会のすべての活動の究極的価値であることを十分に肯定した。これは、理論的に寛容の文化的環境を作って全社会の範囲で人間の自由な個性を主張するために、思想的基礎を提供したのである。

寛容と自由における内在的な差異性と論理的な関連性が両者の張力関係を作った。寛容と自由は性質においても機能においても異質的である。その一、寛容と自由は二つの異なる範疇のものである。自由は個体の開放的な生存本性、権利と要求及びその観念形態であるのに対して、寛容は主体の交流間性、社会的雰囲気、制度設計と編成に対する希望、要求と描写である。その二、両者の社会的歴史的限度を超えると必ずパラドックスを招く。絶対的な寛容は人間の自由とは相反するものである。たとえば、人間の自由権を実現するために、「専制関係」に対する無原則的な寛容に反対し、否定しなければならない。一方、「極端な自由」は自己の生存の自由のために、逆に他者の個性的な選択をむやみに非難し、さらにはその行為を否定することを主張する。これは寛容と内在的に衝突するのである。その三、現実性からみ

ると、一部の人々に寛容であれば、そのほかの人々の自由を妨げることになる。同様に、ある集団の自由の実現も他の集団に対する不寛容の上に成り立つのである。

　また、寛容と自由は内在的な論理的関連性を持つ。その一、寛容は自由に現実的な空間を提供し、個人の自由が生成し、展開し、発展するための基本的な前提をなしている。寛容システムによる保障が欠けていた専制時代では、人間の生存の自由は統治者階級の内部にのみ存在するしかなかった。その二、個人の自由に対する保障とその実現の程度は、ある社会が寛容であるかどうか、どれぐらい寛容であるかを測るための重要な物差しでもある。ある社会で、個人の自由権が最低限保障されなければ、必ず個人の関係、社会の関係、民衆と権力集団の関係において緊張と不均衡を招いてしまう。そうすれば、寛容は贅沢な机上の空論になってしまうであろう。

Ⅲ　寛容と自由の制度実践

　寛容、自由と人間の発展における内在的な関連性についての理論的思考及びその実践的転向は、複雑な論理の張力構造であり、異質と同形、競合と統合といった内在的な関連性を持つものである。価値論のレベルでいうと、個人間の寛容な関係を築き、社会的意義における寛容な環境を構築するにしても、人間の自由な気質を培い、人間の自由権を保障するにしても、つまるところ、いずれも人間を主体とし、人間の発展を究極的価値とするのである。これは、人間に対する究極的関心の倫理上の体現と実践上の要求である。言うまでもなく、ここの「人間本位を究極的な目標とする」における人間は、現在の中国の各階級、階層の最も広範囲の民衆を指すものである。それは、個人的であると同時に民衆的でもあって、両者の統一なのである。

　現代の寛容の精神と自由の品格を支える物質的経済的基礎は、現代のグローバル的な社会的大生産における分業協力と、その上で行われる多元的市場での主体間の公開的で公平な競争に基づく。中国は現代化転型の過程において、生産力の発展の内在的要求に適応し、徐々に公有制を主体とし、多種所有制経済をともに発展させる基本的経済制度を形成し、次第に社会主義市

場経済の基本的な枠組みを構築し、労働に応じた分配を主体とし、多種の分配方式を並存させる分配制度と、一部の人が先に豊かになることによって最終的に共に豊かになるという基本的経済政策を実施してきた。このような社会経済構造の歴史的変化は、必然的に多様な社会階層、共同体及び個人の生成、発展のために広い空間と良好的な現実環境を提供することになる。また、現在中国における寛容と自由の理念が理論から実践へと、可能から現実へと転向するための物質的基礎と経済制度上の保障を提供することにもなる。

弁証法的にみると、人間の発展にとって寛容と自由は目的と手段の統一である。一方、寛容と自由は個人の性格構造、精神世界の重要な内容である。寛容の精神と自由な個性に欠けた人間は人格不健全で、一方向のディメンションの人間になってしまう。個人は世界を認識し、改造し、構築する過程の中で生命の旅を生成し、展開し、完成する。そうして個人の人生価値を実現する。この過程において、人間はもし「食色は、性なり」という動物的なレベルに止まれば、自然を超える崇高さと厳かさを失うがゆえに、その人格も不完全なものになってしまう。至善に止まることを求めるならば、万物を包容し、たゆまず努力し、真理を追究するような寛容の品格と自由な個性を培い、そして磨きをかけなければならない。この意味で、寛容の精神と自由自在で抜きん出た人格を追求するのは、人間の生涯の目標と目的であると言えよう。また他方では、寛容と自由は調和的な個人関係、合理的な制度環境、理想的な生存空間としても、個人の発展を保障するための権力、個人の生きるための能力としても、また、寛容と自由は互いに相対的に独立であるにせよ、統一して一つになるにせよ、それ自身の外にある対象化されたものと見なされうる。そして、人生の価値志向、生活の目的もまた弁証法的で未完成な多次元構造のものである。人生の目的を構築するという構造世界の中で、寛容と自由は欠かせない質料、手段と条件にもなる。当然、寛容と自由は人間の発展を促進するための真なる手段になるには、制度的実践へと転向しなければならないであろう。

まず、個体の交流実践の中で個人の超越精神を作り出す必要がある。個人の文化心理について言えば、この超越精神は自己の文化心理世界に対する整

理、批判、否定、構築として現れる。この過程において、現代の寛容の精神と自由の理念を基本的な尺度或いは精神的な座標にして自己の心理活動をコントロールするマインドセット、価値観念、無意識的な構造について深く見つめて、考えて、問いただすとともに、そのうちにある、寛容の精神と自由な個性に反する無知の邪念、自閉的な心理、利己的な意識、奴隷的な人格を深く反省し、批判し、否定しなければならない。今の民衆の奴隷的な人格は中国の封建的文化伝統の中に深く根ざしている。マルクスは、「死せるすべての世代の伝統が夢魔のように生けるものの頭脳を押さえつけている。」⁶⁾（603頁）と指摘している。現実では、伝統的なイデオロギー、小農意識、非理性的な過激心理などが依然として民衆の心理構造と無意識レベルに広く存在している。これらに対して真なる歴史的超越を果たして、現代的基礎の上で現代化の過程で人間の主体的人格と自由な個性を作り出し、そしてそれをはっきり示すためには、寛容で自由な人格を構築する過程において長期にわたって反省と批判をし続けなければならない。

　次に、共同体の間性の開放と調和が必要である。中国の社会構造が深刻な変化を遂げる過程で異なる生き方をする新しい社会共同体と階層が現れたことは、客観的には階級間の深い溝と境界線を薄め、階級間の格差を弱めた。これは、社会が簡単から複雑へ、低級から高級へと発展したことの反映である。これらの共同体と階層は、知識人を含めた労働者階級や多くの農民と同様で、みな中国現代化の過程を推進する建設者であり、最も広い意味での人民大衆の実在的な内容である。階級、階層、共同体によって具体的な利益の要求は異なるが、自由、寛容、調和、安定といった社会的雰囲気を作って、生産力が発展し、社会が全面的な進歩を遂げた上で、主体が多様化し自由に発展できるような社会生存空間を切り開くことが、社会における各共同体と多くの民衆の共同的な利益なのである。これは寛容が可能から現実へと転換するための客観的な前提と社会環境的な保障である。

　最後に、制度設計と制度編成は真なる寛容と自由の実現を推進するための決定的な一環である。寛容と自由を倫理観念として現実にするためには、制

6）『マルクス・エンゲルス選集』第1巻、人民出版社、603頁。

度化を通じてそれを道徳的理念から道徳的実践に転換しなければならない。この道徳的実践の過程は本質的には寛容の精神を含め、しかも法治化の過程を印とする現代制度文明を構築する過程なのである。制度編成の意味における寛容は、深刻な弁証性を持っており、それは法治精神に対する拒絶と排斥ではなく、かえって社会全体の広範囲で法治精神を確立して法治国家を建設することを前提とするのである。法治精神は現代民主国家が法に則って国を治める過程で示した客観的、公開的、人民本位といった根本的な特性である。これは、社会が寛容であるための法理的な根拠と規則的な支えである。法治精神を含めた現代政治制度は当代中国の社会において自由と寛容を実現するための政治的な土台である。ここでは、寛容は社会の寛容的環境を損ねて、他者の自由権を侵害し、踏みにじる違法者を庇い、放任するのではなく、逆に法によって処罰することを条件とするのである。法治の理念が主に政治実践と政治制度の現実的な編成に体現されるようになって、また、中国の政治実践が客観的、公開的、人民本位という法治精神を真に体現し、中国の権力の作動が客観的、公開的、人民本位の軌道に向かって改革を着実に推し進めるようになってはじめて、個人の自由と寛容な空間がまぎれもなく社会現実になるのだと言うべきであろう。

※原載：王福民「論寛容与自由的張力」、『華僑大学学報（哲学社会科学）』2006年第2期。

第2章　現代の制度における寛容の機能について
――現代の制度における寛容の本性と自由な秩序の形成――

鄒吉忠（Zou Jizhong）
周　英 訳

| I 現代社会の寛容とその問題点
| II 現代の制度における寛容の本性
| III 現代の制度における寛容の機能と自由秩序の形成
| IV 寛容の限度と必要な不寛容

　古代社会において寛容は得がたく、尊い美徳であるとすれば、現代の社会においてそれは、尊い基本的価値として現代人に尊重される。現代の制度の作用下で、寛容はすでに制度化されている。換言すれば、法治を土台とする現代の制度は、制度それ自体が寛容な性質をもっているからこそ、現代の寛容が成長し、発達し、さらに拡張していくための社会システムとなった。

I　現代社会の寛容とその問題点

　古代の階級社会において寛容は、主人、統治者、権力者が奴隷、弱者、失敗者、懺悔者に対する道徳上の寛恕として表れる。また一方で、奴隷、弱者、失敗者、懺悔者に対する容認としても表れる。それに対して、現代の寛容は、現代人が自由で全面的に発展するための要求であり、競争者が競争相手（異分子）及びその創意、探索、試行錯誤、価値観（異見）に対する容認と尊重である[1]。寛容が現代社会にとって重要であるのは、その自由の性質に関係している。それは平等で自由な主体間の相互寛容であり、現代人同士

---

1) 鄒吉忠：「競争と寛容――現代寛容の哲学的基礎への論述を兼ねて」、『現代哲学』、1998 年第 3 号。

が平和共存するための条件である。吉兰・瓦特洛が、「原始的寛容」は一種のやむを得ない放任であるのにひきかえ、現代の寛容は「自由という名の下で、そして、みんなから承認された原則の下で、他者が、我々が有しておらず、或いは同意しない原則で思考や行動を行うことである。換言すれば、寛容は自由の必然的な結果である」と指摘したが、まさにそのとおりである[2]。つまり、現代の寛容は自由価値の道徳上の表れであり、自由という精神の中核である。そうであるとすれば、現代社会がなぜ寛容を必要とするのかが問題になってくる。私は、現代社会が寛容を必要とする理由に、以下のような四つが考えられると思う。

その一、自由競争と社会交流が客観的に人間同士の相互寛容を求めていると考えられる。価値のある希少資源を平和的に競い取るための自由競争は、現代人がその潜在能力を発揮し、相互交流を拡げるための動的メカニズムであり、現代社会がその進歩を遂げるための動的装置である。ここでは、競争者間の相互寛容、競争者が競争相手（異分子）の持つ価値観、嗜好、趣味、探索、試み（異った見解）に対する寛容と尊重は、競争を公正、平和、自由に展開するための必要条件であり、また、自由な主体間における自発的意思による協力体制を構築するための必要条件でもある。その意味で、寛容はつねに自由競争を伴い、不寛容はつねに独断と独占を伴うものであると言えよう。

その二、寛容は、現代社会における多元的共存の事実が必然的に要求しているものである。それは人々に、趣味、嗜好、信仰、身分、考え方などといった自己と他者との差異を棚上げにして、賛成はしないが、社会の基本的な価値観から逸脱していない者に対して議論せずに、そして、可能であれば必要な尊重を与えることを要求している。

その三、寛容は自由な主体間で秩序を形成するための前提条件である。これは現代社会が寛容を必要とする最も重要な原因であると考えられる。現代社会において、自由とは自己が自己の主人になることを意味する。他者に奴隷扱いされたり、思うままに操られたりしないことを意味する。一人の人間

---

2) 吉兰・瓦特洛：「人権と寛容の運命」、新慰訳、『ディオゲネス』（中国語版）、1998年第2号。

が生命、身体、そして財産の正当な権利を有することを意味する。自由である人間は、道徳、信仰、趣味、考え方、生活様式において互いに寛容でなければ、人間対人間の関係が必然的に狼のようになってしまう。この意味で、寛容は秩序を形成するための前提条件であると言えよう。

　その四、不寛容は現代社会の基本的な価値観と相容れない。というのは、不寛容は独断、圧迫、敵視、隔絶を意味するもので、現代社会が持つ自由、開放の性質にそぐわないばかりか、個人の身分の自由と人格の尊厳にもふさわしくないため、現代社会から切り捨てられているものである。現代社会はこれほど寛容を必要とするならば、(1) 我々は寛容を獲得し得るのか？　何を頼りに寛容を実現させるのか？　(2) 寛容はいかなる条件のもとで、いかなるシステムを頼りに自由秩序を構築するのか？　(3) 寛容は境界線を持つのか？　不寛容をいかに扱えばよいのか？　これらの質問の答えは、いずれも制度に関わっている。本論文のテーマからみて、寛容は徳行の問題ではなく、何をおいても制度の問題なのである。

II　現代の制度における寛容の本性

　制度は強制的または権威的な規則体系であるという点でいうと、現代制度は人々に厳守することを要求するので、最も不寛容なものであると言えよう。しかし、現代の制度自体に内包されている精神的実質でいえば、それはまた寛容の本性を最も備えたものであると言えよう。寛容の本性を持っているからこそ、現代の制度は寛容の価値を確立し、自由秩序を形成するために機能と作用を発揮できるのである。この意味で、現代の制度は現代における寛容の内生的システムであると言えよう。具体的には、現代制度における寛容の本性は、以下のような三つの面に表れていると考えられる。

　第一、現代の制度は自由な制度としてそれ自体は寛容の産物であり、寛容の精神の表れである。現代社会において、「制度は価値態度の多様性と、異なる価値に対する容認の上にしか成り立たないものである。」[3] ここでは、

---

3)　張文顕：『二十世紀西方法哲学思潮研究』、法律出版社、1996 年版、第 309 頁。

互いに独立している自由な主体間に必要な相互寛容がなければ、双方ともに約束し、そして、双方ともに承認し、遵守しなければならない現代の制度は生まれようがない。それゆえ、現代の制度が生まれたという事実はそれ自体、現代の制度は寛容の産物であることを示し、また、寛容という品格を備えていることをも示していると言ってよいであろう。

　第二、現代制度の形式的特徴からみれば、現代制度は寛容の含意を十分に体現していると言えよう。マックス・ウェーバー（Max Weber）は、現代の制度を研究することによって重要な理論的成果を挙げた。つまり、彼は合理性の観点から現代制度を形式合理性の制度だと定めることによって、現代の制度と、実質合理性を特徴とする全ての古代の制度（道徳、習慣、風習等）との区別を明らかにしたのである。形式合理性の特徴を最も体現できる現代の制度は「形式的な法」であり、その基本的な特徴は「法学的に最も厳密なチャンスの計算可能性と法や訴訟の合理的体系化にとって最善の（法の）あり方」を追究することである[4]。それは、論理上、互いに調和しあう一連の規則から構成され、厳格に形式化された司法によって実施される。この種の制度は価値中立的なもので、自由な主体とその信念及び価値の整合的なシステムである。そのため、本性において寛容なのである。

　第三、現代の制度がもつ「対物」の性質は、他者への寛容を内在的に含意している。現代社会において、自由な主体間は互いに独立しつつも、交流しあい、繋がりあうための媒介を有している。これこそ物に対する共同依存と言えよう[5]。現代の制度はまさに媒介化した物的関係を通して、互いに独立し且つ自由である人と人との関係を調節するものである。一方では、それによって、人と人との距離が引き離され、人々が自己の自由な空間内で思考や行動を行い、他者から強制、抑制されることがないので、他者から寛容を受けることができる。ドイツの社会学者テンニエス（Tönnies）が、「金銭の前では、人間はすべて自由であり、拘束を受けない」[6]と指摘したが、まさに

4）〔独〕マックス・ウェーバー：『経済と社会』下巻、林栄遠訳、商務印書館、1997年版、第138-139頁。

5）『マルクス・エンゲルス全集』第46巻（上）、第104頁を参照。

6）〔独〕テンニエス：『共同体と社会』、林栄遠訳、商務印書館、1999年版、第106頁。

その通りである。また他方では、それは、客観的、公共的、安定した制度を通じて、物に共同依存している自由な主体を結びつけ、情報と労働を相互に交換させることができる。この意味で、現代の制度は一種の非人格的な交換システムであり、人々が人格的特徴において互いに寛容である制度だと言えよう。

Ⅲ 現代の制度における寛容の機能と自由秩序の形成

　現代の制度は、それ自体が寛容の本性を体現する。さらに、それが故に寛容の機能を有する。社会的角度からいえば、それは、互いに独立しかつ自由である主体に寛容な制度の下で、ようやく最低限の公共性を獲得させたものである。他方、個人的角度からいえば、すべての人が自己に属する確かな自由の空間を獲得し、他者から強制を受けることのない私的領域を獲得できる。この意味から現代の制度は現代の寛容生成システムであり、寛容を人々の競合資源（すなわち、寛容の権利）に対象化させ、寛容の制度化を可能にさせることで、自由秩序の形成に制度上の保障を提供するのである。

　具体的にいうと、現代の制度は公共システム、競争システムと交換システムの三つの意味において、寛容の制度化を可能にさせる社会システムであると言えよう。これらの社会システムに頼って、自由な主体は互いに寛容でいられるだけでなく、相互寛容のうちに社会の自由秩序を形成していくのである。

　第一、形式化した公共システム。公共規則体系としての制度（形式の上では法律であるべきだ）は、異なる利益を有し、異なる価値観と信仰を持ち、異なる社会的地位に属する人々が共に受け入れ、共に厳守する一般的な規則でなければならない。そのため、現代の制度は多元的な公共システムを目指すには、利益、権力、価値観、信仰においてしかるべき中立を保たねばならない。我々は、制度の中立には限界があり、そして、理想的な性質を帯びていることを否定しない。制度の本質に対する我々の理解でいうと、あらゆる制度は権力を基礎とし、事実上人々の意志を不平等的に反映しているため、統治階級の意志をより多く反映しているのである。しかし、価値、利益、権

力の中立は、現代制度の理想だけでなく、現代社会で客観的に求められているものでもある。この要求を満たしてこそ、はじめて現代の制度は社会統合の目標を真に達成できるようになる。社会秩序を形成するという働きでいえば、現代の制度は公共システムとして、その重要な機能の一つは寛容原則と寛容理念の制度化を促進することである。公共規則としての制度が存在しているからこそ、人々は各自の目的、信念、個性と利益を保つことができる。そして、自分が賛同できないが、他者の目的、信念、個性と利益に対して十分かつ必要な寛容を与えることもできる。すなわち、制度が公共的なものであれば、人々は制度の遵守をめぐって衝突を起こすようなことはせず、制度の合法性を理性的に認めることになる。そうして、制度下における相互容認と相互了承が可能となる。このように、寛容の性質と公共の性質を内在的に備えている現代の制度を遵守することによって、目的、信念、個性と利益において互いに衝突しあう人々が、平和的に共存し、協力し合うことは十分可能であり、彼らの間に自由な秩序を育む可能性は十分にある。

　第二、競争システム。表面からみれば、競争は寛容とは相容れないものである。なぜなら、競争は競争者が共に望んでいる希少価値（生存、富、権勢、栄誉、地位、愛情、幸福等）のために繰り広げられた勝負と腕比べであるのに対して、寛容は異分子の目的、利益、個性、観点と信念への容認と尊重だからである。しかし、実質的には、競争と寛容は互いに前提しあうものである。人々が、もし競争者の身分、地位、信仰、価値観に対して一定の寛容さを示さなければ、または、もし身分や信念といった内在的な諸差異を持ち出せば、競争が公開、公平、公正に行われることはありえない。同様に、もし相互競争（自由に利用できる資源の希少性に起因する）が存在しなければ、或いは、資源が絶対的に豊富であれば、または、人々の間に勝ち負けや損得を争う競争がなければ、寛容は普通のものになり、社会秩序を保つために必要な、尊い価値にはならないであろう。現代の制度によって構築された市場システム、民主システムはまさに寛容を制度化するためのものである。一方では、市場システムと民主システムを通じて、人々は自己が必要とする希少価値を競い合うために、自己の実力、自由な個性、機会をつかむ能力、さらに、自由な主体としての積極性、自主性、創意性を十分に発揮することがで

きる。他方では、市場システムと民主システムの下で、人々の間で行われる競争は平和的で、秩序だっているため、利益と信仰が異なるからといって、暴力的な衝突を起こすことはない。利益と権力の衝突も制度によって解決される。とくに、結果と意義が現段階ではまだはっきりしないような各種の模索、試みと創意にとっては、開放的な競争過程を通じて正しい答えを見出すことができる。この意味で、競争は一種の社会選択システムでもある[7]。現代の制度に基づく競争システムの下におかれてこそ、自由な主体の間の衝突は平和的に解決される。しかも、このような衝突は社会発展の破壊力ならぬエネルギーになる。よって、競争システムは寛容のシステムであり、発展のシステムでもある。

　第三、交流システム。現代の制度が客観性、公共性、形式性を持つために、人々はそれを人間だれもが利用できる社会的道具と見てよい。この道具を利用して、互いに独立しかつ自由である人々は、互いに交流し意思の疎通ができる。この意味でいうと、現代の制度は自由な主体間の相互交流を促進するための交換システムでもあるから、「相互利益を求める共同の冒険的企て」である社会（ロールズの言葉）を可能にさせたのである。このような制度形式の下で、人々が互いに寛容でいられるのは、彼らにとって協力が必要だからである。そこで、交換システムである現代の制度は、都合がよいことに、競争に基づくこのような協力に現実的に可能な条件を提供した。一方では、人々の間で必要とされるものしか交換できないため、交換システムの下で、個人的な目的、信念、個性、価値観のような交換できないものは棚上げにされ、各自に保有されることになる。人々は内在的な差異があるからといって交流を差し控えたりはしない。そうすると、寛容は社会的な事実となる。また他方では、交換システムは、利益と価値観で差異があるものの、互いに必要とする人々をつなぎ、彼らに個人の自由の境界線を教え、各々必要なだけ取り、共栄共存できるようにすることによって、寛容のために良好的な雰囲気と条件を整えておく。現代制度の寛容の機能について考える際、我々は意外にも、制度の寛容は、逆に不寛容によってそれが実現されるとい

7）〔独〕マックス・ウェーバー著『経済と社会』上巻、林栄遠訳、商務印書館、1997年版、第68頁を参照。

うことに気付く。この事実は、我々に寛容の境界線について分析し、把握すべきことを要求する。

IV　寛容の限度と必要な不寛容

　本来、寛容は自由な主体の間で社会秩序を形成するのに必要なものである。しかし、寛容に一定の制限を設けなければ、無原則な放任になってしまい、社会の秩序に影響ないし危害を与えることになろう。寛容を育て上げた点において、現代の制度は、寛容と不寛容の境界線問題を比較的円満に解決したもので、そこに進歩的な意義が体現されており、寛容を制度化させた所以がある。もし、自由秩序を創造するのが現代制度の重要な機能であるというのであれば、正義は現代制度の構造上における基本的な特徴であると言えよう。この意味で、現代の制度は正義を以って基本的価値観であるとしているだけではなく、また人類史上、最も正義的な制度であるとも言えよう。したがって、それは社会から最も広範な賛同を得たのである。現代の制度は正義的な制度として、その寛容の性質が、自由な主体間の相互理解と容認を促進し、不寛容を最小限にとどめると同時に、必要な不寛容によって寛容の機能を実現させている。それ故に、現代の制度には不寛容の側面も含まれている[8]。

　まず、現代制度の不寛容は、制度に違反し、これ破壊するといった現象や行為に対する不寛容に現れている。古代社会では、制度を違反する行為や現象に対する不寛容は、程度においても範囲においても現代の制度のそれに比べより厳格で広範囲であった。この意味で、現代の制度は寛容の本性をよく体現していると言えよう。しかし、これは、現代の制度が無原則にあらゆることに寛容であるということを意味しない。現代の制度における寛容の原則的意義からいうと、現代制度の寛容には限界があり、制度に違反し、これ破壊するといった行為や現象に対する不寛容よりも判然としている。その原因

8）　正義と不寛容の間にある程度内在的なつながりが存在していると言えよう。おそらくこれは古代ギリシア人が正義、運命と復讐の三つの性質と機能を一体化した根拠であろう。

は、次のように考えられる。現代の制度は最も公共性と普遍性の備わった制度形式である以上、最大の合法性をもっている。したがって、自ら認めている制度に対して違反し、破壊したりするような行為は容認されないのは当然である。そうでなければ、制度の厳粛性も社会秩序に必要不可欠な信頼システムも構築されようがない。同時に、我々は現代の制度がもっている不寛容の特徴はその優先順位に現れるだけでなく、その特有の明確性にも現れることに目を向けねばならない。すなわち、現代の制度は特有の明確性をもっているので、どのような行為に対して寛容であってはならないのかという問題に対して、非常にはっきりとした明確な答えを持っているのである。

次に、公共価値への寛容と不寛容。スピノザ（Spinoza）が『神学政治論』の中で、「我々の目標は共通した一部の法典に則って行動することである。共同で判断し、思惟することではない」と鋭く指摘している[9]。現代社会は公共性を形式化された制度（法典）に、価値判断と信仰を個人に残したため、個人は価値と信仰において未曾有の自由空間を獲得した。まさに、ここで寛容は社会の基本的価値となったのである。しかし、もし自主的な個人の間で必要最低限の公共価値がなければ、もし自由な主体の間で必要最低限の共同認識と共同判断（すなわち、共に善に向かう）がなければ、協力体系としての社会は存在するはずがない。また必要最低限の社会秩序も有効的に保障されない。社会が存在し、発展するために必要な公共価値（たとえば、公平、正義、寛容、平等など）に対して、人々は共同で維持し、遵守しなければならない。他方で、これらの公共価値に違反するような行為に対しては、無原則に寛容を与えたりしてはいけない。

さらに、不寛容派への不寛容。ある意味でいうと、現代社会は自由な主体からなる社会であり、現代世界は自由な世界である。しかし、現代世界はまだ平和な世界には程遠く、暴力、テロリスト、覇権主義、極権政治、公共秩序を破壊するような違法行為も依然として存在し、これらの不寛容な行為と現象への寛容は必然的に寛容への不寛容になってしまうため、それは、寛容原則自体に損害を与えるばかりではなく、社会の安全、秩序、正義と自由に

---

9) 引用元は、Monique Canto-Sperber（「坎托・斯佩伯」）著「我々はどこまで寛容になれるのか」、『ディオゲネス』（中国語版）、1999年第1号である。

も損害を与えてしまうことになる。このことを、我々は明確に認識しなければならない。重要なのは、不寛容の境界線を定めることである。その境界線を明確に定めてこそ、はじめて寛容への不寛容、不寛容への寛容をなくすことができるのである。そのために、イギリスの哲学者ジョン・スチュアート・ミル（John Stuart Mill）は、他者と社会への危害を防ぐために、人々は個人と社会の存在に危害を加えるような行為に対して自己防衛的な干渉を行う理由と権利を持っているという「危害の原理」（「ミルの原理」ともいう）を提案した[10]。現代の著名な自由主義者ロールズ（John Rawls）も不寛容の境界線問題に強い関心を示している。ロールズは、「不寛容な宗派の自由が制限されるべきなのは、寛容派が自分たちの安全、安心および自由の制度の安全保障が危険にさらされていると、理由をもって信じる場合に限られる」として、このような不寛容は「自由を最大限に拡大しようという名目のもとに行われるのではなく」、自由の制度を危害から守るために必要なのだと指摘した[11]。これらの思想の知恵は我々に多くの示唆を与えてくれた。現代の制度が自由秩序の基礎でいられるのは、寛容と不寛容の関係を正確且つ有効的に処理したのがその重要な原因の一つであると言えよう。

※原載：鄒吉忠「論現代制度的寛容功能——現代制度的寛容本性与自由秩序的形成」、『哲学動態』2000 年第 7 期。

---

10)〔英〕ジョン・ミル著『自由論』、程崇華訳、商務印書館、1959 年版、第 10 頁を参照。

11)〔米〕ロールズ：『正義論』、何懐宏等訳、中国社会科学出版社、1988 年版、第 210 頁。

第3章　政治的寛容の憲政実現メカニズム

尹華容（Yin Huarong）
陳　選訳

I　政治参加のメカニズム
II　政治競争のメカニズム
III　政治の相互牽制メカニズム
IV　政治の過誤を正すメカニズム

　宗教的寛容が提唱される過程で、古典的な自由主義者の信仰の自由や言論の自由を弁護することによって、寛容は自ずと前へ進み、それが政治的寛容の領域にまで広がることになった。西側では宗教的寛容を基礎にして、政治的寛容の命題が提起されたといっても過言ではない。現在、中国の言論という文脈でいわれている寛容は、依然として個体と集団による二次元的寛容を含んでいるが、実際は多くの場合、寛容の精神を融合する制度設計と制度編成に基づいて構成される政治的な寛容を指している。政治的寛容を一つの政治的な倫理観念として現実的に変化させるには、制度化を通じて道徳観念から道徳実践に変わるようにすべきである。この「道徳化実践の過程は、その本質からみて寛容の精神を内包した、法治化の過程を指標とする現代制度の文明構築の過程である」こと、「制度編成という意味での寛容は、奥深い弁証性を有しており、法治精神に対する排斥でなく、むしろ社会の広範囲に法治の精神を確立し、それを法治国家の建設の前提にしようとする」ものである[1]。憲政は、法治の内在的要求と実質的核心であるから、我われは、憲政がさらに政治的寛容を実現するための規則支援をするという、具体的な実現

1）　王福民「寛容と自由の張力について」,『華僑大学学報』2006 年第二号、38 頁以下。

メカニズムを提供したいと思う。

I 政治参加のメカニズム

　政治的寛容の核心的な内容は、公民の政治参加の強調である。政治的次元の弱者集団は、けっして政治的舞台の隅に押しやられる傍観者でなく、公民の政治参加は、公民個体の権利の有効な表現であるのみならず、むしろ公民個人の自己実現という意義がもっとも大きいといえよう。

　自由主義者の視野にとって、個々の個人の自由は一つの普遍的法則に従い、すべての人びとが等しく有している自由と共存させるべきものである。人びとは各自の幸福追求のために一つの社会に共存しているが、その「共存性」は各自個体の自主性を否定するものではない。むしろこうした自主性は、個々の公民に自己立法という自然権を授ける。「公民の自己立法の観念は、法律を受容し、法律に従う者が同時に法律の立法者と理解されるべきである。……政治上、自主的な立法のみが、法の受容者に秩序全体に対する正しい理解を与える。」[2] 公衆の政治参加によって憲政制度は賛意と合法性を与えられ、まさに憲政制度は公民の政治参加メカニズムの確立を通じてこそ「人民の同意を得た」という政治の正当性を構築することができる。憲政次元における政治的参加制度に対する設計は、政治的寛容を基礎として初めて、その前提と顕著な特徴を構成するといえよう。

　現代の憲政体制の下では、間接民主は民主主義の基本的形式である。公民の政治的参加は、間接民主プロセスに対する一つの拡張と改善である。とはいえ、間接的民主制度の下では、公民の政治的参加は、単に投票することにだけに限られるものではない。各種の団体、共同体を通じて、各種の手段と方式を用いて地域と国家のさまざまな政治的行政に参加すること、たとえば共同体の作ること、共同体、政党などの団体を活用して行う広範な討論、集会やデモに参加すること、さらには現代のメディアをよく活用して討論に加わることなどがそれである。総じていえば、主として五つの形式があげられ

---

[2] ハーバーマス著、童世駿訳：『事実と規範の間』(Jurgen Habarmas, Faktizitat und Geltung, 1992.)、三聯書店、2003 年版、147 頁。

る。一つは、選挙運動を中心とする選挙への参加であって、これは公民が政治に参加する基本形式である。二つは、公民の創制権や複決権の行使を内容とする投票行動であり、たとえば全民投票による決定である。三つは、社団あるいは利益集団を組織する方式であり、それは直接遊説、間接遊説、裁判訴訟を通じてなされる。また公職候補者のために選挙経費を寄付することによって、選挙の結果などに影響を及ぼすことなどがあり、政府と議会の政策の決定過程に影響を与える。四つは、公民の自発的行為をその特色とする政治参加であって、たとえば集団的請願などの非暴力的反抗も公民参加の一種の形態に属する。五つは、地方行政において町と村の自治に直接に参加することであり、このような参加は、広範な民主政治の実現に確固たる基盤を構築することができるものである。憲政政治の保護があってこそ、政治への参加者は自主性と選択性という特徴を身につけ、政治的寛容の性格を体現することになる。ここでいう政治参加の自主性とは、公民が自発的基礎に立脚して、積極的かつ主体的に政治行政、公共政策決定に参加することを指す。選択性とは、公民の政治参加は異なる方式を選択して、自分の異なった政治的立場と観点を表すことができることをいう。自主性と選択性は、寛容の典型的な特徴である。なぜなら寛容は、他人の行動と判断の自由、選択の自由を許すものであるからである。

II 政治競争のメカニズム

多元的な主体と価値観念が対立しつつ共存することは、現代社会の客観的現実である。政治的寛容はすべてが平穏に終始するものではなく、まして無原則的に妥協を求め、漠然と調和を追求するものであってはならない。政治的寛容の本当の意味は、見解の異なる者の存在を受け入れ、これを尊重することにある。もとより見解の「同じ者を集めること」、「異なる者を排斥すること」は可能ではあるが、それは憲政という理念と規則の枠組みの中でしか行うことができない。憲政体制下の政治競争メカニズムには、二つの特徴がある。すなわち、「一つはプロセスの確定性であり、他は結果の不確定性である。言い換えれば、競争のゲーム規則は公開的なものであり、確定的なも

のである。ところが競争の結果は、競争（たとえば選挙）の前では、当事者にとっても当事者以外の者にとっても完全に不確定なものである。」[3] 政治的参加のメカニズムの開放性、平等性は、競争結果の不確定性という事実上の前提を招き、複数政党制の存在は、さらにこのような政治競争の結果に対する不確定性を強化する。「反対党が一つの合法的団体として、誰もが承服できる方式を通じて政権を獲得するのを認めることは、政党制度が成功する主要な条件にほかならず、大規模な民主政府が成功する主要な条件でもある。」[4] このような結果の不確定性があってこそ、はじめて競争の公正性を体現できるといっても過言ではない。当然のことながら、行政に携わる公務員は政治上の中立を保ち、軍人は政治的な争いに介入せず、すなわち政治的な争いにおいて軍人が政治的中立を保つことは、政治競争体制の公正性、競争性の担保に確固たる制度保障を提供するものといえよう。

我われは数十年、資本主義における社会の政治競争メカニズムについて、慣性的な認識はもっている。すなわち、賑やかに見える競争的選挙は、結果的には大資本家や財閥内部の妥協によって幕を閉じる。ところが、私有制の存在によって大資本家集団も一枚の岩石ではなくなり、市場で利益の総量に上限ができ資源が終始不足するように、政治権力も一種の不足する資源である。現有の政治的資源は、人びとが獲得したい政治権力よりも少ないために、政治的権利の「供給と需要」という関係は、永遠に厳しい状況におかれる。しかも商品の不足と違い、権力の「供給と需要の矛盾」は、権力の供給量の無制限の拡大を通じて緩和することはできず、たとえ「二元的政府」を設け、そして民間の社団を政府機構化しても不可能である。それはただ官僚の肩書の価値低下を招くに過ぎないであろう。

政治的寛容の舞台裏にみる政治競争には、憲政メカニズムを以ってする相応の保護が必要であって、公民が政治活動に従事するさいのリスクを減らし、政治が暴力から遠く離れて、民衆のために奉仕する政治権力が平和的なやり方で継承され、進めるよう求められている。憲政次元の政治競争それ自

3）　白鋼「現代西側民主についての卑見」、『書屋』、2004年第1号、14頁。
4）　Frank O Goiman, The Emer Gence of the English Tow — Party System, 1760-1832 Edward A mold Ltd, 1982, P. 67.

身は、一つの政治的寛容を実現するメカニズムと言ってもよいであろう。

Ⅲ　政治の相互牽制メカニズム

　寛容は、深長な歴史的背景と複雑な宗教的な文化根源をもった倫理観念として、通常、ただ「一つの普遍的な価値方向性のある道徳態度と文化態度」と見なされ、「すなわち、人格的平等と尊重の基礎に立ち、理解、寛容、寛恕の心理状態と友好善意という平和な方式を用いて、ある種の異なる行為や観念、あるいは見解の異なる者がもっている道徳や文化的態度、品格と行為に対応して、これを容認し、寛容であり、寛恕するもの」である[5]。

　寛容に関する政治哲学辞典の中では、先ず、寛容には本来の原則がみられる。無原則の政治的寛容は、衝突を解決し、調和のある社会を促進できないのみならず、かえって社会を無限の小粒分裂化を招きかねない。それだけではなく暴力と強制的な圧迫としての悪を助長し、ある種の悪行に変えてしまう。つぎに政治的寛容は、従来、一つの究極的決定論の性格を有する思想体系が支配する社会に反対することを意味する。政治的実践の次元では、全権を掌握する政府が確立することを許さず、権力が一つの組織あるいは政府部門に独占されることに賛成しない。もしも、一口で民主とは、主権が誰の所有であるとか、権力がいかに生まれるか、という問題を語るのであれば、憲政とは「政に対する制限」の問題であって、憲政は政治的寛容のために、あらかじめ「権力分立の相互牽制」とされる「政に対する制限」という措置を設けることである。権力自身がもつべき節度は、権力が向けられる民衆に対するある種の寛容にほかならず、その寛容は相互的であり、そこに相互に牽制し合うメカニズムという壁がある以上、およそ政治に携わる誰もが戦々恐々となることはない。したがって、彼らが独裁者の茨の冠から遠く距離をおき、「独裁者」に対して教育することなく罰を下すことは、決して政治的寛容の表れではない。

　国家権力に対して伝統を縛る効果的で最も重要な方式は、権力分立と相互

5）　万俊人著『世界の普遍的価値を求める』、商務印書館、2001 年、507～508 頁。

牽制を行うことである。権力分立と相互牽制の観念と実践は、人性、すなわち人間の本性に対する深い認識に由来してなされるものである。もし、天使が人間を支配するというのならば、政府に対するいかなる外来の、もしくは内在の制御も必要でなくなるであろう。人間は天使でもなければ鬼でもない。人間には、知と無知、身分の高貴と下賤、善と悪、魂と生身の衝突、の調和が存在し、人間が無限に完璧なものへと近づくことができるとしても、人間の本性には必ず暗い一面が残る。人性の弱点を防ぎ、人性の善良な一面を向上させるためには、政府に対して種々の内在と外在の制御を設ける必要がある。世界の諸国では、まず国家権力をそれぞれ異なる国家機関に分権して行使させている。立法権、行政権、司法権という三権分立はごく一般的な状態である。相互牽制は権力分立の基礎に立ち、立法権、司法権、行政権を分別して行使する国家機関は、憲法が賦与する権力を用いてその他の機関に対する牽制と衡平を行うことにより、片方の権力が一方的に強くなることを避けて、国家権力の良い運用の実現を目指している。分権と相互牽制の両者の関係は、いわば「分権」は「相互牽制」の実現の前提と基礎である。「相互牽制」は「分権」の目的であり帰着点でもある。この両者間の関係をより大きなシステムにおいて考えると、相互牽制も手段であって、共に権力の濫用と腐敗の発生を防ぎ、公民権力の実現を図るためのものである。権力の誘惑と人性の弱点は、四六時中、憲政の礎を洗い流し、公民の自由を脅かすことである。

　分権の相互牽制メカニズムは、西側ブルジョア革命が勝利した後に、普遍的に広がった権力運行のメカニズムである。西側の憲政が発達している国の中で、アメリカの分権がもつ相互牽制は、その最も代表的なものである。この国のメカニズムは、国家の立場、大統領を代表とする行政権の立場、司法権の立場から種々の具体的な措置を制定し、各種権力の活動空間を限定して、首枷のように見えはするが一定の空間を与えている。このような寛容の政治的空間があってこそ、初めて「権」は使われるべき役割を十分に果たし、民衆のために運用することができるというものである。民衆は彷徨いながら奔走しても、決して道が見つからないということはなく、権力に対する有効な制御方法を探し当て、公共権力と公民権利の相互牽制を実現させるの

である。権力分立と相互牽制の政治体制は、かなり長い歳月をかけて西側の憲政体制に確立されたものである。憲法が政府権力の職能を規範化する重要な最高法律文書として法律の至上性を示し、個人の自由な権利を保護するなどの分野で果たした大きな役割は、その他の政治制度に比べられない。

Ⅳ　政治の過誤を正すメカニズム

　政治的寛容は過誤を許すものである。試行というプロセスでは、過誤の発生する確率は高い。試みを奨励する民族こそ、最も活力があり、最も創造性がある、一つの成熟する「政治民族」である。（ウェーバーの言葉）。過誤があっても懼れることはない。懼れるべきは、過誤を正す実行可能で有効なメカニズムがないことである。

　まず、政治的実践の領域において、政治が寛容で過誤を許すことは、憲政国家が公共領域を開放し、公民が言論と出版の自由を享有することを表す。公民が言論と出版の自由を享有することは、他の人と交流する権利が政府機関の恣意的で不法な干渉を受けないことを意味する。個々人がすべて「思想の自由市場」に参入するのは、我われの知識の習得、真理の究明、民主的な監督の実現にプラスとなる。公民が言論と出版の自由など憲法上の権利をもつことは、真理の相対性、有条件性に対する積極的な回答である。個々の人がすべて川のこちら側に座り、対岸に座って煩わしく云々する者がいないという、みんな一緒に「石を探しながら、川を渡ること」（"摸着石頭過河"）を意味する。憲政体制の下における真理の追求も、自ずと人びとが石を探しながら川を渡るのを「忘れることがないようにすること」である。同時に、憲政における言論の自由、出版の自由に対する保障は、政治的寛容のもっとも根源的な趣旨に符合すること、すなわち、平等という人への尊重が溢れた気持ちを以て、見解の異なる者の思想と行為を見守るということである。「国家と政府の権力は、おびただしい民衆の譲歩によって確立されるものである。しかし、おびただしい民衆にとって、唯一譲渡できない権力は、言論の自由、すなわち政治を議論し、政治を監督する権力である。」[6] 西側の憲政国家における言論と出版の自由は、その寛容な政治にとって過誤を正す重要な

メカニズムにほかならず、このメカニズムによって一切の権力が太陽の下におかれ、晒されることになる。そのために権力は最も良い防腐剤を得ることになる。「社会」もそれにより形成され、個体が再び直接に国家権力から厳しく侵犯されるようなことがなくなり、個人は国家に対して封建時代の臣民ではなく、公民となる。公民は自分の王国で強権に直面した場合、国家が随時に犯す「勇み足」の過誤に警告を発し、しかもいつも国家が「建設理念」を礎に設計する偉大な青写真に対して「偏りを正し」、「修正」を行うことになる。

つぎに、定期的で公正に行われる有効な選挙は、もっとも徹底した過誤を正す手段であるといえよう。野党の存在は、与党がその地位を失わないように、否応なく選挙民の利益のために、できる限り政治を慎重に行うよう迫ることにある。そのために野党は、議会で質問し、弁論を行い、議会に提出された与党の議案を阻止するなどの方法を通じて、政府の活動を監督する。議会外では、野党はテレビ、新聞、公共集会などを利用して、政府の執政上の過誤を問責することになる。

しかも、周期性をもった広範な選挙は、異なった利益集団に対して「交渉」の機会を提供するが、このような「交渉」は一種の寛容メカニズムである。「選挙に勝利するために、さまざまな利益集団は包容力のある幅広い政治的な展望を示して、できる限り手を携えることが可能な集団を惹きつけるよう気配りしなければならず、同時に不断に自己の政治的資源の拡大に努めなければならない。」[7] また反対派の政治的主張を吸収するとか、あるいは自分の選民集団の拡大にも工夫しなければならない。このようにすれば、政治的要望はより一層具体的になり、現実に近づいて、政策の変化はさらに安定的なものになる。そうすれば自ずと選民集団は最大限に多元的な利益の背景をもつようになり、執政者集団は独断専行ができなくなるというものである。選挙に負けた集団と政党にとっては、自分たちの主張の一部が尊重され理解されはしたが、その一方で、定期的になされる次回の選挙に向けて彼ら

---

6) 馮亜東著『平等、自由と中西文明』、法律出版社、2002年版、155頁。
7) 王希著『原則と妥協：アメリカ憲法の精神と実践』（序）、北京大学出版社、2000年版、9頁。

は展望を開くことができるのであるから、暴力を以って政治的な衝突を解決するような原始的方式は放棄される。選挙を通じて、社会は共通の言葉と話題をもつことになり、そのプロセスは人間の生活習慣を作り出し、政治問題はしだいに法律化されて、日増しに法律の枠組が形成され、しかも解決されることになる。こうした憲政制度の編成は、平和や非暴力的な寛容の理念を反映し、これを社会公正のために寛受するという寛容の方向性を具体化することで、争議と衝突を解決のために有効な保障を提供するものである。

最後に、憲法訴訟制度は憲政制度の重要な内容で、政治的寛容のために日常的な過誤を正すメカニズムを確立するものである。代議制という条件の下では、議員は選民の利益を完全に代表することができず、むしろ彼らは時の権勢者による操作、利益集団のプレッシャー、新聞メディアからの影響などの客観的な原因に依って、あるいは思想に対する認識の限界、立法知識の欠乏、立法能力の低下などの主観的な原因に依って、選民の意志と利益に合致しなくなり、選民に背く選択をすることもありうる。立法過程における多数決メカニズムの客観的存在によって、「多数人による暴政」の出現に対し、憲法訴訟制度は、裁判官に法律が真に法律に値するか否かを疑わせるさらに広い空間を与える。そして権力分立の憲政理論が真に着実に実行できるように政治的支配権力の動態的平衡に向けて、日常的に規範的な操作可能なプラットホームを提供する。こうすることによって、憲法訴訟制度は、国家権力の構造体系において不寛容な権力配置がなされないよう防止するのである。

※原載：尹華容「論政治寛容的憲政実現機制」、『学術界』（双月刊）総第124期、2007.3.

第 4 章　法律上の寛容とはどういうことか

陳根発（Chen Genfa）
鈴木敬夫　訳

Ⅰ　「寛容と厳罰の兼用による補完」（"寛猛相済"）と法律上の寛容
Ⅱ　法律上の寛容とその生成
Ⅲ　法哲学上の寛容原則
Ⅳ　法律上の寛容の価値
Ⅴ　結論

　宗教上の寛容から法律上の寛容まで、寛容が思想的な観念もしくは制度として生成されるまでには、長い歳月を要した。世界のさまざまな国にみられる宗教と文化の違いは、宗教上の寛容が政治化され、法律化される過程に相違をもたらした。宗教上の寛容の政治化と法律化は、17世紀イギリスのジョン・ロック（John Lock）やフランスのピエア・ベイル（Pierre Bayle）などの諸学者が提唱したことにはじまり、ついにアメリカ憲法とその改正に大きく反映されるまでになった。しかし、このようなプロセスは、わが国では長い歳月を経ているにもかかわらず、思うようには実現されず、寛容の実践は、依然として宗教と道徳の次元に留まっており、宗教と道徳上の寛容が法律上の寛容に与えるはずの影響と役割を果たしていない有様である[1]。したがって、わが国の法哲学分野では、宗教上の寛容とその法律化をいかに推進し、法律上の寛容をいかに運用するかという理論的な課題が依然として残っている。

---

1) 詳しくは、陳根発著『寛容の法理』、知識所有権出版社、2008年版、30〜49頁を参照。
　　以下の※訳者補完①〜⑯は、原文の記述を日本語文献を以って補った箇所である。

I 「寛容と厳罰の兼用による補完」（"寛猛相済"）と法律上の寛容

　古代中国の倫理思想には、現代の法律上の寛容に類似する豊かな要素が含まれている。『周易』の「豊卦」という章では、「人間どころか天地でさえも時間が経つにつれて変わるものだ……、雷の威力や稲妻の明るさを兼ねた雷と電が共に起きるのは、その力の偉大さを象徴するためであって、帝王は雷の威力と稲妻の明るさに倣って訴訟を審理し、刑罰を実施する」という一節がある。つまり、人は天地と同様に変化があり、どのような人間であろうと、ありとあらゆる場合において、常に賢明であるとは限らないから、法律の執行者は違法な犯罪の相対性を把握し、身内の者に対する寛容を以って他人に対しても寛容であるべきで、違法な犯罪者を処罰すると同時に、彼らを救済し更生させるべきだ、と言ったのである[2]。春秋戦国時代の「百家争鳴」は、古代中国における寛容思想の偉大な実践であっただけではなく、各々学派の論議と論争を通じて形成された政治、道徳、法理論も豊かな寛容思想を包含している。たとえば、儒家は「仁愛」をその根本におくこと、墨家は「兼愛」を行動の指針にすること、道家は「慈愛」を提唱すること、などがそれである。この三つの学派は、理念の実践と実施方法では、各自それぞれ異なった見解を有してはいるものの、共通点としては「愛」をもち、ともに「寛容」をその要素としてもっている。「寛容」という言葉は、最初に『荘子・天下篇』から出たとされる。「つねに事物に対し寛容であり、人間に対しても苦痛を与えないというのは、きわめて優れた考えでなかろうか。関尹、老聃は古代において、なんと度量の大きな方々であることよ」と記されている[3]。孔子もまた老子を、寛容で度量の大きな龍に喩えている。『荘

2）「雷の威力や稲妻の明るさを兼ねて雷と電が共に来るのは、その力の偉大さを象徴する為であり、帝王は雷の威力と稲妻の明るさに倣って訴訟を審理し刑罰を実施する」と直訳した学者もいる。ごうごうと響く雷とぴかぴか光る稲妻が一斉に起きて、その響きの威力と光の明るさが揃い、博大さの象徴になる。君子がこの雷の威力と稲妻の明るさに倣って訴訟を審理し、刑罰を実施した、とする。『四書五経大系』（第二巻）、天津古籍出版社、1998年版、147頁。

子・天運篇』で、「孔子は、老聃に会って帰って以来、まる三日間黙っている。弟子がたずねて、先生は老聃にお会いになって、いったいどのようにお導きになりましたか、というと、孔子は「今回は、はじめて本当の龍に会った。龍はかたまると、その形になり、霧散すると美しい模様を描き、雲気の流れに身を乗せ陰陽の動きに従って天を翔ける。私は、ぽかんと口を開けたまま閉じることもできず、舌があがってしまってものを言うことができなかった。私にまたどうして老聃を導くことができようか」[4] ※①と答えた。『荀子・非十二子篇』は「寛容」について鋭い解釈をしている。荀子は「君主には臣下として道を修め、郷党には長幼の道を尽くし、年長者には子弟としての道を修め、友人には礼節辞譲の道を修め、身分の低い年少な者に遇えば寛容を以って指導することに務める。すべての人を愛し、すべての人を尊敬して争うことがなく、包容力が大きく、天地が万物を包みこむような在り方」と言っている[5] ※②。その他、『宋書・鄭鮮之伝』では、「もとより私は学問が無く、言葉の意味も浅いので勉強に値するものではないが、見識のある方々が常に寛容を示してくれる。」[6] という一節がみられる。

　わが国の寛容思想は、これが生まれた時以来、法律上の寛容と結びついている。孔子は仁と寛容の関係について、特に論述したことがあった。"夫温良者、仁之本也；慎敬者、仁之地也；寛裕者、仁之作也。"すなわち孔子にとって、「温和善良は仁の根本であり、謙遜尊敬は仁の基礎であり、寛容は仁の具体的な在り方である」と認識している[7]。孔子の立場から言えば、

3）『荘子集釈』（下）、「清」著者：郭慶藩、校正者：王孝魚、中華書局、2004年版、1095頁。

4）　劉志雄、楊静栄：『竜と中国文化』、人民出版社1992年版、10頁。

※①訳者補完：『荘子』外篇、天運篇第十四、金谷治訳註（岩波文庫、1982年）207〜278頁。

5）　すなわち「君主に対しては大臣としての振舞いをし、同郷に対しては先輩と後輩の振舞いをし、先輩に対しては息子や弟のような振舞いをし、友人に対しては礼儀作法を示し、身分の低下の若い人に対しては忠告と寛容を以てする。すべての人に対して愛を示し、尊敬し、誰とも争わない大きい度胸は、天地が万物を包みこむようになる。」『荀子』、潘嘉卓等翻訳、広州出版社2004年版、21頁。

※②訳者補完：『荀子』上、金谷治訳註（岩波文庫、1985年）95頁。

6）　李偉民史主編：『法学辞海』（第三巻）、藍天出版社、1998年版、2395頁。

「仁」とは人間関係の準則であり、その出発点は他人を自分と同じような人間である、と認めることにある。孔子はかつて、人は「生まれつき似通っているが、しつけ（慣習や教養）で隔たる」と説いたことがある。（『論語・陽貨』）※③ 従って「自分に対する気持ちに倣って、他人に対し慮る」べきで、つまり自分に対しても他人に対しても同じく対応し、他人を認めることである。孔子は、また「大軍でもその総大将を奪い取ることができるが、一人の男であっても、その志を奪うことができない」と述べた。（『論語・子罕』）※④ すなわち、我われは、他の人が独立した意思をもっており、個々人が独立した人格を有することを認め、人に対しては寛容をもつべきこと、これは「仁」の核心である。当然なことであるが、孔子の「仁愛」と「寛容」には自ずと限界があり、孔子は「是をも忍ぶべくんば、孰をか忍ぶべからざむ？」（"是可忍，孰不可忍也"）と述べ、彼の主張を明らかにした。（『論語・八佾』）※⑤

『春秋左伝・昭公二十九年』の記述によれば、孔子は晋国から鉄を徴発して刑鼎を鋳造するに当たり、範宣子が勝手に作った刑書を鼎に鋳込んだことを批判した際に、「貴と賤とを混乱しないのが、いわゆる法度というものだ……、貴と賤の秩序を失えば、どうして国が治められよう」と主張した※⑥。これは「仁愛」は「貴賤」という秩序を限度としなければならないことを強調したのである。総じて言えば、それは孔子が賛同し提唱した治国政策は、春秋時代に鄭国の政治家子産とその息子の太叔が実践した「寛猛相済」という政策であった。『春秋左伝・昭公二十年』には、次のように記されている。春秋時代に、鄭国の名だたる政治家子産が上手に国を治めたため、鄭国は一時非常に繁盛し発展した。紀元前522年、重病を患った子産は、息子の太叔に対して、お前が執政者になったならば、有徳の者を起用して寛大な政策をとって国民を心服させる一方、厳格な政策の実施をするよう配慮しなければ

7）『孔子家語』、中国文史出版社、2003年版、31頁。
※③訳者補完：『論語』第九巻　陽貨第十七、金谷治訳註（岩波クラッシック13, 1892年）237頁。
※④訳者補完：『論語』第五　子罕第九、金谷治訳註（岩波文庫、1999年）181頁。
※⑤訳者補完：『論語』第二　八佾第三、金谷治訳註（岩波文庫、1999年）51頁。
※⑥訳者補完：『春秋左氏伝』下、小倉義彦訳註（岩波文庫、1989年）297頁。

ならぬ、と説教した。子産の死後、その息子太叔は執政を継承したが、思い切った厳格な政策を実行できず、寛大な政策ばかりを実施した結果、鄭国では強盗が横行し、国や国民が甚大な害を被ることになった。そこで、太叔は直ちに政策の調整を行い、無法者に対して取り締まりを強化し厳格にこれを実施した。この政策について、孔子は殊の外賛成した。彼は「なるほど。政治が寛大であれば国民は放漫になり、放漫になったら厳罰で締め直す。厳罰で国民が傷つくようであれば、こんどは寛大によって緩める。寛容によっては厳格を調え、厳格によって寛容を調えることになれば、政治は和することになるであろう」と述べている※⑦。東漢「建安七子」の一人と呼ばれた王粲は、『儒吏論』を説いて、「官吏は品格があって清廉な訓戒教導が実施でき、儒教の士は法令制度の制定と推進に精通してこそ寛容と厳罰の兼用が補完できるというもので、剛柔が相互に制約し補完し合う」と論じた[8]。孟子は、孔子の学説を基礎にして、さらに「仁愛」の境について、「精神（知識）をつかう者か、肉体（労働）をつかう者か。精神をつかう者は上に立って人を治め、肉体をつかう者は下にあって人に治められる。治められる者は〔租税を納めて〕治める人を養い、また治める者は〔耕す暇がないから〕治められる人に養われる」とはっきりと論じた。（『孟子・滕文公（上）』）※⑧

儒家は現実にもとづいて、政治、倫理、道徳的修養について整った理論体系をもっているので、孔子は「怪、力、乱、神」を声明せず、むしろ「〔わたくしは〕、三人で行動したならば、きっとそこに自分の師を見つける」（"三人行，必有我師"『論語・述而』）※⑨と述べて、寛容の哲学を明らかにしたのだった。これを承けて歴代儒学の代表的な学者が、世間に対して、自らの教養道徳を高め、力を合わせて治国を行い、天下を治めるという理論を大い

※⑦訳者補完：『春秋左氏伝』下、小倉義彦訳註（岩波文庫、1989年）220頁。

8）楊五湖總主編参照：『案件学大辞典―案件審理大全』、人民出版社、1990年版、645頁。

※⑧訳者補完：『孟子』上、滕文公章句）、小林勝人訳註（岩波文庫、1974年）、208頁。

※⑨訳者補完：『論語』第四　述而第七、金谷治訳註（岩波文庫、1999年）140頁。M.ウエーバーはこの一節を「Mehrheit 多数に従う」という意味に解している。Max Weber, Gesammelte Aufsätze zur Religionssoziologie I, Vierte Auflage, 1947, Konfuzianismus und Taoismus. S. 415.『儒教と道教』（後掲、註9）、271頁。

に普遍したために、漢武帝以後、儒教はしだいに国教にまで取り上げられ、支配階級の崇拝を得て普及することになった。ドイツのマックス・ウェーバー（Max Weber）は、その著『儒教と道教』（Konfuzianismus und Taoismus）において、次のように述べている。「先祖崇拝と内現世的な孝との基礎的な重要性のなかに、儒教的国家の実際上の寛容のもっとも重要な絶対の限界（die wichtigste absolute Schranke der praktischen Toleranz）も存在したのである。この限界が、西洋の古代の態度に対して、一面では親近性を、他面では性格的な相違を示したのである。国家的な祭祀は、公的な偉大な精霊だけしか知らなかった。しかし、場合によっては、道教や仏教の聖殿にも皇帝は参拝した。ただし、皇帝は、たとえば聖人の孔子にさえも行なったような叩頭はしないで、ていねいな礼拝で足れりとしたまでのことである。……だがしかし、政治的観点が迫害を要求した場合は別である。……皇帝の宗教勅諭と孟子のような著述家さえも、異端（Ketzerei）の迫害を義務とした」と指摘した[9][※10]。こうしてみると、ここに明らかなことは、我が国古代の法律上の寛容は、一種の治国理論と方策であり、西側にみられる宗教的寛容から法律上の寛容にまで発展したプロセスとは、おのずと異なっているということである。

　アメリカのデイビッド・ホール（David Hall）教授等は「伝統的な中国では、アジアのその他の社会と同様に、ある種の活力が存在し、儒教、道教、仏教が融合した併存の状況を作り出し、実り豊かな伝統を育んできたが、このような伝統はそのいかなる構成要素を壊すことなく存続させている。こうした「価値観の綜合」（values synthesis）は、容認と服従の発展モデルの基礎を作った。というのは、このようなモデルは、政治と精神文化をはっきり分離することを求めないからである。」[10]と論じている。残念なことだが、我が国ではこのような伝統的な宗教的寛容と法律上の寛容の思想は、近代以

9） マックス・ウェーバー著『儒教と道教』王容芬訳、商務印書館、1999年版、264～265頁。
※⑩訳者補完：M. ウェーバー著『儒教と道教』、木全徳雄訳（創文社、1977年）350頁。Weber, a.a.O., S. 499f.
10） David Hall, Roger Ames：『先賢の民主：ドウエイ、孔子と中国民主の希望』、何鋼強訳、江蘇人民出版社、2004年版、99頁。

降、よく伝承されず発展することはなかった。「厳罰と法津」、「厳しい懲罰」、「厳しい取締り」という法思想に対して、法律上の寛容を受容する空間や、その訴えは余りにも小さかったといえよう。これは、古代中国法思想にみられる「寛容と厳罰の兼用による補完」という方策と比べ、その順序が逆になったのである。

II 法律上の寛容とその生成

ヨーロッパおける法律上の寛容は、宗教的な寛容と共に生まれ発展してきた。この法律上の寛容のもっとも優れたイメージは、イギリスの文豪シェイクスピア（William Shakespeare）の作品の一つ、『ベニスの商人』（The merchant of Venice, 1594/1597）にみられるユダヤ人シャイロックに対する裁判においてである。シェイクスピアはこの作品で、キリスト教の寛容思想が形成した初期の社会の様相を描写している。当時、寛容というものは、主に商人の破産と異教徒に対する一種の慈悲と救済と見なされていた。この作品では、弁護士に扮する正義のシンボル、若い女性ポーシャは、富豪のユダヤ商人シャイロックに対し、債務者アントニオに寛容であってほしいと求めたことを著述して、寛容の本質と理由について詳しく説明している。ただ、シャイロックの娘ジェシカは、霊魂の救いは、ただキリスト教への改宗にあることを知っている。ベニスの裁判所が、司法裁定の過程でシャイロックの死刑を取消し、キリスト教へ改宗するよう諸々の術を用いたことで明らかなように、当時の寛容は、社会問題を解決する一種の方法とされていたのである。しかし、その理念は「聖母マリヤよりもキリストに近い」という思想に根づいたものであった[11]。シェイクスピアは「慈悲の品格」（The quality of mercy）について、「慈悲は強いられるべきものではない。恵みの雨のごとく、天よりこの下界に降りそそぐもの。そこには二重の福がある。与えるものも受けるものも、共にその福を得る。これこそ、最も大いなるものの持ちうる最も大いなるもの、王者にとって王冠よりもふさわしき徴となろう。手

---

11) See Maurice Hunt, Shakespeare's Religious Allusiveness: Its Play and Tolerance, Ashgate Publishing Company, 2004, p. 51.

に持つ笏は仮の世界の権力を示すにすぎぬ。畏怖と尊敬の標識でしかない。そこに在るのは王に対する恐れだけだ。が、慈悲はこの笏の治める世界を超え、王たるものの心のうちに座を占める。いわば神そのものの表徴だ。単なる地上の権力が神のそれに近づくのも、その慈悲が正義の風味を添えればこそ。」12) ※⑪ わが国では、「The quality of mercy」を「慈悲」と直訳した学者もみられる。

　寛容の思想が法律の次元にまで高められる試みは、最初、アメリカ建国の初期に宗教と信仰についての憲法規定に現れた。信仰の自由は、永く宗教に対する制約が厳しかったヨーロッパから、北アメリカへ移民した新天地を求める先駆者たちの最大の願望であった。それにもかかわらず、アメリカ建国の初期にいくつかの州では、イングランド教会を国教と定めたり、これを公認しようとしたりした。その他の州においても、ある種の宗教と教会を国教として定める動きがみられたため、これに反対するためバージニア州の政治家と法律家は、立法の形式をもって宗教と信仰の自由を保護するよう検討し始めた。1776年、バージニアが一つの州として自立しようと一つの「権利法案」を可決しようとしたとき、ジェームズ・マディスン（James Madison）は人々の多様な宗教を保障するために「寛容」(toleration) 条項を提起している。人びとはマディスンの訴えを、当時において先見と進歩を現した思想的表現であると観ていたに違いない。しかし、若いマディスンは、もっと多くのことを手に入れたかった。ところが、この条項は、宗教活動の自由は一律に平等である、と改正された。1785年と1786年において、バージニア州の立法機関がすでに確立されていた教会関連の税収法案を支持しその更新を検討しようとした際、トーマス・ジェファースン（Tomas Jefferson）とマディスンはこの立法に反対する闘争をリードした。マディスンは数多くの請願書と抗議書を起草してこの法案に反対した。彼は、真の宗教はいかなる法律

---

12)　鄭土生、洗寧、李肇星主編：『シェイクスピア劇全集②』、朱生豪訳、中国戯劇出版社2001年版、128〜131頁。

※⑪訳者補完：『ベニスの商人』福田恆存訳（新潮文庫、平成7年）111頁。朱生豪による中国語訳を日本語に再訳すると、余りにも窮屈な表現になるので、ここでは原典と照合して、日本を代表する福田恆存訳を選択した。

の支援も不必要であり、あらゆる人は、信仰をもっている者であろうと信仰をもたない者であろうと、納税することを通じて、いかなる種類の宗教組織に加担させられるようなことがあってはならず、いわば社会の最高の関心事は、つねに人間の思想がもつ完全な自由に依拠していることである。それゆえ異なった宗教に対する残酷な迫害は、国家の主導で確立された宗教の不可避な結末にほかならない、と雄弁に主張した。マディスンの抗議書はバージニア州で広く支持されることになった。その結果、提出した上述の税収法案が可決されなかったばかりでなく、州の衆議院はジェファースンが起草した有名な《バージニア宗教改革法案》(Virginia Bill for Religious Liberty)[14] を可決したのだった。このような手法は幾つかの州によって支持され、受け入れられたにもかかわらず、13のすべての州に採用されることがなかったため、1787年の憲法には挿入されずに、ただ第5条で「宗教及び信仰は、永遠に合衆国のあらゆる官吏あるいは公の職位に就くことの必要条件になってはならない」と規定されるに留まった[15]。ところが、その後、多くの法学者によって宗教や信仰の自由について保護条項のない憲法であり、整備された法律とは言えないと認識されたため、1789年9月、憲法修正第一条案を各州に批准を求める際に、「議会は国教を定めるための、または宗教の自由な活動を禁止するための、いかなる法律も制定することはない。」(Congress shall make no law respecting an establishment of religion, or prohibiting the free exercise thereof) という内容をつけ加えた。また、1789年3月の第一回国会では、マディスンはより徹底した関連する改正条文を、すなわち、「いかなる州であろうとも、良心の平等権を侵してはならない」(no state shall violate the equal rights of conscience) を提出した。粗探しをする者によって、この「平等権」は、後日、参議院で否決された。だが、そのことを人々は、むし

---

13)「寛容はなんら制約を受けることなく、空から降る小雨のように大地に潤いを与え、二重の祝福をもたらし、恵みを与える人も、恵みを受ける人にも祝福を与える。その力は大きく、皇帝の冠よりも高貴で、王権と同時に存在し、神と並存する」参照。蘇隷東:『寛容を身につける』、中国民航出版社、2004年版、5頁。

14) Kathleen M. Sullivan and Gerala Gunther, Constitutional Law (Fourteenth Edition), Foundation Press, New York, p. 1435.

15) 塚本重頼著『米国憲法の注解』、酒井書店、1979年版、168頁。

ろ各州で可能だった批准を求める訴えを提起しなかったからだ、というかもしれない[16]。ところが、マディスンがこの世を去った後に、この条文は正しいものであることが証明された。現代の最高裁判所は「併合」(incorporation) という概念を使用し、マディスンが好んだ条項を含む憲法解釈を施した。このような平等原則（推論という性格のある概念、すなわち政府は宗教に関連する分野では中立を保持しなければならない）は、現代において宗教条文をめぐる論争が実際に解決され、裁決の上で重要な仮説を提供したのである。したがって、マディスンの遺産に対し異議を述べる理由があるとすれば、このような平等原則を支持する彼の情熱と能力に不確かなことがあるのではなく、むしろ問題とされるべきは、この原則自身がもっている価値について言及する必要であろう[17]。ある学者は、マディスンの政教分離という思想は、宗教を軽んじているのではなく、「まさにその反対であって、自由を前提にした宗教の実践をもっと敬虔なものと見なしている。これは、政治的な見解以前の、何よりもまず宗教への深い洞察である。マディスンの思想は、アメリカ史上永遠に護り傳えられる」と論じた[18]。このことが、教会と政治を分離するという制度の下にあって、宗教がアメリカを他の現代的な工業先進国の社会より最も繁栄させ、発達させた内在的な原因でもあろう。

　実に法律自身の進化と法学の発展史から見れば、これは寛容思想の実践とも緊密な内在的関係にある。これがとても不思議なことは、イギリスとアメ

---

16) マディスンが提起した「平等な権利」条項は、直接には受容されなかったが、第1回の国会で制定された憲法第1条はマディスンの思想を部分的に取り入れた。「国会は宗教の確立あるいは宗教活動の自由展開を禁止する法律を制定してはならず、言論自由あるいは新聞・出版自由を剥奪する法律を制定してならず、人民が平和的に集会をし、あるいは政府に請願する自由を剥奪してはならない」と規定した。国会は1789年9月25日に各州の立法機関これを提出し、1791年12月15日までに、当該条文の改正案とその他9条の改正案は、ともに四分の三の州で批准された。『米国法典―憲法行政法巻』、中国社会科学出版社、1993年版、20頁。

17) Steven D. Smish, Getting over Equality: A Critical Diagnosis of Religious Freedom in America, New York University Press, 2001, pp. 12～13.

18) 「米」加・威尔斯：『米国憲法の父親-ジェームズ・マディスン伝』、劉紅、冉紅英訳、安徽教育出版社、2006年版、11頁。

リカの《ヒックリン法》(Hicklin Test, 1868) の変遷過程において、とりわけこれに相応しい展開が見られたことである。周知のように『聖書』、とくに『旧約聖書』の一部分は※⑫⑬、ヨーロッパ中世の裁判所が認めた、いわゆる「猥褻書」の内容的に劣らないが[19]、キリスト教初期の革命指導者セント・

※⑫訳者補完：旧約聖書翻訳委員会訳『旧約聖書Ⅰ』律法、創世記19・29（岩波書店、2005年）、43頁。

『旧約聖書』「サムエル記—13　アムノンとタマル」の章では、兄が妹を勧誘し、暴行した場面を描写している。ダビデの息子アブサロムに、タルマという美しい妹がいた。ダビデの息子アムノンはこの妹タマルに恋をした。アムノンは〔異母〕妹タマルのことで思い悩み、病気になるほどであった。というのは、彼女は処女であって、アムノンには、彼女に何かするということはとてもできないと思われたからである。ところで、アムノンには一人の友人がいた。名をヨナダブといい、ダビデの兄シムアの息子で、非常に悪知恵の働く男であった。ヨナダブはアムノンに言った。「王子よ、何故あなたは日ごとにやつれていくのですか。そのわけを話してくれませんか。」アムノンは彼に言った、「弟アブサロムの妹のタマルに惚れてしまったんだ。」と答えた。するとヨナダブは彼に言った、「あなたは床に伏して、病気になりなさい。そして父上があなたを見舞いに来られたら、こう言うのです。「どうか妹のタマルをよこして、私の食事の世話をさせてください。私に見えるように、私の目に見えるように、私の目の前で病人食を作らせて下さい。彼女の手から、それを食べたいのです」と。

アムノンは床につき、病気のふりをした。……、タマルは彼の目の前で病人食の餅を作った。アムノンはタマルに言った。「料理を奥の部屋まで持ってきて、お前の手で私にたべさせておくれ」。タマルが餅を寝室に持参して、兄のアムノンに食べさようと近づいたとき、アムノンはタマルを抱き寄せて言った、「妹よ、私と一緒に寝てくれ」と言った。タマルは言った。「いけません。兄上。乱暴しないで下さい。イスラエルでは、このようなことはしてはならないのです。愚かなことをなさらないでください。私は、このような恥を何処へもって行けましょう。あなたもまた、イスラエルで愚か者の一人になるのです。お願いです。どうか王様にお話ください。王様はあなたに私を与えることを拒むことをなさらないでしょう。」しかし、アムノンは彼女の声を聞こうとせず、力ずくで辱めて、彼女と寝た。『聖書』、中国キリスト教両会2000年版、490頁。

※⑬訳者補完：旧約聖書翻訳委員会訳『旧約聖書Ⅱ』歴史書、サムエル記（岩波書店、2005年）304～306頁。

19）『旧約聖書』「創世記—モアブ人とアンモン人の起源」の章では、ある状況の下における「乱倫」を描写している。ロトはツォアルに住むことを嫌い二人の娘とツォアルから山の奥に住むようにした。彼は娘二人と一つの洞窟に住んでいる。長女は次女に「私たちの父親は年を取った。地上では世の中の常識によって誰もここに来ないため、私たちは父親と一緒に飲酒し、一緒に寝ることができる。こうすれば彼の子孫を残していくことができる。」と言った。それでその日の夜は父親と一緒にお酒を飲んだ後、長女

ポーラス（St. Paulus）およびその信徒たちは、清教徒の精神によって感官による快感享受を押し殺して、性的享受を邪悪と見なすように極めて重要な思想を教え込んだ。性行為は人間に快感の享受を与えるものであるから、清教徒にとって性についてその子孫繁殖の生物的な機能以外、その他の性について感受性はおよそ容認できない。こうした理由のもとで、彼らは性的描写がみられる文学芸術作品は邪悪なものであり、厳しく罰せられなければならない、と認識したのだった。このような偏見は、その後、一部の法学者や裁判官によって継承された。1868年、イギリスでは裁判長アレキサンダー・コウバーン（Sir Alexander Cockburn）は《ヒックリン事件》に際して、性描写のある文学作品に厳しい判決を下している。彼は、作品の主題思想や科学的価値を無視して、一つの文学作品を全体からみれば傑作と評されるものであっても、どこかに性的な描写がみられるか、あるいは二、三の猥褻な言葉があれば、その書物は猥褻文学の範疇に入れるべきだ、と極めて単純に考えたのだった。コウバーンのこの判決はその後、「ヒックリン法」と呼ばれ、アメリカでも「猥褻」文学作品の判決に適用されることになった。1933年になって、アメリカ・ニューヨーク南区の裁判官ジョン・ウルズィ（John Woolsey）は、ジェイムズ・ジョイス（James Joyce）の《ユリシス》（Ulysses）事件で歴史的に影響した判決を下して、ニューヨーク巡回上訴裁判所の支持を得た。この事件は、ある者が《ユリシス》に対して、これは猥褻なものを閲覧させているものだと告発し、裁判所に作者に対して厳罰を求めたことから始まった。ウルズィ裁判官は、この事件を担当するに当たり、ある実験を施した。性的な欲求が普通の人と変わらない二人の知人を呼んで、《ユリシス》をすべて読み終わらせ、彼らの感想を述べさせた。ウルズィ裁判官はこの二人の読者の読後感を聞いた上で、その結果を記している。「おもしろいこと

父親と一緒に寝た。何時ごろに寝つき、何時ごろに起きたのか父親は全く分からなかった。翌日、長女は次女に「昨夜、私は父親と一緒に寝た。今夜はまた、一緒にお酒を飲み、その後、あなたは父親と一緒に寝よう。このようにして、子孫を残していこう」と言った。それで、当日の夜、また二人は父親とお酒を飲み、次女は父親と一緒に寝た。前日と同じく何時ごろに寝つき、何時ごろに起きたのか父親はまったく分からなかった。これでロトの二人の娘はともに妊娠した。『聖書』、中国キリスト教両会2000年版、26頁。

に気がついた。この二人の読者は、私のやり方に同意して、《ユリシス》を猥褻検査の必読書として読み終わった結果、これが人の性欲を煽ったり、猥褻的な考えを抱かせることが無かったことである。この二人は、この書物は、むしろ男と女の悲劇的な内面の世界をよく表現している、と認識したことが唯一の反応であった」と発表した。ウールーシィ裁判官が用いたこうした手法がもつ歴史的な意味は、「裁判長の意思」で文学作品の運命を決めるのではなく、大衆の感受性と社会的影響を判決の根拠にしたことにある。しばらくして、ニューヨーク高等裁判所のアウグスタ・ハンス（Augusta Hans）裁判官は《ヒックリン法》について新たな解釈を示した。彼は、すべての事件に適用できる一定した法律の制定は難しく、ある書物が猥褻であるかどうか、果たしてポルノであるかどうかを判定する場合には、その書物の全体の効果をみるべきであって、つまり、猥褻的な描写が書物のなかで圧倒的な割合を占めているかどうかを見なければならない、と。具体的にいえば、現代の出版物については、この時代の文学評論家や大衆の意見を尊重するべきで、古い時代の出版物については、その当時の歴史条件と社会的背景を斟酌しなければならない、と述べている。アウグスタ・ハンス裁判官のこのような寛容の精神のある法理的解釈は、《ヒックリン法》はアメリカで失敗したことを物語っている。だが、アメリカの一部分の裁判所は、20世紀50年代になっても、依然として《ヒックリン法》を用いて文学作品に判決を下していた。このことは、法律というものが進化過程において、いかに時代遅れの現象を現わすものであるかを説明している。法律が比較的に保守的なイギリスでは、およそ四分の一世紀の後に、裁判所は「猥褻」作品の判決に際して、ようやく新たらしく革命的な概念を受け容れた。1959年になって、イギリスは「猥褻刊行物検査法」（the Act of Obscene Publication Test）を公表し、《ヒックリン法》の適用をすべて実質的に否定したのだった。この法律は、猥褻刊行物の検査についてワンセットで全く斬新的な方法を規定した。すなわち、ある作品が猥褻かどうかと認定する場合には、つぎの二つの条件を同時に備えていなければならない。一つは、ある構成部分の全体の内容が人間をして腐敗させ堕落させること、他の一つは、このような人間について、彼が置かれるすべての条件、本の入手方法、教育程度、聞くこと、

読むこと、見ることを通じて、作品中の性に関連する内容や性的描写が理解できるかどうかが、全面的にチェックしなければならないこと、である[20]。

《ヒックリン法》の歴史的沿革を通じて、我われは寛容の法理と「法律上の寛容」が生成する足跡をはっきりと見ることができる。この世界では、ある一部の法律は、確かに一時的な需要のために一時しのぎのものとして、盲目的にあるいは軽率に制定されたのであり、しかも地域的に法律が異なり、同じ地域であっても相互矛盾を惹起するような現象もよく見られる。裁判所の依拠する法律が、むしろ紛争と詭弁を引きおこすような場合には、寛容で公正な思想を喚起することはできず、それは裁判の原則にならないであろう。

Ⅲ　法哲学上の寛容原則

ヨーロッパの憲法史には、いわゆる寛容条項がみられる。これは集権主義が圧倒的に強かった16世紀と17世紀において、恩赦的な容認、宗教禁令に対する寛容と緩和、国外移住の許可など、その性格からみて国家（強者）の国民（弱者）に対する賜物、あるいは「政治上の知恵」と解釈されていた。だが現代憲法には、「寛容」や「容認」のような用語を見たことがない。「寛容」は人民の具体的権利あるいは義務と明確に定義されなかったようだ[21]。たとえば、ドイツ連邦法および各州の憲法では、直接に「寛容」（Toleranz）の言葉が出ておらず、「忍耐」（Duldsamkeit）、「尊重」（Achtung）と「顧慮」（Rücksichtnahme）など、いくつかの「寛容」に近い用語が見られる。ただし、上述のこれらの類似規定は、司法実務や法学教育の分野では、一般的に寛容の原則であると解釈されている。

ドイツのグスタフ・ラートブルフ（Gustav Radbruch）は、その著作『法哲学』（Rechtsphilosophie）において、寛容を恩赦に結びつけて一つの法学概念として認めている。彼にとって「恩赦は法より優しい形式を意味するのみな

---

20) 劉光臨編『世界性史図鑑』、鄭州大学出版社、2005年版、259～264頁。
21) 李震山著『寛容と憲法について』、劉幸義編『多元価値、寛容と法律』に掲載されている。台湾地区五南図書出版股份有限公司、2004年版、412頁。

らず、法の領域の中へまったく法以外の世界から輝き入り、法の世界の冷たい暗黒をほんとうに明るく照らす光線をも意味している。…恩赦において法以外の価値領域である宗教的慈悲の価値（religiöse Barmherzigkeitswerte）、倫理的な忍従の価値（ethishe Duldsamkeitswerte）が法の世界の真ん中に入り込むのである」と述べている[22]※⑭。フランスのポール・リコール（Paul Ricoeur）もラートブルフと同じく寛容は本来「法律の秩序に属さない」、「もとより法の次元にも属さない」ものであるが、しかし「寛容はある種の自然の条理」であり、「法律を超克した価値であるのみならず、倫理をも超えた価値」にほかならない。しかも「その目的からいえば、寛容は法の領域を避けることができず……、寛恕の"目標"は「記憶を消したり、忘れてしまうというようなものでは決してなく、正にその反対の、寛恕の"目標"は、人が果たすべき義務（中国語原文＝債務）を除いてくれるにしても、それを忘れさせることとは凡そ同じではない」と認識した[23]。ラートブルフとリコールの理論から、我われは法律上の寛容を「法律とまったく無関係な領域」から、あるいは法律秩序以外の分野から法の領域を輝き照らす、法律を超克した価値、あるいは超法律的な原則と理解することができる。

　ラートブルフの愛弟子アルツール・カウフマン（Arthur Kaufmann）は、彼の主著『法哲学』（Rechtsphilosophie）において、ベッケンフェルデ（E. W. Böckenförde）の所説をひき、伝統的なカトリックの寛容論がその諸々の原理において誤っているのではない。誤っているとすれば、これらの宗教上の寛容の原理がいきなり道徳の領域から法の領域に転移されるということにある、と指摘した。「法と道徳はかなり多くの接触点があるが同じものでない。従って、法学上で言及した寛容問題──学校でのお祈り、宗教学校、学校及び法廷に掲げられた十字架、婚姻問題、喫煙者と非喫煙者の争議、道路を"Rosa Luxemburg"と命名し、あるいは大学を"Karl von Ossietzky"と命名すること、外国人問題、戦争役の拒絶、堕胎、志願結紮、受託同情殺人等

22）　グスタフ・ラートブルフ：『法哲学』、王朴訳、法律出版社、2005年版、176頁。
※⑭訳者補完：Radbruch, Rechtsphilosophie. 8. Aufl. 1973. S. 274〜275. ラートブルフ著作集1.『法哲学』田中耕太郎訳（東京大学出版会、1971年）359〜360頁。
23）　ポール・リコール：『公正論』、程春明訳、法律出版社、2007年版、165頁。

について、共に単純に宗教あるいは世界観団体の教条―見解を以って解決するわけにはいかない。確かに法律分野の寛容問題はこれにより尽きることがない。とくに法律上の一つの問題として出てくるはずであり、すなわち法律の真実性あるいはその正確さが如何なものであるか、および正しい法についての認識がどんなものであるか、というものである。真理、教条論についての不寛容原則に関わることなので、ここで寛容はその適用あるいは支配があるのか。」と論じた[24]※[15]。人は、寛容の原則がある種の法的な意義をもっているという考え方から、異なった主張をするかもしれないが、つぎのコンセンサスを得ることは容易であろう。寛容は多様な価値観の併存を確保するものであるから、ある一つの重要な秩序要素を表すもの、意義のある思想を一つ法律上の討論にテーブルに上げるということである。一部の学者は、わが国の「寛容と厳罰の兼用による補完」という刑事政策を討論するさい、つぎのように指摘した。「寛容と厳罰の兼用による補完」にいう政策にいう"寛"とは、寛大、緩和、寛容を表現するもので、以下の三つの状況を指している。一つは非犯罪化、二つは非監禁化、三つは非司法化である。また「寛容と厳罰の兼用による補完」にいう"厳"は、厳格、厳しさ、厳粛をいう」と[25]。

　社会主義的調和社会の建設という時代背景の下で試みられた「刑事和解」制度は、実に一つ寛厳兼用による補完政策の刑事政策における体現であり、被告人にとっては紛れもなく一種の寛大と寛容にほかならない。「刑事和解」の理論的基礎は、定められた具体的な方法、対策とプロセスにとどまらず、それに連なった一つの原則と価値であり、主として寛恕あるいは法律上の寛容の原則を表しているものである。中国古代の和合文化であろうと、ヨーロッパの宗教にみられる寛恕や博愛理念であれ、緩和を尊び、寛容に基づく紛糾の解決方法を用いることを好み、人間が衝突することを回避し、友人とし

---

[24]　アルツール・カウフマン著『法律哲学』、劉幸義等訳、法律出版社、2004 年版、460頁。

※[15]訳者補完：『法哲学』第二版、上田健二訳（ミネルヴァ書房、2006 年）407頁～408頁。A. Kaufmann, Rechtsphilosophie, 2. Aufl., München 1997 S. 333.

[25]　陳剣虹主編：『寛厳バランスのとれた刑事政策の検察実務における運用』、中国検察出版社、2007 年版、5 頁。

て和睦し合うよう主導するものである[26]。裁判所における実際の審理では、裁判官も事実上、法律をめぐって——ただ法律よりさらに寛容な態度で法律を解釈し、その判決を以て個別的な事案の正義を実現する。こうした寛容の指導原理に導かれた法解釈こそ、普遍的で現実的な法律上の寛容である。それでは、寛容が法秩序を回避することを通じて、自らを法秩序の上にすえた場合、果たして、そのような状態は法秩序にとって一つの副作用になるであろうか？　法哲学の立場から司法を見た場合、以下の結論は、人々によりよく受容れられるかもしれない。すなわち司法は、人類の正義ではあるが、自らを終審と見なすわけにはいかない。司法の大きな目標は、自身を野蛮な復讐や残酷な刑罰から解き放さなければならないだけではなく、宗教的な復讐や不寛容から分離することである。それには、一種の神聖な法律上の寛容原理が必要となる。

　寛容の原理は、我が国の法の世界では冷遇され、通暁されるまでに至らなかった。それには、自らの解釈にも原因があるが、もっと直接的な影響を与えたものは、法哲学と実定法の間のコミュニケーションが足りなかったことによる。人びとが寛容の原理についての誤解をできる限り早く解消するための最もよい方法は、法哲学では法律における寛容の概念の起源と価値を詳しく説明し、同時に法律の制定と執行に当たって、国外の経験をより有効に借用することである。ある学者が「司法のメディアに対する寛容」を研究した際に、司法が「寛容な態度でメディアに対応すべきことを強調するわけを、国外の経験からその理由を知ることができる。裁判所を蔑視し、罪刑の前半が厳しく、後半が緩くなるというような英米法の適用は、明らかにこれを裏づけている……。アメリカ司法のメディアに対する寛容は、彼らに対する世論の波風があってこそ、裁判官がより毅然として忍耐強くなり、独立して公正を保ち、これによって人民の信任、尊敬、服従を勝ち取り、司法の真の権威を確立することができると信じているためである」と指摘した[27]。現在、人類は人口の爆発的な増加に臨んでいるため、寛容の原理の運用が切迫しつ

---

26)　陳光中、葛琳著『刑事和解の理論的根拠と適用構想』、黄京平、甑貞主編：『調和社会環境の下での刑事和解』、清華大学出版社、2007年版、16頁。
27)　康為民主編『メディアと司法』、人民法院出版社、2004年版、277～279頁。

つある。1996年末に、世界中で人口が1,500万人を超える都会は、すでに24個を数える。このような都会と人口が日増しに膨らんでいる状況の下で、秩序はいかに維持されるべきか。とくに人口が密集する地域が急激に増加するにともない、暴力と犯罪もそれにつれて増えている。こうした世界では、もし寛容がなければ、地獄になってしまうはずである。カウフマンは、かつてつぎのように述べた。「その通りである。我々の複雑な、危険をはらんだ諸事情からみて、単純に構成された、数のうえでは小さな中世社会、すなわち、閉じられた、静態的な、官憲的な、不寛容な世界が成し遂げることができたことを、我々はもはや成し遂げることはできない。今日の世界では、明日の世界であればいよいよもって、寛容が人類のひとつの宿命問題であるということは、決して誇張ではない——フリードリヒ・デュレンマット（Friedrich Dürrenmatt）は、これを生き延びることの問題とさえ呼んでいる」と嘆いた[28]※[16]。法律の次元から、ある学者が寛容は「憲政生態主義的な価値の趨勢」の一つになるべきだ、と指摘した[29]。現代憲法が歴史上のすべての権力分配の方式と異なるということは、さまざまな政治勢力の間で妥協ができ、異なった政治集団と合理主義が法律の範囲内でその存在が認められることに他ならず、それは憲政の寛容と民主の精神を表現しているものである。

　当然なことであるが、真の寛容はすべてを容認するわけではなく、容認するにしても良いことがらを容認するという意味である。この原則は、初期の宗教的寛容において、すでにある程度実験された。フランスのヴォルテール（Voltaire）は『寛容論』（Traite sur la tolerance, 1763.）という著作で、「『旧約聖書』には寛容を表す数多くの例が示されている一方で、厳格な事例や律法

---

[28]　アルツール・カウフマン著『法哲学』、劉幸義等訳、法律出版社、2004年版、475頁。

※[16]訳者補完：Arthur Kaufmann, Rechtsphilosophie, 2nd Edition, 1997. A. カウフマン著『法哲学』第2版、上田健二訳（ミネルヴァ書房、2006年）、418〜419頁。デュレンマットはいう。「人間は、彼が自分自身と隣人に耐えるという内面的な豊かさを所持している場合にのみ、生き延びることができる」と。418頁。

[29]　魏健磬著『調和と寛容——憲法学視野の下の公民精神』、法律出版社、2005年版、68頁。

もみられる」と指摘した[30]。もとより寛容と厳罰は対立と統一の関係であり、同時に矛盾することなく相互に補完する在り方が、法律上の寛容にとって理想状態であるといえよう。ただ容認すべきか、容認すべきでないか、どう区分するかについて、我われは人類生活の重要な事実に対し広く理解する必要に迫られている。規則という意味からみれば、これらに対する促進とか保護は、適切な規則や適切な制約という二つの側面が予め仮定されているから、これらを禁止する憲法であれ、これらを許す憲法であれ、いずれにせよ真の意味における寛容は損なわれることになる。アメリカ憲法の構造と批准方式は、こうした問題について比較的によく受け入れられている。アメリカ憲法は、連邦政府と州政府がこのような種々のことがらに対して、その促進と保護に献身している一方で、権利の保証を通じて、暗黙のうちにアメリカ憲法自身が破壊されないようにこれを禁止している。この構造と批准方式は、これらのことをさらに促進させ保護している。憲法の前途は、自ら真の寛容と広く一致すべきものではあるが、憲法解釈の一部は必ずしもそうではないようである[31]。

Ⅳ 法律上の寛容の価値

多様化した現代社会では、寛容は不可欠な生活の原理となっている。多様化した社会で独立して生き抜くには、社会で生活する個々の人びとは、誰もが有している違いや差異との衝突にどう対応すべきか、その方法を学ぶよう求められている。結論からいえば、寛容は現代社会の一つの基本的価値であり、法律上の寛容は法治社会の一つの基本的価値である。ミル（John Stuart Mill）は、個々人がもっている差異を主張しているが、そうした不快な相違がすべての人間の生活を豊かにする実験ではあるが、我われはミルがいう個人のもつ差異性に同意しなくてもよい。我われは若干の現代哲学者が提起した衝突が生む超価値を、「我われが右傾路線を歩くことが歓迎されている証

---

30) ヴォルテール：『寛容論』、蔡鴻濱訳、花城出版社、2007年版、136頁。
31) See J. Budziszewski, True Tolerance: Liberalism and the Necessiry of Judgment, Transation Publishers, New Brunswick and London, 1992, p. 44.

し」³²⁾とみる論点にも、なんら同意する必要もない。寛容の重要性は、以下のような素朴な主張にみられるものである。まず，差異性と衝突は不可避なものであること、つぎに寛容は、正義、自由、平等などの基本価値に違反することのないように、差異性の衝突を解決するプロセスに最低限度ものを提供すること、である。差異性との衝突を歓迎するかどうか、従うかあるいは拒むか、これらは生活の事実である。人々は、さまざまな問題に絡んで、好きか嫌か、違法あるいは違法にならないか、現行法に違反するが自然法と正義に背かないか、など種々の意見をもっている。たとえば、堕胎（abortion）が世界的な範囲で争点の一つになっているが、法律上の寛容は、通常、これらの論争を解決する一つのプロセス上の価値である。最初のステップでは、法律上の寛容は実質的な価値ではないにしても、意見と価値が一致しない場合に、寛容は堕胎の争点を和やかに解決するための先決条件にほかならない。アメリカのホワイト教授は「我われは、神に対する我らの信仰、自然、進歩という関係から、我われ自身がおかれている位相を導き出さないような場合には、差異の存在はとくに固有の価値になる。それは直ちに説明されたり規範化されたり、やむを得ず寛受されるようなものではなく、むしろ讃えられるものとなる……。差異に対する配慮は、有限なことの確認に変わる。」³³⁾と指摘した。

　法律上の寛容は一定の程度ではあるが、ある社会の価値が平穏かつ和やかに進化することを許容する。法律上の寛容がない場所では、周知のような大虐殺、リンチ、テロ主義、暗殺や種族絶滅などの恐怖が跋扈する。相手側にとって、一方の当事者が共通の基礎を探すため長期の論争を容認しないような場合に、その主要な選択肢の一つの形式として、ある種の闘争ないし戦争を起こすか、あるいは敵対する意味の「冷淡な態度」を現わす。そこでは当然に、相手側がむしろ闘争と戦争を選択し、何らかの闘争や戦争を起こすことが「正義」のように見えるので、そのためには戦闘は参加に値するものと

---

32) W. Paul Vegt, Tolerance & Education: Learning to Live with Diversity, Sage Publications, Thousand Oaks and London, 1997, p. 24.
33) ステファン・K・ホワイト：『政治理論と後現代主義』、孫曙光訳、遼寧教育出版社、2004年版、150頁。

なる。しかし、多くの状況からみて、衝突解決の方法として和解、寛容は率先して取られるべきものであろう。法律上の寛容は多くの場合、消極的なものに限られるもので、法治国家やその他の原則と相容れないように聞こえるかもしれない。おそらく他人の責任と犯罪行為への寛容よりも、もっと次元の高い目標がないのかと質問する者がいるにちがいない。当然のこととして、もっと高い次元の目標を持つことができるし、また持つべきである。しかし、もしも我々は多様化主義を擁護するなら、人間およびその行為の相違と法律上の異なる認識に意義を認めるならば、我々には法律上の寛容の原則が必要である。アメリカ実用主義の創始者ウィリアム・ジェイムズ（William James）の『多元の宇宙』では、寛容ないし法律上の寛容の価値について、つぎのように表現している。「生命は、つねにそれ自身がもつすべての素質から、数多くの対立をただちに、かつ同時に満足させる方法が見つけだすことができる。我々は武装して平和を守り、法律と制度を以て自由を守る……、我々が無政府主義と革命の言論を容認するのは、正にこれらの危険を減らす唯一の方法である。我々の慈善事業は、浮浪者に物を与えるようなことをなくして、初めてこの事業が目指した目的を達成できること、真の享楽主義に対しては強力な節制が必要であること、真摯な疑問の提起を通じてこそ確実に導くことができること、徳行は決して愚かを意味するものではなく、罪悪を知り、しかもそれを克服できるものであること、また自然に従うことによって自然を克服できるであろうこと、などである」[34]と述べている。

　ロールズ（John Bordley Rawls）は、彼が広く議論した政治的自由主義において類似の立場を取っている。ロールズは、自由と平等な市民の中で公平な協力体系を作ろうとすれば、この社会は政治と法律上の寛容を基礎にしなければならない、という。一つの自由な社会では、合理的な人類の活動の自然な結果はもっと多様化されることになり、けっして少なくなることはない。田園詩のような条件において、なんら偏見や無知あるいはエゴイズムの傾向のない社会であっても、道理を弁えた言動が理にあっているとする人々

34）ウィリアム・ジェイムズ著『多元の宇宙』、呉棠訳、商務印書館、2000年版、54頁～55頁。

は、つねに基本的価値、生活哲学、政治と法律や規則について異なった意見を示すものである。このような認識がもつ性格と限度を、ロールズは「判断することの重荷」(burdens of judgment) と表現し、道理を弁え言動が理にあう人々の間において考え方の相違を作り出している。一つの自由な社会では、本当の意味で普遍的な教義がない以上、道理を弁えた言動が理にあっていると思う人々は、自分と異なる人々と一緒に生活することを学ぶべきであって、こうした社会の政治と法律、規則は寛容を核心にすえるべきである。寛容は、まず"一時的な妥協"(modas Vivendi) とみることができよう。たとえば宗教上の戦争を終わらせるのも、一つの方法である。しかし、ロールズは社会における政治や法律が進化する過程では、寛容は最終的には生来もっていた魅力からある種の価値あるものとなる、と断言している[35]。これは、政治や法律は、最も重要な問題と結びつく信仰と分離することができるからである。すなわち、こうした問題にみられる公民の共同信仰は、民主社会への必要条件とはならない。公民の美徳にとっては、一つ典型的な有神論者と典型的な無神論者が共有する道徳感情をもってさえおれば十分であろう。リチャード・ローティ (Richard Rorty) は「ロールズが提唱した哲学的寛容は、実にジェファースンが提唱した宗教的寛容をできるだけ広く展開したものである。"宗教"や"哲学"というものは曖昧な語彙であるから、説得に際してはつねに再定義にすることができよう。これらの語彙が広い意味を包容しているような場合、誰であろうと、さらには無神論者も一種の宗教信仰（パウル・ティリッヒ，Paul Tillich がいう「終極的関心としての象徴的意義」）をもつことになる」と指摘した[36]。たとえば、表現に対する寛容は、その中の一つの主要な論証、「真理原則」(the Truth Principle) に基づき表現と行動が一致しない場合には赦免されるというのがそれである。真理を発見するという経験から、もしある可能性にミスが含まれているのであれば、目

---

35) See Jhon Rowls, Political Liberalism, Columbia University Press, New York, 1993. pp. 54〜58.（この箇所の翻訳について、板橋亮平著『ジョン・ロールズと Political Liberalism』（株）パレード、2015 年、25 頁〜26 頁参照。訳者）
36) リチャード・ローティ著『ポスト哲学文化』：黄勇編集・翻訳、上海訳文出版社、2004 年版、166 頁。

の前にちらついている、いわゆる確かにある物事なるものに依拠して判断するわけにはいかない。すなわち、確かな状況でも若干の不確定な要素を内包していると観る必要があるからである。容認というものは、願望と我われとかなり隔たりをもった認識能力と繋がっている。我われは、早くから真理の特徴をすでに我われの視野に収めてはいるが、依然として完全なものとしてでない。もしかすると、不完全な真理を補充することを通じて、初めて完璧なものになるかもしれない。我われは真理がいかに奥深いものかを知っているからこそ、止まることなく真理へ向かって試行錯誤（trial and error）を繰り返し、ミスを犯さないよう努めるべきである。それに、我われはすべての人間がもつ多様な意見を、だれもが公然と言うことができる機会を保証しなければならない。そうでなければ、我われは真理を発見する道に障害物を置くことになろう。この仮定は、私自身が信じられないことだが、他人の考え方が正しいかもしれないと認める可能性と、私自らの考え方に間違いがあるかもしれないことを認める可能性を、示しているのと同じである。つまりこの仮定は、それらを完全に異なった意見をもっている団体と個人に適用できる余地があるということである。ある考え方が疑われるような場合、単的に言えば、それが少人数の人が有しているもので、しかも真理の発見を阻むものであるかもしれない。多くの場合、新たな思想や革新は、少数人者がもっている考えから始まるのであるが、上述のようにマイナスの影響があることに注意しなければならない。この「真理の原理」は、正しいと確信され、真剣に究明されたと見られる意見についても、我われが疑いをもつことを通じて、より深く真理を追究して、そこに内在するミスを暴露するよう教えてくれている。こうした論証の幾つかの方法は、すでにアメリカの最高裁判所のいくつかの判決に適用されている[37]。

---

37) See Raphael Cohen-Almagor, The Boundaries of Liberty and Tolerance, Unversity Press of Florida, Gainesville, 1994, pp. 106～107.

V　結論

　我われは、法律上の寛容とは、法律が厳格なものから緩和されたものになる歴史的プロセスとみることができる。その進度と限界は、各国の宗教上の寛容思想の発展と世俗化による。静態的意義からみて、我われは法律上の寛容の本質を、「厳格な法律と刑罰」と対立する一極と理解することができる。それは寛容の原則の下における法律の改革と法律の人間らしさを求めた結果であり、その内容には、主に立法の寛容と法律執行の寛容という二つの要素が含まれている。法価値の傾向はまぎれもなく寛容と自由、人権等の概念と密接にリンクしている。一般的に自由と人権は寛容の原則に導かれて展開するものであって、ある意味で、寛容は自由と人権の前提あるいは必要条件であると言えよう。たとえば、法律上の言論、思想、良心等の自由は、実際には統治集団のもつ寛容意識によるものであり、体刑や死刑の廃止、破産した市民への免責救済などの寛容の実践は、人権拡大の前提条件である。法律上の寛容あるいは法における寛容の原則は、法律秩序あるいは法律の領域外の、ある種の法律を超克した価値、あるいは超法律の原則に由来するものであり、現代の立法と法の執行において不可欠の一つの調整原則である。2007年12月29日改正した我が国の「科学技術進歩法」は、初めて法律の形式で『失敗に対する寛容』（原文：寛容失敗）についての規定をした。同法の第56条では「国家は科学技術者が自由に探究し、敢えてリスクを冒すことを奨励する。第一次資料において、探求すべきものに高い頻度で失敗の危険を伴う科学技術の研究開発プロジェクトを担う技術者が、全力で義務を果たしたとしても、なお当該プロジェクトを完了させることができないことを証明できれば、これらの科学技術者に対し寛容を以って応対する」と明記した。こうして、わが国では、法律上の寛容原則も法律上の根拠を有することになった。

※原載：陳根発「法律寛容是什么」、杜鋼建・白巴根編『法下的人権与国権』鈴木敬夫教授古稀記念文集（北京：法律出版社、2009.12)、第Ⅱ部第 8 章。

第 5 章　寛容：宗教の自由及び宗教間対話の前提

劉素民（Liu Sumin）
周　英 訳

Ⅰ　宗教における寛容の主張とその欠陥
Ⅱ　宗教間対話の前提である寛容
Ⅲ　寛容が示唆するもの

　「寛容」(tolerance)は 16 世紀に、すなわち宗教がいくつもの宗派に分裂したという歴史的背景の中で現れたもので、ラテン語とフランス語からの借用である。このような生成背景の中で生まれた「寛容」という語だが、当初は異分子の信仰に対する容認という比較的狭い意味に用いられていた。16 世紀～17 世紀の間に、宗教的寛容はしだいに法律上の概念になった。各国の政府は寛容を提唱する法律の条文を頒布して、官吏や法を守る信者たちが宗教的少数派と接する際には、寛容な態度を取らねばならない、と規定した。このように、執政者によって頒布された異質な信仰者及びその実践に対して寛容な態度を取るべきだと要求する法令の中から、ゆっくりと一種の普遍的な道徳心と行動原則が生まれた。これは一定の条件の下での十分な自由を容認し、異なる考え方の共存をも容認するものである。この道徳心と行動原則が一般的に理解される「寛容」なのである。
　明らかに、「寛容」という語は宗教と切っても切れない関係にある。そうであるならば、宗教における真なる「寛容」の意味を遡るのは、「寛容」を研究するうえで欠かせないことである言えよう。

I　宗教における寛容の主張とその欠陥

『説文解字』によると、「宗教」の「宗」は「宀」と「示」の意味に関連する。「宀」は「屋」を意味し、「示」は「神」を意味するところから、「宗」は神や祖先を祭る廟のことを指す。一方、「教」は、たとえば「易経・観卦」の中に、「聖人は神道を以て教を設けて天下服す」とあるように、「上の行いは、下が見習う」の意味を持つ。現代中国語では、「宗教」は西欧文字のreligionの訳語として使われ、神道に対する信仰を広く指す語である。しかし、religionの類の語は、すべてラテン語のreligioに由来するものである。キケロ（M. T. Cicero）は、このreligioは動詞であるrelegere（読み直す、思案するといった意味で、すなわちto readover、to thinkover divine things）から来たものと考えている。一方、セント・オーグスティン（St. Augstine）は、reeligare（選び直す、取り戻すといった意味）から来たものと見ている。以上から、religionの類の語は、全体的には神と人間との何らかの関係を表すものであることがわかる[1]。

宗教は、いうまでもなく「人」をめぐって展開されるもので、人の「救いの福音」（messages of salvation）と「救いの道」（way of salvation）に関わっている。そのため、すべての宗教は、生きがいの有無、人類の自由と隷属、民族の平等と圧迫、歴史上及び現実における戦争と平和と密接な関係にある。すべての宗教は、人類にとって永遠の難題——「スフィンクスの謎」：人間とは何か？　人間はどこから来たのか？　またどこへ行くのか？——に直面しなければならない。人間はどこまで可能なのか？　そして、どうすれば可能になるのか？　その問いに答えようと、宗教家たちは、休むことなく考え続け、また弛むことなくさまざまな論証を繰り返してきた。これはまさに、人は立派な建物を建てては壊し、建てては壊すのは、ただ土台は大丈夫なのかを確認するためだけなのだ、というカントの譬えどおりである[2]。シ

---

1) 布魯格（W. Brugger）編著：『西洋哲学辞典』、項退結訳、国立編訳館、1976年版、第353頁。「すべての時期、すべての民族に何らかの宗教がある；宗教が全くない状態が最初から存在しないことは、すべての人類史及び先史資料によって証明されている。」

ェリング（Schelling）は、神はまさに人類の宗教生活の中で自分を表現し、発展させるのであると言った。したがって、人類が作り上げた宗教は人類とほぼ同じぐらい古く、悠遠なものである。人間は有限な存在であるという宿命を負いつつも、有限であることに満足せず、常に有限を超えて無限に到達することを試みようとする。それゆえ、宗教は人類と共に歴史を歩んでいくことになる。

　宗教倫理の系脈において、寛容はその理論を根底から支える魂のようなものである。寛容は宗教の寛大な人道主義の基礎を築き上げ、宗教の自由と宗教間対話の重要な前提になっており、そして可能性を提供する。寛容は謙虚さと自律、そして「他者」への尊重を表し、善に向かう宗教の精神を体現するものである。人類が宗教的寛容、宗教の自由及び信仰の自由を得ようとする努力は、実際には人類が宗教の超越的権威と世俗世界の政治的権威との間に境界線を引こうとする努力でもある。キリスト教はユダヤ教に由来し、またギリシアの哲学の精神も混在しており、最初はローマの統治者の迫害をしばしば受けたが、後にようやくローマ帝国の国教になった。この転換は確かにキリスト教の発展に大きな活力を注いだ。が、同時に、宗教の超越的権威と世俗世界の政治的権威との境界線を曖昧にしてしまったという不安の種も撒いたのである。教父アウグスティヌス（Augustinus）がこの不安を払拭しようと、「神の国」と「地の国」の違いについて論証を行い、後者が最終的には前者を目標とするので、前者は後者より上であると考えた[4]。これは聖書の中の「カエサル（Caesar）のものはカエサルに、神のものは神に返しなさい」[5]という精神と合致している。アウグスティヌスの目的は「神の国」とこの世の教会が完全に同一であるのではなく、後者は単なる前者の地上における復刻本でしかないことを強調するところにある。しかし、後世の人々

2） I. Kant: Prolegomena Zu Einer Jeden Künftigen Metaphysik, ss. 5～6.
3） シェリング（Friedrich Wilhelm Joseph von Schelling）著『哲学と宗教』、ヴィンデルバント著（W. Windelband）『哲学史教程』下巻、羅達仁訳、商務印書館、1993年版、第847-848頁からの転引。
4） ジョージ・フット・ムーア（George Foot Moore）:『キリスト教略史』、郭舜平等訳、商務印書館、1981年版、第162-164頁。
5） 『聖書・マタイによる福音書』第15章、『聖書・ルカによる福音書』第26章。

は「復刻本」をそのまま「本当の姿」だと考えて、教権の王権からの独立、さらに教権が王権の上に実際に凌駕することを図ろうとした。こうした動きは、中世を通じて特に顕著であった。そして近代の宗教改革後になっても依然として「領土の属する人に、宗教も属する」と規定し、宗教の信仰の自由はおろか、容認の問題さえ十分に考慮されていなかった[6]。そうした中で、人々の思想が次第に成熟し、天から賦与された自由権を断固として要求するようになった。やがて、自由権を獲得するための革命を勃発させ、憲政体制が確立され、「政教分離」の原則、つまり、世俗権威の問題は世俗権力の分立、すなわち立法、司法、行政の三権が分立し相互に抑制し合うことによって解決される、という原則が確定されるに至った。事実によって証明されたように、世俗権力を強奪し、またはその上に凌駕しようとする宗教のいかなる企みとその施行は、成功しようがしまいが、宗教の事業にとってはまったく無意味なのである。逆に、世俗の政府も、宗教を決定、支配、干渉するような権力を持ってはならない。特に、公民の宗教ないし信仰を決定してはならないのである。

　宗教の信仰は、個人の「良心の自由」と「意思の自由」に基づくものであって、外部からの干渉は許されない。しかも、信仰そのついて言えば、それは、外部からのいかなる干渉も受けることなく、宗教において信仰に対する信念は揺るぎないものである。ゆえに、信仰問題においては、常に寛容でなければならないのである。よって、宗教の信仰の自由ないし宗教の自由の前提となるものは宗教的寛容である。国家と政府の場合は、宗教的寛容は政府と役員が宗教の信仰問題について中立を保つこととして体現される。また、宗教団体の間、宗教団体と他の社会団体の間、宗教団体と異教信者の間、そして異なる宗教の信者の間では、寛容は相互容認として体現される。

　宗教は至上の理想を意味し、正義を貫くための確固たる主張を意味しており、また、自己の善行を以って現実社会の中の人々の悲しみをできるだけ消そうとする努力をも意味する。このような価値のある道徳的な含みが、世界各宗教の教義の中に数多く潜んでいる。宗教的寛容という主張は、宗教の道

---

6) ジョージ・フット・ムーア（George Foot Moore）：『キリスト教略史』、郭舜平等訳、商務印書館、1981年版、第224頁。

徳の重要な内容であって、仏教、キリスト教、イスラム教の教義の中に含まれており、異なる宗教が表面上の差異を乗り越え、ともに追求する価値になっている。

インドの仏教大帝アショカ（阿育王）は、仏陀の寛容と理解の教えに従って恭しい気持ちで、広々とした自分の領土内のすべての宗教に援助を行った。大帝が言うには、「自己の宗教のみ尊敬し、他人の宗教を非難するのはいけないことだ。理に従って他人の宗教を尊重するべきだ。そうすれば、自己の宗教の成長に一役を買うことになるし、他人の宗教に対して義務を果たすことにもなる。逆のことをすれば、自己の宗教の墓穴を掘ることになるばかりか、他人の宗教を傷つけることにもなる。自己の宗教を尊重し他人の宗教を非難する者は、もちろん自己の宗教に対する忠誠心からそうしたのだから、自己の宗教を発展させられるに違いないと思い込むが、実は却って自己の宗教をひどく傷つけることになってしまうのだ。だから、和は何よりも大切なのだ。みんな他人の宗教の教えに耳を傾けるべきだ。しかも、そのことを心の底から望まなければならない。」このような寛容と理解の精神は、はじめから仏教の文化と仏教の文明の中で最も大切にされている理想の一つなのである。

仏教の経典の中の「無縁大慈、同体大悲」には、仏教の寛容主張が集中的に体現されている。平等慈悲は仏教の寛容主張の道徳的実践である。自利利他は慈悲の思想がさらに進んだもので、仏教の寛容主張の理論的根拠でもある。仏教は、自己と他人は互いに対立するものではなく、融合し合うものであるとして、自己を愛する者は他人をも愛すべきだと考えている。大乗仏教、特に中国仏教の中の「菩薩道」の精神が、仏教の寛容思想の最高の体現である。それは人々に言語、心念、意識、行動などの諸方面において、人の吉を喜び、人の苦に同情し、人を危険から守り、人を苦境から救うように要求するものである。つまり人々に包容力、寛容性、慈愛心と同情心を身につけて、我を愛する心をもって人を愛し、生きとし生けるもの全てに慈悲を及ぼし、その命を大切にしてほしいと求めるのである。仏教は仏家の慈悲をもって、世間の争いと恨みを解くこと、善行を積み悪行を慎むこと、そして自己の善行を以って世人を感化することを主張している。

キリスト教の寛容思想は、神が人間を創ったことを土台とする。人間が神の形に似せて造られたため、みな平等かつ自由である。キリスト教の寛容精神は具体的には、キリストに倣うこと、平等を唱えること、報復を禁じること、自分を愛するように人を愛すること、喜捨を行うこと、許すことなどの面に体現される。これらはキリスト教の道徳的実践の具体的な内容でもある。『聖書・マタイによる福音書』第五章～第七章に記されたキリストの山上の説教の中で、寛容の思想についてのキリストの言葉、すなわち、「人にしてもらいたいと思うことは何でも、あなたがたも人にしなさい。これこそ律法と預言者である。」が詳細に記載されている。イエスは弟子たちに、自分に対して無礼なことをした者に許しと寛容をもって接しなければならないことを教え、そして身をもって寛容の真の意味を教えてくれた。キリスト教の寛容精神は、無限の犠牲と全人類に対する愛のゆえに最高峰に達した。と同時に、神の人類への救いと寛容をも宣言した。イエスの行動は教徒の手本であり、『聖書』の教えは教徒の生活行動の手引きである。『聖書』は、自分に対して無礼なことをした者に寛容でなければならない。また、根気強く接しなければならないことを戒めとして教えてくれた。「祭壇の上に供え物を捧げようとしているとき、もし兄弟に恨まれていることをそこで思い出したなら、供え物はそこに、祭壇の前に置いたままにして出て行って、まずあなたの兄弟と仲直りをしなさい。それから戻ってきて、その供え物を捧げなさい。あなたを告訴する者とは、あなたが彼といっしょに居るあいだに早く仲良くなりなさい。そうでないと、告訴する者は、あなたを裁判官に引き渡し、裁判官は下役に引き渡して、あなたはついに牢に入れられることになります。真心からあなたに告げます。あなたは最後の一コドラントを支払うまでは、そこから出ては来られません。」この戒めには、人に常に寛容である者は、人を許すことで人からも許されるのだ、また、キリストからも許されるのだ、という道理が含意されている。

　イスラム教では、善い行いをなすこと、人びとに寛容な態度で接することをムスリムのよい徳の基本の一つであると見ており、よい報いを得るための重要な条件であるとも見ている。寛容はイスラム教の教義の精神たるものである。信仰において、イスラム教では人に帰依を強制せず、「宗教には強制

があってはならない。正しい道と迷妄とはすでに明白にされている。」(クルアーン2章256節) という『コーラン』の言葉どおり、ムスリムと非ムスリムの間の理解と寛容を提唱する。また、「善と悪とは同じではない。(人が悪をしかけても) 一層善行で悪を追い払え。そうすれば、互いの間に敵意ある者でも、親しい友のようになる。」(クルアーン41章34節) という『コーラン』の言葉から、イスラム教では寛容を善い行いをなす上で最もよい方法だと考えていることがわかる。イスラム教では、他人に不寛容であることを他人への侵害の始まりと考え、悪徳と見なす。それゆえ、怒った時に怒りを抑えることをアッラーに喜ばれる振る舞い、さらには真の勇者としての振舞いである、と敬う。イスラム教からみると、寛容は人間の美徳である。「よく耐え忍ぶ者たち以外は、それを成し遂げられないであろう。格別幸運な者たち以外には、それを成し遂げられないのである。」(クルアーン41章35節)寛容は人と人をつなぐ架け橋のようなもので、つないでいるのは人の心である。

　以上に見てきたように、寛容の主張は世界各宗教に共通するものである。しかし一方では、人類史上、宗教に関する不寛容、不容認、残忍な迫害の事件も枚挙にいとまがないほどに存在する。ソクラテス (Socrates) は、新しい神格を導入することで告訴され処刑された。その理由はまさに「異端邪説」である。スピノザ (Spinoza) は、ユダヤ教徒のコミュニティから追放された。ブルーノ (Bruno) は、カトリック教の宗教裁判にかけられ、焼き殺された。ガリレイ (Galilei) は、終身禁固刑を宣告された。キリスト教史上、かつて二世紀にわたる「十字軍」(Crusades) の東方遠征による殺戮と掠奪もあった。十四世紀の宗教改革でプロテスタントとカトリックが互いに敵視し、迫害しあい、さらには戦争まで起こして殺戮を繰り返した。これも宗教史上極めて残念な出来事の一つとして永遠に消えることはないであろう。

　その原因は一体どこにあるのであろうか。私からみると、各宗教は教義によって神観、人観、宇宙観、価値観が異なり、深く執着するものも異なるため、排他性と自己中心の「敬虔度」を生み出しやすい。同一の地域に異なる宗教が同時に存在すると、信者間で対立と衝突が生ずることは避けられな

い。場合によっては、宗教戦争にまで発展する可能性もある。事実上、宗教間の衝突ないし戦争は、双方とも相手と自分との相違点にだけ目をつけ、「わざと異に就こう」という態度を取っているため、やがて相容れない、水と油のような関係へと悪化し、あげくに、衝突を起こす事態になってしまうケースが多い。では、どうすれば双方の「わざと異に就こう」という態度から脱して、相互の誤解から脱して、衝突を平和共存ないし共栄に変えて、「この世の浄土」や「地上の天国」といった各自の主張を真に実現させることができるであろうか。私は、寛容が前提とする対話を通じてするほかはない、と考えている。

Ⅱ　宗教間対話の前提である寛容

「対話」は各種の矛盾を解決して、さらに共通認識に達するための有効的なシステムと前提になっており、政治の領域から始まって、しだいに経済、文化、宗教などのさまざまな領域で導入されるようになった。早くも20世紀の初めごろに、西方の思想界が社会の危機から脱するために既に思想領域における各種の会話を始めた。宗教認識においては、宗教学の発展に伴って西方のキリスト教は東方の宗教観念、特に仏教、インド教と中国の儒教の思想が非常に価値のあるものだと気付くようになった。たとえば、西方の有名な神学者ハンス・キュング（Hans Küng）は、自分の作り出した世界三大宗教の水系（Three great religious river systems）理論の中で、「セム族（Semitic）[7]に起源する宗教は、みな先覚者（aprophetic character）がいて、神と人との比較（acontrast）から始まり、宗教の対抗（religious confrontation）を主な特徴とする。ユダヤ教、キリスト教とイスラム教はこのような宗教である。」しかし、「インド（Indian）を起源とする神秘主義的（mystical）性格をもった宗教は、連携する（union）傾向にあり、信仰の内在性（religious inwardness）を主な特徴とする。ヒンドゥー教（Upanishads）、仏教（Buddhism）、インド

---

[7] Semiteはセム人のことである。古代ではバビロン人、ヘブライ人、フェニキア人などを指していたが、近代では主にアラブ人やユダヤ人を指している。ここでは、ユダヤ人を指す。Semiticは「ユダヤ人の」の意である。

教（Hinduism）などの早い時期のインドの宗教がこれに属する。」また、「中国に源流をもつ宗教は、知恵（wisdom）をシンボルとし、和（harmony）を主な特徴とする。儒教と道教はこれに属する。」このような認識の上に立って、西方の宗教は「東方の宗教と対話する」ムードを作り出した。そして、20世紀の「対話」の雰囲気の中で、ハンス・キュングに「対抗」的であると思われている宗教の一つ、西方のキリスト教は、率先して寛容の意義に基づく各種の対話を始め、「小異を残して大同に就く」ことを試みようと努力した。

キリスト教は自身の各派間の「対話」、「理解」を強調し、キリスト教内部の「普遍化」（原文・"普世"）と「合一」運動を展開した。この運動の影響を受けて、有名なプロテスタント神学者パウル・ティリッヒ（Paul Tillich, 1886-1965）は、未来の教会は「プロテスタントの特性を持つカトリック教会」であることを積極的に主張した。つまり、プロテスタントとカトリックとが一つになることを強く主張したのである。このような思潮の中で、プロテスタントの神学者やキリスト教徒の中にはカトリックに転じた者さえ現われた。彼らは、カトリックとプロテスタントは対話と相互理解を通じて統一を図り、さらにはプロテスタントの開拓の精神、発展の精神を持ちつつ、カトリックの大公の伝統と本質を保つような新しい時代の合一教会を共同で作り上げるべきだと考えていた。また、カトリックの中にもプロテスタントに自ら進んで接近し、自分の信仰と行動の中でプロテスタントと強い共鳴を覚える理論家や一般の教徒も多く現れた。そのほかに、カトリックとプロテスタントはそれぞれ東方正教との会話も試みた。

キリスト教内部の合一と対話から世界各宗教間の対話と公劉まで拡大したことは、寛容の意義に基づくこの大がかりな宗教間対話のもう一つ重要な面である。1961年にニューデリーで開かれた国際宗教協会の会議で、アジアのキリスト教の神学者は、キリスト教は自分とは異なる宗教または異なる文化と伝統を持つ人々にいかにして福音を宣べ伝えるべきかという問題を提示し、その上で、その他の宗教の発展も神の歴史的作用の中に含まれるべきだと指摘した。これらの見解は、西方の宗教界によって非常に重視された。彼らは、従来考えられてきたキリスト教の「絶対的」な地位について考え直

し、反省し始めた。カトリック教は1962年10月11日から1965年12月8日にかけて開かれた第二回バチカン大公会議以来、他の宗教に対する態度が根本から変わった。その転換点とは、1965年10月の会議でカトリック教会が「キリスト教以外の諸宗教に対する教会の態度についての宣言」を公表した時点である。以降、カトリック教は「教会の外に救いなし」という伝統的な考え方を強調しなくなった。それにひきかえ、平等的でかつプラス思考で他の宗教の価値や長所について論じるようになった。たとえば、インド教は神話と伝説が豊富で、その哲学的な構想も奥が深いとか、仏教は禅定や瞑想の知恵、そして「悟り」、「涅槃」、「常楽我浄」という解脱の境地を持っているとか、ユダヤ教はキリスト教に対して知的示唆を与え、新旧伝統のかけ橋としての役割をも果たしているとか。イスラム教はラマダンや礼拝などの基本的な修行を敬虔にかつ誠実に遂行しているなど。このように、カトリック教会は、多種多彩な宗教の世界に目を向けるように呼びかけ、各宗教の内在的な価値や文化の特徴に注目し、各宗教との幅広い会話と友好的な提携を展開していく構えを取った。それゆえに、世界各地で局地的な宗教の矛盾と衝突が発生することもあるが、20世紀の宗教間対話運動で各宗教は全体的には歴史上の「宗教衝突」や「宗教戦争」の段階を経て、「宗教間対話」と「宗教理解」の時代に入った[8]。

　事実上、世界の大宗教はいずれも客観的にその宗教が存在している社会に精神的拠りどころと価値体系を提供している。したがって、宗教は人類の精神が成長する源泉であると言えよう。宗教の教義及び宗教間対話に見られる豊かな寛容の含みは、人類の道徳心と行動原則に示唆するところが大きいということも間違いないであろう。

Ⅲ　寛容が示唆するもの

　寛容は宗教の教義に由来するもので、しかも世俗道徳が提唱する寛容の倫理と一致する。それゆえ寛容の精神は、普遍的な価値を有している。寛容を

---

[8]　卓新平著『宗教理解』、社会科学文献出版社、1999年版、第144頁。

宗教の自由及び対話の前提として考えれば、我々は多くの示唆を得ることになる。そのうち、最も重要な示唆は、寛容自体にも前提が隠されていることである。その前提というのは、つまり、寛容の交流のルールを互いに認め合い、「他者」の視野を互いに認めて受け入れることである。そうでなければ、いわゆる「ゲーテのパラドックス」を招くことになってしまう。ゲーテは、寛容は善意的だが、傲慢で尊大であるため、侮辱的な喜捨として拒否されるべきだと考えている。これがパラドックスとされるゆえんは、寛容のすべての行動はよくない一面の特徴を潜在的に持っており、一種の施しまたは一種の優越感として理解することができるため、寛容になることは一線を画することを同時に意味するという点にある。排斥のない受け入れは存在しない。この一線を画する行動はいったん極権的な強制、すなわち一方的に取った手段になってしまえば、寛容は勝手だ、排斥的だといったマイナスな特徴を避けることができなくなってしまう。関係する者全員に認可されるような寛容の領域を作ってはじめて、寛容の中に深く刺さっている不寛容というトゲを抜き取ることができる。よって、可能な限りのすべての関係者から相互寛容の前提について共通認識を得るためには、「他者」の視野を互いに認めて受け入れることを彼らに働きかけなければならない。20世紀から、キリスト教と東方の仏教は互いの視野を認めた上で、学者を互いに派遣しあい、相手の理論を勉強しあい、相手の生活を体験しあうことによって、双方の感情を深め、幅広い理解を得ることができた。ヨーロッパと北アメリカには20世紀から仏教徒、イスラム教徒が少しずつ移住するようになり、欧米では仏教の寺院や廟、イスラム教のモスクが次第に増えてきて、本土の宗教と外来の宗教が浸透しあい、尊重しあい、平和共存しているような局面を西方の宗教の中で作り上げたのである。

　寛容こそ和の本である。「和」は倫理上の概念として、公正的で秩序だっていて、協調的で完全であるといった関係や秩序の状態を意味する。この意味でいうと、和の主要な条件あるいは基準の一つは、諸関係が倫理上協調的でなければならないということであろう。寛容は、まさに諸関係を調整するために使われる「酵母」のようなものである。しかし、寛容は原則や制度によって保障されたもので、制度や原則の規範を絶対に超えてはならない。さ

もなければ、寛容は放任になってしまう。他人や社会に害を与える放任になってしまう。だから、寛容は必然的に処罰と手を組むことになる。処罰も一種の寛容である。もし国家が民族の分裂を容認したら、必ずや混乱状態に陥り、やがて国家の完全さを失ってしまう。そういうわけで、分裂を処罰するのは民族に対する寛容なのである。もし法制が犯人の犯行を容認したら、必ずや民衆に信用されなくなり、やがて法制の威厳さを失ってしまう。それゆえ、犯人を処罰するのは民衆に対する寛容なのである。もし自然が汚染の侵食を容認したら、決まって多くの災難に見舞われ、やがて自然の美しさを失ってしまう。まさに、汚染を処罰するのは自然に対する寛容なのである……

寛容は人類の精神が成長するために必要な光である。その光は常に我々を照らし、暖め、導き、そして我々に痛い思いもさせる。この眩しい光にどう向き合っていくか、人々はおのおの理性的な選択を下すことになろう。

※原載：劉素民「寛容：宗教自由及宗教対話的前提」、『哲学動態』2005年第11期。

第6章　寛容の思想と思想の寛容
——儒学思想と寛容な憲政——

杜鋼建（Du Gangjian）
鈴木敬夫 訳

　I　寛容の思想と忠誠なる良心
　II　寛容の思想と分殊共和
　III　寛容と大心大志
　IV　寛容と立人達人
　V　寛容と不寛容な者

　中国文化史の一部には、寛容と不寛容の摩擦と拮抗が充満している。この間、寛容を掲げる文化政策と自由な精神を訴える抗議の声は絶えまなく続いているが、不寛容という文化専制の局面は、秦が六国を滅ぼした後にも続けられ、大きな変化は見られなかった。漢代になって、董仲舒が道統観念を提唱して百家を排斥して、儒術のみを尊崇したため、秦の弊害と瘤は引き続き歴代に継承され、その害は今日に至つても遺っている。こうして"五・四運動"以来、中国人は、儒学思想と文化専制主義を同じものとして扱うようになり、これに鞭を加え、徹底して消滅しようとした！だが、儒学を廃棄すると、不寛容な局面は改められないばかりか、むしろますます激しくなり、"文化大革命"にみられたような文化的大災禍さえ起こすようになった。数千年にわたる中国文化史は、ある学説がいかに正しかろうと、百家を排斥して、それが唯一の思想を尊崇する文化専制政策と結びつこうものなら、その寛容な性格は、徹底して歪曲されてしまうことを示している。いわんや儒学のような理論体系は、精緻なものと粗雑なものとが混合し、真珠と砂が交じりあっているようなものであるから、これをいかに取捨選択するかは、支配者の好むところによって決定される。それが実施された結果は、往々にして本当の意味と逆になり、互いに違背してちぐはぐなものになってしまい、

害を与えることにすらなるのである。文化の寛容な局面を形成するために、明確な寛容思想の体系的樹立と、思想に対する寛容な政策を実行することが求められている。寛容の思想と思想の寛容を結びつけて、寛容の思想をもって思想の寛容をうながし、文化の全面的な繁栄を実現しなければならない。この論文は、儒学における寛容の精神を明らかにし、またこれを起点として世紀を超える寛容の理論介を構築し、未来における中国の寛容主義を発揚させる理論と制度の骨組みを探求することを目指すものである。

Ⅰ　寛容の思想と忠誠なる良心

※以下の註のうち 〕は原著者が付したものを示し、）は訳者が便宜的に、原著者が掲記した「古典」文献の当該箇所を日本語文献に照合し、その頁を付したものである。

　寛容思想を樹立するには、"忠"や"誠"の観念を基礎としなければならない。"忠"の本来の意味は、人に対して忠実であること、すなわち、人性や人道に忠であり、良心や人格に忠であり、人権に忠であることをいう。簡言すれば、人に誠の心を尽くすことを忠という。忠が尊ばれるのは誠にある。誠に従うことを忠といい、誠に反することを欺という。人に対して忠誠であるには、まず自己に忠誠であることから始めなければならない。このようにしてこそ、はじめて他人に対して忠誠を尽くすことができる。自己の良心に忠であることができない者は、決して他人に対して忠誠を尽くすことはできない。自己に忠であり、他人に忠である者を仁人、至人、聖人ということができよう。忠誠とは、儒学が提起した行為規範である。『大学』では、つぎのように説いている。"是故君子有諸己、而后求諸人：無諸己、而后非諸人。所藏乎身不恕、而能喩諸人者、未之有也。"「是の故に君子諸を己に有して、而して后に諸を人に求む。諸を己に無くして、而して后に諸を人に非る。身に藏する所恕ならずして、能く人に喩す者、未だこれ有らざるなり」と。(『大学』傅之九章)[1) 忠恕の道は自ら始めなければならない。そのキーポイントは、良心の自由を確認することである。忠は誠にあり、誠は良心

---

1)　岩部撓著『大学及び論語の思想』(1940年、啓文社出版)、114頁。

に従うことにある。良心の自由、平等を信じてこそ、はじめて寛容の原則が人類文化の進歩にとって欠くことのできない重要な原則であることを確信できるようになる。揚子はいう。"君子忠人、況己乎？ 小人欺己、況人乎？"「君子、人に忠たり、況や己は？ 小人、己を欺く、況や人は？」と。(『法言』君子、巻第十二) 自己に誠実であってこそ、はじめて他人に誠を尽くすことができる。寛容は無原則なものではない。寛容とは、良心にもとづく寛容であり、良心にもとづく表現の自由に対する寛容にほかならない。自己の良心でさえ信ずることができず、甚だしい場合には、良心に反して自ら卑屈になっている者がいるが、はたして彼に他人に対する寛容を期待できるであろうか。それゆえ、寛容の思想を樹立するには、まずもって人に忠誠を尽くし、良心に忠誠な観念を樹立しなければならない。もし、人びとが事を処理するさい、誰もが良心に忠誠であり、良心をしっかりと信じて、良心に対する信念を平等で自由にもつことができれば、この不寛容な世界は、和して同じからず、という寛容の世界に造り変えられるであろう[2]。

　寛容の原理は、良心の自由が平等で自由なものであるという原状に立脚している。中国における伝統的文化、とくにその儒学思想は、原状において、人の良心は自由、平等であることを強調している。人びとが共同体を構成する前提は、良心の自由、平等を認めることにある。孟子は、人に四端があると言うが、彼の言っている人とは、未だ後天的に劣悪な環境の影響を受けていない原状にある人である。人の原状は、一種の天人同徳という太和の状態である。太和状態の特徴は 簡易であることにある。人についていえば、太和原状の人には、ただ良心の善端があるに過ぎない。太和の道には動静に際限がなく、"其来也幾微易簡、其究也広大堅固"「其の来るや幾微簡易にして、其の究や広大堅固なり」である。(『張載．正蒙』[3] 太和の道は、人の道すなわち良心にもとづいて表現される道である。孔子は心について説き、つぎのように述べている。"操則存、舎則亡、出入無時、莫知其郷、惟心之謂

---

[2] 鈴木敬夫「作為人権的良心自由……関於杜鋼建教授的良心抵 抗権論」載於『札幌学院法学』第一一巻第一号 (1994年)、43頁参照。

[3] 「大極圖説・通書・西銘・正蒙」西晋一郎他訳註 (1938年、岩波書店) 太和編第一、81頁。

與。"「操れば則ち存し、舍つれば則ち亡う。出入時なく、其の郷を知ること莫しと曰まえるも、惟れ心の謂か」と。(『孟子』告子章句上)[4] 孟子が引用するこの言葉は、良心の道をはっきりと示している。ここに、動静に際限なく、出入りに時なし、幾微広大で簡易堅固なり、操れば則ち存し、舍つれば則ち亡う、とは、良心の道と太和の道が一致することを指している。良心の人道と太和の天道は、いずれも人が認識と操行に努めなければならないものである。良心の自由、平等への認識は、太和の原状に対する認識と結びつき、その根底から、良心の自由、表現の自由に対して寛容であるべき道理を探求し、明らかにしなければならない。

　天人合徳とは、天道が人道によって表現されるものである。天道の本は、その自然に従うことにあり、人道の本は、その天賦の良心に従うことにある。天は人に因り、聖人は天に因る。道理は、政治を正し、大衆が人事を尽くす天道を求める。天道と人道は、つねに相応している。良心に従いこれを守るのは、天道を守るためである。天と人の同徳を知らなければ、すなわち、名を操って人に従うことができず、天と人の同心を知らなければ、すなわち、寛容で大衆と和することができない。人の良心は天から賦与されたものである。良心に従い、これを守ることは、天職に尽くすためである。天賦の良心は、人が太和原状にあるときに、すでに備わっているといえよう。天地は人を造り、分け隔てなく誰に対しても良心を賦与する。良心の自由、平等は、必ず良心の自由、表現の自由に対する寛容を求める。それは、良心の自由や思想の自由に対する暴力的な独裁手段による圧迫に反対する。

　良心の道を守ることは、"学"「学ぶこと」と"思"「思うこと」にある。思想権と学習権（教育を受ける権利）は、従来、儒教で重視されているものである。孔子は、"学"と"思"が併行されれば、"不罔不殆"、「罔くなく、殆くなし」、(『論語』為政、第二)[5] すなわち、茫然として自らを見失うことなく、何事も疑わしくて、定まらなくなるようなことがない、と主張してい

---

4) 『孟子・下』小林勝人訳註（1974年、岩波書店）凡二十章、八、242頁。濱野知三郎註解『新釈・孟子』（1911年、至誠堂）、592頁。

5) 『論語』武内義雄訳註（1968年、筑摩書房）凡二十四章、27頁。貝塚茂樹著『論語……現代に生きる中国の知恵』（1964年、講談社）、51頁参照。

る。良心は"学"と"思"を通じて、発現し会得されなければならない。良心の自由、平等を認めるには、思想の自由に対して寛容であり、これを保護しなければならない。思想の自由は人の天賦の権利である。孟子は言う。"心之官則思、思則得知之、不思則不得也。此天之所与我者"「心の官は則ち思う。思えば則ち之を得るも、思わざれば則ち得ざるなり。此れ天の我に与うる所のものなるも」と。(『孟子』告子章句上)[6]

　天賦の権利としての思想の自由は、神聖であって侵しては ならない。思想の自由、信仰の自由、学問の自由、宗教の自由、学習権'教育を受ける権利などは、いずれも不可分であり、すべてが良心の自由の内容である。良心に対する寛容は、これら天賦の権利を認めるよう求めている。良心は表現されなければならない。良心の自由は、真理を追求する自由である。良心の自由は、思想、信仰への信念を包含しているだけではなく、言論・出版などの表現の自由も包含している。真理を信ずることを許し、同時に真理を語ることも許されなければならない。一六世紀における西方の寛容思想家カステリオ (A. C. Castellio) は、「真理を求め、かつ自らが信仰するものを真理であると語ることは、永遠に罪に問われることはない。抑圧されて信念を受け容れる者はいない。信念は自由である」[7]と述べている。これは、中国と外国の人道思想に共通した主張である。古代中国においては、儒家は良心の自由、思想・言論の自由に賛同していただけではなく、道家と古典法家の人物も良心の自由と思想、言論の自由に賛成している。初期法家の子産が説く、田舎の学校を壊さないという思想、言論の自由を奨励する態度は、孔子からも崇拝されている。子産は、思想や言論の自由には寛容であった。そのような子産を、孔子は仁人と称している。良心は抑えられてはならず、人心は濫されてはならない。良心や人心を抑圧する暴政的な措置は、かえって大きな反抗をもたらすだけであろう。庄子は、"天下背背大乱、罪在攖人心"「天下の背後に大乱があるのは、その罪は人心を濫すことにある」と述べている。庄子の人心に対する理解は、孔子の人心に対する理解とよく似ている。庄子

---

6) 『孟子・下』(前掲) 凡二十章、十五、260頁。
7) 斯・茨威格『異端的権利、生活、読書、新知二聯書店 (1987年版)、145頁。(Castellio against Calvin. Stefan Zwig, The Right to Heresy, 1936)

は、人心の特徴を、"在於能够排下進上、約柔剛強、熱火寒泳。其居静而淵；其動具而天。"と述べている。剛健な人心の思想が拘束されないことなど、暴君にとってどうしても理解できない。"憤驕而不可系、其唯人心乎！""驕りに動けば系げず、其れは唯人心なり！"（『荘子』）良心の自由、思想の自由の特徴は、俯仰の間や再撫四海之外にある。天を突き地に入り、四海に解き放される人心の思想に対し、その自由を拘束しようとしても、抑える術がないのである。人心の自由が束縛されないのは、実に、それが天から与えられたものであるからである。このような天賦の自由は保護されなければならない。まさに、人心には剥奪されてはならない自由の本性がある以上、真理は認識され発見されることができ、世界はすばらしく明るいものになるにちがいない。良心を守り、仁愛の心をもって人に相対すれば、寛大な心で大衆を許容し、忠を推し進め、恕を施して、人びとは自ら為すべきことを行い、各人はそれぞれにふさわしい地歩を得て、互いに侵さないような様相が形成されるのである。『泰替』では、"其心休休、其如有容""其の心は楽善なり、其れは寛容のあるが如し"と記されている。徹底した寛容の理論は、良心の自由の原則を堅持することから生まれる。良心の自由という観念は、寛容主義の礎石を構成するといえよう。

Ⅱ　寛容の思想と分殊共和

　寛容の思想は、さらに"和"と"分"の観念をしっかりと持っていなければならない。"和"と"分"の観念を確立するための前提は、思想の多様性と人の集団の多様性を認めることにある。

　人には、いずれも天賦の良心的な芽生え（善端）があるが、後天的に形成された事物に対する観点や見方は、必然的に大きく異なるものである。一つは、生後、環境の人に与える影響によって決定され、他は、生後に受けた教育と知識、"学"と"思"のレベルによって決定される。「学ぶこと」と「学ばないこと」、「思うこと」と「思わないこと」には大きな違いがある。孔子は、学ばなければ六つの弊害が生じ、"不思則罔"、「思わざれば、すなわち罔し」（自ら考えなければ、茫然と自失してしまう）と述べている[8]。"学"に

は果てがなく、"思"もまた無限であるので、それ故、人生を追求することや思想の追求もまた無限である。儒学では、まさに後天的な思想に相違があるという基礎に立って、人は集団に分かれることを認めている。物は同類が集まり、人が集団を作って分かれるのは、自然の道理である。思想の多様性は、人の集団が必ず分かれることを決定づけている。同じ志をもつ者は同じような集団になりやすく、異なった考えをもつ者は異なった集団を作りやすい。異なった集団に分かれている人びとに対して、法律共同体では、思想の自由によって形成された異なった集団が、それぞれに異なって分かれる権利をもつことが認められ、保護されなければならない。集団として分かれる自由がもつ一つの重要な内容は、集会・結社の自由である。良心にもとづく表現の自由に対する寛容は、また集会・結社の自由を維持し、これを保護することに現れなければならない。集会・結社の自由は、良心の自由の必然的な要求であり、良心にもとづく表現がたどるべき一つの重要な道である。異なった集団に分かれている人びとに対しては、教育を通じて導く以外に方法はない。また、その導く前提として、集団に分かれていることの合理性と必然性を認めることである。教育の目的は、集団に分かれることの質量を高めることにあり、統一し、画一化することではない。同じ事物に対しても、異なった認識をもつことは必然的なことである。道理は一つでも、その意見はそれぞれ異なる。有理は必ず分かれ、分かれないのは、すなわち無理である[9]。

　寛容の原理は、真理追求の権利があることを認めるだけではなく、人が真理を掌握するという面での相対性を認めている。絶対的な真理を掌握したと自称する者がいるとすれば、彼はもし高慢で自大妄想な者でなければ、理性を失った者であるといえよう。儒学の"学以成人"、「学んで人と成る」という原理によれば、知ることは無限で、学ぶことも無限である以上、人は絶対的な真理を掌握することはできない。人は、ただ次第に絶対的な真理に近づくことができるに過ぎない。聖人や仁人になるとは、一つの終生止どまるこ

8）『論語』武内義雄訳註（前掲）為政第二、凡二十四章、27頁。
9）　杜鋼建「定分修権与葘法正義——伝統権利義務観的新仁学思考」載於「天津社会科学」1995年第6期。

との知らない真理追求の過程であるといえよう。儒学がいう"立人極"、「人を立てる極み」は、人は絶えず無限の真理を追求しつづけ、聖人や仁人になるよう強調することを目的にしている。孔子は、自分の意見にのみ固執することに反対し、"母意、母必、母固、母我"、「意なく、必なく、固なく、我なし」と主張した。自分の意見にだけ固執するのは、高慢で自大妄想な態度の現れである。儒学は、人が真理を掌握し認識する能力は、相対主義的であるという態度をとっている。その他の各家各派に対し、孔子は、従来から虚心に学び、寛容に応対することを主張している。孔子の一生は、老子に学ぶだけではなく、邉伯玉と鄭子産を崇め、誠実に"吾不如老圃、吾不如老圃"、と述べている。寛容な広い度量と虚心に学ぶ精神をもって、異なった学派に相対することは、儒学の「学んで人と成る」という原理の重要な主張である。

　高慢で自大妄想なことは、残忍で人を迫害する現象を引き起こす顕著な原因である。もし、学者が高慢で自大妄想であれば、その学識の広さですべてを包容することができなくなり、その思想は隔絶して、閉塞したものになってしまう。執権者が高慢で自大妄想であれば、異なった政治的見解に対して残酷に弾圧し、政局動乱という不安を引き起こすことになる。古今、中国の内外にみられる、異議を唱える者を抑圧する現象には、高慢な自大妄想に起因するものが多くみられる。高慢で自大妄想の者は、その幻覚と気違いじみた熱気に駆り立てられ、他のいかなる思想や学説の真実性も認めようとはしない。カステリオ（Castellio）は、つぎのように指摘している。「人びとは、こうした彼ら自らの意見の信頼性を確信し、またもっとも適切にいえば、彼らの錯覚は、彼らが自らの意見の信憑性を肯定して、つねに他人の意見には耳を傾けようとしない。高慢で自大妄想は、残忍と迫害を生み出すから、一個人としては、他人のどのような異なった意見に対しても　受忍できなくなってしまう」という[10]。高慢で自大妄想は、虚心に学ばないことに原因がある。孔子は言う。"好信不好学、其蔽也賊；好剛不好学、其蔽也狂"。「信を好むが学び難き、其の蔽（覆い）は賊なり、剛を好むが学び難き、其の蔽

10〕 斯・茨威格『異端的権利』（前掲）、第169頁。

は狂人なり」と述べている。狂人のような匪賊が政権を握れば、異議を唱える者をよく迫害するようになるのである。

　儒学における相対主義の寛容思想は、道理は一つであっても、立場が異なることによって、それぞれに分かれるべきことを主張している。同じ道理であっても、異なった表現形式がある。人びとは、自らが会得した道理を真実であると言うことができるとしても、それは真理の一側面をいっているに過ぎない。道理は一つであるが、異なるところに従って分かれ、道は一つであるが、異なるところに従って分かれる（理一分殊、道一分殊）。理や道を求める過程において、人は限りなくより完全な理や道に近づくことはできるが、その"全理"や"全道"を会得することは不可能である。もし、全理や全道を会得した者がいるとすれば、それは天帝だけであって、超人的に外在する神聖な力を有する者以外のなにものでもない。儒学にとって、天帝は超人的なものとして信じられている。孔子は、人は仁人や聖人に成ることができると言っているが、それは天命を知り、人事に尽くすべきことをいっているに過ぎない。高慢で自大妄想になり、自分が真理を会得したと思っている者は、誰であろうと天帝に対する侮蔑である。もし、真理を会得したことを理由に、暴力をもって他人のもつ真理追求の権利を否定すれば、必ず神の怒りに触れ、終には撲滅されてしまうであろう。

　儒学における相対主義的な寛容思想の奥行きの深さは、知識や学思の重要性をなによりも重視することに表れている。孔子は"忠有九知"「忠に九知有り」と述べている。"知忠必知中、知中必知恕、知恕必知外、知外必知徳、知徳必知政、知政必知官、知官必知事、知事必知患、知患必知備。"「忠を知るは中（中庸）を知るべし、中を知るは恕を知るべし、恕を知るは外を知るべし、外を知るは徳を知るべし、徳を知るは政を知るべし、政を知るは官を知るべし、官を知るは事を知るべし、事を知るは患を知るべし、患を知るは備えを知るべし」と[11]。九知の内容およびその関係は、つぎのとおりである。内において思い、心を尽くすことによって中を知り、中は実に応ずることを以て恕を知ることになり、内の恕と外の度量で外を知り、内外の意見を

11）『大戴礼記小辨』参照。

傾聴すれば徳を知ることになり、徳は柔政を以てすれば政を知ることになり、正義をもって方向を弁別すれば官を知ることになり、官は物を治めることを以て事を知ることになり、事に戒め恐れなければ備えを知る。学修に努め、九知に達してこそはじめて、良心や人道に忠誠であることができる。九知は、良心から発して、内から外へ至ることによって、しだいに徳を知ることになる。徳を知ってこそはじめて政事をよく治め、備えがあり、不安をなくすことができる、というものである。心を尽くして実に応じ、容恕と度量をもつて意見を述べることが、徳政を実現する前提である。九知では、いずれも"学"と"思"を分離することができない。学ばなければ知ることができず、思わなければ知ることができず、思わなければ心を尽くすこともできない。良心を尽くし、良知に至るキーポイントは、"学"と"思"にある。"学"と"思"を通じて、良心を会得し、良心をことごとく尽くしてこそ、良心の政務面における積極的な役割が充分に発揮されるというものである。徳政は必然的に良心にもとづく寛恕の政治である。穏和な政治と暴虐な政治を区別する標準は、異なった政治的見解と異なつた意見に対して寛容であるか否かを見ることにある。正義の政治制度は、良心の自由を保護することのできる制度であり、少なくとも良心の自由を、政治を執り憲法を定める元状的原則としなければならない。自分に良心の自由があることを認めるだけではなく、他人にも良心の自由があることを承認しなければならない。共通に良心の自由の原則を受容するという基礎に立ってこそ、仁政徳治と憲政法治を実現することができるのである。異なった政見と異議を唱える者に対して寛容な徳政原理は、"学"と"思"に徹底してこそ、真に理解することができるといえよう。ひたすら"学"と"思"に努め良知に至って、はじめて相対主義の寛容思想を樹立し、寛容な政治を実現することができる[12]。

　異なった思想をもち、異なった集団にそれぞれ分属している人びとは、法律共同体に入ることによって、平和のうちに共存しなければならない。寛容は共和原則の要求であり、共和に達成する重要な方式でもある。儒学の主張

12〕　杜鋼建「価値相対主義与東亜社会経済改革和法文化発展」載於『藍州学刊』1993年第一期参照。(鈴木敬夫訳「価値相対主義と東アジア社会における経済改革と法文化の発展」載於『札幌学院法学』第11巻第1号（1994年）206頁以下、訳者補完)

する"和而不流、和而不同"、「和して流れず、和して同じくせず」という思想は、現代に寛容な憲政を樹立する上で重大な意義をもっている。「和して流れず、和して同じくせず」という思想は、社会において、共に和を求めても、共に同化してはならないことを強調している。儒学の大同の理想は、太和の理想として理解されるべきものである。大同理想の世界は、決して統一された思想をもち、統一された行動をする軍事的専制の世界ではない。異なった思想が平和共存する世界こそ、大同世界である。もし、大同世界を良心にもとづく思想の自由を打ち消す世界と理解するならば、それは儒学思想に対するひどい誤解である。孔子は、"君子和而不同、小人同而不和。君子和而不流、強哉矯。"「君子、和して同じくせず、小人は同じくして和せず。君子、和して流されることなければ、強健となる」と述べている。(『論語・子路篇第十三』)[13] "和"を求めるが"同"は求めないとは、政治を執り、憲法を定めるさいに堅持しなければならない原則である。張戴は、"和斯利、楽斯安"「和すれば斯に利しく、楽しめば斯に安し」と言っている。(『正蒙』至当篇)[14] 王夫之は"順心理而直行、和於人心而 己心適矣；安而利、孰得而撓之！ 退讓為節、直清為守、合斯二者而后可以言礼。"「心理に順って直行し、人心に和あれば己の心も快適なり。安んずれば利なり、誰が之を得て妨ぐるか！ 譲歩を節操とし、直清を守り、両者合致すれば、礼と言うべきなり」と解釈している。(『張子』正蒙注)"順心理"「心理に順って」とは、良心の自由をよく守る道理でなければならない。良心によく従ってこそ、はじめて和にして楽に至り、利して安んずることになるのである。異和や分和から中国人が共和に至るには、いずれも良心にもとづく思想の自由を堅持しなければならない。小さな二、三人の団体であれ、大きな社会や国家であれ、いずれにも存異求和や存分求和の 問題がある。和の前提は有異有分による。異や分の思想に寛容であることは、共和原則の根本的な要求である。分殊共和を堅持することは、儒学思想にもとづいて提起される現代憲政の民主的要求に合致した寛容の原則にほかならない。良心から寛容を導き、寛容から新

---

13) 『論語』武内義雄訳註（前掲）子路第十三、凡三十章、13頁。"故君子和而不流、強哉矯！中立而不倚、強哉矯！"(『礼記・中庸』)
14) 『太極圖説・通書・西銘・正蒙』（前掲）、197頁。

しい外王の共和事業を導く。共和制度の根本思想は、寛容の原理によるといえよう[15]。

　知識と寛容の関係は、儒学において重視されたばかりではなく、道教でも重視された。老子はいう。"知常容、容乃王、公乃王、王乃天、天乃道"「常を知れば容る、容るれば乃ち公、公なれば乃ち王、王なれば乃ち天、天なれば乃ち道なり」と。(『老子』第一六章)[16] 学思と求知は、寛容の度量を広く大きくする唯一の経路である。寛容であってこそ王政や天道をもたらすことができる。天人同徳と天象人性の観念は、中国の伝統文化にとって極めて貴重な財産である。天道と人道は一致する。寛容の精神を求めることは、人道と天道が指し示している方角である。

Ⅲ　寛容と大心大志

　"大心"は、寛容原理の一つの重要なカテゴリーである。寛容をもって天道に至ることを、大志をもって天道に至ることとも言うことができる。荀子は言う。"君子大心則天而道"「君子は大心なれば、則ち天にして道なり」と。(『荀子』不苟篇第三)[17] "大心"とは何か。"大心"とは、天地を本の心として、天地の心に与かり、天地と似た心となることをいう。老子は"天犬、地犬、王亦犬"「天は大なり、地は大なり、王も亦大なり」と述べている。(『老子』第二五章)[18] 大心とは、天地を模範とする寛容の心である。『中庸』では、"唯天地至誠、為能尽其性、能尽其性、則尽人之性、則能尽物之性；能尽物之性、則可以賛天地之化育；可以賛天地之化育、則可以与天地参矣！"「ただ天下の至誠のみ、能く性を尽くすを為す。能く其性を尽くせば、則ち、能く人の性を尽す。能く人の性を尽くせば、則ち能く物の性を尽す。則ち、能く物の性を尽くせば、以て天地の化育を賛くべし、以て天地の

---

15)　杜鋼建「新儒家在大陸的発展前景……関於内聖外王的新仁学 思考」載於『当代学術信息』1995 年第 3 期参照。
16)　北村佳逸著『老子解説』(1933 年、立命館出版部) 57 頁。
17)　『荀子・上』金谷治訳註 (1985 年、岩波書店) 第三、41 頁。
18)　北村佳逸著『老子解説』(前掲)、87 頁。

化育を賛くべくんば、則ち、以て天地と参なるべし」と説いている。(『中庸』第二十五章)[19] 人性を尽くし、物性を尽くし、天地生育の恩をはかり、寛容という大きな度量をもって人に応対し、物事に対処する、このような心境が天地に与かる心である。天地を本とする心とは何か。天地は人を生み、人性を賦与し、また必ず人に人性を尽くす生活を求める。天道と地道に違背することなく、天地に大きく広がる博愛の精神を学び、仁愛の心をもって人に応対する、このような心こそ、天地を本とする心にほかならない。『礼記』には、つぎのように説かれている。"故人者、天地之心也、五行之端也、食味別聲、被色而生者也、故聖人作則、必以天地爲本。"「故に人は、天地の心なり、五行の端なり。味を食い、聲を別ち、色を被りて生くる者なり。故に聖人則を作す。必ず天地を以て本と為す」と。(『礼記』礼運篇)[20] それでは、何をもって天地と似ていると言うのであろうか。『易経』は言う。"与天地相似、故不違、知周乎万物、而道済乎天下、故不過。旁行而不流、楽天知命、故不憂；安土敦乎仁、故能愛。"「天地と相似たり、故に違はず、知万物に周くして道天下を済ふ、故に過たず。旁く行いて流せず、天を楽しみて命を知る、故に憂へず。土に安んじ仁に敦し、故に能く愛す」と[21]。知万物に周くして道天下を済ふ、衆生(生きもの)を博く愛する心は、天地と相似した心である。このため天地を本とする心、天地に与かる心、天地に相似する心は、いずれも大心の現れたものである。その核心的な内容は、天下の衆生に対する寛容であり、人びとへの博愛である。大心もまた寛容と博愛の心である。それは良心が拡大し発展したものであるといえよう。

　大心が重要であるのは、世人がいつも見聞したことがらにだけ局限されて、その見聞では、納得し難い思想的な立場があり、事物の現象を容認できないようなことがあるからである。大心を求めてこそ、はじめて見聞の狭隘さを離脱することができ、その見聞では受容できないことがらについて寛容になることができる。大心と寛容との若干異なった思想的な関係について、張載は『正蒙』で、比較的はっきりと、つぎのように述べている。"大其心。

---

19)　北村佳逸著『孔子解説』学庸篇（1934年、立命館出版部）、256頁。
20)　『禮記・禮運篇』（前掲）、344頁。
21)　『易経・下』高田真治・後藤基己訳註（1947年、岩波書店）、218～219頁。

則能體天下之物。物有未體。則心為有外。世人之心。止於見聞之狹。聖人盡性。不以見聞 桔其心。其視天下。無一物非我。孟子謂盡心則知性知天。以此。天下無外。故有外之心。不足以合天心。見聞之知。乃物 交而知。非德性所知。德性所知。不萌於見聞。"「其の心を大にするときは、則ち、能く天下の物に礼す。物未だ礼せざる有るときは、則ち心に外有りと為す。世人の心は見聞の狭きに止まる。聖人は性を盡くして、見聞を以て其の心を桔らず。其の天下を視ること、一物として我に非らざるは無し。孟子の"心を盡すときは、則ち、性を知り、天を知る"と謂へるも、此れを以てなり。天は大にして外無し。故に外有るの心は、以て天心に合するに足らず。見聞の知は、乃ち物交わりて知り、徳性の知れる所に非ず。徳性の知る所は、見聞に萌さず」と。(『正蒙』大心篇七) [22] 見聞による束縛に局限されれば、高慢自大と不寛容におちいる。徳性に依って身をもって天下の事物を受容し、見聞の狭隘さから離脱することは、寛容を実現するための重要な方法である。各人が持っている見聞による知には、いずれも限りがある。自己の理解、受容し難い思想的な立場と良心の表現に対して、徳性にもとづく大心によって知を会得し、寛容にならなければならない。徳性による知をもって見聞による知を補い、見聞による不知を受容することは、大心による寛容論の重要な観点である。この観点は、『正蒙』において、いまだ徹底して明らかにされていない。徳性による知と見聞による知を区別するのは、知識や真理の相対性を提示し、ただ自己の知のみが真理であるという絶対主義観点を克服することに寄与する。徳性による知をもって自分の見聞による不知に寛容であり、大心をもって他己に対する思想的観点と良心の表し方に対応させて、新しい仁学の寛容主義理論がもっと徹底して明らかになるよう尽力しなければならない [23]。

　大心を立てるには、道を志し、徳に拠り、仁に依ることが求められる。道を志すとは、人道や天道に志すことをいう。徳に拠るとは、徳性に依って知を求めることである。仁に拠るとは、仁愛や博愛の心に依るということであ

---

22) 『大極圖説・通書・西銘・正蒙』(前掲)、147頁。
23] 杜鋼建「思想自由権的制度和理論比較研究」載於『憲法比較 研究文集』(1992年、中国民主法制出版社)、367頁以下。

る。大心や大志を樹立は、人格の尊厳を保護するだけではなく、併せて天下も愛するためでもある。大心を立てるとは、自分の心をもつて他人の心を強制することなく、また自分の心が他人の心に屈服することのないように求めることをいう。大志の樹立は、自分の志をもって他人の志を奪うことなく、また自分の志が他人の志に卑屈に従うことのないよう求める。大心や大志を樹立するには、人の心や志の自由と精神的権利を尊重しなければならない。人の思想の自由、言論の自由を制限することは、人の人格と精神的権利に対する重大な侵害である。心や志を欺いてはならず、人格を侮辱してはならない。これは儒学の恕道思想における一つの基本的な認識と主張である。大心や大志の主張は、人格の独立という高貴な精神と分を受容し、異るものを思いやる（恕とする）大きな気概を表わすものである。孔子は"三軍可以奪師、而匹夫不可奪志"「三軍は将師を奪うことができるが、匹夫は志を奪うべからず」と言っている。孟子の提唱する大丈夫（ますらお）の精神は、富貴に迷わされず、貧賤に揺らぐことなく、権威や暴力に屈服することなく、名利に動ずることのない独立した人格的精神である。人生は人の世の心志にあり、最も貴重なものである。心志の自由は上から下まで、天地と同じように流れ、天地の間に充溢しているものでなければならない。大心や大志は、人の心志の自由を尊重し、それを保護する精神的な権利を求める。心志の自由が束縛されないのは、それが人格の尊厳の重要な表れであるからにほかならない。人格の尊厳を樹立するには、まずもって心志の自由を保持し、高ぶらず、諂わず、人に平等に対応して、分を受容し、異なるものを思いやるようにしなければならない。大心や大志を樹立すれば、天地と同じように大きく、天地と同じように徳のある"大人"になることができる。『易経』では、つぎのように言っている。"夫大人者、与天地合其徳、与月日合其明、与四時合其序、与鬼神合其吉凶、先天而天弗違、後天而天奉其時。天且弗違、況於人乎、況於神乎！"「夫れ大人は、天地とその徳を合し、日月とその明を合し、四時とその序を合し、鬼神とその吉凶作を合し、天に先だちて天違はず、天に後れて天の時を奉ず。天且つ違はず、而るを況んや人に於てをや、況んや鬼神に於いてをや」と。（『易経』文言伝）[24] ここでは、大心や大志は、大人の心や大人の志であるといえよう。具体的に言えば、この心は

"在天地則盎然生物之心、在人則温然愛人利物之心"「天地においては則ち生きものの心を溢れさせ、人においては人を愛し、事物に利し、心を暖かくする」ことであるが（『朱子』仁説）、生きものの心を溢れさせ、人を愛するという暖かい心をもって、人に対応し事物に接すると、おのずから寛容で忠恕の精神と悠然とした品格が生まれるというものである。

大人とは、物情を会得し、寛容な心で人を思いやる者である。大人になるには、まず"先立乎其大者"「まず其の大なる者を立つ」（『孟子』告子章句上）[25]ことがなければならない。「まず其の大なる者を立つ」とは何か？それは、まず良心の自由、思想の自由が天賦の権利であることを確認することである。"思"、"不思"および"思想"とはいかなるものであるか。これらはまったく自分自身によって決定されるものであって、他人は、人を強迫して何かを考えさせたり、考えさせなかったり、またある観念を信じさせ、あるいはある観念を放棄させたりなどすることはできない。良心の自由、思想の自由が、人の天賦の権利であることをはっきりさせ、充分な認識をもつならば、それがすなわち「まず其の大なる者を立つ」ことである。孟子は、心志の自由の特性について述べたさい、つぎのように説いている。"耳目之官不思而蔽於物。物交物則引之而已矣。心之官則思、思則得之、不思則不得也。此天之所与我者、先立乎其大者、則其小者不能奪也、此為大人而已矣。"「耳目の官は、思わずして、〔外〕物に蔽わる。〔外〕物交われば、則ち之を引くのみ。心の官は則ち思う。思えば、則ち之を得るも、思わざれば則ち得ざるなり。此れ天の我に与ふる所の者なるも、先ず其の大なる者を立つれば、則ち其の小なる者、奪う与わざるなり。此れを大人と為すのみ」と。（『孟子』告子章句上）[26]心の官、すなわち"思"の道理をはっきりと認め、良心の自由、思想の自由を保護し、器量の大きな人格を完成することは、大人の心志の具体的な要求である。良心の自由や思想の自由は、天から賦与されたものである。これを認識するならば、異議を唱える者に対し寛容な態度

---

24) 『易経・上』（前掲）25頁。小林一郎講述『易経大講座』第一巻（1940年、平凡社）、212頁参照。
25) 『孟子・下』（前掲）凡二十章、十五、260頁。
26) 『孟子・下』（前掲）凡二十章、十五、260頁。

をとり、異議を唱える者がもつ天賦の自由な権利を守護しなければならない。

　大心や大志を樹立するには、分を受容し、異なったものを思いやるという憲政の框を作る設計者の立場をもって、忠誠な反対派の権利を保護するように努めなければならない。忠誠な反対派という観念は、伝統の儒学思想では継承し発展させるべき観念であるといえよう。忠誠な反対派とは、基本的な立国原則（良心の平等、自由の原則、法治の原則、正義や仁愛の原則など）に対する忠誠によって形成された見解に立ち、執権者の政策に反対する異なった政治的見解をもっている者たちである。古典的な儒学の大師は、いずれも当時においては、異なった政治的見解をもつよく知られた者であり、執権者から差別され迫害を受けた者である。しかし、儒学の忠誠な反対派という思想を推し進めるなかで、中国は、古代官制に《諫官》という職務を設けている。原理上、《諫官》は、忠誠な反対派の代替するものとして現れなければならないものである。この職務がもつ責任は、執権者の欠点を洗い出すことにある。もし、中国における古代諫官制と、現代民主国家の反対党制度を結びつけると、現代の憲政精神に符合する忠誠な反対派の理論と制度が形成されるであろう。この面で、儒学の寛容思想は重要な財産と理論的構想を提供することができる。反対派を受忍する憲政制度を打ち立ててこそ、はじめて"聡明睿智、足以有臨：寛裕温柔、足以有容"「能く聡明睿智にして、以て臨むあるに足り、寛裕温柔にして以て容あるに足る」（『中庸』第十三章）[27]になることができるというものである。

Ⅳ　寛容と立人達人

　現代の寛容主義原理を築き上げるには、また特に儒学の"己所不欲、勿施於人"「己の欲せざる所、人に施すこと勿れ」（『論語』顔淵、第十二）[28]という忠恕思想を重視しなければならない。
　「己の欲せざる所、人に施すこと勿れ」の思想には、つぎのいくつかの内

27）　北村佳逸著『解説』学庸篇（前掲）、318頁。
28）　『論語』武内義雄訳註（前掲）、凡二十四章、119頁。

容が含まれている。一つは、人心の自由、人心の平等を認めることである。己の欲せざるものを人に押しつけてはならない。二つは、通常、道理の推定によれば、不利な事物に対して普遍的な認識が存在する。特定の社会と特定の時代においては、人びとにとって何が不利であるかについて、大体、共通の見解がある。たとえば、人を殺傷することは不利であり、言葉を交わすことを禁じ、話をすることすら許さないのは不利であり、良心に違背して人を傷つけることは不利であるなど、がそれである。もし他人から、自分の思想の自由や言論の自由を抑圧されることを好まないのであれば、他人の思想の自由や言論の自由を抑圧してはならず、他人が自分の人身の権利、その他の基本的人権を侵害するのを好まないのであれば、他人の人身の権利、その他の基本的人権を侵害してはならない。三つは、他人に害を与えないことである。他人との関係において、自分が恣意的に、勝手気ままなことをしてはならない。人はすべて独立して平等であるから、他人の独立した人格と尊厳を尊重しなければならない。「己の欲せざる所、人に施すこと勿れ」は、消極的ではあるが、人間の行為方式の標準と人間関係の限界を確定したものである。その中心的な観念は、他人を害しないことである。他人を害しないことが、自己のもつ自由な行為の限界である。フランスの『人および市民の権利宣言』（1789年）には、「自由とは、他人を害しないすべてのことをなし得ること、（第4条）と規定している。中国における儒学思想は、他人を害しない行為を奨励し、それに寛容であることである。もし、この原則を、他人の自由と権利を尊重する原則として高く掲げるならば、それは寛容主義の原理をはっきりと解釈するのに、ことのほか有利である。

　儒学の「己の欲せざる所、人に施すこと勿れ」という思想が庄子に与えた影響は、はなはだ大きい。庄子の自由観はここから発展してきたといえよう。孔子の弟子である子貢は"我不欲人之加諸我也、吾亦欲無加人"「我人の諸れを我に加ふるを欲せざることは、吾れ亦た諸れを人に加ふる無からむこと欲す。」（『論語』公冶長、第五）[29]と言っている。「諸れを我に加ふること無からん」、「諸れを人に加ふること無からん」とは、人びとは自由であ

29）『論語』竹内義雄訳註（前掲）凡二十九章、53頁。

り、互いに侵さない、ということを主張するものである。孔子の恕道思想は、子贛から田子方に伝えられ、さらに庄周にまで伝えられるに至って、"在宥天下"「天下を宥す」にまで発展した。庄子の「天下を宥す」という寛容の自由思想は、すでに自由主義の原則を体現している。

　儒学の寛容思想は、より徹底したものである。「己の欲せざる所、人に施すこと勿れ」の原則は、さまざまな人間関係を処理する上で広く運用されている。寛容の精坤を備えている者は、上下関係、左右関係、前後関係等のさまざまな関係において、他人がもつ自由な権利を尊重する精神をしっかりと持っている者でなければならない。『大学』では、つぎのように説いている。"所悪於上、母以使下。所悪於下、母以事上。所悪於前、母以先後。所悪於後、母以従前。所悪於右、母以交於左、所悪於左、母以交於右。"「上に悪む所は、以て下を使ふこと母れ。下に悪む所は、以て上に事ふること母れ。右に悪む所は、以て後に先んずること母れ。後に悪む所は、以て前に従ふこと母れ。右に悪む所は、以て左に交わること母れ。左に悪む所は、以て右に交わること母れ」と。(『大学』傳之十章)[30] 寛大で慎み深い態度をもって、つねにあらゆる場面で、他人の自由な権利を尊重するよう注意すべきことは、儒学の原則から導かれる要請である。「己の欲せざる所、人に施すこと勿れ」という教えからくる義務は、他人の自由な権利を認めるという基礎と前提の上に設けたものである。

　「己の欲せざる所、人に施すこと勿れ」とは、一つの当然の義務であるが、儒学がこの義務を重視する理由は、他人の良心の自由や権利を尊重することに、その源があるからにほかならない。もし、人がもっている基本的に自由な権利を認めないのであれば、他人を害しないという義務の思想は生まれないであろう。

　「己の欲せざる所、人に施すこと勿れ」という観念は、究極的には"立人達人"になることを求めるものである。いわゆる立人達人とは、人が独立した人格を有し、その尊厳を確立して、十分に自由や権利を享有することを指している。儒学の"己欲立而立人、己欲達而達人"「己立たむと欲して人を

---

30)　岩部撓著『大学及び論語の思想研究』(前掲)、118頁。

立たしめ、己達せむと欲して人を達せしむ」(『論語』雍也、第六)[31]という観点は、現代の人権論からみても、人権や自由の原則を発展させるのに有益なものと解釈することができる。もし、自分が十分な自由や権利を享有しようとすれば、他人が十分な自由や権利を享有することを許容しなければならない。己の人権を確立しようとすれば、人の人権を確立しなければならない。己の自由を樹立しようとすれば、人の自由を達成しなければならない。"己立立人、己達達人"「己が立つことは人を立たせることであり、己が達することは人を達たせることである」という観念は、寛容論と人権論を構築するさいに極めて重要である。これは、原状原約（元状元約）でしっかりと持つべき原則と見なけばならない。約束事に加わるさい（参与立契）、それぞれの場面において、共通にこの原則を受け入れなければならない。この原則の根本的な観念は、平等を保護しようとするものである。「己が立つことは人を立せることであり、己が達することは人を達たせることである」という平等自由の原則が確認されると、それは寛容の思想に強力な支柱を提供するであろう。

　立人達人の原則が求めるものは、良心の自由や思想の自由について、高い地位を確立しなければならないことである。立人の自由と達人の自由は、寛容の原理を構成する究極的な配慮にほかならない。儒学では"立命"を重視している。立命の内容は広汎である。その核心は、良心的な人格を確立しようとすることにある。儒学の立命観は、人を超越する生存機構の局限を重視し、精神的な意義における立命を強調する。現代における安心立命権の観念から問題をみると、このような立命観は、当然のことながら、肉体的意義における立命と精神的意義における立命を包括しなければならないものである。人を立てることは人を助けるという意味で命を立てることであり、良心の自由と人格の権利を確立するものでなければならない。命を立てることのできる者は、人を立てることができるといえよう。

　達人という観念の儒学における高度な表現は、国を治めて天下を安定させることである。自分が達することは、人を達たせることであるとする原則

---

[31] 『論語』武内義雄訳註（前掲）、凡三十頁、65頁。

（達己達人的原則）は、自分が国を治め天下を安定させること（治平）に与る権利の享有を求めると同時に、他人が国を治め天下を安定させることに参加する権利を許容し、保護しなければならないことを求めている。治平に参加する権利には、官職を担う権利（被選挙権）、選挙権、批政評政権、罷免権、知る権利、投票権、提案権、自治権、衆議参与権などが含まれている。儒学によれば、国を治めて天下を安定させることに参加できるのは、「達すること」の高度な表現である。儒学では、人は各々が修身治平し、国を治め天下を安定させる備えをしなければならないと主張する。従って、治平に参加する政治的な権利を儒学に見ることができる。寛容がもっている一つの主な内容は、他人に対しても、自分と同じように治平に参加する権利の享有を許容することである。治平に参加することは、良心にもとづく表現の自由についての政治領域や共同体生活の必然的な延長である。それ故、寛容は、他人の良心の自由や思想の自由に寛容であるだけではなく、他人が治平に参加する自由に対しても寛容でなければならない。

「己が立つことは人を立たせることであり、己が達することは人を達せることである」や「己の欲せざる所、人に施すこと勿れ」という思想は、いずれも、"推"の思索方法を表している。己から人に及ぶ"推"という推理方法は、人はすべて平等な良心の自由をもっているということに立脚している。それは、まさに良心の自由、平等の原則を確立しようとするものであって、自分が侵さないことから他人が侵されないようにすることを推理し、自分が立つ自由から他人の立つ自由まで推理し、自分が達する権利から他人の達する権利まで推理することができる。良心の自由、平等に基づいて内から外へ、自分から国へ、国から天へと推理する。このようにして、寛容の精神は終始一貫しており、さまざまな基本的権利に広く及んでいる。こうして寛容は、仁愛、兼愛、周愛、博愛という人道精神を十分に体現できるものである。

儒学の説く、支配者は寛容な政策を実行すべきだとする主張は、改めて継承されるべきである。『論語』でいう"寛容"は、支配者の不寛容な政策に対して提起されたものである。寛容が問われるのは、執権者が思想の自由や言論の自由を抑圧し、暴政を施すという不寛容なやり方を批判するためであ

る。孔子は、つぎのように言っている。"居上不寬。爲禮不敬、臨喪不哀、吾何以觀之哉？"「上に居て寬ならず、礼を為して敬まず、喪に臨みて哀しまずんば、吾れ何を以て之を觀むや」と。(『論語』八佾、第三)[32] さらに"寬則得衆、信則民任焉、「寬なれば則ち衆を得、信なれば則ち民任ず」と。(『論語』堯曰、第二十)[33] 寬容は、一般に人びと相互間の寬容をいうだけではなく、異議を唱える者に対する政府の寬容についても、もっと指摘されなければならない。

　"推己及人"、「己から人に及ぶを推す」という寬容思想は、人がもっている"不忍心"「容忍の心（忍びない心）」に源をおいている。人に容忍の心があれば、人に対して容忍の政治を実現することができる。人を容忍する寬容な政治は仁政であり、徳政である。仁政や徳政は、忠誠な反対派の存在を認め容忍する政治でなければならず、儒字の仁政や徳政の思想にもとづき、さまざまに異なった団体では、人びとの利益、態度、信念が相互にぶつかりあうことを認めなければならない。このような衝突は、法律上受け容れられて法律共同体が成立し、それが維持される、正常な条件とならなければならない。利益、態度、信念に衝突が起きることを認めなければ、衝突する双方が共に服従すべき秩序の必要性や合理性を正しく認識することができない。さまざまな衝突があるなかで、治める者と治められる者の衝突がもっとも顕著である。支配集団が形成されると、その特殊な利益、態度、信念が育まれ、民衆の利益、態度、信念に衝突が起きる。このような衝突について、双方が服従すべき秩序の許容する枠を維持するためには、立人達人の寬容原理にもとづき、支配者の不法な行為を制限し、異議を唱える者や反対派の自由な表現を保護しなければならない。支配者の思想や観念と行為方式は、仁、義、礼、智、信の原則に大きく違背する傾向へ陥りやすい。このことは、専門的に執権者に疑義を問う《諫官》や、反対派の存在を許容しなければならないことを求めている。一つの強い忠誠な反対勢力が存在することは、支配集団が暴走するのを阻止する事前の有効な障壁である。それは、支配者に圧力を加えて、立人達人の原則にもとづく要求に符合した政策を推し進めることが

---

32)　『論語』武内義雄訳註（前掲）、凡二十六章、39頁。
33)　『論語』武内義雄訳註（前掲）、旧三章今分為八章、211頁。

できる。反対派勢力の存在と、その発展を容忍し進展させる過程は、立人達人の過程である。「己が立つことは人を立たせることであり、己が達することは人を達たせることである」とは、まさに反対派を保護し、容忍するという憲政の枠のなかでこそ実現されるものである[34]。

V 寛容と不寛容な者

不寛容な者に対して寛容であるべきであるか否か、これは中国の伝統文化のなかで一貫して検討されてきた問題である。現代の人権論を考える場合、この問題について、詳細な検証と整理をしなければならない。

寛容には限度がある。寛容の限度を超える行為に対して、儒学はそれ以上に寛容であることはできない、と主張する。孔子はいう。"是可忍也、孰不可忍也"「是れをも忍ぶべくんば、孰をか忍ぶべからざむ？」と。(『論語』八佾、第三)[35] 問題は、どのようなことを忍ばなければならないか、また忍ぶべきであるのか、どのようなことを忍んではならないのか、また忍ぶことができないか、にある。

寛容とは、何に対して寛容であるのか？ この問題を、はっきりと解決しなければならない。寛容は、良心の自由や思想の自由、その表現の自由に対する寛容を求める。これは、思想に対する寛容と行為に対する寛容の両面にわたっている。

異議を唱える思想、ひどく不寛容な思想に対しても寛容な態度をとらなければならない。寛容な者は、人が不寛容な思想を展開する権利を肯定し、保護しなければならない。良心の自由、思想信条の自由、学問の自由、宗教の自由、言論・出版の自由など、基本的な人権を堅持することは、不寛容な思想と闘争するさいの前提である。人びとは、自分の思想や学説を正統なものであると思い、自分とは異なる思想や学説を異端と見なしている。思想の発展についていえば、正統と異端を区分することは避けることができない。こ

---

34) 杜鋼建「双向法治秩序与基本権利体系」載於『法商研究』1995 年第 5 期、杜鋼建「行政程序立法応注里双向程序改革」載於『中国法学』1995 年第 6 期。
35) 『論語』武内義雄訳註（前掲）、凡二十六章、33 頁。

の二つの立場に争いがあってこそ、学問は進歩することができるといえよう。良心の自由や表現の自由を保護するという前提条件の下で、異端の学説や思想に対して闘争をつねに繰り広げるのは、学問と思想が健全に発展するための正しい道であると思われる。

　孔子は"攻乎異端、斯害也已"「異端を攻むるは、斯ち害あるのみ」と述べている。(『論語』爲政、第二)[36] この言葉については多くの解釈があり、甚だしい場合には、異なった結論にさえ到達する。このキーポイントはこの"攻"と"已"をいかに理解するかにかかっている。一つは、もし"攻"を"治学鈷研"「学問を深く究める」と解し、"已"を"而已"「～のみ」と解釈すれば、「異端を深く究めることは、害あるのみ」となる。これは異端の学説を深く研究することに反対するものである。二つは、もし"攻"を"治"「治める」と解し、"已"を"止"「制止する」と解釈すれば、「異端を深く究めると、その害は制止される」となる。これは異端を深く研究することに賛成する立場である。もし、異端を深く研究して、その弊害を明らかにし、異端の人を害する者が制止されるようであれば、これは反対説ではない。もし、異端を深く研究することにより、自分の学説が一方に偏向していることを知ることができ、学問的な弊害が制止されるようになれば、これもまた反対説ではない。三つは、"攻"を"攻撃"と解し、"已"を「～のみ」と解釈すれば、「異端を攻撃することは、害あるのみ」という結論を得ることができる。これは異端に対する攻撃に反対する立場である。もし"攻撃異端"「異端に対する攻撃」が、異端を説く自由を抑圧することを意味するのであれば、このような攻撃はあってはならないことは当然である。もし「異端に対する攻撃」が、学問の自由を保護するという前提のもとで行われるとすれば、このような攻撃は当然に不可欠なものである。四つは、"攻"を"攻撃"と解し、"已"を"制止"と解釈すれば、「異端を攻撃して、その害を制止することができる」という結論を得ることができる。孫奕はつぎのように説いている。"攻、如攻人悪之攻。己、止也。謂攻其異端、使吾道明、則異端之

---

36) 『論語』武内義雄訳註（前掲）、凡二十四章、2頁。なお、『論語』金谷治訳註（前掲）では、「聖人の道と違ったことを研究するのは、ただ害あるだけだ」とする立場をとっている。33頁。

害人者自止。如孟子攻楊、墨、而楊、墨之害止是也。"「攻は、もし人の悪を攻める攻ならば止む。其の異端を攻めるのであれば、吾れ道明るし、則ち、異端で人を害する者は自ら止む。もし孟子が楊子と墨子を攻むれば、楊子と墨子の害は止む」と。(康有為『論語註』)康有為は"攻"を"治"と解釈しているようであるが(康有為『論語注』)、筆者は、孫奕説の方が、孔子の寛容思想と学問の原則を堅持する一貫した主張に適っているのではないか、と思う。異端に対して学問的な批判を行う前提は、まず異端を研究し、異端をよく理解して、異端の論点と論拠およびその歴史的変遷を明らかにすることでなければならない。そこで"攻乎異端"「異端を攻せしむ」が、もし、単なる学問的な批判と思想闘争のためであるならば、まず異端を研究し、その書を読むことが許されなければならない。異端を研究し、その書を読むという学問の自由は、異端に対する批判の前提である。異端に対する研究やその書を読むことすら許されないのであれば、果たしてそこに批判や攻撃があると言うことができるであろうか。孔子の「異端を攻せしむ」という観点に対する理解は、学問の自由を堅持するという原則と結びつかなければならず、これは孔子の"学思求知"「学思を通じて知を求める」、"学教不倦"「学ぶこと教えることは、無限である」"和而不同"「和して同じくしない」、"居上当寛"「上に位して 寛容である」、"容人容衆"「人には寛容で、大衆を思いやる」、"講学自由"「学問の自由」などにみられる、一貫した主張にもっとも合致するものである。

　不寛容な者に対して、儒学は、ほとんど"出乎尔者反尔"「汝より出でたる者は汝に返す」や、その人の道をもってその人の身を治める、という傾向にある。これは、おもに不寛容な行為をした暴君や独夫に対して言ったものであるが、その他、不寛容な行為がある場合にも、当然に含まれる。張載は、つぎのように説いている。"擠人者。人擠之。侮人者。人侮之。出乎爾者。反乎雨。理也。勢不得反。亦理也。"「人を擠るる者は、人も之を擠る。人を侮る者は、人も之を侮る。爾(汝)に出ずる者の爾に反るは理也。(而も又) 勢反すること得ざるも亦理也」と。(『正蒙』有徳篇)[37] 王夫之は、これを不仁者や無礼者が会得しなければならないことがらと解釈している。儒学のいう「汝より出でたる者は汝に返す」とは、主要な一種の事実陳述であ

る。価値の在り方としてやむを得ないという情況の下で、このようにするしかないのである。一般的にいえば、儒学、仏教、キリスト教の思想はよく似ており、悪には悪をもって制し、互いに報復しあい、止むことを知らない。孔子は"寛柔以教、不報無道"「寛柔以て教え、無道に報いざる」という。(『中庸』第十章)38) 匕王夫之は、"反則成乎相 報無己之勢、自反而無難於妄人、君子自尽容物之理"「反すれば、則ち互いの報復が止まぬ勢となり、自ら反すれば、人に虚妄するに難く無く、君子は、自ら事物を許容するに尽くすに理あり」と述べている。(『張子』正蒙)39)

儒学の思想によって、不寛容な行為をした者は懲罰を受けなければならない。懲罰では、すでに明らかになっている罪と、まだ明らかになっていない罪の区別に注意しなければならない。張載は、"以知人為難、故不軽去未彰之罪；以安民為難、故不軽未厭之君"と説いている。(『正蒙』作者篇)40) 不寛容な者に対する不寛容な懲罰行為そのものにも、限度がなければならない。制限の原則は仁義を本とする。不寛容な者に対する懲罰行為がもたらす害は、懲罰を受ける者の不寛容な行為がもたらした禍いの実害よも大きくてはならない。ここには、一つの司法における自由裁量という権限問題がある。"疑罪従去、疑功従予"。これは伝統的な儒学がもつ一貫した主張である。

不寛容に対する問題では、良心の自由、平等の原則は、終始貫徹して執行されなければならない。公共秩序と共同安定という理由のもとに、良心の自由や表現の自由に制限を加えなければならない場合には、良心の自由、平等の原則に対する優越性を保たなければならない41)。このような制限をするさいには、ある思想や信条に対する選り好みや偏向した見方によってなされてはならない。"罷黜百家独尊一術"、すなわち「さまざまな考え方を自由に伸張させることを止めさせ、唯一の思想だけを尊ばせる」という考え方は、

---

37) 『大極圖説・通書・西銘・正蒙』(前掲)、238頁。
38) 北村佳逸著『孔子解説』学庸篇 (前掲)、172頁。
39) 『大極圖説・通書・西銘・正蒙』(前掲)、81頁。
40) 杜鋼建「《論語》四道与新仁学四主義」載於『天津社会科学』1993年第6期参照。
41) 杜鋼建「論表現自由的保障原則」載於『中外法学』1995年第2期参照。

明らかに儒学の思想原則と寛容の原理に違背するものである。

　寛容な者は、かつて不寛容な行為をした不寛容な者を不寛容に取り扱う権利があり、これは儒学や現代の西方寛容論において、すでに疑う余地なく肯定されているものである。問題は、不寛容な者としての個人が、集って集団を構成するさい、その不寛容が単なる思想上の主張に止どまり、いまだ行動として表現されていない場合に、この不寛容な集団の、その不寛容に対して抗議する権利があるか否か、である。現代の西方の思想家ロールズ（J. Rwals）は、この問題の討論にさいして、不寛容な思想と不寛容な行為を必ずしも細かく区別してはいない。一つの原則として、個人であれ集団であれ、不寛容がたんなる思想上の主張であれば、その不寛容な主張に対する不寛容に抗議することができる。もし、不寛容がすでに行為として表現されているならば、寛容な者は、この不寛容な行動に対し、不寛容な措置をとることができる。それが個人から出たものであるか、集団から出たものかを問わない。一つの不寛容な集団は、その不寛容な主張に対する不寛容に対して抗議する権利はあるが、不寛容な行為に対する不寛容には抗議することができない。不寛容な者に対して不寛容である場合には、良心の自由や表現の自由の原則が保護されなければならない。それは、無辜者を殺すならば、むしろ自分が有罪になった方がよいからである。自由や人権そのものに直接的な危険が及ばないような場合には、不寛容な者は、不寛容な処遇を受けてはならない。しかし、これらが暴力をもって良心を抑圧し続け、かつ歴史的にも現実においても、不寛容な行為がみられるような集団に対して、たとえばナチスの政党、以前のソヴィエト連邦、東ヨーロッパ与党など専制主義集団に対して、人びとは正義に訴え、また法律上、彼らに対して何等かの在るべき制限を要求する権利をもっている。不寛容な集団に対して不寛容に処遇する問題は、通常、特定の時代と特定の社会条件の下で認識され、理解されなければならない。これは、ただ単なる理論的な推理によるのみでは解決し難いだけではなく、具体的な環境により決定されるべき実際的な操作の問題である。

　しかし、儒学の良心の自由、平等の原則にもとづいて不寛容の問題を処理するさい、重要なことは、良心と法治の力を信じなければならないことであ

る。良心の自由、平等の原則を確信し、またこれを通じて自由を効果的に保障する憲政制度を樹立すれば、自由な制度の安定性が生み出す固有の力によって、不寛容な勢力の悪質な膨張を阻止することができるのである。基本的な自由が保障される法治社会においては、良心の自由は、自発的に社会正義の力を動員し、不寛容な集団の発展を阻止して、またその不寛容な性質を解消し、改正して、それが寛容へ向かうよう仕向けるものである。寛柔をもって教え、道理に悖る報復をしてはならないという主張は、儒学がいう人の良心や善心が満ち溢れる信心を表わしている。このような信心の実現は、自由な全公民による衆議決定や国民投票を保障する憲政制度が基礎である[42]。

　　※原載：杜鋼建「寛容的思想与思想的寛容」、同著『新仁学——儒家思想与人権憲政』（京獅企画、2000）第2章。

---

[42] 杜鋼建「全民公決理論制度比較研究」載於『法律与社会発展』1995年第2期参照。（鈴木敬夫「価値相対主義在中国的展開——兼談杜鋼建教授価値莧容主義」、載於『札幌学院法学』第12巻第1号（1995年）、142頁以下。訳者補強）

第3部　中国のC.シュミット
　　　　旋風と党国体制論批判

第1章　中国的文脈におけるシュミット問題

高全喜（Gao Quanxi）
徐　行訳

- I　シュミットの毒針
- II　自由主義政治法学の弱点
- III　中国的文脈におけるシュミット問題のパラドックス
- IV　自由主義的立憲主義国家

　カール・シュミット（Carl Schmittl）が中国語の学界に登場してしばらく経ったが、シュミットの政治法学をめぐる中国の政治や法思想分野における各種の解釈、比較ないし論争は、筆者にしてみれば、いずれも火のないところに立つ煙ではない。歪曲ないし改変されたところもあるが、実際にはいずれも現実社会における政治的な背景を有しており、歴史の変遷における現実問題に関するある種の論理的な説明である。本稿は、シュミットについて、いわゆる「純学問的」に検討するつもりはない。中国的文脈におけるシュミット問題に関する考察を通じて、繁雑で難解な各種の思想が歪みつつも結びついているところで、自分の考えの脈絡を整理したい。
　※〔　〕は訳者注を、また［　］は中国語を示す。

I　シュミットの毒針

　シュミットの伝記に関しては、定見がなく、人それぞれの見方があるが、基本的な事実は大体はっきりしていて、大した疑問や謎もなく、目下各派の論述には大体イデオロギーの相違に由来する感情的な争いが含まれている[1]。シュミットの一生における政治的な立場という問題は確かに重要であ

るが、1人の思想家として、最も重要なのはやはり彼の理論そのものであると思われる。間違いなく、シュミットは毒針をたくさん持っている思想家である。自由主義に対する「善意的」な批判者（たとえばハンナ・アーレント（Hannah Arendt）、エリック・フェーゲリン（Eric Voegelin）、ひいては今日のクェンティン・スキナー（Quentin Skinner））と違って、ひいてはレオ・シュトラウス（Leo Strauss）の自由主義政治哲学を「見下している」ような軽蔑とも違って、シュミットの一生における自由主義に対する批判は力を惜しまず、悪意に満ちたものである。言い換えれば、彼の理論の相手は自由主義政治哲学である[2]。

　理論的にも実践的にも、17世紀以降の世界史、特に20世紀の歴史は、自由主義の「凱旋史」だと我々は知っている。自由主義の政治と政治哲学とは何であるのかについて、他はさておき、自由主義の内部でも、論争に次ぐ論争が発生し、次々と形式を変えていき、今日になってもなお自由主義の制度と理論が一つの権威的な理解にまとめられているとは言い難い。伝統的な保守主義、共産主義（社会主義ないし社会民主主義）、及び20世紀以降の各種新保守主義と新マルクス主義、そしてここ数十年で生まれた各種ポストモダンの理論、シュトラウス学派、共同体主義、及びケンブリッジ学派の共和主義は、左右、前後の各方面から力を尽くして自由主義を挟み撃ちにしている。しかし、自由主義的立憲民主制が20世紀の世界の政治舞台において主導的な地位を占めていることは、議論する余地もない事実である[3]。しかも、上

---

1) 劉小楓『現代人とその敵』（華夏出版社、2005年）、『二十一世紀』（香港）2006年4月号の「シュミット特集」における季衛東、徐賁、劉擎、貝十川、郭建などの学者による一連の文章を参照。
2) シュミットのこの理論上の姿勢は、シュトラウスから近代性から脱却できていないとみなされている。シュトラウスが出した処方箋は古典主義のプレモダンの美徳政治に逆戻りすることである。レオ・シュトラウス「カール・シュミット『政治的なものの概念』への注解」を参照。しかし、両者の間には以上のような意見の相違があるものの、自由主義に対する反対という点においては、両者が共通の主張を持っている。
3) ソ連の崩壊と冷戦の終結につれて、フランシス・フクヤマの「歴史のおわり論」があまりにも楽観的に自由主義民主政治の勝利を宣言した。イスラーム文明とキリスト教文明の対立、各国民国家の間における地政学上の闘争、及び経済のグローバル化がもたらした問題等が、世界における自由民主政治の「同質化」に大きな問題をもたらした

記の各種理論自身も自由主義的政治秩序が提供した言論の自由のプラットホームの上で時代の潮流をリードしてきた。それらの間にはさまざまな相違が存在しているかもしれないが、自由主義の基本原則を攻撃している点においては高度に一致している。それらに共通している理論の相手が自由主義だと言える。これは自由主義が理論と実践における優勢の地位を示す一方で、自由主義の理論と実践には不十分なところがあって、ひいては重大な問題が存在していることをも示している。

　自由主義はめったに自分が整合性を有する理論で、すべての問題を解決できると標榜することがない。特に20世紀の現代の自由主義、たとえばロールズ（John Bordley Rawls）の理論は、自分自身を極めて限定的な公共制度の分野に下げたため、「薄い」自由主義になってしまい、ただ基本的な「重なり合うコンセンサス」を求めているだけである。そうであるとしても、自由主義は依然として力強くて、実践上において大きな発展を遂げており、理論上においても勢いがあって衰えが見られない。それはなぜだろうか。筆者にしてみれば、主要な原因の一つはそれ自身が有する自発的な建設性である。まず、理論の面から言うと、自由主義の政治理論にはさまざまな形態があるが、主導的なのは英米における主流の経験主義と形式主義法学、憲政と政治理論である。その理論構築における形而上学の性格は強くないが、完全なる自発自生というわけでもなく、異なる時代の問題に応じて、自身の思想体系を調整してきた。たとえば、古典的なスコットランド啓蒙思想とハイエク（Friedrich August von Hayek）を代表とする自由至上主義には保守主義的な要素が多く含まれている。グリーン（Thomas Hill Green）やホブハウス（Leonard Trelawny Hobhouse）を代表とする新ヘーゲル主義、ケルゼン（Hans Kelsen）の純粋法学、及びケインズ（John Maynard Keynes）の福祉国家の経済学には国家主義の色彩が多く含まれている。ベンサム（Jeremy

---

が、今日の世界において、自由主義の政治秩序が主導的な地位を占めているのは議論する余地もない事実である。重要なのは、如何にして新帝国主義ではなく、自由主義に基づくグローバル・ガバナンスを実現することである。これは自由主義の新しい問題である。拙稿「国家利益を論ずる」高全喜主編『大国（第二期）』（北京大学出版社、2005年）参照。

Bentham) やミル (John Stuart Mill) の功利主義から近代の英米における実証主義法学と政治哲学に至るまでは自由主義の伝統的な特徴を守っているが、現代北米のロールズ主義は、社会主義の平等という価値傾向を吸収しながら、ロック (John Locke) とカント (Immanuel Kant) の自由主義の基本原則を維持している。上記の自由主義の理論形態は、それぞれ異なる観点を持っているが、いずれも西洋社会における特定の歴史段階の現実問題に対応して誕生した理論である。基本的な法治社会、権利保障、立憲民主制及び自由市場経済といった自由主義における中心的な理念に関しては、大体一致しており、根本的な違いはない。全体的な精神から言うと、それらが近代西洋社会の政治と経済における主導的な理論の基礎である。そして、実践の面から言えば、西洋社会において、17世紀以降、各種の植民主義、帝国主義、福祉国家及びいわゆる新帝国主義とポスト植民主義が相次いで出現したが、各国民国家の国内政治について言えば、基本的には法治、憲政と民主主義の政治制度を確立した。2回にわたる世界大戦、冷戦の対立及び現代の国際秩序は、根本から西洋国家における自由主義の基本的な政治構造を変えたわけではない。自由主義は政治と法制度の面及び政治正統性の面において、常に内外の各種の要素が引き起こした巨大な震動にバランスをもたらし、保守主義、社会主義と国家主義による攻撃にさらされながらも、屈強な生命力と寛大な包容力を維持してきた。

　以上のような簡単な政治の常識または巨視的な叙事を素描したのは、近現代世界史における真実の景観という角度からシュミットの思想を観察したいためである。一部の人の目には、自由主義は浅はかな経験論にすぎず、平凡で味気がなく、新しいところもないように映っている。それに対して、シュトラウスとシュミットたちは、遠見と卓識を有しており、古今のことに精通していて、人類5千年の歴史の変遷に隠された教えを見抜いているか、通常状態の政治の上にある国家の命運を決定する内在的な機運を掲示しているように見える。しかし、筆者にしてみれば、まさに「蒔いたのは龍の種であるが、収穫したのは蚤である」。人類の政治事実の全貌に対して、彼らの高説は見かけが華やかではあるが内容はないもので、無視ないし意図的に基本的な道理を隠蔽した。実は、政治の道理は往々にして歴史の経験と簡単な常識

であって、慎重かつ寛容な世俗の知恵である。そこでは、さまざまな神秘主義と教条主義は有害なものである。ここで指摘しておきたいのは、シュミットによる自由主義に対する批判は大したことではないが、彼が復活し、今日の学界と思想界における震動を引き起こし、古い右派と新左派の共通の寵児になった背後には、深い原因があるはずである。それを中国的文脈の中に置いて考察すると、一層熟慮すべきところがある。いったい何が西洋の古い右派と新左派にシュミットから共通の興奮ポイントを発見させ、図らずも一緒に現代の北米を代表とする自由主義の政治理論ないし現実の政治制度を攻撃するように仕向けただろうか。

　現実社会の面から見ると、西洋社会における20世紀以降の自由主義の政治、法律と経済の実践に決して問題がないわけではなく、逆に弊害が山積している。民主主義政治における「公法化の拡張」及び「駆け引きをする」民主主義の堕落、法の形式主義における冷酷さと無情さ及び価値中立主義における道徳に対する軽視、経済の個人主義における極端な利己主義及び経済のグローバル化における国際的な収奪、これらはすべてが自由主義の制度的なメカニズムの中から生まれたもので、資本主義に深刻な危機をもたらした。理論形態の面から見ると、20世紀以降の各種の新自由主義は古典的な思想の継承と新しい問題の解決において、アイザイア・バーリン（Isaiah Berlin）、ケインズ、ミルトン・フリードマン（Milton Friedman）、ハイエク、ロールズ等の各種理論のような創造的な成果もあるが、上記のさまざまな現実問題を根本から解決したわけではない。しかも、自由主義理論の内部でも分裂が繰り返されて、普遍的な自由主義政治哲学の理念がまだ存在しているかどうかさえも答えを待たなければならない問題となった。そのため、近年では、西洋の思想界における自由主義の政治理論と実践に対する疑問が日に日に突出するようになった。それに関する典型的な例がフランシス・フクヤマ（Francis Yoshihiro Fukuyama）である。冷戦後、彼が提唱した自由民主政治を帰結とする「歴史のおわり」理論は、人々による普遍的な共感を得るどころか、逆に各方面からの厳しい批判にさらされた。それを見ると分かるように、今日の世界においては、自由主義の政治理念と基本価値は決して広く認められているわけではない。以上の背景からシュミットの思想の復活を観察

すると分かるように、この毒針は左右両派の理論に自由主義の政治理論を解剖・批判する新しい資源を提供した。ある意味においては、それが確かに自由主義の弱点に突き刺さった。

II 自由主義政治法学の弱点

　英米の自由主義の政治理論にはずっと重大なアジェンダが隠されている（hidden agenda）[4]。それが国家という問題である。この点に関しては、まさに伝統的なフランスとドイツの政治的権利の思想が深く掘り下げた理論上の説明を提示した。また、英米の民主主義政治は20世紀以降、各方面からの挑戦を受けてきた。近代の大衆民主主義は実質的にも手続的にも多くの弊害を生み出した。近代の自由主義の政治理論に弱点があるとするならば、それは国家主権と民主主義制度の問題である。実際のところ、シュミットが自由主義に対する批判の中で最も力を入れているのはまさこの二つの問題である。本稿は以下の分析を通じて、シュミットにとっては、上述の二つの問題は実は一体化しており、いずれも「政治」国家問題であって、すなわち自由主義の民主政治が国家に正統性の基礎を提供できず、国家の本質は大衆民主主義を超越した例外状態における主権の決断であることを指摘したい。

　シュミットはまず一人の憲法学者である。彼の国家問題に関する見解は、政治法学―政治神学の角度から展開されたものである。彼の代表的な著作、たとえば『政治的なものの概念』、『憲法論』、『憲法の番人』及び『政治神学』を見ると、彼の国家問題に関する思考は以下の三つのレベルで表れている。

　第一、「ワイマール憲法」のテキストをめぐる批判的な考察である。シュ

4）　拙稿「国家利益を論ずる」高全喜主編『大国（第二期）』（北京大学出版社、2005年）、李強「憲政自由主義と国の家建構」王焱主編『憲政主義と現代国家』（北京三聯書店、2003年）、李強「国家能力と国家権力のパラドックス」鄧正来主編『中国書評』（香港）1998年2号参照。Stephen Holmes, *Passions and Constraint: on the Theory of Liberal Democracy*, Chicago: University of Chicago Press, 1995. John A. Hall and John Ikenberry, *The State*, Minneapolis: University of Minnesota Press, 1989. Edward Shils, *The Constitution of Society*, Chicago: University of Chicago Press, 1972.

ミットはこの憲法の制定における自由主義憲法理論の基調、及び当時の各派政治勢力の間で起きた闘争と妥協の情勢に対する分析を通じて、彼のワイマール政治に対する認識を述べた。彼にしてみれば、ワイマール憲政の平凡さと味気無さ及びその最終的な失敗は、自由民主主義憲法の妥協性、価値中立性と脱政治化に由来する。問題の所在は憲法第48条、すなわち大統領に憲法を守るための超越した権限を与え、自由と民主の敵に対して独裁を実施するかどうかにある。シュミットの理解によると、ワイマールの自由主義政治法学が失敗したのは、立憲政治の根本が市民の基本的な自由を公権力による侵害から守ることを教条的に固持し、市民的法治国家の基礎が政治国家にあって、憲法における自由と民主主義が実質的に侵害された場合、憲法を守るには国家による権威的な力が必要であることを理解していなかったためである。

　第二、例外状態の政治に関する一連の憲法学説体系を構築した。ワイマール憲法に対するシュミットの批判は彼の一連の体系的な憲法理論に基づいている。彼はまず憲法概念または理論を2種類に区別した。すなわち、絶対的憲法と相対的憲法である。そして、それに基づいて、例外状態の政治と通常状態の政治という二つの形態を区別した。彼によると、相対的な通常状態の政治の憲法秩序は個別的で非本質的なものであって、真の憲法は例外状態の憲法である。そこで彼が友と敵の区別に関する政治決断という国家の主権に関係する根本的な問題を提起した。「友敵政治」に関する主権決断論をめぐって、シュミットは集中的にケルゼンを代表とする実証主義的規範的憲法学を猛烈に批判し、自分自身の憲法学体系をヨーロッパにおけるジャン・ボダン (Jean Bodin) 以降の政治法学の広大な思想の脈絡の中に位置づけて説明した。

　第三、自身の政治法学の正統性の基礎を確立するために、シュミットは伝統的な人民民主主義（直接民主主義）の後塵を拝するのではなく、ローマカトリック教会のカトリシズムという神学の淵源に回帰した。それ以降、彼は各種左派の思想と決別し、右派の保守主義の色彩を表すようになった[5]。そ

---

5) McCormick, Carl Schmitt's Critique of Liberalism: Against Politics as Technology, Cambridge University Press, 1997.

して、まさにこの問題において、シュミットが自由主義の議会制民主主義に対して猛烈な批判を展開した。彼にしてみれば、自由主義の民主制における平等原則は幻の理想であって、異なる利益団体による駆け引きがもたらす堕落を防ぐこともできなければ、政治国家の主権の本質に対して正統性論証を提供することもできない。「近代国家の学説の概念は神学から転換してきたものである」。政治法学から政治神学への昇華、これがシュミットの権利学説の帰着である。そこでは、友敵政治の例外状態における主権の決断が最終的な証明を得た。

　もちろん、シュミットの学説は膨大で、繁雑で、「深いもの」である。ドイツの思想の「政治的な成熟」を示している。今の問題は、シュミットの学説が自由主義にとって何を意味するのかである。彼は極端な保守主義者であろうか？　権威的な自由主義者であろうか？　近代の全体主義者であろうか？筆者にしてみれば、シュミットのことについて語り尽くすことは不可能であるが、彼の思想が確かに自由主義の弱点、すなわち国家主権の問題に突き刺さった。この問題に関しては、二人の著名な自由主義の法政理論家、ケルゼンとハイエクに触れなければならない[6]。

　理論面において、シュミットとケルゼンは直接的なライバルである。シュミットの多くの著作は後者に対して激しい批判的な態度を取っている。彼らの法律観、特に憲法理論は鋭く対立している。シュミットにしてみれば、ケルゼンの純粋法学はただ通常状態の政治における法規範を指摘したにすぎない。その最大の問題はいわゆる純粋な価値中立性である。すなわち、法の政治的内容について実質的な判断を提示したくないことである。このような法は個人の自然権に対する保護を出発点とするものの、国家の主権が実質的に欠如しているため、国民国家の政治的正義はケルゼンがでっち上げた国際法

6）　シュミット、ケルゼン及びハイエクの3者の間の理論上の関係について、それぞれの代表的な著作のほかに、Dan Diner and Michael Stolleis, Hans Kelsen and Carl Schmitt: A Juxtaposition, Bleicher, 1999. Renato Cristi, Carl Schmitt and Authoritarian Liberalism: Strong State, Free Economy, Cardiff, 1998. 劉小楓「シュミットが政治の正当性について論ずる」舒煒編『シュミット：政治的剰余価値』（上海人民出版社、2002年）、拙著『法律秩序と自由正義——ハイエクの法律と憲政思想』（北京大学出版社、2004年）第六章「ハイエクと現代自由主義」参照。

から国内法に至るまでの規範の段階的体系の中で、効果的に自らの決断を行使することができない。もしケルゼンの法体系の中で国家主権がまだ純粋な形式として残されていると言えるならば、ハイエクの法思想の中では、主権そのものさえも捨てられた。ハイエクは『法、立法と自由』の中で、明確に「国家主権」は想像上の怪物だと指摘している[7]。興味深いことに、ハイエクの国家主権の問題に関する観点はケルゼンの形式主義的国家理論がさらに弱化したものであるが、彼は決して後者のことを認めているわけではなく、逆に本の中でケルゼンを代表とする法実証主義を厳しく批判した。彼によると、この種の立法的法観念は国家主義の公法意志を際立たせており、真の自由にとって脅威となる。それと反対に、ハイエクは明確に国家主権の決断を吹聴するシュミットの憲法理論について口出ししなかった。それは何故だろうか[8]？

---

7) ハイエクの主権問題に関する見解とそれに対する筆者の詰問は、拙著『法律秩序と自由正義—ハイエクの法律と憲政思想（第二版）』（北京大学出版社、2006年）前言、及び拙稿「憲法、民主と国家——ハイエク憲法理論におけるいくつかの問題」『華人哈耶克学会第一届学術会議論文集』（未公表、北京香山、2005年）参照。

8) シュミットもシュトラウスも保守主義の右派に属する。彼らの社会政治問題に関する見解は、左派の社会民主主義と大きく異なる。そして、哈耶克も一部の論者にしてみれば濃厚な保守主義の色彩を持っている。したがって、彼らの間の関係は非常に曖昧である。クリスティ（Renato Cristi）は『カール・シュミットと権威的自由主義』〔Carl Schmitt and Authoritarian Liberalism: Strong State, Free Economy〕の中で、真面目に観察すれば、ハイエクの主張とワイマール後期におけるシュミットの立場は完全に一致しており、すなわち自由主義の価値と権威的法治民主論とを結合していると指摘した。シュミットが民主論と権威論との対立、及び自由主義と全体主義との対立を調和させようとした。それがハイエクによる自由市場社会と権威主義国家との協調に対する模索を触発した。ハイエクは実際のところシュミットから大いに啓発を受けたが、彼はそれを認めようとしなかっただけだとクリスティが断定している。実際にはシュミットの権威的自由主義とハイエクの自由主義との間に大した差がない。ただし、筆者にしてみれば、ハイエクは確かに一部の点においてシュミットと関連していて、特に英米の近代民主制に対する批判においては一致しているところもあるが、両者の間にはやはり実質的な差がある。ハイエクは所詮純粋の意味における古典的自由主義者であって、彼が堅持しているのは自由主義の否定的価値であり、主張しているのは政治の脱中心化である。シュミットはそれと逆で、彼の権威的自由主義はハイエクの自由主義の系譜に属しておらず、強い政治中心主義を主張している。

筆者にしてみれば、この問題の本質は近代の自由主義政治法学が力を入れて、内政における憲政法治の理論を構築しようとしているが、対外主権に関わる国家問題について深く考えていないというところにある。国家を既定の法律による擬制（ケルゼン）とみるか、無用の長物（ハイエク）とみているため、国家法の価値中立性と個人主義の優先的な地位が自由主義の基本原則となった。ハイエクのシュミットに対する些細な好感は、彼の政治中心主義に対するものではない。ハイエクはまさに「政治の脱中心化」（the dethronement of politics）を主張しているため、彼の好感は後者の政治保守主義に対するものである。すなわち、彼らは実証主義的な純粋法学、及びそれがもたらした大衆民主主義の堕落に対する反対という点において、共通点を見出したに過ぎない。ただし、シュミットが訴えているのは法を超越した例外状態の政治による実質的な判断であって、ハイエクが訴えているのは正当な行為規範として自発的に進化する自由秩序である。ハイエクの問題は、自生する秩序が国家の境界線に触れた時、国家同士の間における権利の対峙が自由秩序の進化に抵抗できるかどうかというところになる。この点に関して、ハイエクは憲法政治の角度から明確な説明を提示していない。当然ながら、人々は彼の自由経済理論の中から経済規則における世界主義を演繹することができるが、国家憲法の主権原則は依然として隠されている。この意味においては、ケルゼンの法段階説はまさに国家主権の欠如を補っている。したがって、大きく見ると、両者はともに自由主義の理論の系譜に属している。問題は国際法が国内法に優位するというケルゼンの純粋法学は論理的には妥当するものの、現実的には一度も成立したことがない。自由主義政治法学が一旦（政治的権利という意味における）国境線を超えると、主張と現実が一致しないという困難に直面する。この困難はロールズの万民の法の理論の中でも鋭く存在している[9]。これは自由主義の弱点だと言わざるを得ない。

---

9) ロールズ自身も彼の「万民の法」は一種の「理想論」であって、「秩序良好の市民社会に関する理想的な概念、及びそれに適用される法と実践の諸原則の哲学的と道徳的根拠」を考慮していることを認めている。それと制裁能力を有する国内法との間には大きな差がある。ロールズ『万民の法』、中国語訳は汪暉主編『文化与公共性』（北京三聯書店、1998年）参照。

それでは、自由主義政治法学の弱点に突き刺さったことがシュミット理論の勝利を意味するだろうか。筆者はそうは思わない。これはまさに本稿が力を入れて説明したいところであって、以下では三つの面に分けて論述する。
　第一、上記説明の通り、自由主義政治法学の弱点は国際社会における国家主権の欠如にある。内政における憲政理論と純粋法学は国家外部の敵対関係を解消できず、いわゆる永久平和は自由主義の一方的な願望にしかなれない。国民国家同士の利益衝突と価値紛争は例外状態における主権の決断の必要性を決定づけた。しかし、それが国内の権利関係における国家主権の絶対的な優位性を意味するだろうか。ここで指摘しておくべきなのは、シュミットの理論は一つの極端から別の極端へと走ってしまった。つまり、彼は国家間の政治また国民国家の対外主権をあらゆる法実証主義を超越した絶対的な力へと転換し、その本質を赤裸々に「友と敵の区別」として規定し、何ら制限も設けずに国内政治に適用した。彼にしてみれば、近代法治国の二つの法治原理、すなわち配分原理〔基本権〕と組織的原理〔権力区分〕は、法治の政治的要素を無視した。自由主義が国家権力の分離と均衡を通じて個人の自由を守ろうとする憲政制度は無効である。なぜなら、国家理性は個人の権利に優先し、国家は個人のために存在しているわけではないからである。シュミットの国家理性論は明らかに自由主義の国家観と根本的に異なっている。後者にしてみれば、国家は個人によって構築されており、国家理性は個人の権利に対する保障の中に存在している。国家には法によって擬制された人格があるものの、それがあくまで虚構されたものであって、実質性を有する実体ではない。国家の対外主権を対内主権の絶対的至上性に転換してはならない。ましてそれを以って憲政の中心的な原則、すなわち権力の分離と均衡による個人の権利の保障を解消してはならない。自由主義政治法学は国内政治が国際政治に優位し、内政における憲政の原則が外交における主権の原則に優位し、人権が主権に優位すると考えている。これは両者における根本的な違いである。
　第二、上記の内政と外交に関する論争は、実はすでにそれと関係するもう一つ重大な問題に触れている。すなわち、一体何が真の政治であるのか。シュミットにしてみれば、政治はすなわち友と敵の区別であり、主権に関する

実質的な決断である。したがって、自由主義法治国の二つの政治原則、すなわち同一性と代表制は通常状態の政治の状況を表しているにすぎず、政治の例外状態を示すことができない。そして、後者が真の政治であって、そこでは普段隠れている主権が極限的な概念として顕著に表れ、主権者による決断を呼びかける。あらゆる政治が結局のところ友と敵を区別する例外状態における決断であって、政治の実質が例外状態の政治である。自由主義政治法学はシュミットと逆で、真の政治は例外状態の政治ではなく、通常状態の政治だと考えている。政治は最終的には法規範の問題に転換されなければならず、法治と民主主義を通じてのみ政治的和解を実現できる。政治は友と敵の区別ではなく、まして死ぬか生きるかの闘争でもなく、法の下の権利の平等と利益のための競争である。自由主義にしてみれば、いわゆる政治は、民主的な手続きを通じて法による統治の下で、個人の自由、幸福とその他の欲求を実現することである。政治には権威を樹立する必要があるが、それが法の権威である。国家には主権者が必要であるが、それが最終的には人民に従属し、個人の正当な権利を守らなければならない。当然ながら、政治が常に通常状態の政治であるはずがない。特殊な状況下では、例外状態の時期が出現すること、言い換えれば、例外状態の政治が現れることもある。危機的な状況下では、統治者または主権者による決断も必要となるが、それが特別で例外的なことであって、例外状態の政治を通常状態の政治に転化しなければならない。憲政制度と民主主義制度はまさに例外状態の政治の絶対化と恒常化を防ぐための政治的メカニズムである[10]。シュミットの問題は例外状態の政治を絶対化し、あらゆる政治を主権による決断の例外状態とみなし、しかもこの種の決断の正統性を神義論に求め、結果として自由民主主義の正統性の根源を排斥したことである。当然ながら、自由主義政治法学が例外状態を無視し、主権の問題を隠し、政治決断の憲法学上の意義を否定するのも教条主義的かつ形式主義的である。その結果、自分自身の弱点を晒してしまった。実は、成熟した自由主義政治法学は通常状態の政治と憲法政治、規範政

---

10) この点に関する詳しい議論は、拙著『ヒュームの政治哲学』（北京大学出版社、2005年）、及び拙稿「憲法政治を論ずる」『北大法学評論（第6巻第2輯）』（北京大学出版社、2005年）参照。

治と決断政治、法律の自由と政治の権威、個人主義と国家主義を効果的に結びつけることができる。たとえば、ヒューム（David.Hume）の政治哲学における自由と権威の相互抑制を基礎とする政体理論や、モンテスキュー（Montes Quieu）の市民法と政治法の相互作用という法思想、ヘーゲル法哲学における市民社会の法と政治国家の法の統一理論、ないし現代の憲法学者ブルース・アッカーマン（Bruce Ackerman）が提唱した憲法政治と二元的民主主義の理論、及び自由主義的共和主義における討議民主主義〔deliberative democracy〕の理論は、いずれもシュミットの例外状態の政治理論に対応するために、参照できる資源を提供してくれる[11]。

　第三、指摘しておくべきなのは、シュミットがドイツ思想の色眼鏡をかけて、近代国民国家の15世紀以降の欧州ないし北米における形成と成長のメカニズムを考察した。これは二つの問題を引き起こした。一方、彼ははっきりと欧州の大陸国家、特にドイツが自由、憲政、民主的な国民国家へと邁進する際に経験した困難、ないし岐路を把握しており、そこからいわゆる「ドイツ問題」の経験と教訓を継承し、自由・民主的な法治国家がドイツで実現される可能性に疑問を呈し、自分自身の政治法学理論を提唱し、民族意識の覚醒と成熟を呼び起こそうとした。他方、彼は自身の見聞や経験にとらわれており、世界を観察する真に広い視野を持っておらず、実質的に英米が自由、憲政、民主的な国民国家へと邁進する際に従った自由主義的政治実践の正しい道を認識できなかった。つまり、憲政国家はみんなシュミットが見てきたワイマール共和国のように軟弱で政治を講じないわけではない。もし彼の自由主義政治法学に対する非難がワイマール憲法に関しては深くかつ正確で、ドイツ自由主義の急所を突いたとするならば、英米の憲法政治に関する同種の非難は的外れだと言わざるを得ない。英米の憲政国家は政治においてそこまで幼稚かつ無力というわけではない。英米の系譜の自由主義理論家の

---

11) この問題に関しては、上記作者の代表的な著作のほかに、関連する研究論文として、拙著『ヒュームの政治哲学』（北京大学出版社、2005年）と『相互承認的法権を論ずる』（北京大学出版社、2005年）、及び拙稿「憲法政治を論ずる」『北大法学評論（第6巻第2輯）』（北京大学出版社、2005年）、「国家利益を論ずる」高全喜主編『大国（第二期）』（北京大学出版社、2005年）、「民族主義を論ずる」高全喜主編『大国（第一期）』（北京大学出版社、2005年）と「共和政体を論ずる」（未公表）参照。

多くが国家というアジェンダを隠し、それを「隠されたアジェンダ」ないし弱点に変えてしまったが、そこで行われた自由主義的憲政の実践においては、英米の国家は常に強力であって、彼らの政治は一度も軟弱になったことがない。彼らの国家は歴史の過程において、植民地主義、帝国主義及び二度にわたる世界大戦と冷戦の勝利を通じて、立憲民主制の国家が政治的に強大で、経済的に繁栄していて、その人民も自由である可能性を十分に証明した。そこにおける通常状態の政治には政治的な決断を欠いたことがあるのだろうか？　そこの規範的憲法が自由民主主義の本質を解消したのだろうか？そこの人権が主権と頻繁に対立しているのだろうか？

　それを見ると、内政であれ外交であれ、政治的権力に限界があるものの、強力な主権を握っている憲政国家は確かに存在している。政治、特に例外状態の政治ではなく、法律、特に憲法を以って法を守る者（友）と法を守らない者（敵）を区別する法治国家も存在している。シュミットがドイツにおけるワイマール共和国の憲政という特殊な例を以って、自由主義全体の憲政の実践を非難するのは、まさに広々とした世界の潮流に対する無知を示している。彼がナチス政権に協力したことは、「杭州を汴州と間違えた」ように、彼の政治における知恵が決して高くないことを露呈したに過ぎない。彼が晩年にでっち上げたいわゆる「大地のノモス」、特にパルチザンの理論は、自分自身を滑稽のレベルへと下げてしまった。周辺化されたゲリラ戦略を通じて、世界における立憲民主主義の大勢を覆そうとしたことを見ると、左派の先鋒隊として彷徨っている彼の魂がすでにその右派保守主義の気骨を瓦解しており、通りでシュトラウスも嘆いていた。

Ⅲ　中国的文脈におけるシュミット問題のパラドックス

　今まで、シュミットの思想のドイツ的特性、自由主義政治法学の弱点及びシュミットの自由主義憲政理論と実践に対する偏った見方について論じてきたが、中国的文脈におけるシュミット問題にはまだ触れていない。一般的に言うと、「ドイツ問題」は18世紀以降のドイツにおける数世代の思想家たちがイギリス政治社会の成功に痛感し、自国の政治文化の伝統に基づいて提起

した普遍的な問題群である。初期のドイツの政治的ロマン主義から始まり、19世紀の古典的政治哲学、新旧の歴史学派経済学、ウェーバー（Max Weber）の社会学、シュミットの憲法学を経て、ヒトラーの国家社会主義、ないし今日の欧州連合におけるドイツの牽引作用に至るまで、200年間における思想の経路と観点はさまざまであって、互いに違っていて、ひいては対立していたものの、一本の大筋がはっきりとしている。それが英米を主体とする世界文明に溶け込むためのドイツ自身の道であって、一つの民族が政治的に成熟しているかどうかを示している。そして、「中国問題」は「ドイツ問題」に倣った言い方であって、中国が世界文明に溶け込むための中国自身の道の問題である。この問題は客観的に存在していると思われる。現在のいわゆる［中国国情論］、［中国特殊論］ないし［中国例外論］はいずれもそれを前提としている。ただし、これらの主張は一般と特別の関係を処理する際に、後者をあまりにも強調しており、立憲民主主義の普遍的な価値を無視している。特別と言っても、世界の潮流に溶け込んだ上の特別であって、世界から隔離されることではない。したがって、この問題に関しては、中国の理論界が自覚しなければならない。その上で、それを政治、経済、法、歴史、文化といった複数の分野に関わる問題群に昇華させなければならない。

　20世紀80年代以降の中国社会政治思想史を総合的に見てみると、改革開放の展開とともにさまざまな西洋思想の潮流が中国に導入・紹介された。最初に紹介されたのは人道主義、人文主義と西洋のマルクス主義であって、当時の中国における思想の開放と啓蒙、人間性の復帰、及び人間の主体的地位の確立にそれなりに貢献した。90年代になると、各種の社会理論、経済理論と法理論が体系的に導入・紹介されて、中国社会の全面的な転換を推進し、特に理論面で経済改革の深化と法治社会の構築に強力な支持を提供した。しかし、中国社会の多元化に伴って、さまざまなポストモダンの思想も大量に中国に伝来し、中国伝統の虚無主義思想と一定の形で合流した。21世紀に入ると、中国社会の内在的な要求に伴って、西洋社会の各種政治理論と法政思想も大量に翻訳されて紹介されるようになり、広範な影響を引き起こした。総じて言うと、上記の思想理論に関する大規模な導入・紹介は、長年鎖国していた中国社会にとって非常に有益である。我々は国外の様々な理

論を吸収し、自分自身の理論建設を強化する必要がある。中国自身の学術文化と文明精神を呼び起こして、それらを育成・促進し、中国的立憲民主制の構築に理論上の支えを提供しなければならない。

しかし、我々は、中国社会の多元化、特に強い政党政治による重圧の影響を受けて、正常な社会秩序及びそれに伴う社会意識がまだ健全に形成されていないこともはっきりと認識しなければならない。学術思想界においてさえ、今日の中国社会の本質に対する認識や中国はどこへ向かうべきかに関する見解について、大きな意見の対立が生じ、ひいては激しい紛争が起きた。いわゆる自由主義と新左派の論戦、及びナショナリズムや社会主義、新儒学といった思潮の蜂起は、いずれも上述の背景に基づいている。したがって、西洋思想の導入・紹介について言えば、その状況は20世紀の最後の20年のそれと大きく異なっていた。以前は単に外国の思想を持って来て、そのまま受動的に吸収したにすぎず、それには知識を学ぶ衝動と喜びが伴っていたとするならば、今は以下の三つの問題を考慮しなければならない。第一、何を導入・紹介するのか？　第二、何故それを導入・紹介するのか？　第三、中国問題との関連性がどこにあるのか？当然ながら、純粋な学術研究として考えるなら、以上の問題は考慮しなくてもいい。しかし、過去のことはさておき、近年の中国思想界を見てみると、著名な学説として、たとえばハイエクの政治と法の理論、新自由主義経済学、ポスト植民地理論、シュトラウスの古典哲学、シュミットの政治法学及び共和主義思想といった西洋の経済、法及び政治思想が中国に導入・紹介されたのは、単なる純粋な学術思想としてではなく、多面にわたる意義を有している。したがって、上記の三つの問題は我々の目の前に置かれていて、本稿で言う「中国的文脈におけるシュミット問題」も明らかにこの議題に属している。

周知の通り、中国は現在重大な社会転換期に直面している。今の時期は本質的には1840年に始まった中国の再建という偉大かつ困難な歴史的使命の延長線上にある。我が国は150年間をかけて努力してきたが、未だに自分自身の「歴史的三峡」を通過できておらず、自由、憲政、民主的な国民国家を建設するという任務は完成から程遠いのである。我々がすでに二つもの共和国を作ったのにもかかわらず、この任務はまだ始まったばかりである。この

問題に関しては、我々の周囲の世界を把握し、我々の位置づけを確定する必要があると筆者は考えている。外部の環境から見ると、我々が溶け込んだ世界は今のところ

依然として主権国家を主体とする国際秩序である。たびたび脱国家化を呼びかける声が聞こえるものの、今日の世界は依然として国民国家によって構成されている。この世界は1648年の「ヴェストファーレン条約」（Westfalischer Friede）から今日に至るまで、すでに500年近くの歴史を有している。今の歴史的段階において、西洋の各主要国は自主的であれ受動的であれ、いずれも国民国家の建設を完成しており、自由、憲政、民主的な政治体制を実現している。しかし、中国という巨大な政治体にとって、国民国家の建設はまだ始まって100年余りであって、それ以前は王朝政治であった。より正確に言うと、アヘン戦争以降、我々がこの新しい政治形態へと移行する過程を始めたばかりで、しかも何度も挫折しており、良好な国民国家の制度形態を構築したとはとても言えない。フェアバンク（J. K. Fairbank, 費正清）が提唱した衝撃＝反応モデルには機械的で硬直したところもあるが、それでも中国が近代化へと邁進する道の本質を示していると筆者は考えている。つまり、我々は西洋列強（国民国家）との衝突の中で、血と火の洗礼を受けながら、国家の建設を始めたのである。欧米国家ないし日本とも違って、中国の近代化の道には我々の独自性があって、いわゆる「中国問題」の本質を構成していると考えられる。

まず、政治の論理から見ると、我々がこの150年間で解決しようとした問題は、西洋の17～19世紀の各国民国家が直面していた問題に対応しているが、我々が現在対応しなければならない国際秩序は、20世紀と21世紀の国際秩序である。したがって、両者が時間的に対応しておらず、我々の任務が2重の困難に直面している。一方、我々は国民国家を建設しなければならず、しかもそれが自由、憲政、民主的な政治国家であって、西洋の各近代国家が200年余りの時間をかけてようやく実現した目標である。他方、現代の西洋における政治状況にはだんだんと脱国家化の趨勢が見られるようになった。自由、憲政、民主的な近代国家の弊害、及び国際秩序における不合理と不公正という弊害が日に日に目立つようになっている。言い換えれば、我々

の国家建設はポストモダンの政治による阻害を受けており、自由、憲政、民主的な国家を建設する正統性が挑戦に直面している。そして、我々は古い文明を持つ国でもある。5000年における政治文化の伝統は、国家の建設という任務を遂行する際に、伝統との関係を上手く処理しなければならないことを意味する。具体的には中国の政治伝統は新旧2つの伝統に分けることができる。古い伝統は王朝政治の伝統であって、断絶してから長い時間が経っているように見えるが、歴史は常に尾を引いている。新しい伝統はさらに2つの部分に分けることができる。一つは国民党の政党政治の伝統で、もう一つは共産党の政党政治の伝統である。いずれも王朝政治と異なる近代の政治形態として、20世紀の中国の歴史において重大な作用を果たし、現代中国政治の基本色を形成した。特に中国共産党が指導する国家体制は、今日の中国政治の転換における基本的な制度枠組みとなっている。

　以上のような背景の下で、シュミットの政治法学が21世紀初頭の中国の学術思想界に登場した。それを導入・紹介した人がなぜシュミットを選んだのかはさておき、ここではシュミットが今日の中国における政治と法の現実状況と一体どこが合致しているのかに注目したい。人々を困惑させているのは、中国的文脈におけるシュミット問題は大きなパラドックスを呈している。深そうに見えるが、その背後には最もとりとめのない乏しさが隠されている。要点をつかんでいるように見えるが、実質的には重大な欺瞞が含まれている。独創的に見える法政の言語の中で最も陰険な脱構築を実施している。なぜそう言うのか？以下ではそれに関する具体的な分析を行う。

　前述の通り、シュミットの政治法学の要点を三つに分けることができる。第一、ワイマール憲法に関する分析を通じて、ドイツ自由主義政治法学の幼稚さを指摘した。第二、教条主義的な自由主義政治理論が国家主権を隠すという弱点を暴き、権威主義的自由主義の旗印を掲げた。第三、ドイツ問題の思想的伝統を深め、後進に表と裏の両方の参考資料を提供した。いずれにせよ、上記の三点は共に以下のような歴史的な現実に基づいている。すなわち、ワイマール憲法は自由主義を基本とする憲法であって、10年にわたるワイマール共和国の憲政は市民階級による近代法治国である。シュミットが不満に思っているのは、この憲法が十分に成熟しておらず、政治的な決断を

欠いているため、主権者がこの自由・民主的な憲法を守る権威的な力を失ったことである。したがって、彼はワイマール共和国の憲政の上に全体主義の旗印を掲げ、自由主義の通常状態の政治に例外状態の政治の魂を注入しようとした。彼にしてみれば、絶対的憲法で相対的憲法に取って代り、血と火の洗礼を用いなければ、真に自由・民主的なワイマール共和国を鍛え上げることができない。前述の通り、シュミットは英米の憲政の真の本質を読み取れていない。英米の立憲民主制の穏やかな外観の背後には憲法という鋭い牙が装備されている。ただし、ドイツの特殊な状況を鑑みると、シュミットの主張にも一理あるかもしれない。もっとも、彼の理論は行き過ぎている。

　しかし、今日の中国の状況はどうだろうか。我々はドイツのワイマール時代に似ていると言う論者がいるが、我々の共和国には本当にワイマール憲法のような憲法のテキストがあるだろうか。我々の憲法はワイマール時代のような市民階級による自由民主主義の色彩を示しているだろうか。もし20世紀初頭の中華民国の憲法にはまだ多少ワイマール憲法と類似するところがあって、当時の憲政はまだ少し権威を通じて憲法（『臨時約法』と『天壇憲草』）を守るという自由民主主義の本色を有する道を残していたとするならば（実際のところ、歴史はこの小さな希望さえも、すでに当時の袁世凱大統領の愚昧と無能、及び孫文による第二革命の急進主義によって潰されたことを示している）、21世紀の中国憲法はすでに自由・民主的な憲政の実質をほとんど骨抜きにした。それに、我々の政治には権威が欠けているだろうか。我々の憲法は、清王朝末期の『欽定憲法大綱』から、民国時代の複数の憲法ないし孫文の「五権憲法」、そして中華人民共和国の建国後に中国共産党が人民を指導して制定した複数の憲法に至るまで、いずれも例外状態の政治による決断と主権者による鉄腕政治を欠いていない。国民党には軍政と訓政があって、共産党には人民民主主義独裁とプロレタリア独裁がある。例外状態の政治は常に中国憲法の本色である。したがって、実質的な独裁である中国という文脈の下で、シュミットの「友敵政治論」を導入したら、中国における自由・民主的な憲政に関する訴えに何をもたらすかは、想像しがたくないだろう。我々には友と敵を区別する政治が欠けているわけではない。「誰が我々の敵で、誰が我々の友であるのか。これは革命における最重要問題である」という言葉

は小さい頃からよく耳にしていた。我々には果断かつ剛毅な革命の指導者が欠けているわけでもない。現代中国における例外状態の政治の権威的な力はすでに社会生活の各方面に浸透しているため、我々の市民社会が大きく歪められてしまった。我々に欠けているのはまさしく法の下の自由と平等であって、友と敵の区別を解消する市民自治であって、自生の社会秩序と規範的な憲法制度であって、中国的意味における「ワイマール憲法」である。したがって、中国的文脈におけるシュミット問題は最大のパラドックスと荒唐無稽を呈している。ワイマール共和国のような立憲国家にもなってないのに、我々は何を以って、深みがあって優れているシュミットの道を実施するだろうか。

　それでは、上述のことが今日の中国において、自由主義の主張が優越性に関する確固たる勝利を手に入れたことを意味しているだろうか。それについて、筆者はそこまで楽観的ではない。中国における教条主義的な自由主義政治法学がシュミットの教えを完全に捨てていいとは思わない。英米の自由主義の理論は確かに国家問題を無視し、例外状態の政治を隠したが、憲政の実践においては、この理論上の欠点を補うことができた。それに対して、中国における自由主義政治理論の幼稚さは実に可笑しい。彼らはシュミットと同様、英米の自由主義的憲政の本質に対する無知を自覚しておらず、ただシュミットと真逆な立場を取っており、後者が憲政の原則における例外状態の政治の主権による決断の作用を過度に誇張したのに対して、前者もまた憲政の原則における通常状態の政治の形式的中立性の法治作用を過度に誇張した。すでに成熟している英米の憲政における明らかな諸要素を中国的文脈に置き、人権が主権に優越することを抽象的に論ずる空論を展開し、高らかに形式主義法学をそのまま導入しようとする。第一、彼らは自由主義もまた政治を講じ、自分自身の国民国家を構築し、憲法における自由と民主を実質的な基準として友（憲法を守る者）と敵（憲法を守らない者）を区別しなければならないことを認識していない。シュミットのそれと違って、自由主義の友敵政治の基準は憲法と法律を超えたいわゆる主権の決断ではなく、自由・民主的な憲政そのものである。憲政の破壊者に対しては決して手加減しない。これらのことは英米の自由主義政治における「隠されたアジェンダ」であっ

て、口にはしないものの、実際にはやっていることである。それについて、中国の自由主義者は全く認識しておらず、しかも彼らはそもそも知りたくもないようである。第二、いかなる国民国家の自由・民主的な憲政も形成の歴史を有しており、憲政の危機的な状況を経験していて、かつ例外状態の政治を通常状態の政治に転換させる策略を有している。たとえば、イギリスの名誉革命がその一例であって、アメリカが経験した3回の憲法政治の危機（建国、南北戦争、ニューディール）も一つの例証である。

中国における教条主義的な自由主義は憲法政治への転換メカニズムが見えていない。憲政メカニズムを育成・促進する政治的な要因、特に権威主義政治による決断の作用を無視している。実は、中国における自由・民主的な憲政国家の建設に対して、我々は盲目的に楽観視すべきではないが、悲観的に絶望する必要もない。今日の憲法体制の内部では進歩の種が育まれていることを認識すべきである。法治の要素が成長しており、市民社会が拡張しており、憲法に基づく権利保護を求める人民による平和的な請願も勢いを増している。権威主義政治が憲政改革を推進する時代もいつか来るかもしれない。中国における自由主義が広い心を持ってシュミットの理論を逆手に取ることができれば、彼の教えは一つの側面から我々に全面的に自由主義政治法学の真意を把握するよう警告してくれるかもしれない。

Ⅳ　自由主義的立憲主義国家

ここで指摘しておくべきなのは、国家という組織形態は古来より存在していたものではなく、政治的ナショナリズムの産物である。西洋では、それが古典的な都市国家と封建制の後に少しずつ形成されたものである。中国では、それがアヘン戦争の後に育まれたものである。政治的民族は国家の基盤であるが、単純な国民国家は決して優れた政治制度ではない。この点はすでに世界の歴史によって証明されている。民族・国家に関する政治的な要求、または国民国家の利益を最高の目的とする一方的な政治実践は、歴史上の多くの災難をもたらした。とくにフランス、ドイツ、イタリア、ロシアと日本は、いずれもそれに関する痛ましい教訓を学んでいる。したがって、国民国

家の建設はもう一つより普遍的な制度設計を吸収しなければならない。それが市民社会から生まれた法治と憲政である。英米の国家建設は我々に成功の経験、すなわち憲政国家という建国の道を提供してくれた。英米の経験と言えば、人々は往々にして自由主義を思い浮かび、自由経済、個人の権利、法治主義と小さな政府を思い出す。確かに、これらのものは自由主義の基本原理であって、英米が社会政治制度と価値理念の面で世の中に示したものである。しかし、筆者がここで強調したいのはもう一つの面である。すなわち、自由主義政治のもう一つの側面で、隠されている国家アジェンダである。筆者にしてみれば、この国家アジェンダは、目下我々が自分自身の優れた政治制度あるいは憲政国家を建設するのにとって、非常に重要な意義を持っている。

上述した中国問題の特殊性が故に、我々には一度たりとも自発的な商品経済秩序を形成したことがなく、市民の利益関係ないし公と私の関係を調節するコモン・ロー制度も欠けており、まして我々が今日直面しているのは17～19世紀のような国際環境ではない。したがって、内外の両面から見ても、我々には英米の国家建設の時期と同じような歴史的な機会がなく、どちらかというと、我々は19～20世紀のドイツに似ている。今となっては、もはやフリードリッヒ・リスト（Friedrich List）の政治経済学が自由主義に属さないと批判する人はいないが、新旧の歴史学派が国家の権威を主張し、関税同盟を主張したのは、ドイツの自由市場経済を育成し、国家が発展してから国際自由貿易をより良く行うためである。実際のところ、自由主義の鼻祖であるアダム・スミス（Adam Smith）も当時はイギリスの『航海条例』を支持していた。ヒューム（David Hume）たちさえも強大な中央政府の建設を基本的な政治綱領としていた。要するに、自由経済、法治主義、個人の権利と国家能力は矛盾しているわけではない。しかも、英米を代表とする西洋主流の憲政国家の経験は、我々に以下のことを教えてくれた。市民の権利が十分に保障されていて、個人の自由と財産が十分に尊重されている時こそ、これらの国々が政治的国家として日々強大になり、国際上の地位を日々向上させている時である。

となると、我々は教条的にではなく、真面目に憲政が中国にとって何を意

味するのかを考えなければならない。それが単に国家権力に対する制限と拘束を意味するだけだろうか。それが単に政治権威を打破することを意味するだけだろうか。無論、筆者はここで憲政が有するこの種の基本的な意義を否定するつもりはない。憲政は確かに政府と国家の権力を制限し、人権を保障する。これらのことは、今日の中国において依然として絶対的に必要であって、中国の新旧の二つの伝統における独裁主義と権威主義政治は、憲政における権力制限の制度設計を通じて解決しなければならない。憲政のこの面における任務は、中国においては長期的かつ根本的なものである。しかし、権力を制限することは権力を不要とするわけではない。憲政国家の権力には限界があるという意味において有限的であるが、その機能は強大である。限界はあるものの、強い能力を有する国家制度が憲政国家の本質である。これについて、フェデラリスト（Federalist）たちは明確に「政府の力は自由を保障するのに必要不可欠なものである」と指摘している。そうみると、我々にとって、憲政は単なる教条的な個人主義ではなく、国家能力をも強調している。憲政は単なる普遍主義的な一般原理ではなく、国益をも求めている。もっとも、特に指摘しておくべきなのは、憲政国家における国家能力と国益は全体主義的なものではなく、個人の権利と自由を敵視しているわけではない。法治主義と民主政治の上に成り立っている国家能力は、対内的には法治政府、司法の独立、議会制度等を意味し、対外的には主権国家、独立自主、平和主義等を意味する。簡単に言えば、憲政国家は二つの側面を含む。一つは個人の権利で、もう一つは国家の建設である。この二つの側面はまさしく自由主義政治の二つの手がかりである。

　以上の角度から世界史の全局を見てみると、いかなる優れた憲政国家（例えばイギリスとアメリカ）も、二枚の皮をかぶっていることが窺える。一つは高度に発達した市民社会、及びその中における経済の繁栄と個人の自由である。もう一つは強大な機能を有する政治的国家であって、対外的には主権を守り、国益を保護し、ひいては植民主義と帝国主義へと邁進する。今日の中国にとって、いかにして憲政国家における覇権主義を防止するのかは、まだ遠い未来の問題である（これに関しては、カントの世界共和国理論が参考になる）。目下我々の一番喫緊の任務は、対内的には自由、憲政、民主的な国

民国家を建設することであって、対外的には国際覇権主義に反対し、最大限に人民の自由と幸福、及び国家の安全と利益を実現することである。以上の二つの側面はいずれも国家の権威の助けを借りる必要があると筆者は考えている。

　もっとも、この問題の複雑さは、歴史から見ると、中国は長らく独裁政治による苦難を受けてきたため、国家の権威に触れるとすぐ恐怖が蘇ってしまうというところにある。実は、理論上この問題を明らかにするのはさほど難しくない。我々が言う国家の権威は法治の下にある国家の権威であって、［党制国家］〔ママ、党を以って国を治める＝党治の誤植の可能性がある〕における政党の権威ではない。歴史における実践が我々に以下のことを教えてくれた。国民党時代の［党制国家］はいわゆる軍政から訓政を経て憲政へと移行するという国家建設のシナリオを実現できなかった。法治の上にある政党国家は危険な存在である。その権威の正統性は疑わしくて不確かなものである。憲政国家と［党制国家］との間には根本的な違いがある。憲法に基づいて構築された国家は中立的かつ形式的で、各政党と社会における利益団体を超越したものである。憲政国家はつまるところ擬制された政体主体であって、政党政治と民主政治に取引、対抗と協商のための舞台を提供した。国家の権威はすなわち法の権威であって、憲法の権威である。

　したがって、憲政国家の意義から本稿の議題に戻ると、以下のような結論が得られる。いわゆる中国的文脈におけるシュミット問題は、積極的・建設的な意味から言えば、我々に国家の権威の下での効果的な憲政改革について考えるよう促すことである。我々にとって、憲法政治は、国家の法治権威を通じて個人の権利、自由及び幸福を侵害から守り、市場経済の公正かつ持続的な発展を促進すること、政府が効率的に機能し、法に基づいて統治を行うこと、国際関係において国益を守り、現代国民国家として生存空間を公正に保護すること、などを意味している。要するに、合理・合法かつ効果的な国家の権威だけが個人の利益と市場経済の運営を保障する。逆に個人の権利と市場経済も憲政国家における国家の権威に道義的と経済的な基礎を提供する。人民の幸福と国家の力を結びつけるのは、憲政国家の優れた形式である。憲政と権威主義政治との違いは、憲政が権力を濫用せず、市民社会の発

展を保障する能力を有すると同時に、強大な国家能力をも有しており、個人の自由、安全と幸福を促進しているというところにある。

　当然ながら、これは我々の理想であって、憲政改革の方向でもあるが、既定の事実ではない。しかし、いかなる物事の発展と変化にも一定のプロセスがあって、政治のことも同様である。我々が中国の改革の20数年の歴程を振り返れば、きっと驚嘆するだろう。過去の中国と比べると、今日の中国では、すでに天地がひっくり返ったような変化が起きた。しかも、この変化はこっそりと緩やかに進んでいるものである。大地を震撼させる雷鳴はいつも人が気づかないところで発生している。それと同じように、今日の中国で起きていることを注意深く観察すれば、我々が憲政国家を打ち立てる重要な契機に直面していることに気づくのも容易であろう。

　第一、過去20年間に中国で進められてきた制度改革の資源と原動力がすでに底を突いている。政治改革はもはや一刻の猶予もない。我々が政治制度を教条的に見るのではなく、「調和のとれた社会」の構築という政治綱領を単なる社会政策として理解するのではなく、それを憲法政治のレベルまで高めれば、中国社会の政治制度が新たな時期に差し掛かっていると信ずるのに十分な理由がある。第二、中国がだんだんと国際秩序に溶け込んでいくという角度から見ると、中国の崛起に関する国内外の論争は事実上我々に大国として世界の枠組みに入り込む道を提供してくれた。国際的に流行っている中国脅威論と中国崩壊論に対して、我々が強調している平和的発展または平和的崛起という大国の方略は、現代国家として政治的に成熟していることを示している。また、それと関係する中国の内政問題としての［両岸三地］〔中国、台湾、香港〕の問題、及びアメリカ、日本、韓国といった周辺国家との関係の問題は、国家政体制度の新たな創造という面においても、世界秩序への参加と国益の保護という面においても、我々の政治知恵を試している。

　我々は今通常状態の政治と異なる例外状態の政治の時期に置かれている。我々はここでごく自然にアメリカのフェデラリストであるアレクサンダー・ハミルトン（Alexander Hamilton）がその時代のアメリカ人に問いかけた問題を思い出す。人間社会は深思熟慮と自由な選択を通じてよい政体を確立することが本当にできるかどうか。それとも彼らは永遠によい機会と強い力に

頼ってその政治組織を決定しなければならないだろうか。五千年の伝統を持つ政治文明体として、我々には新しい世紀に我々の社会政治の過程を慎重に考え直す切実な必要がある。もはや政治体制を「よい機会」と「強い力」に任せてはならない。正直に言うと、ここ150年の間に、我々が遭遇した機会はいつも悪かったし、強い力は常に暴虐の限りを尽くしていたため、落ち着いて選択する空間がほとんどなかった。新世紀に入って、我々は運命に身を委ねることなく、「深思熟慮と自由な選択」を通じて我々の憲政改革を実現し、中国を真に「大国の道」へと歩ませ、例外状態の政治から通常状態の政治への転換を完成させるよう、切に願っている。

※原載：高全喜「中国語境下的施米特問題」http://www.aisixiang.com/data/10787.html（2015. 1. 2. アクセス）

第2章　ここ十年における中国国家主義思潮の批判

許紀霖（Xu Jilin）
徐　行 訳

Ⅰ　左から右へ：国家主義の二つの思想の脈絡
Ⅱ　「応答民主主義」、それとも「応答権威主義」？
Ⅲ　シュミット主義の亡霊：国家の絶対的な権威
Ⅳ　呪術化「神魅化」に近づく国家理性

　国家主義の思潮が中国の思想界で台頭しており、向かうところ、左翼と保守の両陣営を席巻した。現在の中国的文脈における国家主義（statism）はナショナリズム（nationalism）から発展してきたものであるが、ナショナリズムよりも極端的かつ政治的であり、国家が社会生活の各分野におけるこの上もない中核的な地位を強調する。なぜなら、国家は民族と人民全体の利益を代表しており、個人の私益による政治過程への浸透と干渉に抵抗できるからである。中国的国家主義は伝統的な絶対君主主義や近代の全体主義の復刻ではない。その正当性は国民主権論の呼びかけに依拠しており、ある種の「似て非なる」民意の基礎を有している。民主を通じて権威主義を実現するため、一種のポピュリズム的な権威主義である。中国的国家主義は中国の崛起を背景に、自分自身が西洋と異なる中国的特色を有する政治ルートと政治モデルであって、普遍性を有する西洋的民主主義に挑戦できる制度上の創造であると立証しようとしている。しかも人民の利益と中華文明の神格化を通じて、ある種の国家を対象とする物神崇拝を形成しようとしている。

　この新たに台頭した国家主義の思想はどこから来たのか、その論理の脈絡と基本的な訴求は如何なるものであるのか、そして、それが何処へ向かおうとしているのかについて、我々はこれらの問題を明らかにするために探求し

なければならない。国家主義の思潮は中国思想界の内部で発酵・流行しているだけではなく、国家の主流のイデオロギーにも近づいており、［唱紅打黒］〔紅い歌＝革命歌謡曲を歌い、黒社会を撲滅するキャンペーン〕が進められている一部の地域においては、大規模な実践の可能性さえある。1930年代のドイツと日本の歴史が示したように、国家主義はいったん勢いがつくと、民族全体を災難に陥れてしまう。我々は真摯にそれに対処しなければならない。

　※〔　〕は訳者注を、また［　］は中国語を示す。

I　左から右へ：国家主義の二つの思想の脈絡

　現代中国の思想界における国家主義思潮の代表的な論者は、ほとんどが1980年代の啓蒙陣営に属していたか、1990年代に啓蒙による薫陶を受けている。1980年代の新啓蒙運動の中心的な訴求は自由と解放である。近代的な国民国家を打ち立てることも啓蒙の内在的な目標の1つであるが、啓蒙運動において、ナショナリズムの背後には普遍的な近代的価値観による制約があるため、個人の解放という大きな波に比べると、ナショナリズムは1980年代の主流ではない。1990年代に入ると、ナショナリズムの思潮が頭角を現すようになった。1990年代に現れたナショナリズムは、中身が極めて複雑な思潮と運動である。近代的で普遍性を有する目標を認めながら、自民族の文化的アイデンティティの実現を目指す温和的な文化ナショナリズムもあれば、西洋の各種の覇権に抵抗し、中国に「いいえ」と「不満」を言う資格を獲得させようとする民族主義的な反西洋主義もある。さらには、自由主義的なナショナリズムのように、近代的で普遍的な文明の構築を国民国家の建設における根本的な使命とするものもある。1999年にユーゴスラビアにある中国大使館がアメリカによって「誤爆」されて以降、中国ではナショナリズムが疾風怒濤の如く勢いがつき、2008年の北京五輪の聖火リレーの際に世界各地で起きた抗議活動をきっかけに最高潮に達した。「中国の崛起」という大きな背景の中で、ナショナリズムが政治的かつ保守的になった。そして、国家主義の出現はまさにナショナリズムがロマン主義や歴史主義と結合

した産物である。ナショナリズムは国民国家の崛起を追い求める。この点について、非難する余地がない。ところが、国家主義はそれと違って、国家を中心に国家の隆盛と国家能力の向上を「近代性」の中心的な目標とする。国家は国民の利益を実現するための道具ではなく、国家自身が善であり、自主的な国家理性を有し、国家そのものがそれ自身の目的である。

　1990年代初頭から始まった中国経済の高成長が、国家の財政能力、動員能力と支配能力を質的に向上させ、国際関係においてアメリカやヨーロッパに匹敵する強大な国力をもたらした。この人々に恐れを抱かせる巨大な存在は、幸福それとも災難をもたらすかについて、思想界からはいろいろな声が上がっている。古典的な自由主義者は、近代的な民主制を欠く国家は、恐ろしいほど抑圧的な権力になると信じている。彼らは社会を発展させ、成熟した市民社会と公共空間を通じて国家が有する独断的な権力を制限すべきだと主張している。近年、自由主義の内部にも、国家主義と自由主義を融合させて、国家自由主義を形成するという試みが現れた。高全喜によると、自由主義には二つの側面がある。一つは人権を保障し、国家の権力を制限する側面である。もう一つは近代国家を構築する側面である。「まずは近代国家を確立する必要がある。リバイアサン（Liviathan）を確立する必要がある。そのリバイアサンの下に近代市民が初めて生まれる」。彼は「真に成熟した自由主義は最も国家の利益を重んじる。自由主義はイコール個人主義プラス国家主義だと言ってもいい」と強調している。しかし、全体的に見ると、中国の自由主義には国家に関する全体的な論述が欠乏している。民族の崛起という歴史の過程において、国家は一体いかなる作用を果たしているのか。国家は民族全体の利益を代表し、独自の国家理性を有することは可能であるのか。以上のような自由主義が欠席している分野には、国家主義が虚に乗じて侵入した。国家主義はまさにここ数年における「マキャヴェッリ」ブームや「ホッブズ」ブーム、「カール・シュミット」ブームに乗じて、近代国家に関する一つの論述体系を発展させ、思想界における「国家に対する飢え症」に応えることで、国家主義の暴風を引き起こした。

　中国の思想界において、国家主義思潮には二つ異なる脈絡と起源がある。一つは一斉に右に旋回した急進左翼で、もう一つはここ十年に新たに台頭し

たシュミット主義である。

　急進左翼の保守化は近年思想界に現れた驚くべき現象である。左派の本来の意味は、底辺の民衆に対する同情、及び資本の権勢と政治の権勢に対する妥協なき批判と反抗である。これこそが急進左翼の魅力である。中国の左派は旧左派と新左派に分かれる。旧左派は伝統的な社会主義イデオロギーを堅持する原理主義者であって、彼ら自身が現行政治体制の一部であり、エセ左派または真の保守派だと言える。新左派は1990年代に起きた自由主義と新左派との大きな論争の中で台頭した新しい思想パワーである。彼らの焦りの矛先は、1990年代以降の「資本主義化」された中国である。彼らは改革開放の中で現れた問題は、政治の腐敗から社会の不平等に至るまで、すべてが西洋の新自由主義が引き起こした災いだと決めつけて、中国が西洋の資本主義の道を超越し、新たな制度を創造する道を歩むよう期待している。その思想の源泉は、西洋の各種左翼理論のほかに、独りよがりに毛沢東時代の社会主義の伝統から積極的な価値を発掘しようとしている。新左派の基本的な立場は二つである。一つは底辺の民衆に対する同情と賛美で、もう一つは西洋の資本主義と民主主義に対する憎悪である。彼らが1990年代の国家意志は「新自由主義」の後塵を拝し、底辺の民衆の利益を害していると考えたとき、新左派による権力に対する批判は相当な殺傷力を有していた。ところが、21世紀に入って、彼らが国家意志は少しずつ「間違った」新自由主義から「正しい」社会主義の軌道へと戻りつつあると気づいたとき、新左派は右へと旋回し、全面的に国家を受け入れて、急進左翼から保守的な国家主義へと変わった。2008年、建国60周年の際に、一部の新左派の代表的な人物が「偉大なる60周年」を謳歌する世論による大合唱に参加した。彼らは忘却と記憶を選択的に選び、前の30年と後の30年を合わせて、中国的社会主義モデルによる一貫した成功経験とみなした。王紹光は権威的な『中国社会科学』で論文を発表し、60年間の中国の発展は社会主義の方向性を堅持した結果だと論証し、「社会主義の方向性を堅持すれば、未来の道はきっと歩けば歩くほど広くなる」と主張した。汪暉は60年間の経験を中国が「比較的に独立かつ完全な主権性格」を有していることに帰し、この独立自主性は政党による実践を通して完成されたと主張した。「中国の政党と国家には独立した品

格があるため、自己修正のメカニズムを発展させた」。

　左と右、急進と保守は、元々絶対的な両極ではなく、特定の条件下で互いに転化することもあれば、ひいては結合して一体化し、形が左で実質が右というパラドックスを形成することもある。つまり、下半身は底辺の民衆に同情する左派で、上半身は権威を擁護する右派である。現代中国の新左派は初めからある種の国家主義を内包する趨勢を有しており、ひいては国家の権威と切り離し難い関係にある。早ければ1996年に、甘陽はすでに中国は「政治的な成熟に向かって進まなければならない」と提唱した。彼にしてみれば、中国は経済が発展してから、経済的には強く、政治的には軟弱という状況を回避するために、政治的に成熟しなければならない。その具体的な方法とは、全国レベルの国民による直接選挙を通して、日々膨張している地方の利益を克服し、国家は人民から直接正統性の授権を獲得して、「ポピュリズム的民主主義」を正統性の基礎とする強力な国家を確立することである。甘陽は急進的な民主主義者であると同時に、保守的な国家主義者でもある。彼が心酔しているのはまさにマックス・ウェーバー（Max Weber）式の権威主義的民主主義である。民主主義には二重の機能がある。市民に政治的自主性を与える一方で、国家の権威主義的正統性の基礎を強化できる。ウェーバーが民主主義に着目したのは、まさに後者の道具としての機能である。権威主義には民主主義が必要ないというわけではない。必要なのは「一回限りの授権」というタイプの民主主義である。ウェーバーはエーリヒ・ルーデンドルフ（Erich F. W. Ludendorff）将軍に対して以下のように述べたことがある。「民主主義においては、民衆は自分たちが信頼できる指導者を選ぶ。選ばれた指導者が『黙れ、言う通りにしろ！』と言えば、民衆と政党はもはや自由に指導者に干渉できなくなる」〔訳文は原文ではなく、Max Weber, Essays in Sociology, trans. H. H. Gerth and C. Wright Mills, 1946, P42に基づく〕。それを聞いたルーデンドルフは大喜びで、「この種の民主主義なら好きになれる」と答えた。中国の早期新左派の急進的な民主主義計画案は、まさに強力な国家の確立を趣旨とするウェーバー式の権威主義的民主主義である。

　早ければ1990年代初頭に、王紹光が胡鞍鋼と一緒に、激しい論争を引き起こした「中国の国家能力の向上」と題する報告を提出し、明確に国家能力

を「国家が自らの意志を実現する能力」と定義した。具体的には吸収能力、調整・コントロール能力、正統化能力、及び強制能力として表れる。新左派の集団的右旋回は青天の霹靂ではなく、内在的な思想及び歴史の論理を有している。議会制民主主義に対する排斥を呼びかけるポピュリズム的民主主義は、民主主義を正統性の基礎に据える個人または寡頭制の権威主義を国家制度として打ち立てなければならない。中国の新左派は強権への反抗に力を注いでいるが、彼らの心の中には、真の敵は一人しかいない。それは西洋の新自由主義である。国家と新自由主義が一緒になって悪事をするとき、彼らは国家の批判者である。しかし、いったん国家が西洋の新自由主義という「間違った」方向から距離を置いて、社会主義という「正しい」軌道に戻ると、国家は彼らの目に底辺の民衆の希望として映ってしまう。汪暉は1990年代末から21世紀初頭まで、ずっと「批判的な知識人」の姿でグローバル化する資本主義と官僚化した「脱政治化の政治」を鋭く批判していた。ところが、ここ1年以来、汪暉は建国60年以来の中国の崛起の独特の経験に対する総括から始まり、「政党の国家化」や党国が人民の普遍的な利益を代表していることを肯定するようになった。このような突然に起きた「方向転換」は新しい政治環境における新左派の政治策略の重大な調整を現しているように思われる。「全国民による直接選挙」または「底辺の民主主義」の訴えが抑圧され、道が閉ざされてしまった状況下において、彼らの政治的な重心は社会運動に対する呼びかけから国家の意志に対する期待へと方向転換した。「市民を覚醒させて正しい道を行う」というボトムアップの路線から「いい君主の信任を得て正しい道を行う」〔原文は「替君行道」だが、正確には「得君行道」だと思われる〕というトップダウンの路線へと曲がってしまった。

　国家主義のもう一つの思想の脈絡はシュミット主義である。劉小楓がヒトラーの桂冠法学者であるカール・シュミットの思想を中国の思想界に紹介して以降、ここ10年以来、法学界と政治学界でシュミット旋風が巻き起こった。この旋風が至る所で国家主義の種を撒き散らした。中国の政治論者におけるシュミット主義の代表は強世功をおいてほかにない。2004年にウクライナで「オレンジ革命」が起きたが、強世功はウクライナ政府が自由主義的

な憲政観にとらわれて、政治に対する本質的な理解を欠いたため、武力による反対派の鎮圧を決断する意志をなくし、結局政権の座を手放したことを惜しんだ。彼はシュミットの口調で「色の革命」が中国に残した教訓を語った。「政治問題のポイントは善と悪の問題ではなく、服従するか否かの問題である。政治的な権威に服従しなければ、『あなたが間違っていると言えば、あなたが間違っている。正しいことをやっても間違っている』」。「政治の最も重要な問題は敵と味方を区別することである。敵と味方との間には、自由の問題が存在せず、あるのは暴力と征服だけである。これこそが政治の本質であって、自由主義者が往々にして直視できない本質である」。

ここ10年来、シュミット主義を中心に、マキャヴェリ（N. Machiavelli）やホッブズ（T. Hobbes）等の国家理性に関する一連の学説が一部の知識人の間で大人気となった。彼らの国家に対する理解にはドイツロマン主義的な崇拝が満ちている。すなわち、国家はもはや人民の利益を実現するための道具ではなく、自分自身の目的、理性と機能を有する有機体である。国家権力はもはや制限しなければならない必要悪ではなく、民族全体の利益と公共の意志を代表する善である。国家はもはや宗教と倫理価値による束縛を受けず、自主的な理性を有し、分割もできず譲渡もできない至上最高の主権意志を有する。強世功は西洋の憲政理論を借りて、中国の政治体制の正統性について体系的な論証を行った。彼によると、中国の国家意志はすなわち党国意志である。中国革命の近代的伝統は、成文の国家憲法の上に、党の意志という不文の憲法が存在することを決定した。中国共産党は人民の根本的な利益を代表する最高の主権であり、国王の2つの体のように、党は魂で、国は肉体である。党政軍「三位一体」の主席制はまさに中国独特の憲政体制である。建国60周年の際に、中国独特の政治モデルを称賛する各種の言説が相次いで登場した。張維為は以下のように総括した。「政府は必要善である。中国の長い歴史の中、繁栄の時代はいずれも比較的に進歩的で強力な政府と結びついている。アメリカ人が主張している『政府は必要悪である』と違って、中国の変革は進歩的で、発展に力を注ぐ政府によって導かれている」。潘維の主張はより明確である。「中国の政治モデルにおける最も根本的な特徴は先進的な執政集団を有していることである。中国共産党は現在中国の近

代化事業を指導している執政集団である。この集団は全国民が近代化へと邁進する際の福祉を代表していると宣言しており、公正無私・紀律厳正・団結統一であり、分散かつ自由な中華民族に確固たる政治指導の中核をもたらした」。

　これら保守化した新左派とシュミット主義者は、体制内でマルクス・レーニン主義の茶碗を抱えていて、陳腐な思想を持っている原理主義者ではなく、ほとんどが体系的な西洋教育を受けた現代知識人である。彼らは「中国の崛起」に感化されて、「存在するものは合理的である」から出発し、あらゆる手を使って「合理的な現実」を論証しようとする。国家主義思潮は統一された思想共同体ではない。しかし、理論の源泉や政治主張が完全に重なるわけではないものの、共通の価値的立場を有している。すなわち、最高の主権と国家の意志を崇拝し、国家が人民全体の利益を代表していて、党と政府の執政能力の強化だけが中国に政治上の崛起をもたらすと信じている。これらの国家主義知識人は北京大学や清華大学、香港大学といった国内外の一流大学に奉職し、独立した民間知識人を自任しながらも、体制とつかず離れずの曖昧な関係を維持している。その主張を支えているのは、教条主義的になったマルクス・レーニン主義ではなく、西洋における左から右に至るまでの各種流行の理論である。私にしてみれば、真面目に対応しなければならないのは国家主義の主張ではなく、その背後にある理論上の根拠である。まさにこれらのエセ理論が人を惑わす力を持っており、中国の崛起を望む多くの知性的な学生を惹きつけた。

II　「応答民主主義」、それとも「応答権威主義」?

　中国の改革はロシアのそれと違う道をたどっている。経済改革が優先され、政治改革が遅れを取っている。21世紀に入って以降、国内では民主化を求める声が高まっている。「民主」はこの時代における神聖な概念で、過去の「革命」と同じように、公に民主に反対する勇気を持っている人はいない。

　欲しがっているのは如何なる民主主義であるのかは、意見が分かれるとこ

ろである。

　中国の自由主義者が提唱したのは立憲民主主義の案である。彼らが求めているのは、国家の正統性を立憲民主主義という基礎の上に置き、憲法を国家の政治生活における最高原則として位置付け、党政分離を計らい、体制の内部で一定の限度において権力の抑制と均衡を実現し、完全なる市民社会と公共領域を確立して、社会の国家に対する自主性を実現することである。この自由派による温和的な改革の要求は、1990年代後半から21世紀初頭までの間に一度活発になったことはあるが、近年では外部環境による抑圧を受けて声をひそめた。もう一つの選択肢は社会民主主義の案である。西洋のマルクス主義理論から出発し、社会主義における平等への要求と公有制を西洋の議会制民主主義と結合させて、民主化された社会主義という理想を実現しようとする。この民主主義の案は一度上層部の興味を引いたが、その後すぐ周辺化された。近年出現した国家主義思潮の中、シュミット主義はめったに民主主義を論じることがない。彼らが注目しているのは最高主権の決断力である。そして、新左派は独自の急進的な民主主義の理想を有している。甘陽はウェーバー式の権威主義的民主主義の強大な国家を実現するために、全国民による普通選挙の案を提唱したことがある。王紹光、崔之元、汪暉らは底辺のポピュリズム的民主主義を主張しており、例え一斉に右に旋回して国家主義者になったとしても、民主主義は依然として新左派の中心的な案の1つである。

　新左派の中で、民主主義の問題について体系的に思考と論述をしているのは、王紹光である。2008年に三聯書店から出版された『民主四講』は、相当変わっている民主主義の案である。変わっているというのは、競争的な選挙制民主主義と比較した場合である。西洋の民主主義の歴史の変遷から見ると、古代ギリシャとローマが実行していたのは直接民主制である。市民が直接参加して政治共同体の公共事務を決定する。それに対して、近代の民主主義は間接的・手続き的な民主主義である。国民は競争的な選挙を通して、エリートを自分の代表として選出し、間接的に統治を行う。このヨーゼフ・シュンペーター（Joseph A. Schumpeter）によって定義された手続き的な民主主義は、近代の民主主義の実践において、広く採用されている。例えば、サミ

ュエル・P・ハンティントン（Samuel Phillips Huntington）はこれを基準に一つの国家が民主的であるかどうかを判断し、「民主主義の第三の波」という理論を提唱した。西洋近代の議会制民主主義は王紹光によって激しく批判された。つまり、それが民主ではなく、［選主］であって、「民衆〔原文は「民主」となっているが、誤植だと思われる〕が直接政策決定に参加する機会を制限」し、「大多数の人が政治参加する機会を制限」し、「選挙における『貴族』、『寡頭』の色彩を払拭できない」。これらの批判には言い過ぎという側面もあれば、理にかなっているところもある。政党による競争を中心とする選挙制民主主義の弊害は、すでに西洋現代の公民的共和主義や共同体主義、急進民主主義によって深く分析・批判された。市民による政治参加の精神を弱体化させることや、選挙が容易に金銭勢力によって操られること、日常政治の官僚化をもたらすことといった問題点が指摘されている。そのため、これらの議会制民主主義の批判者は多極共存型民主主義〔Consociational democracy〕や参加型民主主義〔Participatory democracy〕、政治における公共善といった多種多様な民主主義の案を提唱し、議会制民主主義に存在する内在的な欠陥を補おうとした。ただし、これらの案は競争的な選挙を中心とする議会制民主主義に取って代わること、ひいてはそれを転覆することを目的としているわけではない。近代の民主主義の制度上の基本構造を認めた上で、古典的な民主主義の精神を以って、近代の民主主義の不足を解決しようとしただけである。

　ところが、王紹光がやろうとしているのは、代替性を有する異質な民主主義の案を提唱することである。つまり、いわゆる「真の民主主義」は、「人民が自ら主人公になる民主主義であって、骨抜きにされて、無害化処理を受けた民主主義ではない」。表面的に見ると、王紹光が古典的な直接民主制の伝統を復活させて、これらの民主的な権利を左派が考えている人民、すなわち底辺の民衆に与えようとしている。この理想は悪くないが、中国は所詮古代ギリシャのような都市国家ではないところに問題がある。地域面積が広くて、人口も多い大国で、一体どうすれば直接民主制を実現できるのか。王紹光は情報の公開や民意の聴取、人民の知恵の吸収、人民による政策決定の実行といった参加メカニズムを列挙した後、はっきりと手の内を見せてくれ

た。彼が言う「真の民主主義」は、毛沢東時代の「逆向の参加モデル：大衆路線」である。

　古代ギリシャの民主主義と「大衆路線」は表面的に見るといずれも直接民主制であるが、性質上両者の間には根本的な相違がある。古代ギリシャの都市国家における政治の主体は市民であるのに対して、毛沢東の「大衆路線」における政治の主体は統治者である。古代ギリシャの都市国家は誰が統治を行うかに関心を持っていたが、「大衆路線」が気にかけているのは如何にして効果的に統治を実現できるのかである。王紹光にしてみれば、民主主義は「誰が統治を行うか」を決める政権の形式というより、「如何にして効果的に統治を行うか」を決める政府によるガバナンスの形式である。民主主義とは何か？「民衆が望みを伝え、政府がそれに応答民主主義とはそういうものである」。王紹光によると、民主主義には多くの意味合いが込められているが、最も重要なのは「政府が人民に応答すること、すなわち政府の政策がどれほど市民の需要、要求と好みを反映しているかである。この意味における民主主義は民主主義の真の意味により近い」。王氏によるこの種の「応答民主主義」は、こっそりと政治の主体を市民から統治者へと置き換えた。その結果、民主主義の中身にも変化が生じた。古代ギリシャの民主主義の中身は如何にして被統治者意志を共同体の意志としてまとめるかである。それに対して、「応答民主主義」が関心を持っているのは、統治者が如何にして被統治者の意志に応答・採択・代表するかである。多極共存型民主主義や、ネットにおける民意、専門家による進言、公衆意見の聴取といった直接民主制の案は、議会制民主主義の不足を補うものにもなれれば、開明的な権威主義の一部にもなれる。王紹光がきっぱりと議会制民主主義の基本構造を排斥した後、彼が想像できる民主主義の実践空間は、毛沢東が残したポピュリズム（Populism）の遺産から求めるしかない。

　王紹光の「応答民主主義」の案の中、一般民衆はくじ引き、協議、世論と参加を通じて底辺の民主を獲得する。民衆はこれらの方法で民意を伝え、政府が応答してそれを吸収し、最終的には国家によって人民の根本的な利益を集中的に体現する。この種の「ポピュリズム的民主主義＋応答する権威」の民主的権威主義モデルは、間違いなく毛沢東の「民主集中制」の精神を継承

している。大衆による「民主」は単なる象徴的な形式にすぎない。統治者による「集中」こそが真に決断を下す意志である。しかし、だからと言って「民主」はあってもなくてもいい存在ではない。「集中」している専制の意志に形式上の正統性を提供できる。このモデルには致命的な欠陥がある。つまり、競争的な選挙と制度化された監督と問責がないため、底辺の大衆と上層の権威との間に断絶が見られる。民衆の利益と意志は制度的な保障を通じて、効果的に政府の意志に転化できないわけである。西洋の民主主義の構造の中には、議会が有権者を代表して政府を監督し、司法が人民の最高意志に基づいて政府が違憲しているかどうかを審査する。しかし、「応答民主主義」の中において、政府の権力は自ら人民の根本的な利益を代表していると宣言すれば、何の拘束も受けることなく、自由気ままに、やりたい放題に具体的な市民の利益を侵害できる。最近頻発している公共利益の名を借りて土地収用と立ち退きを強制する政府による権利侵害行為は、「応答民主主義」が虚妄であることを証明できる格好な例である。

　結局のところ、「応答民主主義」の本質は一種の「応答権威主義」(responsive authoritarianism) である。「民主」もあれば、「権威」もある。統治者が被統治者の利益と願望に応答することによって「民主」という美名を獲得し、国家による権威主義的統治の正統性を強化する。開明のように見える「応答権威主義」において、政治の自主性は常に政府の手によって握られている。民衆の意見に応答・採択するのは、統治者が開明的であることの表れであるが、統治者が応答せず、採択しない場合、民衆はどうしようもなく、何ら制度的な拘束もない。この種の「民主」は伝統的な儒教思想における民本政治に近い。民本と民主、わずか1文字の差であるが、両者の間には根本的な区別がある。民主主義政治は制度的に保障されている競争的な選挙を通じて「人民が自ら決定する」ことを実現する。それに対して、民本政治は統治者が政治の主体となって「人民のため決定する」のである。王紹光は人民が主人公になることを絶えず主張しているが、彼の「真の民主主義」の案の中には、人民が最終的には「被代表」、「被採択」、「被回答」という受動的な地位に置かれている。民主的になるか否かを決める主導権は終始統治者の手中に強く握られている。

近代の民主主義と儒教の民本の背後には異なる政治理念が存在している。この点について、潘維は割と比較的に明確に認識している。彼によると、「中世以降の西洋では『権利本位』の思想が発展してきたが、中国では『責任本位』の思想は今も継続している。『責任本位』と『権利本位』との二つの概念には、中国と西洋思想の根本的な相違が凝縮されており、この相違が中国モデルと西洋モデルとの相違における思想上の根源を構成している」。「権利政治」の主体は市民である。市民は法治の下で、自身の正当な権利利益を守る権利もあれば、己が選んだ役人に対して問責する権利もある。それに対して、「責任政治」の主体は統治者である。儒教の民本思想における道徳的要求からすると、役人は百姓のことを心に留めて、民衆に奉仕しなければならない。しかし、ここで言う民衆は抽象的で象徴的なシンボルであって、民衆には役人を制度的に監督する手段がない。いわゆる責任は道徳によるソフトな拘束であって、役人が実際に責任を負う対象は下々の民衆ではなく、自分の上司である。官僚体系の内部では、上から上へと責任を負い、下から下へと責任を問う。何という中国的特色を有する官僚主義の景色であろう。

　民主主義は市民の共同体にとって、社会自治の問題であるが、政府にとっては、市民が政府に授権する過程である。この授権は、ウェーバーが言う一回限りの権力の移転ではなく、議会と司法による間接的な監督や、公衆による世論、多極共存型民主主義、ひいては国民投票による直接的な問責を通じて、経常的に政府による政策決定の正当性を審査することである。「応答民主主義」には制度的な授権がなく、自己主張による代表の宣言しかないため、いわゆる応答も客観的な基準と効果的な監督手段を欠いた単なる開明的な専制的人治にすぎない。したがって、「応答民主主義」は民主主義に対する追求から始まり、民主主義を破滅させることで終わる。人民が主人公になって決定するのではなく、権威が人民のために決定するため、最終的には自己否定・自己転覆する「応答権威主義」に変わってしまう。

　「応答民主主義」が「応答権威主義」に変化する過程は、絶えず脱政治化する政治プロセスである。つまり、政治の主体としての市民の意志が絶えず代表され、周辺化されていき、「誰が統治を行うか」の問題もこっそりと

「如何にして統治するか」の問題に置き換えられた。その結果、民主化するかどうかの問題は、近年の中国では如何にして良い統治（good governance）を行うかの問題に変わってしまった。新左派出身の王紹光がまだ民主主義の旗印を捨てられずにいるとき、その他の国家主義者はすでに思い切って良い統治と良い政治を以って、煩わしい民主主義に取って代わった。張維は率直に「良い政治は民主化よりも大事である。中国は『民主と専制の対立』というありふれた言説を拒絶しており、一つの政府の性質は、その正統性も含めて、その実質的な内容、すなわち良い政治によって決定され、政府が人民に何を提供できるかによって検証すべきだと考えている」と主張している。

確かに、良い統治には良いものが多く含まれている。法治、参加、公正、透明、責任、有効、安定、謹厳などがそれに当たる。しかし、「応答権威主義」と同じように、政治の主体は依然として政府であって、市民ではない。政治が技術化されて、脱政治化されてしまった。政治の過程は市民が欠席する政府によるガバナンスの問題になってしまった。しかも、良い統治が期待されているこの政府は、制度的な監督を欠いていて、あらゆるところに存在し、何でもできる絶対的な権力である。

　ところが、国家主義者から見ると、中国の国家権力は過去から現在に至るまで、強すぎるのではなく、弱すぎたのである。彼らは中国と西洋との実力差は、文明の有無ではなく、国家能力の強弱から由来するものだと信じている。呉増定によると、「西洋近代国家が極めて強い拡張と征服の能力を有しているのは、国家権力が社会の領域に対して高度な整合と動員の能力を有しているからである」。韓毓海は500年来の中国と世界の歴史を改めて観察した結果、「ここ500年来の世界史における消長は、その中核が事実上『国家能力』という一点にある」と結論付けた。中国が少しずつ衰退したのは、強力な中央政府を欠いていたからである。彼は1949年以降の「中華民族の偉大なる復興は、中国革命が基層組織を構築することで、社会の組織能力と国家の効率を大きく向上させたことから始まっている」と称賛した。王紹光は一番早く「国家能力」の概念を提起した学者である。彼によると、民主主義という政権の形式に注目する以外、国家能力の問題も重視しなければならない。多くの民主主義国家は効果的な政府能力を欠いていたため、長期的な民

主主義の衰退に陥っている。「強力な国家がなければ、質の高い民主主義を実現できない」。「国家は最大かつ最も効果的な人権組織である」。王紹光の見解は半分しか当たっていない。質の高い民主主義国家には確かに強大な国家能力を必要とするが、強大な国家が自然と「最大かつ最も効果的な人権組織」になれるわけではない。フィリピンのような香港人人質事件も処理できない民主主義国家もあれば、北朝鮮のような人権を踏みにじりながらもワールドカップの本大会に出場できる全体主義の国もある。強大な国家権力は大きな善にもなれば、大きな悪にもなる。結局のところ、国家権力は人間性と関係していて、人間性の中には神と悪魔が交差している。良い制度の下では天使になれるが、悪い制度の下では堕落して悪魔になる。強力な国家に最も必要なのは民主制であって、健全な憲政と法治があれば、権力が悪事を働くのを防げる。卓越した能力を有する国家は、人類史上における経済発展の奇跡を起こすこともできれば、人権と人類に危害を加える堕落の可能性もある。西洋国家の中、イギリスとアメリカが繁栄し続けて堕落しなかったのは、頼りになる文明と制度によって拘束されているためである。ドイツと日本が一時繁栄を極めたものの、最終的に敗北したのは、一方的に国家能力の拡張を追求し、人類の普遍的な文明に背を向けたためである。

『民主四講』の中で、王紹光は政権の形式と国家能力という２つの概念を区別した。前者は制度が民主的であるかどうかと関連し、後者は国家がコントロール能力を有しているかどうかと関係する。私たちは以下のように理解することができる。つまり政権の形式は文明の価値とその制度化と関連するが、国家能力は政治体制の合理化によって決定される。合理的な政治体制は国家のコントロール能力と統治の効率を向上させる。例えば、経済的競争力の増強や、迅速な人質の救出などが考えられる。しかし、同時に人権を抑圧し、野蛮な立ち退きや違法な土地収用などをもたらす可能性もある。となると、政権の形式が民主的であるかどうか、普遍的な文明の価値観と一致しているかどうかが非常に重要なことになる。民主主義から離れて国家能力を議論するのは、巨大な道徳上のリスクと政治上の危機を含意している。新左派の「応答民主主義」が単なる良い統治の理念に基づく開明的な権威主義に成り下がった以上、権威に対する民主による拘束が非常に脆弱なものになって

しまう。開明的な権威主義は高度に合理化された行政権力であって、自己理性化の機能を有しており、効率よく国家の最高意志を実現できる。理性化された権威主義はただ具体的な業績目標を自身の行動の根拠としており、普遍的な文明の価値を凌駕している。倫理観から見ると、それは虚無主義的かつ技術主義的なものである。それに対して、良い民主主義には必ず一定の価値がある。その真の意義はいわゆる「人民が主人公になって決定する」のではなく、勧善懲悪を実現し、より高い文明的価値を体現することである。

　ここで言う良い民主主義は、人の自由の本性を保障してくれる民主主義のことである。民主制の歴史的な実践から言うと、それは立憲民主主義、すなわち自由を最高の倫理原則とする憲政によって規定された民主主義である。王紹光は民主主義に対する修飾と制限を一番嫌っている。彼にしてみれば、「真の民主主義」は制限を受けないもので、人民が直接主人公になって決定する民主主義である。このような純粋な民主主義が本当に存在するだろうか？より高次的な倫理価値による制約を受けなければ、たとえそれが直接に大多数の市民の意志を体現しているとしても、民主主義は恐ろしい暴政に堕落してしまう可能性がある。ソクラテスはまさに民主主義による暴政の犠牲者である。民主主義には唯一無二の形態はなく、単に権力が人民による授権または同意に由来していることを意味する。民主主義は各種の主義と結合できる。立憲主義的民主主義、権威主義的民主主義、またはポピュリズム的民主主義がそれにあたる。

　民主主義は自明の制度ではなく、修飾を受けて、より高い価値が与えられる運命である。それが自由の価値（立憲民主主義）であったり、権威と秩序の価値（権威主義的民主主義）であったり、または捨象された人民全体の意志（ポピュリズム的民主主義）である。異なる民主主義の案を選ぶのは、実質的には価値に対する取捨選択である。異なる価値観を有する民主主義の間には、当然ながら優劣、上下の差がある。自由主義の価値基準から見ると、いわゆる良い民主主義は、必然的に人の自由な選択と基本的人権を保障できる民主主義であって、強大な国家能力を有している民主主義ではない。いわゆる良い政府は、法も神も眼中にない極めて強い能力を有する巨大な存在ではなく、倫理的価値に合致し、権力相互の抑制と均衡が実現されていて、効率

的な行政を実行できる政府である。

　中国の新左派が心酔している民主主義は、実際のところ、混合性を有するポピュリズム的権威主義的民主主義である。彼らは人民の最高意志を信じる一方で、政府による強大な権威にも期待を寄せている。民主主義と権威主義は時として衝突しないこともある。近代政治においては、往々にして両者結合のパラドックスが発生する。民主主義は権威主義的統治に正統性の基礎を提供できる。そして、近代の権威主義的統治は、全体としての人民の意志に求める以外、正統性を獲得できる源泉がない。その結果、民主主義が権威主義と手を携えて、強力な国家を建設することになる。新左派の言葉を借りれば、それが「下層と上層が連合して中層を攻める」ことである。ここで言う下層は、底辺の民衆を指している。上層は中央政権を指しており、中層は地方政府とその利益団体を指している。王紹光によると、「古代の帝王はみんな知っている。彼らは往々にして一番底辺の民衆と結合することで、中間の官僚を制約する。アメリカも同様で、連邦政府が州政府を迂回して、その州の黒人と結合することで、州政府に民主的な権利の面での譲歩を迫る」。韓毓海はよりはっきりと述べている。民主主義は単純な「官民対立」だと思わない方がいい。中国の歴史から見ると、「国家と普通の百姓は共通の利益と共通の敵を有しており、その敵とはすなわち［豪強］と［『豪民』］（権勢を持っていて、横暴に振る舞う人）である」。多くの引用がなくても、我々は保守的になった新左派による民主主義の案は、実際にはポピュリズム的権威主義、あるいは権威主義的民主主義であると気づくだろう。西洋の左派も民衆の力を信じているし、ポピュリズム的民主主義を信じている。しかし、彼らは決して国家や帝国を含むあらゆる抑圧的な権力に妥協しない。例えば、『帝国』の作者であるマイケル・ハート（Michael Hardt）とアントニオ・ネグリ（Antonio "Toni" Negri）は、抑圧的な権力を打破する希望を組織された全世界の民衆に寄せている。それに対して、21世紀の中国の新左派は本来の社会運動の訴えを捨てて、逆に国家の権威に民衆の願望に応答するよう願っている。彼らは官僚主義の国家に反対しているが、西洋の左派と同じように国家に対する自然な警戒を有していない。それどころか、彼らはポピュリズム的で、人民の名義を借りて統治を実現している「応答権威主義」の国家

に希望を寄せている。

なぜポピュリズム的民主主義が最終的にはポピュリズム的権威主義に転化する可能性があるのだろうか？　それはポピュリズム的民主主義が克服できない内在的な矛盾を抱えているためである。一方、それがあらゆる代議制と官僚の権力に反対し、民衆による政治への直接参加を通じて、民衆による自己統治と自己管理を実現しようとする。他方、それが分散している民衆の意志を迅速かつ効果的に統一された人民の意志に集合させて、参加のための政治的意志を統治のための行政的意志に転化させなければならない。その結果、ポピュリズム的民主主義には二つの選択肢しか残されていない。一つは徹底した無政府主義のユートピアで、歴史上のパリ・コミューンやマイケル・ハートとアントニオ・ネグリによる全世界民衆連盟がそれに当たる。しかし、これら人民による直接統治の案は成功したためしがない。もう一つの選択肢は民衆の意志を「偉大で不朽の立法者」に渡し、呪術化［神魅化］された性格を有する偉人または革命のエリート政党によって、人民の同一的な意志を代表して統治を行う。フランス大革命における恐怖政治やロシア革命におけるソビエト政権、毛沢東時代の文化大革命はいずれも権威主義の性質を有するポピュリズム的民主主義であるに違いない。現代中国の新左派は、世俗化されたポスト革命時代において、このポピュリズム的民主主義の精神的伝統を継承し、「応答権威主義」という新しいモデルを創造しようとしている。民主主義から権威主義へと変わる道は実はそんなに遠くないのである。各種の修飾を取り除き、各種の制約を打ち破って、応答性を有する「人民に奉仕する」政府に民主化の希望を寄せれば、民主主義は権威主義に変化してしまう。そして、権威主義も喜んで「民主主義」または「良い統治」と自称し、国家主義からの貴重なプレゼントを笑納して、統治の正統性を獲得する。

III　シュミット主義の亡霊：国家の絶対的な権威

改革開放の30数年を経て、中国社会には大きな変化と転換が見られた。各種の力が毛沢東時代の全体主義的なコントロールから解放されて、古い政

治共同体の解体も始まったが、新しい政治共同体の再構築が遅々と進んでおらず、その結果、深刻な共同体の危機が生じた。如何にして政治共同体を再構築するのか？　中国の思想界では、対立する2つの思潮が形成された。一つはジョン・ロック式の「小さな政府」の学説で、もう一つはホッブズやシュミット式の「絶対主義国家」の理論である。中国の自由主義が再構築しようとしている政治共同体は社会を中心に、市民社会と公共領域の建設を通じて、相対的な自主性を有する社会と倫理の共同体である。政治体制に関しては、憲政と法治を中心とする小さな政府を形成する。この政府は強大であってもいいが、権力分立と権力に対する制限は必要不可欠である。自由主義のこのような主張は1980年代から1990年代にかけて、国家改革の実践において部分的に実現された。すなわち、鄧小平とその継承者による「小さな政府大きな社会」という改革の理念である。ところが、21世紀に入ってから、情勢が少しずつ逆転した。「党と政府の執政能力の強化」がこっそりと「小さな政府大きな社会」に取って代わって、支配的な主流のイデオロギーと政治の実践となった。新しい政治路線の正当性は一体どこにあるのか？国家主義の思潮はちょうどこの時期に浮上して、「小さな政府大きな社会」という改革の方向を全面的に修正し、国家を絶対的な権威とするシュミット式の政治秩序を再構築しようとした。

　シュミット式の政治秩序のポイントは同一性と代表性である。シュミット主義研究の専門家であるヤン・ヴェルナー・ミューラー（jan-werner Muller）は以下のように指摘している。「自分自身の理論に対する総括として、シュミットは国家が人民の同一性に依存していると主張している。人民とは敵と味方の峻別を通じて民族の意志を獲得して構成された政治単位であり、しかも政府を経由したこの政治的統一体の代表性に依存している…ポピュリズム的民主主義は明らかにシュミットに是認されている。ただし、この民主主義は必ず直接に権威主義を包摂しなければならず、しかも代表性と同一性の2つの範疇を通じて、それとの一致を保持しなければならない」。シュミット式の政治秩序に関して、注意すべき点が3つある。第一、政治共同体にとって最も重要なのは同一性の保持である。しかも、この同一性は内部と外部の異質性を排除することによって実現されたものである。内部の異質性は各種

の個人的利益であって、外部の異質性は民族の敵である。第二、同一性は民主的な形式を借りなければならないが、最終的には統一的な国家意志によって体現される。それが人民の意志を代表し、憲法と法律を超越した最高かつ最終の決断権を有する。第三、国家の意志は絶対的で、唯一無二である。それが主権という形で表れて、至上最高であって、分割もできなければ、譲渡もできない。中国の国家主義者が確立しようとしているのは、まさにこのようなシュミット式の政治秩序である。

　国家主義は第一義的に政治的な同一性を追求する。同一性は無論現代政治における重要な目標の一つである。ところが、自由主義と国家主義はそれを実現するための異なる案を提示している。自由主義は現代社会における利益と価値の多元性を認めており、合理的な相違を保持した上で、共同の政治生活を実現しようとする。政治の同一性は共有という公共理性と憲政を中心とする。それに対して、シュミット式の国家主義は政治の本質を敵と味方の峻別と解釈し、「我々」という政治共同体の形成は、共通の敵に依存している。民族の同一性は異質性に対する排斥であって、各種の個人的利益による国家意志の統一性に対する解消と破壊に警戒している。したがって、現代中国の国家主義思潮は各種異なる思想の伝統から由来しているが、彼らには共通の外部の敵を有している。それがすなわち西洋であり、より具体的には西洋の新自由主義と議会制民主主義である。高度な同一性を有する西洋における想像上の存在が、国家主義自身の同一性が存在するための外在的な根拠となった。シュミットには以下のような名言がある。「誰があなたの敵であるのかを教えてくれれば、私はあなたが誰であるのかを教えることができる」。それと同じように、中国の国家主義による中国モデルに関する自己規定もまた、西洋という敵との対立によって決定される。彼らにしてみれば、西洋の議会制民主主義は社会における個人的利益が政党の競争を通して公共の政治過程に介入することを黙認しており、議会を統一的な意志を欠ける各種の個人的利益、特に有産階級の特殊な利益の競技場に変えてしまった。ここでは、公と私は政治の過程において、対立する両極端に引き裂かれて、公が絶対的な善となり、私が絶対的な悪となった。各政党が代表しているのは個人的利益だけであって、議会において特殊意志同士が取引し、妥協した結果、

形成されたのは全体意志にほかならない。それに対して、いわゆる一般意志は他のものによって代表されており、それが国家である。

いわゆる特殊意志、全体意志と一般意志は、最初はルソー（Rousseau）によって提唱されたものである。一般意志はルソーの政治思想における中心的な概念であって、特殊意志や全体意志と区別されながらも、一定の関連を有する概念である。ルソーの話によると、一般意志はつねに公の利益を目指す。それに対して、全体意志は個人的利益を目指している。全体意志は単なる特殊意志（個別の意志）の総和である。言い換えれば、全体意志は特殊意志の和であって、一般意志は特殊意志の差である。一般意志は、すべての特殊意志における共通、重複、または交差した部分である。10数年も前に、崔之元はすでに論文を作成して改めてルソーについて議論した。彼によると、「徹底した民主的な自由主義者は一般意志に関心を持たなければならない」。ルソーの一般意志理論は現代政治における中心的な命題である。統一的な政治共同体には当然ながら共同の意志を必要とする。そして、この意志は神の超越した意志の世俗化した形態にすぎない。しかし、ルソーには致命的な問題がある。彼が一般意志と特殊意志を絶対的に対立させたため、一般意志の誕生は必然的に特殊意志の消滅を前提とする。その結果、彼による一般意志の王国の中では、特殊意志と個人的利益が完全に不法となった。それがフランス革命における恐怖政治をもたらした。アメリカ革命と建国はそれとは別の道を歩んだ。マディソン（Madison）を代表するフェデラリストたちは、政治は私利という基礎の上に構築されており、個人的利益同士による衝突は不可避であると信じている。なぜなら、人間性そのものには堕落の可能性があって、人の理性にも可謬性があるからである。「異議、論争、相衝突する判断、利益の紛争、相敵対し相競争する派閥の絶え間ない形成はすべて不可避である。なぜなら、これらの現象の動因はすでに『人間性の中に深く根ざしている』からである」。ルソーとマディソンによる政治に対する異なる立場は、人間性に対する異なる理解に基づいている。マディソンにしてみれば、人間性の中には暗い部分もあって、利益を追求する衝動が存在するが、適切な権力分立の制度があって、悪を以って悪を制し、相互の均衡を図れば、悪を善に転化し、個人的利益を公共の利益に転化できる。それに対

して、ルソーによると、人間性そのものが善であって、政治の過程は勧善懲悪の過程である。如何にして私欲を克服し、公共の善へと進められるのかは、一般意志を実現できるかどうかを決定する鍵となる。

　ルソーの考え方を追随している中国の新左派も市場と個人的利益に対して同様な憎しみを見せている。王紹光によると、「市場は必要であるが、市場は社会の中に『嵌め込む』必要がある。国家は市場経済において積極的な役割を果たさなければならない。『嵌め込まず』にして、完全に自己調節を行う市場経済はあってはならないし、現れる可能性もない」。汪暉も「市場化の改革が主要な潮流となった際に、国家内部、政党内部及び社会領域全体における社会主義の力による牽制がなければ、国家は速やかに利益団体に近づいてしまう」と述べて、中国的特色を有する社会主義の伝統が国家の私有化を挽回したと主張している。彼らと彼らが反対する新自由主義は決して相容れない存在であるが、共通の基本的前提を共有している。すなわち、市場と国家は絶対的な天敵である。新自由主義は国家が元凶だと考えているため、完全なる市場化を実現しようとしており、市場化が中国を救えると信じている。それに対して、新左派の診断結果は真逆である。市場は悪いものであるため、国家による強力な干渉を通じて、市場を再び社会に嵌め込まなければ、資本主義の災いを回避することができないと考えている。新自由主義も新左派も１つ重要な事実を見落としている。今日の中国で出現したのは、まさに国家と市場が互いに嵌め込むという現象である。国家が反市場であるとは限らない。市場も必ずしも国家と対立するわけではない。中国における縁故資本主義［権貴資本主義］は、まさに市場と国家が密通して生み出した異形な存在である。

　新左派は市場を嫌うと同時に、市民社会をも嫌っている。改革開放の30数年を経て、中国では相当数のNGO（非政府組織）が現れて、市民の権利利益を守り、公衆慈善と公共サービスの面で独特な役割を果たしている。王紹光は比較的に早くNGOに関する体系的な研究を行った学者である。しかし、彼の研究成果が証明したのは、「近年、一部の人に神秘的で奇妙な存在であるかのように紹介された『市民社会』は、実際のところ、あらゆるものを包含する寄せ集めである」。「大量のいわゆる『市民社会組織』は私利私欲

を追求するための利益団体または圧力団体にすぎない」。市民組織はボランティア性と自主性を有する社会団体であり、政治や社会、福祉、文化、娯楽、体育などの各分野を含む。それが政府による計画の結果ではなく、社会の中で自発的に誕生したものであって、当然ながらあらゆるものを包含している。問題はどのような視点でそれを見るかである。統一の視点から見ると、NGO は確かに各種の人々がごった混ぜした「寄せ集め」である。しかし、近代社会の基準から見ると、それこそが社会が多元的で、活発的で、分化されて現れているのである。王紹光は NGO の機能を外部的効果と内部的効果の二つに分類する。外部的効果は国家からの独立や政府の権力に対する制限を重視するが、内部的効果は社会団体の中で公共の精神、相互協力・相互信頼、及びコミュニケーション能力を養うのに重点を置く。社会運動を称賛する汪暉は比較的に NGO の外部的効果を強調する。彼は「社会による国家に対する民主的なコントロールを通じて、国家が国内と国際における独占の保護者になるのを防止」しようとする。それに対して、王紹光にしてみれば、非政治的でカジュアルで娯楽的な NGO は、政治的な市民団体よりよほど可愛いものである。彼は社会における NGO が全部脱政治化して、和気あいあいかつ温和順従になって、政府と調和的な関係を維持するよう期待している。彼が繰り返し強調しているのは、「効果的な国の存在が市民社会の前提条件である。…国家が比較的に強大で活力に満ちている場合、市民社会が繁栄する可能性がより高い」。皮肉的なのは、現実の中国においては、「国家が比較的に強大で活力に満ちている場合」、社会が逆に崩れてしまった。市民があって、市民社会はなく、市民組織もない。自主的な社会組織を欠いている大衆は寄せ集めの烏合の衆にすぎない。そして、烏合の衆の普遍的な存在こそが権威主義が生まれる社会の温床である。なぜなら、ホッブズ式のリバイアサンだけが、烏合の衆の分散された意志をまとめて、統一した人民の意志に整合できるからである。自主的な市民社会が欠席し、各種の社会組織から国家を制約する外部的効果が剥奪されて、カジュアルな娯楽的な内部的効果しか残されていない場合、国家は社会を支配し、何ら拘束も受けない巨大な存在となる。国家主義は市場を攻撃しているが、彼らの真の敵は社会である。彼らは新自由主義と対立しているように見えるが、社会を敵視する点

においては空前の一致性が見られる。新自由主義は市場を以って社会に取って代ろうとするが、国家主義は国家を以って社会を消滅しようとする。

　保守化した新左派も、シュミット主義者たちも、中国の将来の希望を強大で、何でもできる、至上最高の国家に賭けている。彼らにしてみれば、議会制民主主義における政党も、市民社会におけるNGOも、自己の利益を追求する個人も勿論、ただ極悪非道の特殊意志を代表している。たとえ長い間民主主義をいじくり回したとしても、最終的に形成したのは「寄せ集め」の全体意志にすぎない。それに対して、真の一般意志、いわゆる広範な人民の最も根本的な利益は、これらの特殊意志や全体意志と無関係である。知恵に満ちている全能な政府こそが、一般意志の真の代表であって、至上最高で分割もできなければ譲渡もできない最高の決断権を有する。汪暉は元々相当な批判意識を持っている知識人であったが、ここ数年で驚くべき「方向転換」が見られ、「脱政治化の政治」に対する批判から「党国が普遍的な利益の代表」論を提唱するようになった。2007年に発表された長文「脱政治化の政治、覇権の多重的構造と1960年代の消失」の中で、彼は近代政治の官僚化と脱イデオロギー化を批判する一方で、「現代中国のイデオロギー国家機器の機能の方式は特定な価値またはイデオロギーに基づいているわけではなく、『脱イデオロギー』または『脱政治化』の論理に基づいて運用されている——たとえそれが常にイデオロギー的な言語を使って訴えているとしても」と厳しく批判した。他方、彼は「政党が執政の過程において次第に国家体制の主体となったため、政党はもはや特定の政治理念と政治実践の行動者ではなく、ある種の一般的な国家権力により近い存在、すなわち一定程度において『政治化』した権力機器となった」とも主張している。これは2年後に彼が党国の普遍的な利益に同調する論理的な伏線を敷いた。建国60周年の2009年に、汪暉が『21世紀経済導報』のインタビューを受けて、その後『文化縦横』という雑誌で「中国崛起の経験と直面した挑戦」を公表し、正式に「党国が普遍的な利益の代表」論を提唱した。汪暉は以下のように主張している。つまり、1949年に中国革命が確立した国家は、最初から人民の普遍的な利益を代表しており、1980年代の市場化改革以降、分化された各種の利益が国家意志の中に浸透した後、国家がはじめて個人化の脅威にさら

された。国家が市場化改革の主導者であり、市場の中に深く嵌め込んでいるため、国家の被利益化が始まり、国家の各部門が各種の利益団体の代表となった。「如何にして国家が普遍的な利益の代表になるようにさせるかは、すでに極めて厳しい問題となっている」。それゆえ、彼は普遍的な利益を代表する希望を共産党に寄せた。「中国における社会主義の実践は、大多数または圧倒的多数の人民の普遍的な利益を代表する国家の構築に力を注いでいる。国家または政府が特殊な利益の紐帯との断絶はそれを前提としている」。共産党が経済活動から遠く離れていて、西洋のような個人的利益の代表ではなく、多数者の多数の利益を代表しているため、自己刷新が可能であって、反腐敗の中堅的な力である。

　汪暉のこれらの論述は、以下のような国家信念に基づいている。近代国家は個人的利益と区別された、純粋な一般意識と普遍的な利益の代表でなければならない。市場社会という背景において、政府が各種の分化された個人的利益によって深く浸透された場合、国家を救う唯一の希望は人民の根本的な利益を代表していると自称する政党によって国家意志を統率することである。そして、中国における社会主義の実践は、まさにそれ相応の歴史的伝統を提供してくれた。ところが、汪暉の考え方には彼自身が意識していない自己矛盾が隠れている。一方、彼は党が脱政治化し、もはやイデオロギー的な価値を有せず、技術的な官僚政治に変わりつつあることに気づき、特定の政治価値に関する政治的な議論を再開したいと望んでいる。なぜなら、政治は本質的に衝突し合うものであるからである。他方、彼は党が衝突しないあらゆる階級の公共利益を代表するという幻想も抱いている。この種の幻の公共性は技術的な官僚政治を基礎としなければならず、それが脱政治化を前提とする。汪暉の理解における政治は、非官僚的で、民衆が直接参加する大衆政治である。しかし、この種の急進左翼の政治は、国家の官僚的性格と相容れないものである。汪暉は王紹光と同じように、近代の議会制民主主義を拒絶しており、底辺の民衆の意志が上層の国家レベルに達し、国家意志に統合されることが実現できない。それゆえ、彼はいわゆる普遍的な利益を代表している政党に希望を寄せるしかない。しかし、理論のレベルにおいても、経験のレベルにおいても、汪暉はそれについて多少説得力のある論証さえ提起で

きず、社会主義の歴史的伝統という幻のイデオロギーに訴えるしかない。「社会主義国家が大多数の人民の利益を代表することを趣旨とするため、市場の条件下においては、それが逆にその他の国家形式よりも利益団体と切り離されている。我々はこの意味においてのみそれが中性的国家〔disinterested nation の訳語〕であると言える」。近代政治は無論代表政治であるが、問題は代表の方法にはいろいろな種類がある。民主的な制度枠組みの下では、政党も政府も代表権を獲得するには、まず有権者による授権を獲得しなければならない。シェルドン・ウォリン（Sheldon S. Wolin）が指摘したように、「代表権の本質は授権の過程である」。授権がなければ、代表はどこから来るだろうか。ところが、汪暉の代表説は明らかにレーニン式の「前衛隊」理論から由来しており、制度上と手続上の授権を欠いていて、単なるイデオロギー上の価値宣言であり、被代表者による同意を得ていない自己授権にすぎない。そして、汪暉が人民の普遍的な利益を代表している「中性的国家」の存在を信じている時点で、すでに急進左翼の批判的な立場から離れて、保守的なヘーゲル主義へと歩み出した。急進左翼にしてみれば、政治は利益衝突の場所であって、国家は単なる特殊な利益（特定の階級または自己の利益）を有する支配的な力にすぎない。姚洋が最初に「中性政府」論を提唱した学者である。彼は中国政府が「社会の長期的な利益を追求の目標とする」中性政府であると熱烈に称賛したこともあったが、最近になってようやく気付いた。中国は確かに中性政府によって統治されていて、この中性政府は各種の利益団体と切り離されていて、利益に関する傾向性がない。ただし、それが国民から収奪する時、やはり「身分を問わない」。

　汪暉の「党国が普遍的な利益の代表」論は、陳端洪によって、憲法学の角度から緻密に論証されている。彼はルソー、シエイエス（Emmanuel Joseph Sieyes）とシュミットの理論に基づいて、「憲法を制定する権力」〔制憲権〕と「憲法によって制定された権力」〔憲定権〕という2種類の権力を区別した。「憲法を制定する権力」は一つの民族の最高権力と政治決断であり、憲法の上に立って、憲法の意志の源である。それに対して、「憲法によって制定された権力」は憲法に基づいて生まれた権力にすぎない。〔制憲権〕はすべての権力の源であって、共同体の存在とともに自然と存在し、分割もでき

なければ譲渡もできない。[憲定権]は派生的なものであって、分割可能で、端的に憲法に依存していて、憲法による制約を受けており、決して憲法に手を出すことができない」。陳端洪は急進的である。彼はルソーと同じように、人民主権の思想を堅持し、[制憲権]は最高の主権として人民の手中にあるべきだと信じている。人民は出場しなければならないが、近代政治において、人民が常に出場できるわけではないため、代表に委託して人民主権を行使するしかない。陳端洪にしてみれば、ここで言う人民の代表はすなわち中国共産党と人民代表大会である。しかも、人大は党の指導の下にある。「中国共産党は憲法が創設したものではなく、中国人民が歴史の過程において創設したものである。中国共産党中央は人民の［制憲権］の常設代表機構である。これは主権の意味における［制憲権］の代表である」。その結果、急進的な人民主権論が保守的な党国主権論に転化し、党国が人民を代表して、憲法を超越した分割もできず譲渡もできない最高の主権を有する。ルソーによる「人民が出場しなければならない」は、「党国が常に出場している」に変わった。

　今日の法学界と政治学界では、「党国と人民の同一性」を信じている学者はごく一部ではなく、一つの流行の潮流を形成している。その中には海外で学位を得て帰国した博士もいる。彼らはドイツの憲法学理論をそのまま機械的に中国に当てはめて、一連の科学的な技術言語を使って、中国における静的な政治構造の正統性を論証し、存在するものは合理的で、歴史的なものは正統であると結論付けた。彼らはまさに自由主義的憲政の原則に反対し、国家の最高権力を人民の憲法制定権という名義で憲法と政府を凌駕した超国家的権力に委託した。このシエイエスやシュミットによる欧州における［制憲権］の理論は極めて危険である。主権者が一旦人民の名義で憲法を超越した最高決断権を獲得すると、権威と権力の一体化を意味し、権力という野生の馬はもはや手綱による制御を受けられず、そのまま深淵に突っ込んでしまう可能性がある。理論的には、人民の意志がその代表者の意志を超越しているように見えるが、『帝国』の作者が言ったように、民衆は雑多であり、特殊意志の多元的な体現であるのに対して、人民は常に一体であり、1つの意志しか有しない。一体化された人民の意志は代表されるだけで、人民の意志に

よる最高の決断は、最終的には最高主権者による決断に変わってしまう。

　ハンナ・アーレント（Hannah Arendt）がフランス革命とアメリカ革命を比較した際に、フランス革命における致命的なミスは、権力と権威が同じ源泉、すなわち人民から由来すると信じたことであると指摘した。それに対して、アメリカ革命の成功の経験は、「権力は人民に属し、権威は憲法にある」と総括できる。古代ローマの共和制は、キケロ（Cicero）の名言を借りれば、「権力は人民に、権威は元老院に」属する。この権力と権威の二元化が、古代の伝統から近代まで発展した結果、「権力は人民に、権威は憲法に」という英米の憲政になった。人民もその代表者としての政府も権力を行使する際は、憲法が定めた範囲内で、憲法による制約を受けなければならない。陳端洪がシエイエスの理論に基づいて、[制憲権]と[憲定権]を区別し、[憲定権]は憲法に従わなければならないと認めるが、[制憲権]を握っている人民には憲法に優先し、憲法を超越した権力を有すると主張している。問題は、[制憲権]を握っている主権者（それが抽象的な人民であれ、具体的な「偉大で不朽な立法者」であれ）の立憲の意志は、主観的で、例外的な決断だけに依るか、それとも「上位の法」による制約を受けなければならないのかである。いわゆる「上位の法」はハイエク（Friedrich Augst von Hayek）が提唱している憲法の上にある最高の立法原則である。英米の憲政においては、憲法よりも上位の法は、最初は自然法であって、その後はロールズ（John Bordley Rawls）が論じた自由や平等といった正義の原則となった。それが憲法よりも根本的である公共理性として表れている。憲法が尊重している権威は、憲法の条文そのものではなく、憲法の魂、すなわち自由を中心とする最高の立法原則である。それと同じように、[制憲権]を握っている人民が自らの共同の政治生活の方式を選択する時も、最高の立法原則から離れるわけにはいかない。この原則は立国の基本であって、国家の魂である。イギリスが名誉革命を実現できたのも、アメリカが利益について分岐があるにもかかわらず合衆国として建国できたのも、その最も重要な原因は建国の基本原則について基本的な共通認識が形成されており、憲政の背後には公認された最高の立法原則があるため、長期的な権威性と安定性を有していることだと考えられる。日常政治において、人民により統治の権力が授与された政府は、

憲法の権威の下で権力を行使しなければならない。異なる権力は相互に制約と均衡を図り、統一の憲法の権威を尺度とし、共通の憲法原則を限度とする。例外的な憲法制定期において、人民は憲法を超越した［制憲権］を有するが、この種の［制憲権］は意志による任意の決断ではない。人民の意志の決断も決して価値虚無主義的なものではなく、人民自身の最高利益を立憲の価値的根拠とし、それを以って立憲の終極的根拠を構成する。これこそが最高の立法原則であり、憲法の上位にある「上位の法」である。「上位の法」は最高の権威として、人民の［制憲権］をも規制する。権力と権威との二元対立は、効果的に権力と権威の一元化がもたらす「権力があれば権威がある」、「権力の上に権威がない」といった状況を防げる。この権力が［制憲権］を有する人民に握られているにせよ、［憲定権］を有する政府に握られているにせよ、最高の立法原則による制約がなければ、恐ろしい権力になる。

　権力による腐敗に対する予防は、最高の立法原則による倫理的な制約のほかに、最も重要なのは、制度上における権力の制約と均衡である。つまり、悪を以って悪を制し、権力を以って権力を制する。ロバート・ダール（Robert Alan Dahl）が指摘したように、「外部からの制約による制限を受けなければ、いかなる既定の個人または個人による集団も他人に対して暴政を敷くに違いない。あらゆる権力（立法的であれ、行政的であれ、はたまた司法的であれ）は一部の人の手中に集中すれば、それが外部からの制約の消滅を意味する」。ところが、中国の国家主義者が最も反対しているのは国家権力に対する制限である。王紹光は、「『自由民主』と『憲政民主』は『自由』と『憲政』を『民主』の上に置いて、『民主』を『鳥籠』に閉じたに等しい。言い換えれば、『自由民主』と『憲政民主』はすなわち『鳥籠民主』である」と言って、立憲民主主義を批判している。彼にしてみれば、統治者が被統治者の要求に応答し、人民の利益を代表すれば、それが真の民主主義であり、統治者の権力はもはや制約を受けてはならない。彼が主張している民主主義は統治者を主体とする単なる「応答権威主義」であることをさておき、たとえ国民全体による選挙で統治者を選ぶ民主主義体制であっても、国民が選んだ大統領の権力に対する効果的な監督と権力同士の制約・均衡を欠いていれ

ば、やはり「多数者の暴政」が生じてしまう。王紹光はマイケル・マンの観点を引用し、国家権力を「基礎的権力」〔infrastructural power〕と「専制的権力」〔despotic power〕の２種類に分けて、民主主義を基礎とする集中的な権力は基礎的権力を強化し、専制的権力を防止できると主張している。しかし、ロシアにおけるプーチン式の独裁的民主主義であれ、陳水扁時代の台湾におけるポピュリズム的民主主義であれ、いずれも自由という最高価値、憲政による制約と均衡、そして、効果的な権力分立を欠いていれば、民主主義制度の下においても、専制的権力が基礎的権力よりも早く増加することを証明した。過度に集中された効果的な国家権力は、善にもなれば、悪にもなる。これは権力の論理によって決定されるし、その背後にある人間性によっても決定される。

　憲政には二重の機能がある。まず、国家権力に正統性を与え、それぞれ分散された政治の力を統一の国家意志に統合する機能がある。これは「多数をまとめて一つにする」機能である。そして、権力分立の機能もある。これは「一つを分散して多数にする」機能である。国家意志を統一する方法は憲政であってもいいし、憲政でなくてもいい。例えば、専制または権威主義を使ってもいい。専制と権威主義は効果的に「多数をまとめて一つにする」ことができるが、統一された国家権力自身が法も神も眼中にない暴政に変わるのを防止できない。憲政の利点は、同様に効果的に国家意志を統一できるが、この統一された国家意志は、権力の統一性ではなく、権威の統一性によって実現されることである。ここで言う権威はすなわち憲法である。いかなる国家権力も憲法の権威の下で活動しなければならない。19世紀イギリスの理想主義の政治思想家であるトーマス・ヒル・グリーン（Thomas Hill Green）は、主権には意志と権力という２つのレベルがあると考えている。それが国家意志は統一しなければならないが、国家権力は分立しなければならないことを意味している。なぜ権力は分立しなければならないのか、なぜ民主主義の上に憲政を置く必要があるのか？『ザ・フェデラリスト』には素晴らしい一文が書かれている。「人間が天使なら、政府はいらない。天使が人間を統治するなら、政府に対する外部または内部からの制御もいらない」。権力を行使しているのは人間であって、神ではない。人間は一旦無限で、制限を受

けない権力が与えられると、大いなる善にもなれば、大いなる悪にもなる。アメリカ建国の当初、マディソンはまさに人間性の暗さと理性の可謬性に気付いたため、憲政という鳥籠を発明し、権力を以って権力を制し、利益を以って利益に対抗し、野心を以って野心を均衡させようとした。

　権力分立がなければ、憲政は真の憲政とは言えない。ソビエトロシアが残した「憲政」の伝統は、反憲政的な「憲政」であって、権力分立なき専制的な「憲政」である。この種の「憲政」はただ「専制」に統治の正統性を与えているだけである。それでも、それが憲政としての外在的な形を有していたため、その後の世代の人々は革命（暴力的な革命であれ、平和的な革命であれ）に訴えることなく、無から有を作り出す憲法制定の道を歩むことなく、憲政の形の転換という温和的な道を通って、古い瓶に新しい酒を入れて、既存の憲政の枠組みの中で、複数回にわたる憲法改正を経て、国家意志の統一を維持するという前提の下で、少しずつ国家権力の内部における制約と均衡を実現し、専制的な「憲政」を改良して、権力分立に基づく憲政に変えて、小さな政府を実現することが可能である。これこそが憲政の問題の核心の所在である。アーレントが指摘したように、アメリカ建国の経験は「権力分立は無能をもたらすのではなく、逆に安定した権力を生み出す」ことを示している。効率的な政府と制約を受ける政府は相容れない存在ではなく、小さな政府が同時に最も強大で、最も行政能力を有する政府である可能性もある。

　神が死んだ後、天命が地に落ちた後、近代政治における唯一の正統性は人民から由来している。人民が神に代わって、ある種の世俗的な神性を持つようになったのは疑うに及ばない。シュミット主義であれ、ポピュリズム的民主主義であれ、応答権威主義であれ、それらの共通性は人民の名義を巧みに受け取り、民主的な形式を借りて、国民国家の最終的な決断権を一つの主権者に与えたことである。それが法王に類似する位置であり、神の意志の化身であって、憲法と法律を超越して、無限の［制憲権］と例外状態における決断権を有している。まるで民族の生命も、国家の未来も、人民の利益も、すべてがこの唯一無二の最高主権者に託されているようで、主権者に対するいかなる制限も不法なものであって、一般意志に対する挑戦、あるいは人民の根本的な利益を代表している絶対的な権威に対する転覆を意味する。現代中

国の国家主義者にはそれぞれ異なる学術と政治の背景があるが、国家の絶対的な権威の前では、みんな敬虔な崇拝者になった。

IV 呪術化［神魅化］に近づく国家理性

　ここ十年中国で出現した国家主義思潮のポイントは国家理性に対する崇拝である。ヨーロッパの近代史の発展過程において、異なる2つの理性の伝統が生まれた。すなわち啓蒙理性と国家理性である。啓蒙理性の道徳的価値は個人の自由と解放によって実現される。それに対して、国家理性はフリードリヒ・マイネッケ（Friedrich Meinecke）の分析によると、マキャヴェッリから始まり、国家が1つの有機体として、人間と同じように自分自身の生存と発展の理由を持っており、その目的のためなら手段を選ばない。国家が一旦最高主権という形式を備えて、外在的な道徳規範がなくなってしまえば、その内在的な権勢は悪魔のように自己繁殖し、対外拡張を始める。

　中国における国家主義の出現は、価値虚無主義と密接に関係している。現代中国における最も深刻な危機は心の危機である。社会全体が基本的な価値に対する共通認識と倫理的な基礎を欠いている。伝統的な儒教価値観が打ち砕かれて以降、中国人はアイデンティティを感じる対象を失った。その結果、国民国家がたまった感情を吐き出す世俗的な対象となった。
そして、帝国列強による圧迫が、この種の国民国家に対するアイデンティティの形成における外部の歴史的条件となった。中国共産党による革命は共産主義のユートピアを目標とする国家のイデオロギーを生み出した。毛沢東時代ではそれが儒教思想の代替物として、中国人民の普遍的な価値信仰となっていた。ところが、この共産主義のイデオロギーは文化大革命の間に、その極端かつ残酷な革命実験を通して、人民と対立する側へと回った。改革開放以降、中国がまた巨大な価値の真空に陥った。1980年代の新啓蒙運動は普遍主義的な啓蒙価値を提供したが、1990年代に入ると、啓蒙価値もまた絶えず質疑と批判にさらされた。伝統的な儒教価値が遠く去り、近代的な啓蒙価値も衰え始めたため、多種多様な価値虚無主義が中国の思想界で蔓延・成長した。国家主義はまさにそれに乗じて、幻のアイデンティティの対象とな

った。国家主義は脱政治化した政治であり、脱価値化した価値であり、脱イデオロギー化したイデオロギーである。国家の価値目標が重要ではなくなり、唯一重要なのは国家自身の強大さである。そして、強大な国家は、自由や民主、法治といった文明の基礎の上ではなく、物理的な実力とウェーバーが主張している制度の合理化の上に打ち立てられている。この種の効率的で合理化された国家にはいわゆる「高い適応性」があるため、王紹光は国家の「高い適応性」を西洋の民主主義制度に対抗できる「制度的自覚」と「制度的自信」と見なしている。彼は中国が「高い適応性体制」を有する国家として、「良い発展を遂げて、不自由は自由になるし、非民主的は民主的になる」と信じている。まるで国家が強くなれば、自由と民主も自然とやってくるようで、国家理性自身が最高かつ唯一の価値となった。国家は最高主権として、その具体的な代表者が憲法と倫理的価値を超越した最高の決断力を有する。強世功はシュミットの言い方を真似して、反対派が出現し、国家が緊急事態に直面しているような特殊な場合、主権者は憲法を超越した最高の決断力を有すると提唱している。「主権は憲政状態に従うのではなく、肝心な時に憲政状態を救うのである。主権が頼りにしているのは憲法ではなく、憲法の上にある決断である。危機的な時における政治決断は憲法ではなく、神の意志にのみ従う」。国家の最終的な決断は神の意志によって決定されるが、シュミットであれ、中国の国家主義者であれ、彼らの心の中の神は価値的な存在ではなく、権力意志の存在である。価値の中身から見ると、ドイツと中国におけるシュミットたちはいずれも徹底した虚無主義者である。神が死んだ後、権力意志（国家）のほかに何もなく、国家の意志はすなわち神の意志であり、神の意志は主権者に分割もできず共有も許されない最終的な決断権を与えることである。国家主義が関心を持っている真の問題は、どの価値がいい価値であるのかではなく、誰が価値に関する決定権を有し、誰が最高の意志の主権者であるのかという問題である。彼らにしてみれば、前者は価値多元的なポストモダンの社会において、究極的な答えを得られないエセ問題である。最終的な決断権を有する主権者は、その政治決断には理由がいらないし、あらゆる宗教的・倫理的価値をも超越しており、自分自身に責任を負えばいい。すなわち国家理性が責任を担う。最高主権者の前では、信仰が理

由の上に位置し、まるで神に接しているようである。神が世俗化されて国家の主体となって、思考も質疑も必要とせず、敬虔な信仰だけを必要とする。

　国家は人造の神として、神に取って代わったが、シュミットが発見したように、リバイアサンは結局のところ人工合成の偽物であり、「死ぬ可能性がある神」である。マイネッケが『近代史における国家理性の理念』の中で、ホッブズの国家には自己解体の可能性があって、その自己中心主義と利己主義は、どれだけ理性的であっても、利己的で分散された個人を凝集する社会的な紐帯を形成できないと指摘した。より高次的な道徳と思想価値を国家理性の中に加えなければならない。そこで、ドイツのヘーゲル主義は歴史主義目的論の論述を通じて、国家に最高の善を付与した。ヘーゲルの世界精神は世界史の中で段階的に実現しなければならない。それには人類の生活を主宰する媒介として国家のような権勢が必要である。しかし、手段が目的そのものとなって、世界精神は国家の権勢に関する道徳的な表現にすぎない。国家理性は偉大な道徳的尊厳を獲得した。この種の道徳的に自己正当化した国家理性は、ホッブズの世俗主義的な国家理性よりも大きな破壊性を持っている。これこそが、ドイツが国民・国家一体化の国家主義からポピュリズム的なファシズムに変わった歴史的な淵源である。

　今日の中国における国家主義者も、ホッブズ式の世俗的な国家理性の背後には呪術性がないため、長期的な安定を維持することができないと認識している。現実の政治秩序はホッブズ式であるが、彼らが本当に関心を持っているのはホッブズではなく、国家理性を呪術化したシュミットである。国家は功利主義的なものであると同時に、ロマン主義的なものでもある。国家は人民に幸福をもたらし、安定を維持できるだけではなく、内在的な善をも有しており、呪術性の価値を有している。国家の呪術性は当然ながら神や天命といった超越した源泉から由来するものではなく、世俗的な「人民の利益」または「中華文明」から来ている。そのため、国家主義の思潮は孤立したものではありえず、どうしてもその他の主義に訴えなければならない。それがポピュリズムでなければ、古典主義である。現代中国においては、国家主義、ポピュリズムと古典主義が国家を中心に、ある種の微妙な戦略的同盟を結成している。

ポピュリズム的国家主義は「人民の利益」と「人民の意志」を神格化し、それを近代政治における最も重要な正統性の基礎と見なしている。儒教の政治的伝統において、民本自身が道徳に適応しており、国家は民意に応答していて民生を代表していると自称すれば、道徳的な存在理由を獲得できる。「人民の利益」を如何にして実現するのか、「人民の意志」とは何であるのか、といった問題は重要ではない。重要なのは人民・国家の同一性が作り出した神聖化された国家である。国家は人民の根本的な利益を代表しているため、自己呪術化を実現した。

それに対して、古典主義的国家主義は、中華文明の再崛起を国家が存在するための価値的基礎とし、強力な国家こそが文明の復興の媒介と希望である。マイネッケがヘーゲルの世界精神と国家との関係について論評した際に、ヘーゲルが国家をこのような高い位置に置いたのは、「彼は自分自身の壮大な思想、すなわち世界精神が世界史の中で、世界史を通じて段階的にそれ自身を実現すること、を実行するためにそれが必要である。世界史の中で、彼は現に国家のような権勢を必要としており、それが特定かつ顕著な程度において理性的目的の媒介として行動し、それと同時に人類全体の生活を主宰する媒介にもなる」と指摘した。それと同じように、国家主義も中華文明の復興の偉大なる計画を強大な国家に託している。国家は文明復興の手段と媒介として、逆に目的を超越したため、手段が目的そのものとなった。いわゆる中華文明は単なる国家理性の価値に関する表現にすぎない。国家はそれによってある種の道徳的神性を獲得した。

現代中国の国家主義者はシュミット主義を直接中国の現実に移植した。まるで映画『インセプション』の主人公が自分の理念を相手の夢の中に埋め込んだようである。彼らは政治人類学から政治神学へと進んでいる。なぜなら、それが人間性に関する2重の仮説の上に成り立っているからである。一つはマキャヴェッリ、ホッブズ式の自己保存説である。すべての人が個人的利益の最大化を追求しており、リバイアサン式の国家こそが公共の秩序を維持し、個人の福祉を実現する最善の保障である。もう一つはドイツロマン主義的な人間性論である。人は自己創造と自己意志を有する個体であり、個体の自己実現は民族的個性に満ちている国家を必要としている。国家主義の人

間性論の基礎に関して、前者は世俗化した唯物論であって、後者はある種の神秘性を有する観念論である。両者がパラドックス的に結合し、全体的な「中国モデル」を構成する。すなわち、強力な国家の存在は、人民の安全と民生に対する需要を満たすと同時に、西洋と根本的に異なる「民族的個性」の自由な創造であり、民族全体の意志の完璧な体現である。このように、国家主義がホッブズ式の政治人類学からシュミット式の政治神学へと進み、ポピュリズムや古典主義と結合すると同時に、日に日に呪術化に近づいていく。そして、ロマン化された「人民の利益」と「中華文明」は神聖なる国家の世俗的な源となる。

近代におけるドイツと日本の崛起の歴史が示したように、国家理性に対する宗教、人文及び啓蒙価値による制約を欠いていて、その内在的な権勢の拡張と蔓延を放任すれば、国家理性はホッブズ式の功利主義から保守的なロマン主義へ、そして道徳的傾向を欠く価値虚無主義へと変化し、最終的には反人文・反人類の国家主義の怪物を生み出してしまう。国家能力が強大であればあるほど、国家理性が独りよがりになり、崖から転落する危険性も大きくなる。

国家よ、汝の名の下でいかに多くの罪が犯されたことか！

参考文献：
(1) 劉小楓「施米特故事的右派講法：権威自由主義？」、香港『二十一世紀』1997年12月号；(2) 劉小楓「施米特与自由主義憲政理論困境」、香港『二十一世紀』1998年6月号；(3) 強世功「烏克蘭憲法危機与政治決断」、『21世紀経済報道』2004年12月15日；(4) 強世功「烏克蘭転型中的憲政権威」、『21世紀経済報道』2004年12月8日；(5) 呉増定「重談現代中国革命的"歴史必然性"問題」、載『共和国六十年：回顧与展望』、『開放時代』雑誌（広州）2008年第1期

※原載：許紀霖「近十年来中国国家主義思潮之批判」http://www.aisixiang.com/data/41945.html（2015.1.2.アクセス）

第3章　政治憲法学の興起と発展

高全喜（Gao Quanxi）
周英　徐寅　訳

| I 政治憲法学の登場
| II 政治憲法学の問題意識
| III 政治憲法学：政治学それとも憲法学？
| IV 規範主義の政治憲法学
| V 政治憲法学と歴史主義

　近年、中国大陸で興起した政治憲法学は、古今を融合した思想性と強烈な現実感で国内外の学会から注目を浴びている。その提唱者の一人として、中国社会が今、政治体制の大変革という正念場を迎えようとするこのときこそ、諸説紛々の「政治憲法学」について整理してみる必要があると考える。政治憲法学が勃興した原因、問題意識、基本的な観念と主張を明らかにし、政治憲法学とその他の憲法学流派の間における論戦や政治憲法学内部における紛争について検討することによって、将来的に可能であるその理論的展望を示したい。

I　政治憲法学の登場

　政治憲法学が思想学術の流派として表に顔を出したのは 2008 年だと言ってよかろう。この年に、北京大学の陳端洪教授の論文「国家の基本法と高級法としての憲法について」が『中外法学』という学術誌に掲載された[1]。すると、たちまち憲法学界から広く論争され、批判された。私は、陳端洪の問

---

1) 陳端洪「国家の基本法と高級法としての憲法について」、『中外法学』、2008 年第 4 号。

題意識と方法論には賛同するが、その具体的な観点には大きな疑問を抱いている。その後、私は、北京航空航天大学の法学サロンで「政治憲政主義と司法憲政主義」をテーマに講演を行い、自分の政治憲法学の見解を示して、陳端洪の論説に真正面から学術的に批判し始めた。以来、私と陳端洪はそれぞれ、中国人民大学法学院、清華大学法学院、北京大学法学院、北京航空航天大学法学院にて、講演や討論会を繰り返して、政治憲法学に関する問題、例えば、革命と憲法、制憲権、人民の登場、憲法学と政治学の関係等々に言及した。私どもにとって、これらの学術講演と討論会は、単に政治憲法学を提示するためだけでなく、国内の規範的憲法学及び憲法解釈学との対話を目指すためでもある。それゆえ、私どもは意識的に議論の場を中国憲法解釈学と規範的憲法学の重鎮である中国人民大学と清華大学に設けることにして、韓大元、林来梵、任剣濤、姚中秋及びその他の数多くの若い法政学者を招聘した[2]。ある意味では、上記の公演と討論会は、政治憲法学と規範的憲法学、憲法解釈学との建設的理論的な対話を促進でき、ただ中国で主流となって

---

2) 対話の大筋の流れは以下のようである。(1) 陳端洪が清華大学法学院の招聘を受けて「憲法学の知的境界碑——政治学者と憲法学者による制憲権についての対話」をテーマに講演を行い (2010. 4. 10)、そのコメント役を務めたのが林来梵教授と高全喜教授であった。議論の過程を記録したメモの全文が『公法研究』(第十巻) に掲載され、また、林来梵による感想文も『法学家茶座』に掲載された。これで、「規範的憲法学／政治憲法学」の基本的な学術対話の局面が確立されたのである。(2) 高全喜教授が中国人民大学法学院の招聘を受けて「憲法と革命及び中国の憲制問題」をテーマに講演を行い (2010. 5. 7)、陳端洪がコメントし、中国人民大学法学院の韓大元教授、胡錦光教授などが締めの挨拶を行った。(3) 高全喜教授が「憲法発生学」の連続講演を行った。具体的には、「人民にも腐敗堕落の可能性がある:政治憲法学の視点から」(北京大学法学院 2010. 6. 26)、「戦争、革命と憲法」(中国政法大学法学院 2010. 10. 19、浙江大学法学院 2010. 10. 24)、「富、財産権と憲法」(清華大学法学院 2010. 10. 14、浙江大学法学院 2010. 10. 25、中国青年政治学院 2010. 11. 18)、「心、宗教と憲法」(浙江大学法学院 2011. 11. 25、洪範法律と経済研究所 2011. 12. 20)、「政治憲法学の視点から見た「清帝退位詔書」」(北京大学法学院 2011. 4. 26、浙江大学法学院 2011. 11. 25) などがある。(4) 政治学界、政治思想史学界との対話、即ち「国家の構築と政治憲法学」を主題とするシンポジウム (『戦略と管理』編集部 2010. 11. 1) と、「制憲権と基本法」学術シンポジウム (北京大学 2010. 10. 22) である。さらに整った学術誌的な考察と分析は、田飛劉『政治憲政主義——中国憲政転型の別の進路』、北京大学法学院 2012 年の博士学位論文を参照されたい。

いる憲法学の研究に衝撃を与えて、主流の憲法学によって隠蔽されてきた重大な中国の憲制問題の一部をあらわにしただけであった。

　2008年の陳端洪の論文をシンボルとして政治憲法学は正式な登場を果たした。しかし、一種の法政思想の問題意識と憲法方法論として、それはだいぶ早い時期からすでに中国大陸で興起したのである。私自身も幾年も前に西洋の政治思想史についての研究を終えた後、政治憲法学について考え始めた。そして2008年に、政治社会、憲法政治、共和政体、民族主義と国家利益などの諸問題について議論をした成果を『現代政制五論』にまとめ著書を出した。これまでに『どんな政治？誰の現代性？』(2007)、『私の軛――政治と法律の間で』(2007) などの関連著書も出した。陳端洪は長年来ずっと憲法学の非主流的な研究に力を入れてきた。2007年にその成果をまとめた『憲治と主権』が出版され、彼の政治憲法学に関する多くの概念はこの著書の考えに基づくものであると言えよう。ほかには、若い学者翟小波の論文「憲法は主権に関する真なる規則である」(2004) と「代議機関至上、それとも司法化？」(2006) とがある。2008年から今日までの間に、政治憲法学が一つの思想流派として登場し、広く伝わり、中国法政も百年の歴史を経てようやく現実から刺激を受け、反応するようになった。その結果、政治憲法学に関する著述が次々と掲載され、出版されることになり、実に豊富多彩な様相を呈していると言えよう。その代表的なものとして、拙著『非常政治から日常政治へ』(2009) と、翟小波の『我が国憲法の実施制度について』(2009)、『人民の憲法』(2009) と、陳端洪の『制憲権と基本法』(2010) と、拙著『立憲時刻：「清帝退位詔書」について』(2011) と、拙文「憲法と革命及び中国の憲制問題」(2010)、『富、財産権と憲法』(2011)、「革命の法理学について」(2010)、「心、宗教と憲法」(2012) と、私と陳端洪らとの「国家の構築と政治憲法学」(2010) と、私と田飛龍との対談「政治憲法学の問題、位置づけ及び方法」(2011)、「八二憲法と現代中国憲制の変遷と進歩」(2012) などが挙げられる。このほか、姚中秋の『現代中国立国の道』(2010)、『中国変革の道』(2012)、許章潤の『現代中国の国家理性』(2012)、強世功の論文「中国憲法における不文憲法」(2009) などの著述も、広い意味での政治憲法学に含まれる[3]。

現在、中国における憲法学の研究は、依然として主流となっているイデオロギー的憲法学と、憲法解釈学と、規範的憲法学が主導的な地位を占めるが[4]、ここ近年、政治憲法学の興起によって、従来の古い局面が次第に打破され、新しい思想理論の道筋及び概念体系、方式方法、そして問題意識、価値志向なども現れ始めた。政治憲法学が清らかな潭水にさざ波を立てたという者もいるし、政治憲法学が語義学の重苦しさを取り除いたという者もいる。いずれにせよ、政治憲法学はその鋭い思想性と現実感でもって我々憲法学者に、もっぱら憲法の条文と西洋諸国の憲法規範に没頭しその奥深い道理を探り出すことから身を引いて[5]、中国憲制（幾度の紆余曲折を経て挫折と失敗を繰り返してきた百年の中国憲制史も含めて）の本当の姿に向き合うことを余儀なくさせた。むろん、私が再三指摘したように、政治憲法学は一種の問題意識と憲法学の方法論にすぎず、一つの学術流派として、中国憲制に対する我々の認識が一致していることを意味せず、また、我々の主張が上述の三

---

3) 国内における政治憲法学についての議論ないし研究は、新聞社やマスコミだけに限らず、ここ最近学術的なレベルでもなされるようになった。具体的な例を挙げると以下のようなものがある。李衷夏「中国憲法学方法論と反省」、『法学研究』2011 年第 1 号；『蘇州大学学報』2011 年第 3 号の特集に掲載された政治憲法学に関する一連の論文、即ち「政治憲法学の問題、位置づけ及び方法」（高全喜、田飛龍）、「憲法の本体性：政治性、規範性或いは解釈性？」（範進学、張玉潔）、「我々はどんな時代を生きているのか——規範的憲法学と政治憲法学の基本的な相違点について」（鄭磊）、「憲法の規範性について」（楊陳）、「政治憲法学の中国式表現」（汪祥勝）；『開放時代』という雑誌に最近連続的に掲載された政治憲法学関連の論文、例えば、「政治哲学の根本問題」（呉冠軍、2011 年第 2 号）、「法秩序と政治的決断——「政治憲法学」に対する批判的な検討」（呉彦、2012 年第 2 号）、「中国憲法実施における三つの方向性——政治憲法学、憲法社会学と規範的憲法学の間で」（韓秀義、2012 年第 4 号）である。私の知っているところでは、現在、憲法学、法理学と政治学に関する博士学位論文の中で政治憲法学を研究テーマとするものも数本ある。例えば、北京大学法学院田飛龍の博士論文は『政治的憲政主義——中国憲政転型の別の進路』である。ほかには、拙著『立憲時刻：「清帝退位詔書」について』も、政治憲法学を理論的基礎として、昨年の辛亥革命百周年記念の際多大な理論的影響をもたらした。それが広く討論され、反響を呼び、ある意味で中国立憲史研究の視野と境界を広げることができたと言えよう。
4) 中国憲法学の理論的流派についての詳細な分析は、田飛劉「中国憲法学の理論的流派の形成」、『山東大学法律評論』第 6 巻、山東大学出版社、2009 年を参照。
5) 田飛龍「百年共和と政治憲法学の雄志」、『新産経』2011 年第 2 号。

つの主流の憲法学と正反対であることをも意味しない。問題は往々にして複雑なものである。例えば、陳端洪の中国憲法の五大基本法（共産党の指導、民主集中制、社会主義、現代化建設、基本的権利）及びその順位付けは、主流のイデオロギー的憲法学と一種の価値上の親和性を持っている。また、強世功の中国憲法における不文憲法の観点も、一種の真新しい視点でもって伝統的なイデオロギー的憲法学の党制国家理論を頑なに守った。さらに私の場合は、最初から政治憲法学の規範性を強調し、現代中国はまさに非常政治から日常政治への憲制転換期にあるため、この国の憲制の構造とその背後にある動的システムについて深く分析するのは、純粋にあてにならない規範性について研究するよりもっと有意義なのではないかと考える。

とはいえ、政治憲法学は上述の三つの主流の憲法学とは大いに異なると言えよう。この違いは問題意識と方法論に集中的に現われている。政治憲法学は、「政治憲法」を中国憲法学の核心問題とし、「生命―構造主義」という方法論を用いて、中国の百年憲制、特に中国共産党が中国人民を指導して作り上げた共和国憲法に対して、その素顔に迫るとともに、未来の憲制改革を訴えようと試みるものである。このような問題意識と憲法方法論によって、政治憲法学は、上述の三つの主流の憲法学とは根本的に区別され、これ以上憲法条文の規範的解釈に注目したり、政治的イデオロギーの色彩を帯びたスローガンを直接引用したり、憲法の司法的改革の道筋を重んじたりすることをやめて[6]、まっすぐに中国憲法の構造、制定権及びその背後にある憲法精神、憲法の内在的な動的システムに着目し、そしてそれらの問題を「政治憲法」の議題として一括して扱う。それがゆえに、「政治性」は政治憲法学の中心概念となり、これに関連して、立法権（司法権ではなく）は政治憲法学の中心問題となって、人民、革命、制憲（裁判官、司法、権利ではなく）は政

---

6) これは司法憲政主義の規範性の訴えであり、憲法解釈学と規範的憲法が共に享受する制度の見通しであり、かつて「憲法司法化」の名目で21世紀の初めごろにアメリカ憲政に対する「普通法革命」的な大がかりな制度模倣を巻き起こした。この模倣はもはや単なる学界からの理性的な呼びかけだけでなく、中国最高司法機関に属するエリート裁判官からも支持を得ている。これに関連する典型的な文献として、王磊著『憲法の司法化』、中国政法大学出版社、2000年版と、黄松有「憲法の司法化及びその意義――今日付けの最高人民法院のコメントから」、『人民法院報』2001年8月13日とがある。

治憲法学の研究上のキーポイントとなる。政治憲法を現代国家の立憲精神という有機的構造の中において、その発生、発展及び衰退の内在的な法則を明らかにすることによって、一種の有機主義の方法論——私が「生命—構造主義」と称する方法論が、政治憲法学で取り入れられることを促進しようと試みている。この方法論だと、政治憲法学は憲制を一種の完全な機械的制度とみなさず、立憲者の情熱、理性と決断が含まれた、生命力に富む制度とみなし、政治的民族（国族）の実践的産物とみなすのである。

　むろん、政治憲法学内部でも思想的張力のために、何をもって「政治憲法」の「政治性」と「憲法性」とするか、また、何をもって「生命—構造主義」の方法論の「現実性」と「規範性」とするかについて、大きな違いを見せている。例えば、「政治」に対する陳端洪の理解は私のそれとは大きく異なっており、また、現実性と規範性の主眼点についても私たちの見解が分かれている。そのため、「政治憲法」に関する一連の概念、価値志向、そして政治憲法学についての全体的な認識にまで、私たちの間に重大な意見の相違が現れた。私の言葉でいうと、私たち二人はそれぞれ政治憲法学の「左」と「右」を代表しており、二人の間に生じた食い違いは、ある意味では、私たちと規範的憲法学や憲法解釈学の間に生じた食い違いよりもはるかに大きいのではないかと言えよう。

　いずれにせよ、私たちは同じ政治憲法学に属している。というのは、問題意識が同じで、方法論も同じだからである。私たち二人はともに憲法を「政治憲法」とみなしており、百年の中国憲制は民族（国族）の政治的意思と決断と理性的な選択を体現するものなので、中国の憲法学は、現代中国の人民の主権を直視し、その中に含まれる人民、党と憲法の基本的な関係を把握した上で、中国憲法が「生存的な法則」から「自由な法則」へと発展していく道筋を明らかにしなければならないと考えている[7]。具体的にいうと、陳端洪の政治憲法学は人民制憲権に基づく党の指導による人民制憲の五大基本法を強調するため、党の指導を中国憲法の第一原則とする。一方、翟小波の方は代議機関至上の人民憲政と公議民主を強調するため、中国の法制環境下の

---

7) このような発展の道筋について、陳瑞洪がかつてはっきり認めていた。陳瑞洪「国家の基本法と高級法としての憲法について」、『中外法学』2008 年第 4 号を参照。

憲法の司法化改革の道を拒む。また、私の場合は「自由憲政」と「立憲時刻」を強調し、中国憲制の動力学的なシステムを明らかにしようと試み、非常政治から日常政治への保守改良主義の憲制の道を訴えようとするのである[8]。

ともあれ、評論界が言ういわゆる陳端洪、翟小波と私を代表とする政治憲法学（私がそれを狭義的な政治憲法学と呼ぶ）と、強世功を代表とする党制国家の憲法社会学と、姚中秋を代表とする儒家憲政主義と、許章潤を代表とする国家理性的歴史法学（私がそれを広義的な政治憲法学と呼ぶ）[9]など、これらの憲法思想は近年大いなる活躍を見せている。その論者たちは伝統的な三大主流憲法学とは異なる主張と見解を各自提示して、強い憲制の思想潮流を作り出した。これらの思想を持つ人物の見解と立場、彼らの著述と講演、彼らの間で繰り返される論争と反論は、いずれも千年来なかった中国の憲制の難問を解こうとするもので、政治に大きな変化が起きる時代がまもなく到来することを意味するのである。

---

8) 陳瑞洪の五大基本法は実際には彼の政治憲法学の核心的規範をなしており、シュミットの言う「絶対的憲法」の意味を有する。陳瑞洪「国家の基本法と高級法としての憲法について」、『中外法学』2008年第4号を参照。翟小波はイギリスの政治憲法論に深い影響を受けており、中国憲法の政治的実施の道筋についての議論が、彼の政治憲法学の日常的な傾向と特色をなしている。翟小波著『中国憲法の実施制度』、中国法制出版社、2009年版を参照。この学術的な意図をより的確に把握し、そしてより正確な学術的な批評を行ったのが田飛龍である。田飛龍「民主の中と民主の後──翟小波の憲法民主化研究への批評」、蘇力主編『法律書評』第9巻、北京大学出版社、2011年版を参照。私本人の場合は、保守改良主義憲制の枠組みについての初歩的な研究が、私の政治憲法学の基本的な配慮と特色をなしている。高全喜著『立憲時刻：「清帝退位詔書」について』、広西師範大学出版社、2011年版を参照。
9) 強世功は法律社会学の背景でもって中国憲法の研究にアプローチした。典型的な文献として、強世功「中国憲法における不文憲法──中国憲法を理解するための新視点」、『開放時代』2009年第6号と、姚中秋「儒家憲政民主義」、『開放時代』2011年第6号及び同著『華夏における秩序治理史』（第一巻「天下」、第二巻「封建」）、海南出版社、2012年版と、許章潤著『現代中国の国家理性：国家構築に関する自由民族主義の共和の法理』、法律出版社、2011年版とがある。

II 政治憲法学の問題意識

　政治憲法学が最近勢いよく勃興したのは、決して偶然によるものではなく、それは時代の産物であり、もっと正確に言うと、中国の社会変革における時代精神が憲法化した産物である。この時代精神の憲法化という訴えには三つの時間的流れがある、或いは三つの政治伝統の憲制理路が含まれていると言ってもよい。

　まず、政治憲法学は中国の改革開放三十年来の社会的要求が経済の領域から政治の領域へと転じるプロセスの産物である。即ち、経済体制改革が三十年の発展を経てすでに終焉を迎えたが、その一環としての政治体制改革が改革の中心議題となりつつあるため、中国社会は、経済の議題を超えて「政治的な憲法」のレベルで、現代国家によって構築された憲法制度の変革について考え直す必要に迫られている。実際に、この政治憲法の問題は改革開放当初からすでに存在しているが、中国の憲法学はその辺の問題意識や方法論が乏しいがゆえに、それをまともに取り扱わず、ただ政府側のイデオロギー的な言辞の中に組み入れただけであった。そして学術上では、手に余るものとして憲法解釈学と規範的憲法学に回避された。政府側のイデオロギー的な言辞は革命党と与党による統治という政治性を持つが、憲法性を持たない。例えば、プロレタリア階級専政、人民民主専政、三つの代表、調和社会、法治国家、党の指導、民主集中制、社会主義と資本主義などのような、時期によって意味が異なる政治的な言辞は政治憲法、特に政治憲法の制度構造へと変身するためには、政治憲法学の方法論による整理が必要である。特に、この政治的言辞に含まれた憲法精神と改革主義法治の道筋は政治憲法学によって論証される必要がある。一方、憲法解釈学と規範的憲法学は、政治憲法のこれらの基本問題を回避し、憲法の条文や西洋の憲法学の規範主義を用いて中国の憲法の文言を解釈し、研究しようとするため、その結果、彼らの理論は往々にして枝葉末節にとらわれやすい、或いは理想主義的な色合いが強い。例えば、彼らがとりわけ目をつけていた権利の条文と憲法の司法化という努力も、中国憲法の政治的構造の前に身の置き場所を失い、完全に姿を消して

しまった。

　上述の主流の憲法学の問題を踏まえて、政治憲法学は直接に人民制憲を主軸に、中国憲法の創設のメカニズムに真正面からぶつかり、憲法の正当性問題を政治憲法の構造の中において解決を試み、改革憲法の精神的な訴えでもって、主権と党権、制憲と憲制、革命と反革命、人民の登場と二重の代表、生存と自由などといった政治憲法の問題を処理し、政治体制改革のために憲法学的な道を提供する。憲法解釈学と規範的憲法学が個人主義に基づく権利保障、限権憲法、司法独立を形式的に訴えているのと違って、政治憲法学は、中国憲法における人民制憲の生命力とその変革における動的システムを強調しており、改革開放がここまで来た以上、主人として国家の憲制に参与するよう人民の関心を呼び起こすとともに、党の指導と人民が主人になることとの統一性の実現を促進する必要もあると主張している。いわゆる政治憲法とは、革命主義から憲政主義への変化を遂げ、公のために党を立ち上げ、憲法によって国家を統治し、公民社会の法治国家を実現することである。むろん、中国の政治体制改革が相対的に遅れているため、その憲法化の訴えにはまだ深刻なパラドックスが存在している。それがゆえに、時代精神に対する政治憲法学の反応は非常に複雑なもので、その考え方には反動的なものですらある。ある意味では、陳瑞洪の政治憲法学は非常に急進的であると同時に極端に保守的でもあると言えよう。非常に急進的であると言うのは、彼の訴えている人民の主権者としての絶対性と、人民が登場せねばならぬ革命性のことを指している。このような革命急進主義の憲法学はフランスのルソー主義における政治的理想主義を受け継いだもので、その憲法学な指向は絶えぬ政治的な革命なのである。また、極端に保守的であると言うのは、彼は中国憲法の五大基本法、特に党の指導を憲法の第一原則とするため、自ら主張している中国憲法の自由精神の展開を抑制してしまったことを指している[10]。旧体制を頑なに守ろうとするこのような憲法学は、強世功の憲法社

---

10) 陳瑞洪の政治憲法学の理論的基礎は最終的には「制憲権」理論となった。陳瑞洪著『制憲権と基本法』、中国法制出版社、2010年版を参照。しかし、制憲権の持つ急進性と、彼が2008年の論文で指摘した「五大基本法」の持つ保守性との間に、明らかに張力が存在している。この張力はまさに私のここでの分析を裏付けるものになっていると

会学に至ってさらにストレートな表現になっている。彼はイギリスの不文憲法の理路から中国憲法が遡っていけるような社会学的な根源説を抽出しようと試み、さらにそれを党国体制の一体化と正当化を根拠付けるものとして提供することで、中国憲制の憲政主義の改革を拒んだ[11]。私の政治憲法学の理路は彼らのような左翼がたどっている道筋とは異なっている。私の場合は、人民革命の法理学と革命建国の歴史的な正当性を認めるが、党の指導下の革命憲政は政治憲法の基本的な特徴だと考えておらず、「革命的な反革命」（revolutionary counter-revolution）を通じて、即ち憲法政治の転型を通じて、党制国家から日常的司法憲政主義への変化を遂げさせることこそ、中国憲法の実質的な内容だと考えている[12]。ここでは、憲法政治の建国と、新民の政治構造と、人民と公民の権利の主張といった問題にぶつかる。そのために、中国憲制の動的要因、質料的要因、形式的要因、そして目的的要因を探り出す必要があり[13]、改良主義の光栄な革命を行う必要があり、生存主義を土台に中国憲法の規範主義を作り直す必要がある。このようにして初めて中国憲法で陳瑞洪が指摘したような、「生存」から「自由」への精神的な変化を遂げることができるのである。しかし、彼の五大基本法はこの彼岸の世界に達することは不可能であろう。

　ある意味では、中国三十年の改革開放の実践は生存主義から自由精神へと変身していく憲法の青写真をすでに描き出したと言えよう。それは「八二憲法」、特にその後の四つの修正案の制定に典型的に体現されている[14]。むろ

　　言えよう。陳瑞洪に対する私の批評は主に「政治憲政主義と司法憲政主義——中国政治社会に対する立憲主義的思考に基づく」（高全喜著『非常政治から日常政治へ——現時代の政法及びその他』、中国法制出版社、2009年版）という拙論に集中している。
11)　強世功「不文憲法：イギリス憲法学伝統からの示唆」、『読書』2009年第11号；同「中国憲法における不文憲法——中国憲法を理解するための新視点」、『開放時代』2009年第12号。
12)　「革命的な反革命」の論理について、私は中国憲制を結びつけて詳細な分析を行った。高全喜「革命と憲法及び中国憲制の問題」、『北大法律評論』第11巻第2号、北京大学出版社、2010年版を参照。
13)　アリストテレスの四原因説と政体論における応用について、高全喜「アメリカ現代政治の「秘密」」、『戦略と管理』2010年第5・6号合編を参照。
14)　翟志勇「八二憲法修正案と新しい憲政設計」、『戦略と管理』2012年第3・4号合編。

ん、三十年間の社会変革に内在する動力の視点だけで政治憲法学の興起を見るのは物足りない。実際には、政治憲法学の問題意識にもう一つの伝統が存在しているのである。即ち、1949年の新中国の憲制伝統であって、さらに中華民国の憲制伝統へと遡ってもよい。これは、時代精神が憲法化した三つの時間帯という私の考えに関連している。1912年の中華民国の憲制伝統に遡る、これが最初の現代中国の時間帯である。1928年の国民党の党制国家伝統と1949年の共産党の党制国家伝統が第二の現代中国の時間帯である。そして、1978年の改革開放及び「八二憲法」（修正案を含む）に体現される第三の現代中国という時間帯。実際のところ、政治憲法の意味での現代中国の歴史的段階をいかにして区分するか、或いは、政治と立憲という百年来のこの国家の歴史をいかにして区分するか、または、何を基準にそれを区分するか、それら自体こそ政治憲法学の重大問題であろう[15]。上述の三つの時間帯の区分は目下、憲法学或いは歴史学界ではまだ一般的に受け入れられておらず、あくまでも政治憲法学と歴史学の観点を結びつけて整合した上でできた私個人の考えであって、具体的かつ構造的な展開がなされておらず、一定の理論上の張力が存在していることさえあるのである。

にもかかわらず、私の政治憲法学の歴史意識が鮮明なほうである。つまり、最初の現代中国——中華民国の創立において、立憲時刻、そして内在的な憲法精神があったからこそ、未曾有の激変の道、そして制憲立国のための革命と改良の道が敷かれ、ついに清帝退位によって現代共和国が構築されるに至った[16]。しかし、最初の中華民国はあまり長く続かず、わずか十年間で失敗に終わったため、再び革命が起きた。つまり、国民革命、聯露容共、三民主義を実行する国民党が北伐することによって党国体制を作り上げ、そして軍政、訓政、憲政という路線図に訴えた[17]。ところが、国民党が清党

---

15) 政治憲法の意味での現代中国の区分は、私からすれば、一般的な歴史学の歴史区分とは異なり、また、文化学、社会学意味での現代中国及び変化を遂げた中国、或いはいわゆる近現代中国の区分とも異なっている。それは、憲法政治の内包を強調し、或いは立憲建国を唯一重要な区分基準と見るのである。高全喜「進化中の八二憲法」、『戦略と管理』2012年第3・4号合編を参照。
16) このプロセスに関する政治憲法学の分析は、高全喜著『立憲時刻：「清帝退位詔書」について』、広西師範大学出版社、2011年版を参照。

運動を引き起こし、革命主義を裏切った。それが契機となって共産党は独立した革命建国事業を大がかりに始めるようになり、その間に国民党と連携して対日抗戦をしたこともあったが、最後に三年間の内戦に勝利してついに中国人民を指導して新中国を樹立した[18]。『共同綱領』(1949年)と『五四憲法』の公布は共産党の指導よる党制国家の創設を象徴している。一方、国民党は台湾に退敗した。この時期は第二の現代中国の時期と言えよう。ここでも「党—人民」の革命建国という政治憲法学の問題がある[19]。この党国体制は六十年間にわたって続いたが、その間に巨大な憲法政治の変遷を経てきた。大陸では「文化大革命」という「やりたい放題」の時期があって憲法は紙くず同然になっていたが、片隅の台湾では国民党は党国体制から民主憲制への転型に成功し[20]、現在でも依然としていわゆる「中華民国」憲法の体制を続けている。一方、大陸では「文革」後の三十年間の改革開放の間に、「八二憲法」及びその四つの修正案を制定した。「八二憲法」とその後の三十年間の中国の憲法政治を如何に見るべきであろうか。中国現行の「改革的」憲法に対してわれわれは二重の視点を持って考えるべきだと思う。まず一つは継続的な憲法観である。即ち、この憲法は中国共産党による党国憲制の進化版で、混乱を鎮めて正常な状態を取り戻した(「文革」の政治中国に対して)ものの、党制国家体制からいまだに脱していない憲法であって[21]、この点

---

17) 同盟会時期の『革命方略』には「軍法、約法、憲法」の手続があったが、1914年に中華革命党を結成した時に「軍政、訓政、憲政」の三期説が提出された。しかし、立憲建国の理論が正式的かつ体系的に提出され、論証されたのは、1923年の『国民政府建国大綱』においてである。このテーマに関する歴史的な考察と分析については、王奇生著『党員、党権と党争：1924—1929年における中国国民党の組織形態』、上海書店出版社、2003年版、第20-26頁を参照。
18) そのシンボルは、毛沢東が1949年10月1日の開国大典で「中国人民がこれより立ち上がった」と力強く宣言したことである。
19) 高全喜「革命と憲法及び中国憲制の問題」、『北大法律評論』第11巻第2号、北京大学出版社、2010年版。
20) 蒋経国がこの転型過程において積極的な歴史的役割を果たした。体制外の反対勢力(主に早い時期の民進党がその代表者である)も、台湾の民主憲政の転型を促す重要な推進力になっている。この転型過程における政治と社会経験に関する分析は、朱雲漢著『台湾民主転型の経験と示唆』、社会科学文献出版社、2012年版を参照。
21) 党国体制の痕跡は「八二憲法」の序言における革命史的な叙事と政治憲法の原則と

において国共両党の党国憲法と密接な関係を持っており、しかも、それがまさにこの新しい伝統の一部なのだ、と見るべきである。一方、我々はもう一つの視点を持つ必要もある。即ち、この憲法は重大な改革憲法に向けてのスタートで、その中に未来への種が育まれているため、中国憲制が「生存」から「自由」へ、党制から憲制へと転じていくための重大な転機であり、また、共産党が革命党から与党へ、さらに憲政体制へと[22]転じていくための重大な転機でもある、と見るべきである。それがゆえに、この憲法はただの序幕に過ぎず、波乱万丈なメインストーリーの展開がこれからであるにもかかわらず、それを第三の時間帯のスタートとみなすのは、特に保守改良主義の憲政発展路線から見れば是非とも必要なのである。

要するに、政治憲法学の内部で中国百年憲制の時間帯区分について見解が異なり、基準も様々で、特に中国の制憲建国に関する時間帯区分と「人民―革命―党制」に関する認識が一致しないこともあるが、この問題を直視し、一種の歴史意識を持っている、これがその他の憲法理論と区別される政治憲法学の重要な特徴なのである。つまり、以下のように言うことができよう。政治憲法学の問題意識は歴史意識と密接な関係を持っており、その憲法政治の論理及びそれが明らかにしようとする主権、革命、党、人民、制憲、建国、憲法構造、公民権などといった憲法のテーマは、いずれも中国近現代史と切っても切り離せない関係を持っている。或いは、政治憲法学の問題意識は歴史意識から生まれ、現代中国の百年の歴史の中に発生し、拡大し、発展してきたものであると言ってもよい。もし中国の未曾有の激変の歴史を理解できなければ、もし中国の現代建国史、革命史、制憲史、改革史、生存史、自由史を理解できなければ、中国の政治憲法学を理解することはできないし、政治憲法学の興起の歴史と現実的な背景を理解することもできないであろう。

いう構造から容易に識別できる。この過渡的な体制における党国の中核に対する政治学的な分析は、任剣濤「国家形態と憲法解釈」、『戦略と管理』2012年第3・4号合編を参照。
22) この改革憲法の具体的な内容や前景に対する理論的な分析は、夏勇「中国憲法改革におけるいくつかの基本的な理論問題」、『中国社会科学』2003年第2号を参照。

むろん、クローチェ（B. Croce）がヘーゲルの後を継いですべての歴史は当代史であると言っているように、政治憲法学の歴史意識も当代史を抜きにして語れない。政治憲法学の興起について言えば、それは三十年間の中国改革開放の法政的実践の中に育まれ、さらに中国改革開放の発展過程及びその過程に生じた失敗や挫折と共に生まれたものであると私は考える。その理由として以下のようなものが挙げられる。ご周知のように、この過程は単純な経済改革の過程ではなく、政治と経済ないし社会全体に及ぶ全体的な改革のはずだったにもかかわらず、この現代国家の全面的な改革は予定通りに進まず、政治体制の改革が遅れているため[23]、単一指向の経済改革が今までになかった大量のエネルギーを放出し、経済社会が高度な発展を遂げて、短時間に世界でも屈指の経済大国になり、中国モデルは世界中から注目され脚光を浴びた[24]ものの、憲法の制約に束縛されなかった権力と資本の高度な結合によって一種の権勢化された資本主義が生まれた。ここから、現行憲法の所定の作用が効果的に働かず、規範的な憲法学と憲法解釈学が拠りどころを失い、単なる文字遊びだったことがわかる。では、なぜこのような状況になってしまったのであろうか。中国には憲法が存在しなかったのか、それとも中国憲法には規制力がなかったのであろうか。明らかにその答えはそう簡単なものではない。

　西洋の憲法学のパラダイムから見ると、中国の憲法は効力の高い憲法とは言いがたい。我が国の憲法条文には国家権力に関する横と縦の分配体制、公民権に関する保障の条文はあることはあるが、これらの権力構造と公民権の行使状況、実現状況はどうなのかというと、特に憲法判例の審査という角度からみて、それらはたいてい紙の上の権利条文で終わってしまい、効果的に実施されていないだけでなく、司法制度によって強く保障されてもいない。

---

23) 朱学勤が嶺南大講堂の「激動の三十年：改革開放の経験談」をテーマとする講演会で、改革両段階論を提出し、改革の枠組みの張力的な特徴について詳細かつ明晰な分析を行った。詳しくはhttp://www.aisixiang.com/date/35459.htmlを参照。

24) 近年、中国モデルは中国の左翼学者のキーワードになっている。潘維がその主な主唱者である。潘維・瑪雅主編『人民共和国六十年と中国モデル』、北京三聯書店、2010年版をご参照ください。また、中国モデルに焦点を当てて体系的になされた批評として、丁学良著『「中国モデル」議論』、社会科学文献出版社、2011年版がある。

この問題に関する研究は数多くあるので、ここで贅言を要するまでもあるまい。しかし、これはあくまで中国憲制の問題を部分的にしか見ておらず、全体を見ているわけではない。中国憲法の一部の制度がやはり効果的に実施され、特に『行政訴訟法』及び『刑事訴訟法』の公布と修正にともなって、一部の具体的な法治制度が次第に実現され始め、局部的ではあるが、ある面においては二歩進んで一歩下がるといった進み具合ですらあるが、総じて言えば、これは憲制法治のある種の価値を体現し、局部的構造的な憲制の意義を持っていると言えよう[25]。そのほか、中国の人民代表大会制度も徐々に人民が国家事務に参与するという憲法機能を果たし始めている。

　憲法は飾り物的ではあるものの、現行の政治制度が効果的に運用されており、しかも、この運用中の政治国家制度が力強くも見える。秩序が乱れず、社会が解体せず、政治権力が日々変わることなく運用され、経済も高成長を遂げているのである。憲法が存在しているからには、やはり憲制体制なのだと言えよう。これは一体どういうことなのか。ここでは中国体制の謎というものが存在するのか。もし、ある種の政治秩序の規則を憲法と称するのならば、中国の憲法制度の根っ子はどこにあるのか。何を以って中国政治の憲法規則とするのか。或いは、中国憲法の本質は何であるのか。憲法とこの権力秩序の規則とはどのような関係を持っているのか。この一連の問題は、明らかに政治憲法学の注目するところである。憲法学の視点からみると、この制度の中心的な主題は現行憲法の前文の中にあり、党と国家の一体化構造にあると言えよう。ゆえに、中国の憲法学にとっては、規範主義からではなく、「前文」から、憲法制度の真なるアーキテクチャ（原文：架構，architecture，訳者）から出発しなければならない。中国憲法学の中心問題は実質的には、憲法の前文及びその全体構造そのものなのである。この序言と構造に対し

---

25)　これは改革三十年の法治に対する評価の枠組みの問題に関わっている。憲政が全体的に遅れているからといってそれを全般的に否定してはいけない。また具体的な部署で法治が進んでいるからといってうぬぼれてもいけない。もっと精密な分析枠組みを練る必要があるのである。これに関して比較的に的を射た見解として、高全喜、張偉、田飛龍合著『現代中国における法治の道』、社会科学文献出版社、2012年版が挙げられる。その第五章「常態に向けての転型法治：改革と統治」には、「根本法治／具体法治」という二元的分析枠組みが示されている。

て、伝統的な憲法解釈学は、表面の文字情報だけに注目し、その表面の意味にとらわれており、しかも、ひたすらイデオロギーの色彩を帯びた政治的な言辞に従うため、この序言或いは構造はなぜこのようになっているのかについて解釈し、問いかけようとはせず、ただ文字情報そのものについていわゆる憲法学の意味論的な解釈や条文の解釈だけを行っている。その結果、憲法解釈学にはピントはずれな説明が多い。上述の解釈学の無力感を感じたのか、その他の形態の憲法学教程は、いっそのこと憲法の序言とその政治的イデオロギーの言辞に目を瞑って、直接西洋の憲法学の規範主義或いは司法審査制度及び判例を使って中国の憲法学を編纂するのである。そうすれば、少なくとも政治的イデオロギーの言辞による侵食を阻止することができる。これは一種の憲法学の「戦略」であるらしい[26]。要するに、憲法の政治性を回避するのは中国の主流の憲法学の姿勢である。このような姿勢は問題を回避することができるとしても、旧憲法学の政治的イデオロギーの言辞を排することができるとしても[27]、正真正銘の日常政治下の憲法学のために学術理論上の備蓄を提供することができるとしても、それは、中国現在の憲法制度の実質的な問題の解明に全く言及しておらず、そして、中国の憲制改革の動的システムを示した上で、さらに解決を図ろうという趣旨とは全く無関係である。これは一種の現実を見捨てた、実践と理性から逸脱した学術的立場であると言えよう。

Ⅲ 政治憲法学：政治学それとも憲法学？

上述した憲法学理論とは異なり、政治憲法学は憲法の政治性は遮っていいようなものではなく、遮りきれるようなものでもないと考える。特に中国の現代憲法学にとって、その核心問題は「政治憲法」であって、中国憲法の序

---

26) この言い方は規範的憲法学の代表的人物、林来梵教授によるものである。
27) 私がここで言う旧憲法学は、1949年中国共産党建国以降の年配世代の革命家や憲法学者による憲法学理論、即ち、董必武から張友漁、陳叔文などに至る体制内の憲法学理論を指すものである。その理論の基本的な特徴と内容などについては、張友漁等編『憲法論文集』、社会科学文献出版社、2003年版を参照。

言と憲法の構造の中に集中的に体現されている。政治性と憲法性、これは中国の憲法学の中心問題であるだけでなく、どの現代国家においても、これは憲法制定及び憲法解釈の基本問題なのである。憲法における政治性と憲法性の関係という問題が解決されてはじめて、いわゆる規範的憲法学、憲法解釈学といった日常憲法学の一連の問題解決への取り組みが展開され、推進されることになる。

　上述した政治憲法の問題について、陳端洪は非常に冷静な目をもっている。彼が二冊の入門書的な文章の中で何よりも先に処理したのは、この憲法性と政治性の問題である。最初の一冊は彼の代表作『制憲権と基本法』にある「制憲権に関する一人の政治学者と憲法学者との対話」[28]であって、もう一冊は彼が清華大学法学院で行われた講演の原稿で「憲法学の知的境界碑」[29]である。陳端洪の二冊の論文とこれまでの憲法学思想を徹底的に貫いた中心議題といえば、中国の憲法学のために知的な境界碑、即ち、憲法学の政治学的基礎を確立することである。この政治学は、陳端洪からみれば、政治権力に基づく制憲権以外の何物でもない。或いは進んで言えば、人民（絶えざる）革命の制憲権でしかない。この制憲権こそ彼の心の中の政治憲法学の基本なのである。そのために、彼はわざわざルソー（J. J. Rousseau）、ホッブス（T. Hobbs）、シュミット（C. Schmitt）の理論を持ち出した。前の二者は人民主権と直接的な制憲権の区別に重きをおいて、絶えざる革命或いは人民の登場（永遠にその場にいること）を強調するのに対して、後者は憲法と憲法律の区別に重きをおいて、憲法は主権者の政治的決断であって政治的意思の直接的な権限賦与であることを強調する。これらは、憲法は基本法であるという陳端洪の政治的基礎をなしており、憲法はそれに発し、また最終的にそれに帰さなければならない。政治性に関するこの基礎理論を確立してから、陳端洪は縦横無尽に中国憲法の領域に介入し、中国憲法について従容として五大基本法という憲法観を示すとともに、憲法政治は党制政治と同一であるとみなし、共産党は中国の政治の中心になるがゆえに、中国憲法の中心

---

28)　陳瑞洪著『制憲権と基本法』、中国法制出版社、2010年版。
29)　この講演の実録に関しては、陳瑞洪等「政治憲法学と規範的憲法学との「対話」の実録」、『公法研究』第十巻、浙江大学出版社 2011 年版を参照。

にもなる。そのために、彼は旧憲法学とは区別される一連の新憲法学の用語や言辞を再使用し、或いは作成した。例えば、「中国人民は中国共産党の指導の下で」とか、「人民は必ず登場しなければならない」とか、「人民は登場もせず欠席もしない」とか、「憲法は民主神の聖書で、人民の安眠曲である」など。これらは陳瑞洪の政治憲法学の鍵となる観念で、一時的に広く広まっている。

　陳瑞洪は有無を言わさず政治権力の赤裸々な本質を憲法学の前に突き出し、そしてそれを憲法学の基礎とみなすことによって、憲法学の境界碑を作った。これは間違いなく憲法解釈学と規範的憲法学の弱いところを突いて憲法の恐ろしい一面をあらわにした。たしかにこれは知識学的な意味を持つが、もっと重要なのはその政治学のレベルにおける意味のほうである。だから、それが主流の憲法学界から非難を浴びせられたのも不思議なことではないのである。陳瑞洪の政治憲法学、特に憲法を政治権力と政治決断に密接に結び付けて党制憲法を喧伝しているような彼の見解は、むろん多くの学者によって批判され、反憲制主義或いは左翼急進主義とみなされている[30]。陳瑞洪のいわゆる政治憲法学は法学ではなく政治学であって、権力政治に学術的な装いを持たせたものであると言う学者もいる。彼らからみれば、政治学は政治権力に関わるものであるのに対して、憲法学は権力に関わるものであって政治及びその権力には全く関係ない。関係があるとしても、政治権力に対する規範であって、つまり、政治権力を制限し、阻止するのである。憲政とは、権力の恣意性を防止することである。人権を保障することである。憲法学とは、規範主義である。規範主義に基づく法解釈学である。司法審査権に基づいた、暴政に対する反抗と権利に対する保障である。したがって、憲法学は政治学から厳格に分割され、政治学と袂を分って権利学に帰するべきなのである。彼らからみれば、政治憲法学は憲法学ではなく政治学であって、政治をもって憲法に取って代わり、政治社会学をもって憲法解釈学に取って代わるものである。彼らの観点に従って考えれば、最近強世功によって発表された憲法に関する一連の論文、特に彼のいわゆる不文憲法の観点は、

---

30)　林来梵の法律ブログ http://linlaifan.fyfz.cn/art/404016.htm を参照。

陳端洪の五大基本法に比べてさらに露骨になっており、政治権力のために世論作りをし、イギリス憲法を歪曲し利用してまで政治的訴えのお先棒を担ぐものなのである。私の観点も、この政治学の系列に入れられ、憲法学ではなく政治思想史であるとみなされている。

　上述した理論上の論争をどうみればいいのであろうか。私にしてみれば、主流の憲法学が陳端洪の新しい説に疑問を投げかけるのに憲法学的な根拠があった。それは即ち、憲法学は政治学に取って代わられてはいけないということである。一般的な意義では、憲法学は、憲法は権利の保証書である、人民の憲章である、強権政治に抵抗するための宣言であることを強調する。だから、権力分立で国家の政治権力の抑制と均衡をはかること、個人の権利を保護・保障すること、司法を通じて憲法の尊厳を守ること、違憲審査権をもって憲法上の争いを裁決することなど、これらはいずれも必要なことであって、いずれも規範主義に関心を寄せる憲法解釈学なのである。この意味でいうと、憲法学は政治学ではなく、それが訴えているのは司法の正義であり、政治権力に関する規範的な制限（権力制限）である。しかし問題なのは、憲法学はそれだけにとどまらず、もう一つの方向性もあるのである。即ち、憲法学は憲法の基礎としての政治的権限賦与について問い詰めなくてはならない。つまり、憲法はその起源に向き合わなければならない。憲法はどこからきたのか、その起源、形式そして目的はどのように生成したのかを考えなければならない。しかし、これらの問題に答えるために、憲法学は政治学に向き合わないといけない。憲法と政治の関係を処理する際には、簡単に政治学と切り離してはいけないのである。さもなければ、憲法学は上述したような主張に答えることができなくなり、強権に抵抗し、権利を守るという固有の本質を保つことができなくなる。政治憲法学が依然として成り立つのは、政治憲法学が憲法学の政治権力の問題に敢えて直面し、しかも、政治を憲法の基礎とみなすからではなかろうか。政治憲法学は日常の憲法は天から落ちてくるものではなく政治の結果である、もっと具体的にいうと、人民の制憲建国の結果であると考える。人民は主権権力の行使によって憲法を制定し、自分の意思と理性を一本の憲法に託して一つの国家体制或いは国家政権を作り上げ、さらに政治原理に従って権力分立をし、権力の抑制と均衡をはかるこ

とで、公民の個体の権利が保障される。最初の政治的権限賦与がなければ、憲法はそもそも生まれようがない。司法憲政主義も語りようがないのである。

　現代憲制の歴史的な実践の中から、われわれは憲法と政治の間のこのような密接な関係をはっきり見ることができる。いかなる現代憲法も人民の制憲過程で生まれたものであり、具体的にいうと、人民の革命建国と政治的権限賦与から生まれたものであり、非常政治期の産物である。主流の憲法学が担当するのは日常状態下の法治目標であって非常態の憲法学ではない。比べてみると、政治憲法学が注目するのは日常憲法の現世と前世であって、「政治憲法」としての憲法、或いは憲法の政治性、特に非常態の時期における憲法制定という政治的本質である。この政治憲法に対して、主流の憲法学はそれを特に強調しなくてもいいが、それを無視し、さらに隠そうとするのはいけないのである。なぜなら、このプレ日常時がなければ、彼らの憲法は存在するはずがないからである。仮にそれが存在したとしても、偽りの飾り物で、有名無実のもの或いは死んだ憲法でしかない。我々が主流の憲法解釈学や規範的憲法学を批判するのは、それらは憲法学ではないからではなく、中国の憲法学ではないからである。彼らは死んだものを生きたものと見て、自らを欺き人をも騙して有名無実のものを研究や解釈の対象とし、中国憲法の政治性、即ち、中国憲法は日常の法治時期にまだ達しておらず、政治性は依然として中国憲法の要であるということを軽視し、或いは忘れた。この点について、中国憲法の序言ないし構造には明確に書いてある。共産党の指導とは何か、人民が国家の主人であるとは何か、革命建国とは何か、人民民主専制とは何か、四つの基本原則とは何か、民主集中制とは何か、社会主義国家とは何か、公有制とは何か。これらは日常法治というコンテクスト（原文：語境, context. 訳者）の中における憲法概念であるものか。これらは明らかに政治的な内容であり、革命建国、人民の登場という非常態の革命政治の産物であり、憲法を主導する政治的意思である。これらすべては、我が中国憲法は政治的な憲法であることを示しているのである。実際には、いかなる現代憲法も政治憲法である。或いは政治憲法の意義を持っていると言えよう。例えば、イギリスの不文憲法としての王位継承法、権利章典、寛容法、アメリカ

の連邦憲法及びその修正案、フランス共和国の諸憲法、ドイツのヴァイマル憲法、明治維新の日本国憲法ないし中華民国憲法、誰がこれらの憲法の憲法としての政治性、そしてその中の制憲建国という人民の政治決断を否定できるものか。だから、政治憲法は現代憲法の外にあるものではない。或いは、憲法は憲法性しか持たず政治性を持たないものではなく、憲法性それ自体は政治的であって、人民が憲法を制定するという政治性そのものであると言えよう。ただし、革命、戦争と制憲建国を経て、憲法によって凝集された政治共同体が日常の常態を取り戻したら、憲法の政治性が退くべきである。そのかわりに、憲法の法治性或いは一般的な意義での憲法解釈学と司法憲政主義が登場し、憲法学の主流になるべきである[31]。

　問題は、現代憲法の政治性或いは憲法は政治憲法であることを認めれば、陳端洪の憲法に関する政治憲法学の理論が正しいものになることを意味するかどうかということである。これには疑わしい点があると私は考える。或いは、私は陳端洪、強世功らの憲法に関する政治観には賛同しないと言ってもよい。私が疑問視する点は、主流の憲法解釈学や規範的憲法学のそれとは異なっており、私は政治憲法の政治性を否定しない、陳端洪らの問題意識ないし憲法方法論を否定しない、強い疑問を持っているのは彼らの憲法政治観なのである。私は、陳端洪らの憲法の政治性に対する理解や解釈は一種の現実主義の政治学であり、政治権力主義であって政治学的な規範主義ではないと考える。即ち、彼らは政治合法性に関する政治学の訴えを深刻に歪曲し、強権政治或いは政治的実力によって憲法を定義づけ、政治の規範性を完全に見捨てた。この意味でいうと、彼らに対する主流の憲法学の批判は合理的かつ正確なものであり、彼らを憲法学ではなく政治学とみなすのも一理がある。なぜなら、憲法学が政治学と区別される大きな特徴は、憲法は政治権力を論証するものでもなく、政治を喧伝するためのものでもなく、権利を守るもので、政治権力を規範するための法則であり、そして、憲法学が問いただすのは政治権力の合法性と正当性なのだからである。この問題では、私の主張す

---

31) 拙文「政治憲政主義と司法憲政主義――中国政治社会に対する立憲主義的思考に基づく」、高全喜著『非常政治から日常政治へ――現時代の政法及びその他』、中国法制出版社、2009年版。

る政治憲法学は陳端洪らのそれとは本質的に異なっている。陳端洪の五大基本法の大作が発表されるや否や、私は規範主義の角度からそれに対して厳しい批判をした。特にそれの空間併置式の政治憲政主義の傾向を抑制し、阻止して、それを時間連続式の自由主義の政治憲政主義に改造した。明らかに、陳端洪は政治の現実主義、非常政治及び政治決断の絶対性を過度に強調したため、政治の規範主義或いは正義を訴えるという正当性の一面を疎かにした。彼の政治学はマキャヴェッリ（N.Machiavelli）、ホッブス、シュミットの政治学であり、「存在するものは合理的である」の現代バージョンである。しかし、この残酷な政治学は政治学そのものではなく、政治学にはもう一つの方向性もある。それは、合法性と正当性である。即ち、真なる政治は正義の権力であり、人民の共同意思に基づいた、人民による同意という性質を持つ権力であって、この正義の政治という角度からいわゆる五大基本法を比較し、評価することこそ、政治憲法学の本質的な訴えであると言えよう。だから、「政治憲法」をどう見ればいいのかという重要な問題において私は陳端洪と大きく食い違っているのである。私の言葉でいうと、私たちは政治憲法学の左と右なのである。

　政治憲法学は憲法学であって現実の政治権力を喧伝するためのものではない、その最大の理由は、政治憲法学は政治憲法の規範的価値を認め、政治の合法性を訴えるからである。この合法性は憲法律の合法性ではなく、憲法の合法性であって、根源的な合法性なのである。即ち正当性である。この正当は自然権利による正当であろうと、或いは神義論による正当であろうと、または天命や民心による正当であろうと、要するに、赤裸々な強権によるものであってはならない。存在するものは常に合理的であるとは限らず、邪悪であることもあり、人民の抵抗すべきものにもなる。人民或いは公民であるすべての者は強権に逆らう抵抗権と革命権を天然に持っている。これはロック（J. Locke）の原則であり、現代憲法の原則であり、アメリカ立憲の原則であり、中国革命建国の原則でもある。だから、政治憲法は単に人民による政治決断、革命党の指導のもとで制定されたものであるのみならず、それは一種の政治憲政主義でもあり、即ち政治権力に対する規制システムでもあるのである。陳端洪の政治憲法学は、政治或いは権力だけが運営しており、憲制も

なければ、規範主義もないと言えよう。

　政治憲法学は規範主義を訴えなければならない。政治現実主義から身を離さなければならない。権力を馴化するための自分の規範体系を作らなければならない。これこそ憲法学であり、政治学（現実主義の意味での）ではないのである。中国憲法の根本的な問題は日常時における法治憲政の問題に属さず、非常時、或いはもっと正確に言えば、非常政治から日常政治への転換期における問題である。この時期では中国の憲法学は主流の各種の憲法学によってではなく、政治憲法学によってしか担われることができない。即ち、中国の政治憲法の根本たるところに直面し、一種の転型憲政の憲法学を新たに作り出さなければならない。だから、私が強調する憲法規範主義は日常時の規範的憲法学とは異なり、私は後者が抽象的に中国の政治憲法とは無縁の規範的憲法を憲法学の基準とすることには賛同しない。或いは、私は後者のいわゆる西洋憲法学の意味での普遍的な価値のような規範、或いは西洋憲法に基づいた権利価値、または宣言を受け入れられないと言ってもよい。このような外在的な規範主義は無力で空虚であると私は考える。むろん、私は普遍的な価値を訴え、政治権力を規範化するための規範的価値を訴える。ただし、この規範は外部から巧妙に移入され、移植されてはいけない。それらは、中国憲法の政治権力の内部運営から、中国の憲政主義の歴史的過程から、中国人民の内在的な渇望と制定、改革の生命力そのものから、中国の政治憲法の価値の訴えと制度の実践過程そのものから生まれるよりほかはないのである。

　以上の理由で、私にとって、必然的に二つの面からの分析と反論を同時進行で行わなければならない。まず一方では、陳端洪一脈の政治現実主義に抵抗し、防御しなければならない。即ち、憲法を政治強権に基づかせるという彼らの政治学と実証主義の憲法学を取り除いて、政治憲法学の規範主義的な価値を広め、権力を馴化する規範的価値という正義を基礎に憲法を立てようとしなければならない。また他方では、政治憲法の時代特徴を論証して、政治憲法学を主流の規範的憲法学及び憲法解釈学と区別し、そして、彼らの抽象的かつ空虚な理想主義或いは政治の真相隠蔽に抵抗し、生命力に富んだ政治決断と理性的同意の上に憲法を立てることで、規範が外在的に移入され、

移植されるのではなく、政治権力の中から生まれてくるようにしなければならない。上述の二つの面での理論の激突を前にして私は、中国の政治憲法学は、赤裸々な政治学でもなく単調で教条主義的な憲法学でもなく、歴史と実践の中で発育し、成長し、発展していく政治憲法学だと考える。即ち、政治現実の中から規範的価値を喚起し、現実主義から理想主義へ、生存主義から自由主義へと移行していくのがその核心である。このような「実存」から「自由」への歴史的な発展こそ、中国憲法の精神の所在である。

　一定の意味でいうと、「政治憲法」はいったい政治学に属するものなのか、それとも憲法学に属するものなのかについて追究する必要は全くないと言えよう。むろん、政治学と憲法学の間に一定の学科的な知的境界碑を立てて、政治学者と憲法学者の対話は異なる理路に基づいて各々展開していく必要がある。しかし、政治憲法学は政治憲法学以外の何物でもない。それは政治学にも属し憲法学にも属する、或いは政治学にも属さないし憲法学にも属さないと言ってもよい。肝心なのは政治学或いは憲法学をどう定義づけるかということである。政治憲法学が関係する根本的な問題は、政治学と憲法学の間に位置した、政治現実主義から憲法規範主義への歴史的な発展である。政治学は規範的価値を訴えるのであれば、それによって作り出された建国のための立憲主義は憲法学であって政治学（実証主義の意味での）ではない。一方、憲法学は規範主義の外在的な装いだけにとどまっているのであれば、それは中国の憲法学ではなく、比較憲法学或いは外国の憲法学になってしまう。憲法学はあらかじめ政治的な先在性或いは優先性を設定しておかなければならない[32]。しかし同時に、政治学に屈従せず、政治を馴化し、政治の中から立憲主義と規範主義を導き出さなければならない[33]。ゆえに、政治憲法学の中心的な議題は規範である。即ち、政治権力に関する立憲主義の規範的価値及び制度のアーキテクチャは一体どこから来たものかということである。

---

32) 高全喜等「国家の構築と政治憲法学」、『戦略と管理』2010年第11・12号合編；高全喜等「我々は憲政までまだ程遠いのか——八二憲法三十周年記念学術シンポジウム」、『戦略と管理』2010年第3・4号合編。

33) 同上。

Ⅳ 規範主義の政治憲法学

　指摘すべきなのは、政治憲法学は憲法規範を重んじることである。ある意味では、政治憲法学は一つの規範主義であり、一つの憲法解釈学でもある。政治憲法学は規範主義から離れず、憲法解釈からも離脱できない。しかし、一般学者の論議において、或いは二つの憲法学の陣営において、このような鮮明な理論的対峙を示しているのはなぜであろうか。そして、本文の前述でも依然として異なる流派の立論を区別して分析と陳述の理路としたのはなぜであろうか。この状況は中国における憲法学の理論コンテクスト（原文：語境，context. 訳者）に決められていると考える。

　相対的には、陳端洪の政治憲法学は依然として憲法解釈に基づくもので、しかも、規範主義の価値の訴えも完全に除去されないが、彼の憲法解釈と規範主義は明らかに弱化されており、その論述には権力主義の政治現実性の特徴が満ち溢れている。特にその五大基本法の提出と配列は、明らかに実証主義の憲法分類の標準を取り、政治的合法性とその内在の規範的価値の訴えはどこにも存在しない。それにもかかわらず、陳端洪は中国憲法の精神は富強から自由へ、存在主義から自由主義へと移行して行くことを指摘した。この自由な憲法構造は、間違いなく憲法規範を認めるという彼の考えを示している[34]。翟小波は憲法の司法化に反対し、代議制民主に基づいた政治憲法学を主張しているが、彼は憲法の規範性をこれまで反対したことがなく、憲法の中心的価値は規範であり、規範がなければ、政治憲法がないと考えている。彼が反対しているのは抽象的な法条主義と幻想的な規範主義である[35]。私の政治憲法学から、さらに規範主義の憲法価値をこれまで強調してきた。私自身はその点については何度となく指摘しており、青年憲法学者田飛竜との対話からも分かる[36]。

34）　陳端洪「国家の基本法と高級法としての憲法について」、『中外法学』2008 年第 4 号
35）　翟小波著『人民の憲法』、法律出版社、2009 年版。
36）　この対話は憲法解釈学を研究している一人の青年学者の、憲法方法論に関する若干の誤解に対する回答であり、近年の政治憲法学の学術状況に関する段階的な総括でもあ

政治憲法学はこれほど規範性の価値を強調し、しかもしきりに自分の規範主義を提唱するからには、主流の規範的憲法学或いは憲法解釈学と完全に一致していると言えるか？　人々はこれまでずっと政治憲法学を誤解しているのか？　明らかにそうではない。ここはいかに規範性を定義するか、憲法の規範的価値は何であるかという問題に関連してくる。これこそ、政治憲法学と主流憲法学の根本的な区別を示している。規範的憲法学と憲法解釈学の規範的価値は前もって設置されたものである。もっとも、この二者の間にも弁別分析と争議が存在しているのである。例えば、規範的憲法学は、規範が憲法の文言を越える理想性に基づき、憲法解釈は法条のみに限られないと考えているのに対して、憲法解釈学は規範的憲法学の仕掛けが高すぎ、規範は文言解釈に付着しなければならないと主張している[37]。要するに、両者は規範が一体どこから由来するという実質問題には政治の次元には触れなく、権利保障の次元のみに限られている。それらから見れば、規範は憲法の権利保障条項であり、そして憲法案例によって確実にされたものである。それらの間の論争は解釈と規範のどちらを優先するかという問題だけだが、政治憲法の規範性を遮蔽するのはそれらの共通の特徴である。その両派の学者から見れば、政治憲法学は規範を問わず、権力の運行システムだけを見つめており、権利保障を見逃し、憲法の司法化を無視し、憲法をもって憲法律に取って代わる。言い換えれば、その両派は従来憲法と憲法律との区別も認めず、制憲権と憲定権との区別も受け入れず、非常時期と日常時期の憲法分野も受け入れない。

政治憲法学は日常法治状態下の憲法規範と憲法解釈を否定はしないが、それらの規範内容と法条・案例に基づく解釈は今の中国憲法と憲法実施においては羸弱であり、中心的議題すらならない。主流の憲法学における規範主義と解釈主義に関する大量の作業は、ただ中国憲法の切れ端の処理にすぎず、その中には空振りが多く、ある意味では学術上の意義もあるが、多くとも西洋の憲法解釈主義（いわゆる法教義学）と規範主義の移植翻訳と喧伝にすぎ

　　　る。具体的には高全喜、田飛龍「政治憲法学の問題、位置づけ及び方法」、『蘇州大学学報』（哲学社会科学版）2011年第3号を参照。
37)　李忠夏「中国憲法学方法論の再考」、『法学研究』2011年第1号。

ない。中国の憲法学は中国の政治状態を直視すべき、言い換えれば、中国の「政治憲法」を直視すべきである。ここにいう直視とは、少なくとも二重の包摂が含まれている。

まず、中国憲制の真の規則を直面し、その中の実際に運行する権力の規則体系と動的システムを見極めてから、中国のその現行憲制はどのように生成、変遷及び実行するのかを探究する。もう一歩深く言えば、中国における百年の憲制の発生学原理を探索し、その初期現代の中華民国から党制国家までの革命構成及び内在する憲制の構造を研究する[38]。つまり、最初に研究すべきなのは、政治憲法の嵐のデスティニィ（原文：前世今生，destiny. 訳者）としての中国憲法の構成原理である。これらの内容は、中国の立憲史のみならず中国憲法の有機的構成でもある。憲法の序言に記載され、中国憲制の本質を支配している。そのため、これらの憲法の政治性の包摂を把握しておかないと、中国憲制は一体何であるのかを理解できない。これが真の中国憲法科学を樹立するための前提である。

次に、中国憲法はどんな憲法であるかということを把握した後、誰の正義なのかという問題に直面することになる。政治憲法学が関心を持つのは、どんな憲法であるかということだけでなく、誰の正義ということにもっと関心を寄せているのである。即ち、憲法の規範性問題に注目し、そして探索しようとするのである。前述のように、政治憲法学は現実の政治を喧伝するための政治学であることをひたすらに非難するのは不公正だと、私は考える。陳端洪ら（強世功を含む）は上述の政治現実主義或いは実証主義憲法学の傾向があるが、私の観点は最初から非常に明白かつ確固である。それは、中国の政治憲法学は余力を残さないように規範主義の憲法学基準を樹立し、憲制の正義性の価値を探究すべきである。規範的価値に関心を持たない、或いはそれを無視する憲法は、憲法或いは憲政の論理ではなく、強権の論理にほかならないので、規範主義は政治憲法とは対立したものではなく、密接な関係に

---

38) 憲制発生学の基本原理を参照。主に現代国家の動的システムに関する私の三本の研究論文に体現される。高全喜「戦争、革命と憲法」、『華東政法大学学報』2011年第1号；「富、財産権と憲法」、『法制と社会発展』2011年第5号；「心、宗教と憲法」、『華東政法大学学報』2012年第2号を参照。

あると言えよう。

　にもかかわらず、強調すべきなのは、政治憲法学は中国の憲制における架空の権利保障条項と簡単につながる司法案例或いは空から落ちた人格主義の規範信条から規範的価値を見つけ出すのを試すつもりはなく、中国憲制の真正なコンテクストに立脚して、政治憲法から規範的価値と憲法の正義性価値を見つけ出し、或いは発掘し、政治そのものから規範を練り上げようとする。問題になるのは、一体中国における百年の憲制或いは現行の憲制から中国本土に基づいて、同時に普遍的な価値も共有できる規範性法則を探ることは可能であろうか。これこそが主流の憲法学が指摘しながら回避しようとする問題である。これは政治憲法学にとって厳しい試練に違いない。中国の憲制の根本的問題は依然として「政治憲法」にある。しかし、中国の「政治憲法」をどうのように取り扱えばいいのであろう。それを遮蔽することはできないので、ひたすらに遮蔽するのは無意味で、事実の現状はそうであるから、その客観的真実を直面しなければならない。現実に直面することは現実を認めると賛美するわけではなく、憲法の価値規範を忘れるわけではなく、その中から規範の憲法性を開拓すべきである。開拓する方法については、我々は同情の理解をもって、厳粛に、非イデオロギー的に中国における百年の建国の革命史、制憲史及び法制史に応対し、中国人民と二つの主義に基づく政党の共生関係から政治憲法を取り扱うべきである。

　指摘すべきなのは、中国における党制国家は何の理由もなく生まれたものではなく、中国人民のある種の政治選択と政治決断である。中国共産党が人民を指導して新しい中国を建立してきたのは、中国の歴史においても天地が開かれる大事件であることは否定できないから、中国の現行憲法の前文中国における革命建国の歴史叙事となり、この叙事は中国の政治憲法の合法性の理論基礎を築き上げた。問題になるのはこの歴史叙事は単なる客観的叙述であるかどうかということである。政治憲法学からすれば、イエスとも言えるしノーとも言える。イエスと言えるのは、その叙事は、勝てば官軍、負ければ賊軍という歴史観を陳述したからである。共産党は武器をもって天下を取り、新政権を築き上げたから、いわゆる憲法は勝利者に対する確認にすぎない。その点については、毛沢東はこう明白に言った：「従来、世界中の憲政

ということは、イギリス、フランス、アメリカ、またはソ連を問わず、みな革命が成功して民主の事実があってから、根本大法を頒布して承認するのである。それが憲法である。」[39] ノーと言えるのは、その定款がいったん確定されると、もはや役に立たない文書ではなくなり、拘束力を持ち、規範的な意義を持つようになるからである。だから、憲法の前文及び憲法の権力構造に関する条項において、党・国の歴任指導者の講話において、憲法は国家政権を拘束する法律効力を持つようになるのである。即ち、いかなる人も機構も、憲法を越えてはならない、憲法の制約を受けなくてはならない。この憲法遵守の承諾は少なくとも政治憲法の意味で重要であると同時に、憲政の約束を果たしてもらうための政治的理論と根拠にもなっている。だから、比較憲法或いは憲法教義の角度から中国憲法の序言は効力を持たないと言うことは、それ自体が無意味なことであると言えよう。

　このように、中国の憲法は、叙述の叙事性と権限の規範性という二種類の特性を持つことになる。これは中国憲法の一般的特徴であり、中国憲法学の基本理路でもある。ある意味では、これは一種の実証主義の憲法観にも属される。むろん、建国六十年の過程を点検すると、上述のような実証主義のレベルの憲法秩序または規範とはいえ、相当な時期にわたって崩壊、墜落、失効の状態になっていた——十年の「文化大革命」という国を崩壊の際に差し迫らせようとした動乱の時期には、中国の憲法秩序或いは憲制は跡形もなく、規範もどこから切り出していいかわからない。それから撥乱反正、改革開放及び「八二憲法」の再制定によって秩序が回復され、実証主義の憲法秩序も重ねて表明できた。しかし、「八二憲法」頒布三十周年を迎える今、我々はこの憲法を読み直せば（その期間内に可決された四つの憲法修正案を含む）、それは上述の実証主義憲法学上の規範的価値の意義と、陳端洪のまとめた現実主義憲法における五大基本法の政治内容を持っているのみならず、この憲法の規範性は上述のイエス・ノーのような実証主義の憲法論理を越えており、憲法の正義或いは正当性に関与する規範性である。それは多数のイデオロギーの文言の中に隠れていても光り輝いている。

---

39) 毛沢東「新民主主義の憲政」、『毛沢東選集』（一巻本）、人民出版社1964年版、第729頁。

それでは、中国憲法のその規範性は何であろう。私はそれには下記の内容が含まれると考える。

第一、革命の後の憲法守護の問題、即ち、私が一貫して指摘している「革命的な反革命」という憲政主義の問題である。あらゆる現代国家の立憲建国も古今の変のような革命を経ていた。英米でも、仏独露でも、中国もそうである。これらの革命の方式は異なっていて、革命の結果にも径庭があったが、人民革命の政治変革を経て現代の共和国または立憲政体を建立できたのは同じである。上述の国々にとっては、立憲の根本的意義は革命を更に激化することではなく、革命の成果を守ることである――憲法の登場は革命の退場である。人民による革命建国についての真の有効の方式は憲法をもって革命を終わらせ、憲制の政府を建立し、憲法を通して人民主権と民主管理を実行することである。したがって、現代の憲法は革命を終わらせる制度構成上の意義をもっており、つまり、憲法を通して革命に基づく反革命の建国の過程を完成させ、非常政治から日常政治に転型させ、司法憲政主義の法治時期を迎えることができる[40]。現代中国の憲法の制定はもとよりそのような革命の暴力を終わらせるという憲制的包摂をもっている[41]。1949年に新政協が制定した「共同綱領」とその後中国人民代表大会が頒布した「五四憲法」も多かれ少なかれその革命後の憲制原則が隠れていたが、その革命を抑える憲法規範は、毛沢東の「無産階級専政下の継続的革命」論及び階級闘争による敵友政治の絶対主義によって深刻な破壊を与えられ、中国が空前なる暗い「無法無天」の時代に入った。三十年前の「八二憲法」の頒布といえば、その政治的背景は、共産党の第十一回三中全会が「文化大革命」に関する歴史決議を採択したことであり、その政治文書は明らかに「文革」を終わらせる思想路線と組織路線の政治決断を体現しており、その憲法上の表現は「八二憲法」における憲法を修正することである。共産党の中国における政治憲政

---

40) この革命から憲政への理性的な転化について、私はロック版の政治憲政主義の枠組において緻密な説明をした。拙論「政治憲政主義と司法憲政主義――中国政治社会に対する立憲主義的思考に基づく」、高全喜著『非常政治から日常政治へ――現時代の政法及びその他』、中国法制出版社、2009年版を参照。
41) この意味での政治憲法学の指摘については、高全喜著『立憲時刻：「清帝退位詔書」について』、広西師範大学出版社、2011年版を参照。

主義の新段階の発端は「八二憲法」だといえば、その発端の綱領は「文革」を終わらせ、常態政治に入ることであり、急進主義の革命問題を処理し、革命主義の政治を規範性の憲法に組み入れることである。

　したがって、中国における政治憲法の規範性の訴えは、主流の憲法学のいう権利の保障または日常の司法からではなく、革命を終わらせ、革命政治を憲法政治に組み入れ、党の指導的権力を人民代表大会の人民主権体制に組み入れることから求められている。つまり、規範は権力の自己拘束から、政治権力の内部、政治統治の合法性から、規範の構造を発展させ、革命党から与党になる理念の転型によって、憲政国家になることである。むろん、「八二憲法」は国民党の憲制のような、軍政、訓政を経て憲政を実現する時間表と路線図は存在せず、このような党と国家が一体化している政治構造からは明らかにその規範性の明確な指向を示すことができない。しかし、そのようであるからこそ、その埋められた規範性がなおさら貴重になり、政治憲法学はなおさらこの火種を明らかにすべきである。外部からの規範は政治権勢には圧力を加えるが、内生の規範こそが生命力をもって、最終的には開花する。革命の暴力を終わらせる憲法改正は間違いなく規範の種を孕んでいるが。その種も中国憲法におけるたくさんのところにもある。例えば、人民代表大会の制度設置、権利リストの羅列、人民が一家の主となって切り盛りをする承諾、国家の法制建設の目標、これらは急進の「文化大革命」に反対する憲法論理の中に含まれ、規範性の価値理性を生み出せる。要するに、人民を指導して革命によって建国した前衛隊としての党が自己制定の革新を行って、人民の利益と意志を自らの利益と意志にして、誠に改革開放をして、普遍的価値が主導する国際社会に踏み込むことによってこそ、内在の拘束力を持つ中国の政治憲法の規範性が真に有効的に建立できる。ここに至って、主流の憲法学が主張している規範のシステム及び憲法解釈の制度プラットフォームの現れが可能になり、中国は非常政治から日常政治に入り、司法憲政主義の憲法学が期待できる。これが私の言う保守主義の改良主義である[42]。革命が

---

42)　私の「保守―改良主義」の思想路線について、青年憲法学者田飛竜博士が私の『立憲時刻』に関する書評の中で適切な評価を与えてくれた。田飛龍「保守改良主義と百年共和」、『戦略と管理』2011 年第 3・4 号合編本を参照。

登場すれば、憲法は退場しなければならない、憲法が登場すれば、革命も退場しなければならない。これこそ憲法学の論理であるが、政治学の論理ではない。百年の中国の憲制の歴史の中、革命急進主義はスムーズに進行するのに対し、保守主義の改良主義を尋ねようとする人は少ないことは、ある方面で中国の憲法学は何故哀れな学科になっている理由を証明したが、そのような状況を乗り越え、中国は保守改良主義の新憲政時代を迎えられることが望ましい。

　第二、政治憲法学が提唱している規範性は、上述の「文化大革命」を終わらせる「革命的な反革命」の憲法論理以外、もう一つの根源がある。それは三十年に続けてきた改革の過程の中の保守改良主義に基づくことで、その改良主義の憲法標識は四つの修正案における内在の憲法論理によって表れている。ご存知のように、現行憲法は「八二憲法」プラス四つの修正案で構成されるもので、四つの修正案はそれぞれ1988年、1993年、1999年及び2004年に中国共産党が社会各界の意見をまとめてから全国人民代表大会常務委員会に憲法改正の提案を申し込み、多方面の下相談と修正を経て、最終的には全国人民代表大会が採択して実施した。この四つの修正案31箇条に触れて、改正の内容は格段に多い。ある意味では、新しい憲政設計に触れて、修正案版の「新しい憲法精神」に構成された[43]。具体的に言えば、四つの修正案は合計31条で、前文に関係するのは5条、総綱に関係するのは16条、公民の基本的権利及び義務に関係するのは2条、国家機構に関係するのは7条、国歌に関係するのは1条である。この31条の修正案は。内容的には下記の三つの問題に関係する。第一は、「人民共和国」に対する再理解と再定位である。第二は、社会を国家から釈放させ、国家と社会の初歩の分離を実現させることである。第三は、法により国を治める、私産の保護及び人権条項を憲法に書き込み、新しい憲政設計の指導原則と精神基礎を確立したことである。例えば、修正案には、憲法の前文に関係するのは5条、そのうち、3条が繰り返して前文の第7段を改正し、2条が第10段を改正するものである。

---

43) この判断については、高全喜、田飛龍「八二憲法と現代中国憲制の変遷と進歩」、（香港）『二十一世紀』2012年6月号；高全喜「進化中の八二憲法」、『戦略と管理』2012年第3・4号合編本を参照。

第10段は統一戦線に関するもので、第7段とは密接な関係がある。前文の第7段の内容は、人民共和国の自己定位、指導思想、任務及び目標である。自己定位については、修正案はまず「中国は社会主義の初級段階にある」を加え、その後は「中国の社会主義初級段階が今後長期間続く」に変更することによって、正式に社会主義初級段階論を確立できた。指導思想については、修正案は「マルクス・レーニン主義、毛沢東思想」以外に、次々と「中国特色の社会主義理論」、「鄧小平理論」、「三つの代表」を加えた。任務については、「改革開放の堅持」と「社会主義市場経済の採用」を加えた。目標については、「高度の文明と高度の民主」を「富強、民主、文明」に降格し、更に「政治文明」の発展を推進することを加えた。したがって、我々は四回の改正は実際には、すでに部分的に人民共和国に対する再理解と再定位が完成したことが分かる。社会主義初級段階論の提出と、それに基づく指導思想、任務及び目標の再確立は、人民共和国をもとの共産主義ユートピアの必要とする一環から、現世の理性主義の世俗国家に再定位した。新中国の制憲史の三段階に対応するのは、実は「人民共和国」に対する三種の異なる理解と定位である。また、新しい憲政設計の指導原則、即ち、法により国を治める、私産の保護及び人権条項が1999年と2004年に憲法に書き込まれた。経済体系の改革は国家と社会を分離させ、市民社会を成長させるといえば、法により国を治める、私産の保護及び人権条項を憲法に書き込まれるのは、さらに公民社会の成長に思想条件と憲政基礎を作り出した。要するに、修正案から現れた人民共和国に対する再理解と再定位、国家と社会の分離、市民社会と公民社会の成長に、法により国を治める、私産の保護及び人権条項を憲法に取り込むことによって確立された新しい憲法観を加え、新しい憲政設計が構成できた[44]。

むろん、否定できないのは、現行憲法には大量なイデオロギーの内容が含まれているが、四つの修正案の論理は極めて明晰及び明確なものであり、内在の論理上の一致性と統一性を有する。その統一性とは、改革憲法を指し示す憲政憲法であり、一貫して革命憲法から改革憲法を経由して、憲政憲法に

---

44) ここの統計と観点の一部は、翟志勇「八二憲法修正案と新しい憲政設計」、『戦略と管理』2012年第3・4号合編本によるものである。

たどりつく改良主義の憲政経路である[45]。もし、この改革憲法の論理の過程から政治憲法学の規範主義を見つめ直せば、我々は権利の保障と司法判例ではなく、中国における改革憲法の政治構造から規範的価値を探る原因が理解できる。革命急進主義の革命憲法を終わらせてから、改革の憲法改良主義は必ず政治意志の決断から、規範の動力を生み出すのは当然のことであり、規範主義、即ち政治の合法性と正当性を利用してはじめて、改革の目標を実現できる。そのために、中国の現行憲法はダブルの複合構造、即ち、党の指導、人民が一家の主となって切り盛りをすること及び法により国を治めることの有機的な統一になった。ここで言う「有機的な統一」[46]とは、人民主権の規範性と党の指導の政治性であり、法により国を治めることはこの複合構造を実現するための憲法形式に過ぎない。これが中国の憲制であり、改革憲法の内在的構造である。ここからこそ、「生存憲法」から「自由憲法」への憲法精神の発展を見つけ出せるのである。陳端洪の言う五大基本法は、その論理を提出したが、ここの憲法精神に離脱されている。彼は四つの修正案の新しい憲法精神、改革憲法の規範性、革命憲法から憲政憲法までのその改革憲法の重大な転型的意義を大いに過小評価した。したがって、彼の政治憲法学はあくまでも政治現実主義のものであり、政治規範主義のものではない。私が提唱した政治憲法学は、疑いなく政治規範主義のものである。即ち、私が強調しているのは「革命的な反革命」の憲政理論であり、その四つの修正案の構造からその論理を発見した。

　上述の意味では、政治憲法学並びに規範的憲法学及び憲法解釈学とは実質上の区別がつかなく、最終的には一緒になり、憲法の規範性を強調し、規範がなければ憲法が成り立たないと認めるが、互いの相違点は明らかである。政治憲法学は、その目標を達成してはじめて、権利保障や司法判例など日常法治にかかわる「自由規則」の面において、主流の憲法学と合流できる。それは私の言った「政治憲政主義の手をもって司法憲政主義の実を採る」とい

---

45) 夏勇「中国憲法改革におけるいくつかの基本的な理論問題」、『中国社会科学』2003年第2号。
46) このまとめは、中国共産党の十七大報告によるもので、与党が中国憲法の核心原則の構造に対する正面的記述である。

うことである。しかし、政治憲法学の主な内容からすれば、それはより一層、革命憲法から改革憲法への転型憲制の規範主義発生学を注目し、立憲の時刻を注目し、人民の登場を注目し、制憲建国と新民改制を注目し、名誉復辟を注目し、革命的な反革命を注目し、我々のいるこの大変革の歴史的な時代を注目する。

V　政治憲法学と歴史主義

　政治憲法学によると、憲法規範は空から落ちてきたものではなく、人民の登場及び革命の退場という憲制転型から発展してきた、一種の生命力のある有機主義の憲法学である。このような非常政治から日常政治への憲制変革があってからこそ、中国の「政治憲法」が規範的な価値の枠組みが生み出せる。これに対して、青年憲法学者の田飛龍博士は素晴らしくまとめたものがある。彼の観点によると、中国の現行憲法には「政治憲法の構造」があり、その構造は人民主権（憲法の「道」）が「八二憲法」（及び四つの修正案）にある三つの「肉身」だと定義づけられる：真理に基づく党の指導代表制＋手続きに基づく人民代表大会制＋非代表制の参加民主制となる。この構造も外来種ではなく、百年にわたる中国の歴史と思想の根源がある[47]。それは実質上、二重の複合性質を有し、即ち「力」と「理」の対峙と妥協を貫いている。力とは、政治の実践力或いは人民革命と前衛隊たる党の決断であり、理とは、革命建制後の憲政転型、つまり保守主義の憲法改革と修正──規範によると、その二重の運動過程は歴史によってしか完成できない[48]。

　したがって、中国の政治憲法学を語ると、歴史に踏み込まなければならない。歴史主義は政治憲法学が主流の憲法学と区別できる際立つ特徴であり、主流の憲法学或いは憲法解釈学が憲制の歴史に効力を持つ理論対応が欠乏しているとき、論者は抽象的な個人権利主義或いは空しい歴史虚無主義を取っ

---

47)　田飛龍『政治憲政主義──中国憲政転型の別の進路』、北京大学法学院 2012 年度博士学位論文。

48)　高全喜、田飛龍「八二憲法と現代中国憲制の変遷と進歩」、（香港）『二十一世紀』2012 年 6 月号。

ているので、それらの論説には、憲法推移の歴史は存在せず、時間の次元も欠けており、我々は理想主義の規範体系と引用された西洋の司法の案例解釈しか見られない[49]。政治憲法学は憲法の歴史主義を高く重視しているので、中国ないし西洋の憲法を理解するために、それらをそれぞれの歴史場面の中に、各現代国家における人民の革命制憲及び名誉復辟の憲法構成の中に置いてから、憲法の実質と精神を理解すること、規範の生成並びに憲制の改良及び進歩を理解すること、司法憲政主義の生命の源を得ることができる。それだからこそ、私は西洋の初期現代の憲制発生学を高く重視し、西洋諸国における立憲時刻の歴史場面とそれらの制憲建国の戦争、革命と反革命の憲制秘密を示そうとしている[50]。同時に、私の政治憲法学も中国の現代立憲史に入った。現代中国の立憲時刻は政治憲法の包摂が満ちており、その憲制の構造は憲法学者と歴史学者に理解され、消化されるにはまだ程遠いのである：改良立憲から辛亥革命へ、清帝退位から民国建国へ、反清排満から五族共和へ、北洋軍閥から二次革命へ、国共合作から国民大革命へ、「聯露容共」から階級闘争へ、「中華民国憲法」から「八二憲法」へ、「文化大革命」から改革開放へ、無産階級専政から「三つの代表」へ、「闘私批修」から人権入憲へと、百年にわたって中国はどれほど苦難と挫折、奮闘と犠牲を経験してきたことであろうか。その間に憲制の成敗を繰り返し、成功の間際に失敗をしてしまうようなことを幾度も経験してきたことであろうか[51]。もし、我々は歴史主義への関心が欠乏すれば、有機生命が含まれた歴史観を中国憲法への分析と解読に注がなければ、結局、群盲象をなでるや、木によじ登って魚を得ようとするように、要領を得ないに違いないであろう。

---

49) この憲法学虚無主義への拒絶は、八二憲法の実質正当性の基礎に対する探求に関連し、歴史論理と規範論理に対する憲法思考におけるある総合的な意図にも関連する。田飛龍「八二憲法の実質正当性の基礎の理解について」、『戦略と管理』2012年第3・4号合編本を参照。

50) 西洋憲政の「秘密」を明らかに示すために、私はかつてアメリカを例として研究を展開していた。具体的には、高全喜「アメリカ現代政治の「秘密」」、『戦略と管理』2010年第5・6号合編本を参照。

51) 現代中国の立憲史の手がかりと構造について、私は張偉博士及び田飛龍博士と協力して特別研究を行ったことがある。高全喜、張偉、田飛龍合著『現代中国における法治の道』、社会科学文献出版社、2012年版を参照。

前の部分で私は、政治憲法学の方法論は一種の生命——構造主義の方法論であって、個人主義に基づく方法論ではないことに言及したが、それは、私の自由憲政に対する特定理解及び歴史主義憲法観に対する理解によるものである。一般的に自由主義に対する理解は、個人主義に基づく仮設が多く、個人の権利と自由はこの上なく最高のものだと認識しているが、私からすれば、それは自由憲政及び自由主義に対する誤読、或いは、少なくとも片面的な理解である。自由主義は個人の自由と個人の権利を極めて注目しているのは事実であるが、この個人の権利と自由には前提条件があって、社会共同体を実践の基礎としなければならないのである。即ち、まず政治社会または公民社会の構成が必要であって、特に民主憲政の制度の創設が必要であり、それができてはじめて個人の権利と自由が実現できる。したがって、自由主義は反社会的ではなく、社会の中で成就するものであり、ある社会的個人主義であるから、社会建設、特に政治社会、民主憲政の建設は個人の権利と個人の自由に対しては極めて重要である。純粋の個人主義或いは個人至上主義は自由主義ではない。このような社会で成就する自由主義は時には保守自由主義或いは共和自由主義と呼ばれる[52]。このような社会と憲制を強調する自由主義は「初期現代」の自由主義は、英米の保守的自由主義であり、ロールズ（J. B. Rawls）、ハーバーマス（J. Habermas）などの現代の自由主義ではない[53]。本質的には、私の主張している政治憲法学はそのような保守自由主義或いは自由主義に属する。

　このような保守性或いは共和性の自由主義に対して、その方法論は明らかに個人主義のものではなく、生命——構造主義のものであり、それはある憲制の構造及びその構造によって構成した生命の有機体を強調し、それは消極

---

[52] 私はハイエクの憲政思想に関する研究においてこのテーマに触れたことがある。高全喜著『法律秩序と自由正義——ハイエクの法律と憲政思想』、北京大学出版社、2004年版を参照。

[53] 思想史に関する具体的な解析については、高全喜著『どんな政治？誰の現代性？』、新星出版社、2007年版をご参照ください。実は、西洋の憲法学の思想系譜において、アッカーマン、トムキンス、ベラミーらも共和主義傾向の自由主義者である。具体的な分析は、田飛龍『政治憲政主義——中国憲政転型の別の進路』、北京大学法学院2012年度博士学位論文を参照。

的な個人権利を守るだけでなく、公民の美徳も、積極的な権利も、共同体の利益も、正義社会における権利の闘争も、積極的な自由及びその自由を守る公民の参加も強調している。このような古典的自由主義或いは初期現代の自由主義は、伝統を排斥することなく、歴史を拒絶することもない。反対に、それは憲法の規範性が伝統から、歴史から、生命力を持っている社会政治の構築から由来することを認めている。現代憲法は必然的に歴史伝統から生み出され、規範もその歴史伝統から生み出されるので、歴史がなければ、生きる憲法も、生きる憲法精神も存在できない。この憲法の規範性は最初から白紙のように、純粋に高尚なものではないが、規範の種はいつか、芽を出し、真ん中から立ち上がり、燎原の火のように壮観である。これこそ、歴史の正しい道筋であり、歴史主義の帰着点である。中国の百年憲制における「力」と「理」の復調構造を見直せば、軍政、訓政から憲政へ、革命憲法から改革憲法を経て憲政憲法へ行く路線図を振り直せば、「党─人民─憲法」の関係を考察すれば、「革命」から「革命的な反革命」の憲制転型を見回せば、我々は必ず歴史主義の視野をもって、歴史主義の推移から、政治憲法の構造の中にある現実主義から規範主義、非常政治から日常政治、党制国家から憲制国家、人民主権から個人自由に到達する歴史推移の必然的な趨勢を発見しなければならない。

　私が指摘していたように、陳端洪が政治現実主義の五大基本法を提出した後、歴史主義に基づいて中国憲法の精神指向、即ち「生存の法則」から「自由の法則」へ向かうことを見抜いた。しかし、彼は規範主義に基づく生存から自由への憲法の道を提出できず、逆に、五大基本法はその歴史主義の方向とは対立しているので、彼の歴史主義は徹底的なものではない。古い制度を守ることは陳端洪の政治憲法学の基本的特徴であり、彼の憲法学が規範主義と歴史主義を生み出せない原因にもなる。私の言う有機的生命を含む歴史主義は、「生存」または「富強」のみならず、中国憲法の規範的価値を強調しているので、憲法はただ秩序の維持に限定する（目下の官辺用語では「維穏」と「経済発展」をいう）なら、過去の王権帝制でも、専制独裁政体でも、あらゆる政体の訴えはそうであり、いわゆる安定及び久安長治並びに国家の裕福、更に五風十雨も追求しているにもかかわらず、そこには自由の価値も、

憲政の価値も、規範主義も存在しない。もし、歴史主義は最終的にこの政治現実主義に帰着すれば、むろん歴史主義の悲願であり、政治憲法学の墜落でもある。実は、歴史はそうではない。百年にわたる中国の憲制の歴史には曲折と失敗が満ちているが、歴史の座標は強権には渡されず、歴史は人民の歴史であり、自由の規則が成長と奮闘の歴史であり、規範主義が重囲から脱出して頭を出せる歴史であり、憲法主義の記念碑である。したがって、私は政治憲法学には価値の立場が全く異なる左と右の区分があると考える。狭義の政治憲法学にしては、私は陳端洪の左派傾向とは違って、私は規範的憲法学及び共和自由主義と肩を並べて立つことが望ましい。広義の政治憲法学にしては、私は強世功、朱蘇力らの憲法社会学とは対立して、私は許章潤、姚中秋の歴史憲法学及び儒家憲政主義と合流することが望ましい。我々からすれば、歴史は外在的な描写でもなく、いわゆる客観的叙事（憲法学の分野においては、客観中立はもともと成り立てないものであるから、憲法と憲法学には価値指向がある）でもなく、ましてや政権の実証的喧伝或いは証明のためのものでもなく、歴史の向きから規範主義の生成に導かれ、正義の国家理性及び自由の憲制法則を掘り出すべきである。いわゆる名誉革命も、いわゆる費府制憲も、いわゆる歴史法学も、いわゆる転型正義も、いわゆる春秋大義も、いわゆる共和立憲も、いわゆる革命的な反革命も、古今東西の憲法論理はみなそうである。それら左派の急進主義者も歴史も語り、歴史主義も語るが、それらは持続的革命論を主張しているほかに、強権のために弁護しているので、そのような理論は紛れもなく反憲法的、反自由的、反規範的なものであるのは、憲法は正義の自由秩序を守り、自由正義を提供することを意味するからである。これは「自由憲法」の最終的価値でもあり、歴史主義の最終的な帰着点でもある[54]。

むろん、歴史主義は均質的なものではない。政治憲法学のこの時間の次元は、不均衡の変遷が満ちており、更に歴史学の飛躍（或いは後退）も満ちて

---

54) これに対して、私はハイエクとヒュームの政治思想に関する研究において言及したことがある。高全喜著『法律秩序と自由正義——ハイエクの法律と憲政思想』、北京大学出版社、2004年版；同著『ヒュームの政治哲学』、北京大学出版社、2004年版を参照。

いるので、私にとって、歴史主義の視野におけるいくつかの特殊の憲法時刻、即ち国家構築と社会転型の歴史の集束時期、つまり非常政治から日常政治のある重大な時刻に注目しょうとするのに対し、規範主義或いは解釈主義のように一般の日常法治における憲法学研究に注目したくもない。その点については、私個人の関心に関係する。百年以来の中国は、未だにいわゆる「歴史三峡」（訳者注：二つの社会政治形態の転型期を指す）から離脱せず、まだある特殊の制憲建国の立憲時刻、党国体制から民主憲政体制への転型期にあるので、この特殊の歴史時期においては、中国の憲法学は比較的には憲政の発生学原理を探究し、戦争や革命と建国の問題を考察し、財産権、精神の整え及び公民社会の成長の問題を考察すべきであるので、古典自由主義、公民共和主義、ないし保守主義などの思想資源を援用することが必要とし、現代の西洋の自由主義と規範主義をそっくりそのまま取り入れることはできない[55]。私のこの独特の歴史主義の視角によるかもしれないが、私の政治憲法学は、なぜ憲法学に歴史の次元を導入して立憲史を触れ、しかも我々は一体時代を生きているかという憲法学疑問を提出しなければならないという難論に直面してしまった[56]。規範主義或いは解釈主義のような一般憲法学によると、歴史時代の特性を探究して位置づける必要もなく、それらは日常政治状態を天然の理論のデフォルトと見なすことに慣れており、いかなる憲制もそうであるのように考えている。しかし、実際はそうではない。それは常態国家、特に西洋の現代社会の憲制状態にすぎない。しかも、西洋の憲制は最初からそうだったのではなく、燃え盛るような激しい初期現代の巨大な変化を遂げて、19、20世紀の後からそうなったのである。中国の憲制に至っては、西洋の現代憲制の論理を完全に当てはめるや、それらの自由主義と規範主義の憲法学及び憲法解釈学を単純に転用するわけがなく、我々の生きている時代は憲制の論理からすれば、西洋の初期近代と非常に類似しており、

---

55) 田飛龍博士は私の政治憲法の思想資源に対する評述は的を射ていると言えよう。田飛龍『政治憲政主義──中国憲政転型の別の進路』、北京大学法学院 2012 年度博士学位論文を参照。

56) 鄭磊「我々はどんな時代を生きているのか──政治憲法学と規範的憲法学の基本的相違点について」、『蘇州大学学報』（哲学社会科学版）2011 年第 3 号を参照。

同じような、燃え盛るように激しい巨大な変化が起こっている時代であり、制定と守護の時代であり、革命的反革命の時代であり、非常政治から日常政治への時代である[57]。歴史主義の利点の一つは、我々に目を覚ませることと、我々に現実や波や雲のように複雑な憲制の変遷に直面させることである。

　そこで、我々はどんな時代を生きているのかという質問にどう答えればいいのであろう。これに対して、私はいかなる簡単な回答も政治憲法学の歴史主義憲法観を表現するのに足りない。少なくとも三つの段階で論述を広く繰り広げる必要がある。まずは、この質問に答える前に、歴史主義に基づく中国における憲制過程に対する認識が必要である。つまり、中国の憲制または憲法の制定は古今の変による産物であり、現代中国は伝統的な王権帝制ではなく、現代国家として、晩清の立憲から21世紀まで、百年以上の歴史の推移を経た上、政治憲法学はまず現代中国の立憲史に関する叙述が必要である。私は過去の著作と論文の中でこの問題について何回も詳しく論じたことがある[58]。私からすれば、中華民国から、憲法の意味では、中国はおおよそ三個半が現れてきた。言い換えれば、我々の現代歴史の中、現代中国及び「憲法中国」がおおよそ三個半あって、いわゆる現代中国は憲法立国、人民が異なる形式の革命によって、憲法を制定して建国することを意味する。一つ目の中国は初期の中華民国、即ち五族共和の現代の第一共和国である。二つ目の中国は国民党が指導する中華民国であり、1924年の国民革命から「五五憲草」を経て1947年「中華民国憲法」の頒布は国民党の党国体制となり、その体制は間もなく台湾に敗走し、片隅で目先の安逸をむさぼった。中国共産党が中国人民を指導し、新民主主義革命を通して、1949年に「共同綱領」を頒布し、中華人民共和国を建立し、1954年に憲法を頒布することによって三つ目の中国、即ち、共産党が人民を指導する党国体制を打ち立て

---

57) 初期近代に関しては、私はその思想史について分析をしたことがある。高全喜「西洋"初期近代"における思想史の背景及びその中国問題」、『読書』2010年第4号を参照。

58) 高全喜著『現代政制五論』、法律出版社、2008年版；高全喜著『立憲時刻：「清帝退位詔書」について』、広西師範大学出版社、2011年版；高全喜、張偉、田飛龍著『現代中国における法治の道』、社会科学文献出版社、2012年版などを参照。

た。上述の二つの党が指導する体制はまだ終結していない。台湾にある「中華民国」でも、国際社会に認められた中華人民共和国でも、苦難を体験してから憲政への転型がはじまった。台湾は前世紀八十年代に憲政民主体制を実現し、今日に至るまで、その「法統」が維持されている。大陸も前世紀七十年代末八十年代初期から、改革開放をはじめ、憲法を改めて改正し、新しい憲法の制定に着手し、新たな憲法精神を確立した。その改革憲法の過程は今現在も継続している。残りの半分の中国というのは、未来を目指して話すことで、つまり、現在の中国はまだ真の国家統一が実現されてなく、両岸四地も最終的には新しい憲法体制によって、一つの自由、憲政、民主の新中国に凝結するのはこの先の話である。これは歴史の動きでもあり、人民の心の声でもあり、中国憲法の帰着点でもある[59]。

　上述の歴史主義の憲制の背景に基づいてこそ、我々は一体どんな時代を生きていることについて論じることが可能である。その問題は少し矛盾で、パラドックスの性質を有するものである。我々は、正常な憲制時代にいると言えるのか。この点については、規範的憲法学と憲法解釈学の多くが肯定しているが、それらの内心から見れば、主張者自身も我々の憲制の現状は正常な憲政法治を認めにくく、司法憲政も存在しなく、人民代表大会はまだおもての最高権力機構である憲政は日常憲政だと言えるか。規範主義と憲法解釈が滞りなく通じることができる時代だと言えるか。明らかに答えはノーである。反対に、我々は単純に非常政治の特殊な時代に生きているのか。それも違うようである。憲法もあるし、しかも頒布から60年も経って、四回の改正もされた「八二憲法」も30年間実行してきたので、建国60年余り、憲法実行30年の憲制は、政治憲法学が特に強調するように、非常政治の立憲時刻に位置する非常憲制であることは一般原理上も通じない。日常状態でもなく、非常状態でもないのは、それらの間にある改革の時代を意味するから、改革開放は中国社会の形態に対する叙述になっていることと同時に、憲法の専門用語にもなっており、改革憲法は一時に憲法学が今の時代に対する共同認識である。しかし、改革憲法は一体何であろうか、憲法学の意味での改革

---

59) 両岸の指導者（胡錦濤・馬英九）の新年賀詞にはいずれもこれについて言及があった。

時代は何であろうか、この問題もまた憲法学の基本問題になってしまい、今になっても法理上の解決ができていない。その理由として、次のようなことが考えられる。憲法学の意味では、憲法は形式化された表現結果であり、憲法は変化し続ける政治事務の定型化であるため、憲法に関して改正はあるが、改革はあり得ない。もし、憲法を改革する必要があった場合、憲法改正に委ねなければならず、改正を加えない憲法は変更できない。変更すれば、それは違法であり、憲制を破壊することであり、規範の拘束を突破することである。その場合、司法手続きによって憲法を守らなければならないことになる。しかし、中国の憲法には、これら定例の防衛措置が存在しないばかりでなく、逆に、改革開放には違憲の試験によって推進することは多いので、いわゆる良性違憲の憲法学論争がはじまった[60]。上述の論証及び憲法パラドックスは、中国憲制の歴史主義の視角をもたらずに、一般の憲法原理に限定すれば、必ず解決できない問題をたくさん引き起こすことになる。

とはいえ、政治憲法学の歴史主義の視点から見れば、上述の問題は主に偽の命題である。我々の時代は非常政治から日常政治へ転型している時代であり、この時代においては、憲法の規範主義は歴史の変革という大きな問題に属するので、歴史推移の角度からこそ、改革憲法の憲制意義が知られる。改革憲法は規範主義と本文解釈学によって弁別分析できないのは、改革が非常の政治法構造から日常の司法憲法構造へ推移する憲制転型として、つまり、違法であるか否かは、抽象的な規範及び文義によって理解すべきではなく、憲法精神から理解すべきであるから。それは、政治憲法学は二重の視角をもつことを要求する。第一、まずは形式上に一般規範主義の文義憲法解釈を認め、こういう意味で我々がいるのは正常な憲法実施期であることも認めると

---

60) 関連する論争は、郝鉄川「良性違憲について」、『法学研究』1996年第4号を参照。後続の回答は、郝鉄川「社会変革と成文憲法の局限性」、『法学研究』1996年第6号；童之偉「良性違憲は肯定すべからず」、『法学研究』1996年第6号；「憲法実施の屈伸性の底線」、『法学』1997年第5号；韓大元「社会変革と憲法の適応性——郝・童両先生の良性違憲に対する論争を評する」、『法学』1997年第5号を参照。十年後に、張千帆教授は「憲法変通」という概念を使って「良性違憲」を置き換え、自分の改革憲法という現象に対する理論的認識を示した。張千帆「憲法変通と地方試験」、『法学研究』2007年第1号を参照。

いうアイデンティティーに基づいてこそ、一般的常例性をもっている現行の憲法体制が段取りよく進められることになった。この側面は憲法解釈学からのたくさんの質疑に答えられ、そのタイプの憲法学に腕を振るう場所を与えられる。第二、上述のものは中国における憲法学の全部ではなく、はては中国の憲法学の根本的な性質でもない。中国の政治憲法学の内在的本質に触れる問題が現れ、現存の憲法体制を突破する必要がある場合には、我々にある改革憲法の使命は、外在形式上現存の憲制に違反しているように見えても、旧憲制の転型を意識しなければならない。中国の憲制は不完全なので、改良しつづけることと、一歩一歩進化することと、古い形式に新しい内容を盛り込むことと、保守主義の創造が必要である。それは全部憲法の修正に委ねるのは当然なことであるが、さらに多くの場合は、無形の憲法制定に委ねる。それは改革憲法の深意である。実は、中国における改革開放の三十年の過程によっては、中国の憲法解釈学と規範的憲法学も多様な方式で改革憲法の事業に参加している。例えば、目的解釈も規範論証も、憲法改革に正当性を付与する法理学上の証明であるが、問題になるのは、それらの客観価値は主流の憲法学の学科の自覚にはならず、それら自身は転型時代の憲制焙炉で製錬されている。

　したがって、我々は一体どんな時代を生きているのかという質問に答えるために、私は政治憲法学の角度に基づいてこういう答えを出す：その事柄だけを論じるなら、我々は日常の憲法政治の状態にいるが、歴史主義をもって深く探ると、我々は非常の変革時代にいることになる。前者からすれば、我々は、現行憲法を論説するためのデフォルトの前提にして、憲法により国を治めると、憲法解釈学と規範的憲法学とは違うところもなく、堅守と発展が必要である。もし後者からすれば、転型憲法、改革憲法を論説の前提にして、憲法精神に帰着しなければならず、憲法により国を治めることの前提は、より一層完備な憲法を制定し、自由、民主と共和の現代中国のために新しい一章を開く。我々が生きているのはまさにこのような確定したのに巨大な変化がある、偉大なのに低くて取るに足りない、非常なのに日常の時代で

---

61)　宋玉『風賦』。

あることが、中国における憲法学の宿命である。この時代に生きているからこそ、政治憲法学が勃興して発展することができるから、それは主流憲法学との遭遇及び自身の変遷と分化することができる。世間の全てが存在するのは、火のないところに煙は立たないように理由がある。古人曰く：「風は青萍の末より生じ、軽やかに果てしなく吹き渡る；八荒四野を漂い、万物を払いながら舞い上がる；雲壌を昇り降りし、志が高遠で固い。」("風起於青萍之末、覚軽渺而欣然；飄蕩於八荒四野、拂万物而盤施；升降於雲際本土、志高遠而固磐。") [61] 中国の政治憲法学は今途中であるので、それは中国の憲政主義の改革過程と比肩して、共に新しい法政時代に入ることが望ましい。

（本稿は『交大法学』2012年第1号に掲載）

※原載：高全喜「政治憲法学的興起与嬗変」、同著『政治憲法学綱要』（中央編訳出版社、2014）、巻頭論文。

第4部　中国における法治の軌跡と曲線

第1章　中国の農村土地収用に関する憲法の窮境

龔刃靭（Gong Renren）
李妍淑 訳

はじめに
I　憲法第 10 条にみられる「揚公抑私」という特徴
II　憲法規定に存在する問題点
III　農地収用問題を引き起こす制度的要素
おわりに

概要　中国の農村土地収用は、数億に及ぶ農民の生存権にかかわる重大な社会問題である。しかしながら、現行憲法第 10 条に定める土地収用に対する三つの制限的条件は、有効に適用されていないのが現状である。それとともに、憲法第 13 条の私有財産権に関する規定も、土地を収用された農民の財産権を保護する役割を果たしていない。このような憲法的問題を引き起こした原因には、農村における集団所有の土地制度そのものに欠陥が存在していること、土地市場関連制度に不公平が存在していること、そして憲法第 5 条に定められた法治原則に実効性が伴っていないこと、などが挙げられる。

はじめに

1999 年から 2011 年までの間に、中国人民大学とアメリカ農村研究所等の学術研究機関が農業を中心とする 17 の省および自治区の地権に対して行った調査報告によれば、1990 年代後半以降、43.1％の農民が少なくとも 1 回の土地収用の経験をしており、うち 17.8％が地方政府の強制手段によるものであるとされる。また、12.7％の農民が補償を一切受けていないとともに、9.8％の農民が補償を約束されたものの、いまだに補償金を受け取っていな

い[1]。このような調査結果は、農村の土地収用が中国の数億に及ぶ農民の生存権にかかわる重大な社会問題であることを明らかにした[2]。生存権については、中国政府が批准した、『経済的、社会的および文化的権利に関する国際規約』（1966年採択）に次のように記されている。すなわち、同規約第11条第1項によれば、生存権とは、「自己およびその家族のための十分な食糧、衣類および住居を内容とする相当な生活水準についての並びに生活条件の不断の改善についてのすべての者の権利」である。生存に関する権利には、規約に定められたその他の経済的および社会的権利も含まれる。例えば、労働の権利（第6条第1項）、社会保障の権利（第9条）等がある。本稿では、土地を収用された農民の権利を出発点とし、憲法という視点から見えてくる中国の農村土地の収用プロセスに存在する問題点およびその背後に隠れている様々な原因について考察する。

I 憲法第10条にみられる「揚公抑私」という特徴

憲法において、第10条は、土地制度および土地収用に関する唯一の条文である。1975年および1978年に改正された憲法に比べて、1982年に改正された現行憲法第10条は、以下3点の特徴を有している。

（1）都市部の土地国有制をはじめて確立した。1982年に憲法が改正されるまで、中国は数回にわたる土地国有化運動を経験している。そして文化大革命期には都市部の土地国有化に関する政策的文書も出されたが、しかし、少なくとも憲法と法律においては、非国有地の存在を否定したことがなく、都市部の土地についても長期間にわたって複数の所有制が併存する状況が続いた[3]。1982年に改正された憲法第10条第1項は、はじめて「都市部の土

---

1) 孫春芳「人民大学による17省の農村調査が終了：4割を超える農民の土地が収用され、そのうち約2割は強制収用」『21世紀経済報道』2012年2月7日5面。

2) 中国政府は、第一部の『人権白書』において、「生存権は中国人民が長年目指した最も重要な人権である」と強調している。国務院新聞辦公室『中国の人権事業』（1991年11月1日）、http://news.xinhuanet.com/ziliao/2003-01/20/content_697545.html（2013年7月5日最終閲覧）。

3) 楊俊峰「我が国の都市部における土地の国有制の変遷と由来」『甘粛行政学院学報』

地は国の所有とする」と明確に定めた。当時、同条文を設けたのは、都市部の土地と家屋に関する税制を統一し、都市部の経済発展に伴う地価の上昇問題を解決するためであるといわれるが[4]、今からみれば、同条文は計画経済とドグマティズムの色彩が極めて濃厚である。1982年当時は改革開放政策が実施されたばかりで、極右思想の影響がまだ残存し、多くの人々は公的所有制こそ善であるという認識が強かった[5]。そのため、憲法第10条は、都市部住民の土地所有権を奪っただけではなく、その後の都市部で起きた家屋の強制立ち退きに恰好な理由を与えることになった。

(2) 農村土地の集団所有制をはじめて確立した。実際、農村土地の集団所有制は既成事実としてずっと存在していたものの、1975年および1978年の憲法改正ではいずれもそれを明文化することはなかった。ただ単に、農村人民公社は集団所有制の経済形態を採り、公社、生産大隊および生産隊という3段階の所有制を実施するという規定が設けられただけである[6]。だが、1982年に改正された憲法第10条第2項では、農村土地の集団所有制がはじめて明文化された。すなわち、「農村部および都市部の郊外の土地は、法の定めにより国有に属するとした土地以外、すべて集団所有とする。住宅用地と自留地、自留山も集団所有とする」。憲法を起草する際に、収用した土地を経済建設と国防建設に使用するために、農村土地を国有化にするべきであると提案した人たちもいた。しかし、そのようにすると、農民のモチベーションに負の影響をもたらすとともに、根本的な問題解決にならないと考え、その提案は、結局のところ、憲法改正委員会に採用されなかったといわれる[7]。

しかしながら、憲法が改正された1982年の時点では、すでに戸別の土地請負制が全国農村において一般的に普及していた。中国の憲法第10条について専門的な研究を重ねてきたドイツ人学者であるF. Münzelは、以下のよ

2011年1号。
4) 肖蔚雲『我が国における現行憲法の誕生』(北京大学出版社、1986年) 43頁。
5) 楊俊峰・前掲注 (3)。
6) 1975年憲法では第5条と第7条、1978年改正憲法では第5条と第7条において規定されていた。
7) 肖蔚雲・前掲注 (4) 42~43頁。

うに指摘する。「政府は、改革を推し進めるにあたって、戸別の土地請負制と公民の自主性を主要な動力としているのに対して、憲法第10条は、それらの改革に必要な動力の法的基礎を奪ってしまった」、と[8]。戸別の土地請負は、農村の土地を農民個人に返して使わせることであり、このような制度は農民の脱貧困に大きく貢献し、農村に新たな活気をもたらした。ところが、1990年代以降、各クラスの地方政府は、農地の収用を通じて農民から農地を取り戻し国有化したが、そのプロセスにおいて、農地を失った農民は農村の都市化により生じる利益を全く受けることはなかった。このような結果から、少なくとも当初憲法第10条が改正された際には、農民の立場と土地請負による改革情勢の変化について十分に考慮されていないことがわかる。そのため、第10条は、国（公共）の利益を優先することで個人の利益が後回しにされる、いわゆる「揚公抑私」の特徴を帯びているといえよう。

（3）　農村の集団所有の土地が土地収用における唯一の客体であることを、はじめて憲法に定めた。1982年の憲法第10条第3項では、「国は、公共利益の必要に応じて、法の定めるところによって土地を徴用することができる」と定めている。ここには、「収用」という文言を使っていなければ[9]、補償についての言及もない。だが、その後の2004年憲法改正案第20条は、1982年憲法第10条第3項について、「国は、公共利益の必要に応じて、法の定めるところによって土地を収用または強制使用し、且つ補償を行うことができる」と修正した。この改正案では、「補償を行う」という文言を付け加えた上に、「収用」または「徴用」という異なる用語を使っていたことが注目に値する。

8）　F. Münzel はさらにこう指摘する。第10条の目的は、土地を非合法的に譲渡することを禁止し、土地の取引に存在する腐敗問題を排除する点にあるが、実際にはそのような機能を果たせず、逆に土地所有権の混乱をもたらした。また同条は、土地の取引に存在する民法関係を排除し、主体と客体における民法上の要素がみられないため、民法上の取引主体も当然存在しない。門策爾（F. Münzel）「憲法第10条の謎」『華東政法大学学報』2008年3号。

9）　1982年以前の憲法においては、すべて「土地に対して購入、徴用または国有に回収する」という規定が設けられている。例えば、1954年憲法第13条、1975年憲法第6条、1978年憲法第6条が挙げられる。

2004年3月8日、全国人民代表大会常務委員会副委員長の王兆国は、第10期全国人民代表大会第2回会議で行われた「中華人民共和国憲法改正案（草案）に関する説明」と題する報告の中で、上記二つの用語の意味について解釈を行った。すなわち、「収用は所有権の変更であり、徴用は単なる使用権の変更である。実際に、土地管理法には集団所有の農村土地の国有化への転換と土地の臨時使用に関する規定をそれぞれ定めている」[10]。このような解釈によれば、土地収用の対象となるのは集団所有の農村土地の所有権のみであり、国有地の使用権はそれに含まれない[11]。

II 憲法規定に存在する問題点

1 憲法の土地収用に関する制限的規定

現行憲法第10条第3項には、土地収用について三つの制限的要件を定めている。すなわち、収用主体、収用目的、補償である。しかし、農村の土地収用のプロセスにおいて、憲法により規定されたこれら三つの要件はいずれも有効的に実施されていない。

① 収用主体について。国内の法学界において、収用主体の合憲性または正統性の問題に対する関心は薄い。憲法第10条第3項では、収用主体は「国」であることを明確に規定している。憲法第2条第2項は、「国家権力を行使する機関は全国人民代表大会と各クラスの地方人民代表大会である」と定める。これらの規定によれば、土地収用の権力は全国人民代表大会と各クラスの地方人民代表大会に属するべきであると考えられる。しかし、全国人民代表大会常務委員会により制定された土地管理法は、土地の性質と面積に基づき、国務院、省、自治区および直轄市人民政府それぞれが分担して土地収用を行使すると規定している[12]。

---

10) 王兆国「中華人民共和国憲法改正案（草案）に関する説明」人民日報2004年3月9日2面。
11) 鄒愛華『土地収用における被収用者の権利保護をめぐる研究』（中国政法大学出版社、2011年）13頁。
12) 1998年と2004年に改正された土地管理法第45条の内容は、次の通りである。「下記の土地を収用する際には、国務院の許可が必要である。(一) 基本農田、(二) 基本農

憲法の視点からみれば、土地管理法におけるこのような規定にはいくつかの問題が存在する。第一に、全国人民代表大会不在の中で、国務院だけが国を代表して土地収用の許可権を行使するのは憲法第2条および第10条と一致しない。第二に、各クラスの地方政府は土地収用の許可権が授権されることは、憲法第10条第3項の土地収用の主体に関する規定から完全に外れている。第三に、政府が国を代表して土地収用を実施するという立法的授権は、全国人民代表大会により行使されるべきであるのに対して、土地管理法は全国人民代表大会常務委員会により制定された法律であるため、この点においては立法法第7条第2項と第3項に反している。

実際に、国務院により直接実施された農村土地の収用行為は非常に少ない。多くの場合、土地収用の主体となるのは各クラスの地方政府である。土地管理法は、基本農田または一定の面積を超える農村土地を収用する際には国務院の許可が必要であると定めていることは確かだが、各クラスの地方政府は意図的に土地を分割し、さらに土地の性質を変更する形で国務院に申請をし、報告を行っている[13]。したがって、現在行われている農村の土地収用の主体は、多くの場合において憲法上の規定に合致していないことが明らかである。

② 収用目的について。憲法第10条第3項の「土地収用」と同法第13条の「公民の私有財産の収用」については、いずれも「公共の利益の必要性」という制限をかけていながら、「公共の利益」とは何かについては定義されていない。その他関係法律である土地管理法、物権法においても「公共の利益」に関する解釈規定を設けていない。そのため、立法上の抜け穴は各クラスの地方政府に事実上の「公共の利益」に対する解釈権を掌握させることになった。

また、憲法および関係法律に「公共の利益」についての明確な定義がないために、農村の土地収用のプロセスの中に「公共の利益」が拡大解釈されたり、無視されたりする現象が起きている。例えば、都市化建設、地域経済開

田以外の耕地で、35haを超えた場合、（三）その他の土地で、70haを超えた場合。前項以外の土地を収用する場合には、省、自治区、直轄市人民政府の許可を得る必要があり、同時に国務院に報告し記録を付ける」。

発、観光業の開発、外国資本の誘致、地方財政の増収など、すべて「公共の利益」としてみなされ、ひいては、豪華な政府庁舎、ホテル、別荘地またはゴルフ場の建設なども、土地を収用する目的となっている。2011 年に至るまで、中国には 600 を超えるゴルフ場が作られ[14]、国家レベルの超貧困地域でもゴルフ場を作るために土地が収用された[15]。おそらく世界において、豪華な政府庁舎、別荘地およびゴルフ場の建設を「公共の利益」とみなす国はごく稀ではないかと思われる。

　「公共の利益」とは、社会構成員全員が享受するべき利益であると理解されるのが一般的である[16]。この点については、日本の 1951 年に制定された土地収用法が参考になる。同法第 3 条は、土地収用における公共の利益となる事業について詳細な規定を設けている。例えば、道路建設、治水施設、砂防施設、地すべり防止施設、運河、土地改良設備、石油パイプライン、橋梁・鉄道・漁港施設、海岸保全施設、津波防護施設、飛行場または航空保安施設、気象観測施設、電気通信または放送設備、消防施設、郵便、学校、図書館、医療機関（検疫所）、火葬場、死亡獣畜取扱場、廃棄物処理施設、公園、墓地、運動場、卸売市場、環境保全施設、水資源開発施設、などがある。これらに対して、項目ごとの特別法によってさらに具体的な内容が定められている[17]。

---

13) 季金華＝徐駿『土地収用に関する法的問題の研究』（山東人民出版社、2011 年）213 頁。
14) ポータルサイトの新浪網（SINA）と捜狐（SOHU）のゴルフチャンネルによって公表された全国 327 か所のゴルフ場は、合計 64 万ムー（訳者注：1 ムー≒666.7m²）の土地面積を占めている。これは、2010 年に許可された全国の建設用地の 8％を占めるといわれる。「全国の土地がどれくらいゴルフ場と化しているか」『中国青年報』2011 年 9 月 7 日 3 面。
15) 石志勇「カモフラージュした企業誘致：国家に指定された貧困県がゴルフ場を作り出す」、庄慶鴻「複数の豪華別荘およびゴルフ場建設プロジェクトが撫仙湖を狙う」『中国青年報』2013 年 4 月 16 日 1 面、3 面。
16) 梁慧星氏は、民法上の「公共の利益」には、空港、道路交通、公共衛生、図書館、防災、国防、科学および文化教育事業、環境保護、文化財・遺跡および自然名所の保護、水源および水道用水供給・下水道地域の保護、森林保全などが含まれると指摘する。梁慧星「憲法修正案に定める収用と徴用に関する規定について語る」『浙江学刊』2004 年 4 号。

実際、2011 年に国務院により制定された国有地上における家屋収用と補償に関する条例（国有土地上房屋徴収與補償条例）第 8 条には、「公共の利益」とみなされる状況が列挙されている。同条での列挙方式は、日本の土地収用法のように詳細且つ明確ではないが、「公共の利益」について定義している点では進展がみられる。

　③　土地収用における補償基準について。憲法第 10 条第 3 項は、収用した土地に対して補償を行うことができるとするが、補償に関する基準を規定していない。現段階では、土地管理法第 47 条だけが土地収用の補償基準を設けている。すなわち、「土地を収用した者は、収用された土地の本来の目的に照らして補償を行い」、「耕地収用の補償費には、土地補償費、生活手当および地上の付着物・未収穫の農作物への補償費が含まれ、耕地収用の補償費は耕地が収用される前の 3 年間の平均年間生産額の 6〜10 倍とする」。また、「収用された耕地の 1ha ごとの生活手当は、耕地が収用される前の 3 年間の平均年間生産額の 15 倍を超えてはならない」とし、「土地補償費と生活手当の合計額は、土地が収用される前の 3 年間の平均年間生産額の 30 倍を超えてはならない」と定めた。この規定は、今日に至るまで改正されていない。

　しかし、土地収用の補償基準が土地の「本来の目的」に基づいている点は、土地の市場価格と「将来の用途」（例えば、収用後の土地の用途およびその収益）についてはもちろん、農民の土地を失った後の直接・間接の損失、物価上昇、都市部住民の生活費の上昇などの諸要素についても一切考慮していないため、合理的ではないと考えられる。特に、都市部と農村部という二元的社会構造の下で、農民への社会保障制度は十分に整備されていない、またはその保障程度は極めて低いものにとどまっている。したがって、土地は農民にとって生産手段であるとともに、社会保障など複数の役割を果たしており、現行法の下での補償基準は、土地を失った農民の経済的収入および将来の長期にわたる生活保障の問題を根本的に解決しうるとは言い難い。

　ただ、ここで注意するべき点は、土地管理法に設けた補償基準が耕地にの

17）　2013 年に至るまで、日本の土地収用法は、既に 84 回改正されている。http://www.houko.com/00/01/S26/219.HTM（2013 年 8 月 2 日最終閲覧）

み適用され、その他の土地および地上の付着物・未収穫の農作物への補償費については基準を設けておらず、授権方式を採用し、各省、自治区、直轄市に具体的な基準を制定するよう授権している。実際に、各省、自治区、直轄市は土地収用に関する補償基準を直接制定する立法例は少なく、多くの場合は下のクラスの政府へと授権され、結局、各市、県クラスの政府がその基準制定の実権を持つようになる。その結果、補償基準に地域によって格差が生じ、ひいては補償額が下のクラスに行けば行くほど徐々に減らされ、最終的には農民の利益が侵害されるようになっている[18]。さらに、各市、県クラスの政府が立法方式で具体的な補償基準を設けるケースはおよそ30％と少なく、それ以外は政策的文書に基づいて土地収用の補償額が算定されている状況である[19]。

目下、大都市の郊外に住む農民の土地収用と立ち退きの補償額が相対的に高く、多数の農村地域における土地収用の補償基準が低すぎることは、公の事実となっている。土地収用の補償額が比較的に高い江蘇省の場合、2005年9月1日に制定された江蘇省における土地収用の補償と土地を収用された農民の基本生活を保障する辦法（江蘇省徴地補償和被徴地農民基本生活保障辦法）によれば、補償額が最も高い一類地区耕地の前3年間の平均年間生産額の最低基準は1,800元／ムーであり、最も低い四類地区耕地の場合は1,200元／ムーしかない。もし、収用された土地が都市の建設用地に変更される場合、土地の賃貸費用だけでも収用補償費の数倍から数十倍へと跳ね上がる[20]。また、土地管理法実施条例第26条によれば、土地補償費と地上付着物への補償費は、すべて農村経済組織の所有となるが、農村組織（主として村民委員会）は補償費を取得した後、それをいかに使用し、または分配するかについては、法律上明らかではない。したがって、最終的に農民が得られる補償はわずかである。現在の物価水準で計算すると、土地を収用された農

---

18) 李集合『土地の収用と徴用に関する法的制度の研究』（中国政法大学出版社、2008年）9頁。
19) 屈茂輝＝周志芳「中国の土地収用における補償基準の研究——地方の立法文書を中心とする分析」『法学研究』2009年3号。
20) 張雲華「農民の土地権益に関するいくつかの考察」『国土資源導刊』2012年3号。

民が得られる補償だけでは2年間ほどの基本生活しか維持できないとされる。生活と老後に必要な土地を失った農民は、収入源がなくなるわけだから、限られた補償費を使い切ると直ちに貧困状態に陥る[21]。

2 　私有財産権保護に関する憲法規定

　2004年の憲法改正案は、初めて私有財産権という概念を提起した。そして改正後の憲法第13条では、「公民の合法的な私有財産は侵されない」と規定した。ただし、「国は、公共の利益の必要性に応じて、法の定めによって公民の私有財産に対して収用または徴用することができ、且つ補償を与える」とされている。実際に、農村土地の収用プロセスの中において農民の私有財産権は、しばしば侵害されており、憲法第13条によって有効な保障を受けることはない。

　農民の財産権に重要な影響をもたらすのは、家屋の建つ住宅用地が収用されることである。農村において農民の私有不動産となるのは主に家屋であるが、それには家屋の建つ土地——宅地が含まれない。1962年9月27日、中国共産党第8期中央委員会第10回全体会議で採択された、農村人民公社業務条例修正草案第21条は、「生産隊に属する土地は、すべて生産隊の所有とする。生産隊所有の土地には、社員の自留地、自留山、宅地などが含まれ、一切の賃貸や売買は認められない」と定める[22]。中国共産党中央委員会は、この条例において初めて「宅地」という概念を使っており、且つ正式に宅地を農民の私有から集団の所有へと転換した[23]。共産党によるこうした政策は、農民の家屋と宅地における所有権の分離をもたらすことになった。憲法第10条第2項においても「宅地と自留地、自留山も集団所有となる」と定められている。土地収用のプロセスの中で、農民は宅地に対して所有権を持っていないため、農民の私有家屋は随時土地収用により強制的に立ち退かな

---

21)　原玉廷＝張改枝編『新中国の土地制度整備60年目を向かうにあたっての回顧と考察』（中国財政経済出版社、2010年）121～125頁。
22)　中共中央文献研究室編『建国以来の重要文献選集（第15巻）』（中央文献出版社、1997年）625頁。
23)　呉遠来『農村の宅地権制度に関する研究』（湖南人民出版社、2010年）56～57頁。

ければならないとされる。目下、中国には都市部または国有地に家屋の立ち退きに関する行政法規しかなく[24]、農民の家屋の立ち退きに関する法律は存在しない。農民の家屋は単なる地上付着物と捉えられ、宅地への補償基準もバラバラである。ほかに、農民は宅地に対して所有権を有していないため、家屋に対する所有権も多くの制限を受けている。もし、同じ集団内での移転・賃貸しかできないなら、宅地使用権とその上に建つ家屋は都市部の住民に売り出せないことは当然のこと、宅地使用権についても抵当権を設定することができない。「小産権房」問題は、まさにこのような背景の中で現れた現象である[25]。

　請負地の収用も農民の財産権に多大な影響をもたらす。土地請負権は、農民が農村で経済的収入を得るための主要な手段であり、重要な生活保障でもある。長きにわたり、億を数える農民が出稼ぎのため都市部へと流れ込んだにもかかわらず、経済や就職状況が厳しい中でも政府によって公表された失業率は常に 4.0～4.3％を保っていた。ただし、それは農民工が失業者数に組み込まれていなかったからである[26]。もし、農民に土地請負権という最後の保障がなければ、農民工を主要労働力とする産業には高い失業率が見込まれ、その結果は想像を超えるものになったであろう。したがって、農村における土地収用は、農民に私有家屋を失わせるだけではなく、生存にかかわる土地使用権も失わせるものである。

　農民が請負地を収用されたら農民という身分を失う。しかし、土地を失った農民が、都市部の市民になることは容易ではない。それは、土地を失った農民には安定した職業がなければ、都市住民が享受する社会保障も受けられないからである。特に、都市部と農村部という二元的社会構造の存在は、土地を失った農民を不平等且つ差別的に取り扱い、周縁化された貧困層へと追

---

24)　例えば、2001 年の都市家屋の立ち退きに関する管理条例（城市房屋拆遷管理条例）と 2011 年の国有地上家屋の収用と補償に関する条例（国有土地上房屋徴収與補償条例）がある。

25)　黄宝竹「農村の宅地収用問題に関する考察」『中国市場』2011 年 52 号。小産権房とは郷または村政府に所有権が認められた家屋のことを指す（訳者註）。

26)　張車偉「失業率の調査結果を公表すべきである」http://magazine.caixin.com/2013-07-12/100554899.html（2013 年 7 月 16 日最終閲覧）。

い込む。「農業をしたいのに土地がない、就業したくてもコネがない、社会保障を受けたくても資格がない」〔種田無地、就業無門、保障無份〕（訳者註：以下、〔　〕は原文表記である）という「三無」農民の存在は、中国社会の特有の社会現象でもある[27]。

Ⅲ　農地収用問題を引き起こす制度的要素

1　農村集団土地制度それ自体の欠陥

①　適格な所有権主体がない。農村土地の集団所有制は、1955年末から1956年末までにかけて、農民の土地を無償で剥奪することで実現した高級合作社化運動の産物である。これは、1929年末にスターリンによって発起された農業集団化を倣ったものであり、その目的は、農民の利益を犠牲にすることを通じて、重工業を基礎とする工業化を優先的に実現することにあった[28]。改革開放以降、中国の農村で実施された生産責任制は農業の集団化に対する一種の抵抗にすぎず、決して新たに創出られたものではない[29]。これまでのいわゆる農村経済改革は、農村土地への労働と経営形式に限って行われ、土地の所有制については触れていない。集団所有制の主体に関する現行法の規定は、「生産隊を基本とする3段階所有制」を採る人民公社体制が残した遺産として、農民個人の地位は完全に排除されている。

憲法第10条は、農村土地は集団所有とするとしか定めておらず、「集団」の中身についての解釈はない。土地管理法第10条および物権法第60条に照

---

27)　韓俊「土地を失った農民の就業と社会保障」『経済参考報』2005年6月25日6面、谷亜光「土地を失った我が国の農民の社会保障問題に関する研究」『当代経済研究』2010年5号。

28)　Gong Renren, "The Historical Causes of China's Dual Social Structure", Confronting Discrimination and Inequality in China, edited by E. Mendes and S. Srighanthan, Ottawa: University of Ottawa, 2009, p. 30.

29)　大躍進運動失敗後、中国共産党中央委員会農村工作部長である鄧子恢は、生産責任制を積極的に薦めたことが理由で罷免された。許人俊「鄧子恢と60年代の請負経営をめぐる実験」炎黄春秋2011年2号。1962年、陝西省戸県の農民楊偉名も、書面にて生産責任制を提案したことが理由で、毛沢東に名指しで批判され、迫害を受け死に至った。楊偉名『一葉知秋——楊偉名文集』（社会科学文献出版社、2004年）6〜7頁。

らせば、農村土地の集団所有制は農村各クラスの集団経済組織および関係組織を主体とするべきである。しかし、人民公社の解体と生産責任制の実現に伴い、農村の集団経済も基本的に崩壊または有名無実となっている。そして上述の法規定によれば、農村土地の所有権は、主に村民委員会、村民小組、郷鎮によって行使するとされるが、これら3種類の集団は農村土地の集団所有制の主体としてはいずれも適格ではない。

まず、村民委員会組織法の関連規定によれば、村民委員会は「村民が自らのために管理・教育・サービスを行う自治組織」であり（第2条）、経済的組織体ではないとされる。村民委員会には土地の管理権しかない（第8条）。村民委員会は、「主任、副主任および委員の3～7名で構成される」（第6条）。このように、集団の土地所有権はわずか数人によってその権利が行使されており、これは村民自治の原則と精神に明らかに反している。2011年に広東省で起きた烏坎事件は、まさに村党支部と村民委員会の少数の幹部が村民を騙して土地を売ったことによるものである[30]。

次に、村民小組は独立した経済的組織体ではない。村民小組は、完全に独立した自治組織として、選ばれる主体であると考えられるが[31]、村民小組の状況は非常に複雑であるとともに、その構成と解散に関する手続は法律上の明文規定が欠けている。実際に、村民小組は、その構成と解散において自由度が高く、規模や構成メンバーにも変数が存在しているため、全体的に不安定になりがちである[32]。ゆえに、村民小組は、法的にも現実的にも集団所有権の主体としての資格をまだ備えていない。

さらに、郷鎮には集団経済組織体が基本的に存在しない。また、郷鎮は末端の政府機関でもあるので、郷鎮政府を農村土地の集団所有権の主体とすることは、改革開放以降の政社分離原則に反するのは当然のこと、収用手続を経ずに農村の集団土地を国有地へと転換させることにも繋がる。したがっ

---

30) 張鷺「烏坎事件記録」Lens 2012年1月号、黎広「烏坎事件の調査」『中国新聞週刊』2012年1月2日付。
31) 汪振江『農村土地の財産権および収用による補償問題に関する研究』（中国人民大学出版社、2008年）196～197頁。
32) 張玉録「村民グループは農民集団土地所有権の適格な主体なのか」『人民法院報』2002年7月23日付。

て、郷鎮政府は集団所有権の主体としての資格を有しないと考えられる

最後に、法律は前述した3種類の組織の相互関係について明確な規定を設けていない。これは、所有権の主体を曖昧にし、一つの土地に対して「一権多主」という現象を引き起こすことも十分あり得ることになり、結果的には農地所有権の排他的原則に反することになる[33]。物権法第59条には、「集団構成員による集団所有」という概念が使われている。その理由は、集団所有制の下にある集団構成員には、集団財産に対し共同の支配権、平等な民主的管理権および共同の収益権を有することを強調するためとされる[34]。しかし、農村土地の集団所有制自体に欠陥がある上に、その制度をフォローできる一連の関係法制度も存在しないため、「集団構成員による集団所有」という概念は、農村土地制度における農民個人の「無権」という法的地位を変えることができない。

② いわゆる集団所有権は有名無実である。物権法第59条によれば、農村土地の集団所有権を有する集団構成員が決定できる事項には、「土地請負計画および土地を当該集団以外の組織または個人に請け負わせること」、「各土地請負経営権者間における請負地の割替え」、「土地補償費等の使用、配分方法」などが含まれる。ここには、土地の処分権に関する内容を定めていない。しかし、財産所有権といえば、その核心となるのはまさに処分権である。このように、農村土地の集団所有権は、主に農地の経営と管理に限っており、単なる占有権と使用権にしかならず、完全なる意味での所有権ではない[35]。

完全なる土地所有権が欠如しているとされる農民集団は、土地使用権においても多くの制限を受けている。土地管理法第59条から62条までの規定によれば、農地の上で、村の公共施設・公益事業・企業・村民の住宅などを建設するには県クラス以上の政府の許可が必要であるとされる。このような土

---

33) 蒋南平「中国における農村土地の集団所有権問題に関する研究」『経済学動態』2009年6号。
34) 王利明＝周友軍「我が国の農村土地権制度の完備について」『中国法学』2012年1号。
35) 易永錫『現代中国の農地制度に関する研究』（黒竜江人民出版社、2010年）110～111頁。

地管理における行政審査制度は、農村集団の土地使用権を制限する効果をもたらしており、その審査プロセスからみると、農村集団組織は結局国の代理人となり、集団の土地はあたかも国有地となったように見受けられる[36]。ここでいう「国有地」は、多くの場合、地方政府によってコントロールし、所有している。そのため、農村の土地は、名義的には集団所有となっているが、本質的には国によって所有されているものといえよう。

③ 農民個人には、土地に対して所有権もなければ、完全なる使用権もない。他方、農民は土地に対して財産権を有するという見解もある。その理由は、「集団所有権には農民に属すべき一部の所有権が含まれているため、個々の農民は集団所有権の中で自分の分け前を持つことになり、その分け前がまさに農民（家庭）の請け負った土地である」からとされる[37]。しかしながら、農民の土地請負権は、法的にも事実的にも、農村土地への集団所有という本質を変えていない。例えば、土地請負法第4条第2項には、「農村土地が請け負われた後、土地の所有権は変わらない。請負地は売買してはいけない」と定める。物権法第125条にも、「土地請負経営権者は法に従いその請負経営する耕地、林地、牧草地等に対して占有、使用および収益をする権利を有し、栽培業、林業、牧畜業等の農業生産に従事する権利を有する」と規定している。このように、農民の請負地に対しては、「占有、使用と収益をする権利」しかなく、処分権（例えば、最終の処分権、払下げ、用地の調整、抵当権、担保権）については認められていない[38]。

事実上、農民の土地請負は土地使用権としても不完全なものである。その理由は次の通りである。第一に、土地の請負は耕作権であり、請け負った土地は農用地以外の用途には使えないことになっている[39]。第二に、農民の土地請負期間には、明確な制限がかかっている。第三に、物権法は土地請負

---

36) 茆栄華『我が国の農村集団土地の流通制度に関する研究』（北京大学出版社、2010年）18頁。
37) 高亮之「中国の農民は財産を持っているか——農民の請負地の補償問題について兼ねて論ずる」『炎黄春秋』2008年9号。
38) 亓宗宝『農村の土地請負経営権の法的補償に関する研究』（法律出版社、2009年）80頁。
39) 土地管理法第36条と第37条、1998年の基本農田保護条例第17条。

権の自由な流通について厳しく制限している。例えば、抵当権設定はできないこと、土地所有権の性質を変更することができないこと、農業用途と流通期限は請負期限の残った期間を超えてはならないことなどが挙げられ、土地請負権は真の意味での物権として捉えられていない[40]。第四に、土地の請負関係は安定しておらず、村の幹部が任意に請負契約を解除したり、または期限満了後の契約について継続しなかったりするなどといったことが随時発生している。第五に、土地請負法第16条第2項、物権法第132条には、農民には自らの請負地が収用された場合、補償を受ける権利があると定めているが、補償基準について詳細な規定を設けていない。土地管理法実施条例第26条に照らせば、土地所有権を有しない農民は、その地上の農作物に対する補償費を取得できる法定権利しかない。

2 土地市場関連制度における不公平

① 政府は土地市場の独占している。1988年改正の土地管理法第2条第4項は、「集団所有の土地の使用権は、法の定めにより譲渡することができる」と定めた。当時、この条文を追加した目的は、郷鎮企業の発展を推し進めることにあったが、その後間もなく、政府は耕地面積の減少を懸念し始める。そこで1998年改正の土地管理法は、耕地への保護を理由に、「集団所有の土地使用権を法によって譲渡することができる」という内容を削除し、農村における建設用地の市場を閉ざし、国有の土地市場のみを残した[41]。憲法第10条には、2種類の所有権の相互転換について明確に規定されていない。すなわち、農村の集団所有の土地を都市の建設用地へ転換するには政府主導による収用というプロセスを経なければならないという定めはないが、しかし、土地管理法関係規定によれば、政府収用は農村の集団所有の土地が建設用地へと転換する唯一の方法であるといわれる。

国務院発展研究センター農村経済研究部に所属する劉守英氏は、以下のよ

---

40) 王全興＝湯雲龍「土地の請負経営権の流通に関する社会法学的考察」『中国農村法治論壇』2011年号109～110頁。
41) 程学陽「中国の土地管理にいかなる問題が起きているか」『甘粛行政学院学報』2013年3号。

うに指摘する。すなわち、「中国で実行されているのは、都市部と農村部の分離政策および政府による都市部土地の第1次市場の独占という土地制度である。農村部と都市部の土地は、それぞれ異なる法律によって拘束され、異なる機関により管理され、異なる市場と権利体系を形成している一方、他方では、農地の建設用地への転換にかかわるものであれば、政府による土地収用を経なければならず、いかなる組織の建設用地も国有地を使用することが必須である。政府は、農村部の土地を都市部の土地に転換するにあたって唯一の仲裁者として、収用後の当該土地の真の「地主」でもある。政府は、農地を取得し且つそれを都市部の使用者に提供できる排他的権力を持っており、これによって、中国土地市場における都市と農村の分離体制および政府主導という独特な構図を生み出した」[42]。

このように、中国では国有と集団所有の二元的土地制度が実施されているが、事実上、政府は都市部と農村部の土地市場を独占するとともに、唯一の第1次土地提供給者となっている。農村土地が土地市場に参入するためには、必ず国による収用手続を経て国有地に変更する必要があり、農民集団には農村の土地に対して処分権を有しない。土地市場を独占した政府こそ農村土地の最終的な支配者である。そのため、政府による土地市場の独占は、結局、農地収用における政府への利益傾斜という不公平な結果を招きかねない。

② 政府は農地の収用と払下げに対して二元的価格体制を採っている。改革開放政策の実施以降、中国は市場経済システムを導入するとともに、多くの部分において従来の計画経済および政府独占のシステムが依然として維持されており、そのため経済システムにおける「二元化」現象が起きている。政府が土地の第1次市場を独占することによって、こうした「二元化」現象は農村の土地収用に更なる不公平な結果をもたらしている。各クラスの政府は、土地を収用する際に計画経済システム——計画経済の指標に基づき土地収用命令を下し、計画経済モデルに基づき固定化された補償基準を法律で定める——を採用する一方、他方では、各クラスの政府は収用後の土地に対し

---

42) 劉守英「中国の二元的な土地権利制度と土地市場の欠如」『経済研究参考』2008年31号。

て市場経済システムを採用し、市場化手段を通じて市場価格で有償払下げをする。目下、各クラスの政府は、主に入札、競売、公示〔掛牌〕という三つの方法で土地を払い下げており、その中から巨額の払い下げ金及びその他の利益を稼ぎ出している。このように、計画経済における農地価格で収用し、市場経済における建設用地価格で払い下げることによって、大きな差額が生じ、政府と事業者に莫大な利益をもたらしている。

　要するに、政府による土地市場の独占と土地価格の二元化は、不公平な社会問題を引き起こしている。2013年3月24日に開催された中国発展高層論壇（China Development Forum）において、経済学者で国務院発展研究センター研究員でもある呉敬璉氏は、「旧型の都市化は全体的に土地の差額を稼ぎ出すことから推し進められ」、「その差額から得られた収入の算定額についてはここ数年様々な説があるが、そのうち最も低い算定額は30万億元である」、という[43]。関係資料の統計によれば、土地収用による収益の分配比率は、それぞれ地方政府が20～30％、企業が40～50％、村クラスの行政組織が25～30％を占めており、農民の収益はわずか5～10％である。土地収益のほとんどは、地方政府とディベロッパーによって占められている[44]。このように、農村の土地収用における最大の受益者は各クラスの政府とディベロッパーであり、最も損失を受けているのは土地を失った農民であることがわかる。

3　実現されない憲法上の法治原則

　①　農地の収用プロセスには正当な手続が欠如している。法治原則によれば、国が個人の財産を収用する際には正当な法定手続を経なければならない。しかし、土地管理法における農地の収用手続に関する規定は、あまりにも簡潔且つ抽象的である。例えば、同法第46条には、「国が土地を収用する際には、法定手続による許可を得た後、県クラス以上の地方人民政府により

---

43)　楊耕身「驚くべき30万億の土地の差額」『中国青年報』2013年3月26日2面。
44)　李軍傑「土地規制は土地利益の再調整に力をいれるべきである――当面の土地規制の政策的効果を兼ねて論ずる」『中国物価』2007年10号、呉靖「中国の土地収用問題に関する研究と考察」『経済学動態』2010年7号。

公告し、且つ実施する」と定め、同法第48条には、「土地収用による補償に関するプログラムを確定した後、関係地方政府は公告をするとともに、土地を収用された農村集団経済組織と農民の意見を聴取しなければならない」と定める。

　このように、農村土地収用に関する現行手続は、行政的な審査、許可および公告という内部手続に留まっている。すなわち、収用する土地と補償に関するプログラムの公告である。1回目の公告は、権利者に権利登記を行うようにし、収用に対して監督機能を果たさないようにするためである。2回目の公告は、事後的手続に過ぎず、いわゆる「土地を収用された農村集団経済組織と農民への意見聴取」は必ずしも法定手続ではない。政府による土地収用およびその補償決定プロセスにおいては、立法や司法機関は基本的に参加しておらず、行政機関が単独で決定しているため、農民には知る権利もなければ、参加や決定する権利も与えられていない。したがって、中国の農地収用では、ある意味、多方面において違法状態が現れているといえる。例えば、土地収用に関する法定手続違反、手続法に定める時間と空間の限定に関する規定の無視、手続中立性の違反などが挙げられる[45]。国土資源部法規司の鄭振源元司長も以下のように認めている。すなわち、「現在の土地収用に関する手続はすべて政府の利益が優先され、収用土地は当然のこと、補償金も政府によって決定されており、意見の相違があったら政府によって裁決を下しているが、それこそ多くの矛盾を引き起こす原因である」と[46]。

　②　違法な土地収用行為に対する責任追及制度が欠如している。各クラスの地方政府は農村土地の収用プロセスにおいて、様々な違法行為が存在する。前述した暴力による収用および収用後の補償金不払い等の違法行為以外に、地方政府による違法な収用行為、土地収用に関する許可書の騙し取り、補償金の横取り、手当の欠如、土地の流通という名の下での土地収用等も存在する[47]。ここでは、普遍的に存在するが、しかし無視されがちな3種類

---

[45]　程傑「土地の収用・徴用における手続の欠如と再構築」『法学研究』2006年1号。
[46]　鄭振源「土地収用制度への改革」『南方週末』2013年7月12日。
[47]　呂博雄「たった9日で900畝の耕地が『流通』される――土地の流通なのか、それとも変則的な土地徴用なのか」『国土資源』2012年7月号22～24頁、夏暁柏＝彭立国

の違法行為について言及したい。

　第一に、収用目的が法に反する。商業的ディベロッパーを通じて巨額の利益を得るのは一貫して各クラスの地方政府による土地収用の目的である。例えば、2011年中国における不動産市場が低迷していたにもかかわらず、全国各地における払い下げの収入額は記録を更新し、3.15億元に達した[48]。そのうち、不動産のための払下げによる収入は2.7億元であり、これは全体の土地払い下げ収入の86％を占める[49]。憲法と関係法律では「公共利益」についての明確な定義を設けていないが、しかし、公共性、合理性、正当性および公平性という四つの要素から判断するにせよ[50]、常識から判断するにせよ、商業的不動産開発（特に、豪華な政府ビル、別荘地、ゴルフ場等）のためのいずれの土地収用も、「公共利益」という目的に適うとみてはならない。公益という目的で収用した土地を営利的目的に使用するのは、土地の権利者に対する欺瞞であり、土地私権に対する違法な剥奪でもある。

　第二に、土地の払い下げ金の使用に違法性が存在する。1999年から2011年までの13年間、全国の土地払い下げ金の総収入は12.75万億元に達している[51]。1994年に、中央と地方における税制分離が実行されて以来、土地の払い下げ金は地方財政の固定収入としてすべて地方の所得となった。土地の払い下げ金は、地方政府により所有・支配され、同クラスの人民代表大会の予算と決算のコントロールを受ける必要がない。土地管理法第55条は、土地払い下げは農業の振興を図るために使用するべきであるとする。例えば、建設用地のための土地使用料については、中央には30％納付し、地方人民政府は残りの70％を所有するが、いずれも耕地開発に必要な専用資金とするとされる。しかし、この規定を厳格に遵守している地方政府はほとんどない。2011年10月末まで、土地払い下げ金の収入からの三農支出はわず

　　「農村における信託の真相：湖南省益陽市における土地流通調査」『21世紀経済報道』2013年5月31日2面。
48)　国土資源部「2011年中国国土資源公報」『中国国土資源報』2012年5月10日1面。
49)　韓俊「農村の土地管理制度の改革をさらに推し進め、法によって農民の財産権を保障する」『農民日報』2012年2月8日2面。
50)　袁曙宏「『公共利益』をいかに定義すべきか」『人民日報』2004年8月11日13面。
51)　「13年間の全国の土地収入は13万億元」『大衆日報』2012年2月25日5面。

か 1,234 億元であるが、この数値は同時期における地方の土地払下金総収入の 1% しかない[52]。中央財経領導小組辦公室副主任・中央農村工作領導小組辦公室主任である陳錫文氏も、以下のように述べている。すなわち、目下、地方の財政において、土地の払い下げによる収入は依然として主要な収入源となり、農民はそのプロセスの中でほとんど恩恵を受けていない[53]。長きにわたって、地方政府の土地払い下げ金は予算外資金とされ、今日に至っても厳格な監督管理体制が整えられておらず、依然として情報不公開や財政不透明な状態が続いている[54]。

第三に、村民委員会組織法に反する土地収用が行われている。同法第 24 条では、「村民の利益にかかわる以下の事項については、村民会議での議論や決定を経てはじめて処理することができる」と規定されている。「以下の事項」には、土地請負経営プログラム、宅地使用プログラム、土地の収用補償金の使用と分配プログラム、貸借、賃貸またはその他の方法で村の集団所有財産を処分するとき、村民会議を通じて議論や決定を行うべきであると村民会議が認めた村民利益にかかわるその他の事項、などが含まれる。言うまでもなく、政府による土地収用およびその補償はこれらの事項に対して直接影響を及ぼすことは確かであるため、村民の基本的な利益にかかわる重大事項については、村民会議を経て議論し決定するべきである。しかし、実際には、農村土地に対する政府の収用およびその補償等の事項は、ほとんど村民会議で議論されないまま決定される。その結果、土地を収用されることによって数千万人に達する「三無」農民を生み出した。表面的には、村民委員会だけが村民委員会組織法を違反したかのように見受けられるが、実は土地を収用するために村民委員会に圧力をかける地方政府にも責任がある。

法治における重要な原則の一つは、政府および役人が法律の拘束を厳格に受けることであり、いかなる違法行為に対してもその法的責任を追及しなけ

---

52) 季金華＝徐駿・前掲注（13）194〜195 頁。
53) 崔暁火「陳錫文氏へのインタビュー：集団所有の土地を安易に取引してはいけない」『中国新聞週刊』2012 年 3 月 19 日。
54) 幹玲＝段修峰「我が国の国有地払い下げ金の収益分配と管理システムをめぐる考察」『国土資源科技管理』2007 年 6 号、朱丘祥「地方の土地財政における難局の形成要因および法治による活路」『経済体制改革』2011 年 3 号。

ればならない。だが、各クラスの地方政府に、前述した違法な土地収用行為が普遍的に存在しているとしても、現在に至るまで未だ誰もがその責任を問われたことはない。したがって、農村土地に対する収用と払下げ等において、各クラスの地方政府は法による拘束および監督を十分に受けているとは言えない状態が存在している。

③　土地を収用された農民に対する法的救済は決して十分とはいえない。個人の権利が政府による侵害を受けた際に、しかるべき法的救済が行われることは、法治原則のもっとも重要な側面である。しかし、現実には、農民集団や個人の法的権利が違法な土地収用により侵害されたとき、法的救済を受けることは極めて困難である。これには、立法側面からの原因もあれば、司法制度の側面からの原因もある。

立法の側面からみると、一部の法規定には司法救済を排除する役割を果たすこともある。例えば、収用による補償について、土地管理法は1998年改正により土地所有権者である農民集団の民事的救済に関する権利が削除された[55]。国務院により1998年に公布された土地管理法実施条例第25条では、「補償基準について意見の相違がある場合には県クラス以上の地方人民政府によって調整するが、調整が整わない場合には土地収用を許可する人民政府によって裁決する。補償についての交渉は土地収用プログラムの実施に影響を及ぼさない」と規定している。このように、補償プロセスにおいては、収用側としての政府は同時に立法者、法執行者、裁決者の役割をも担当している。そして、農民集団や個人が補償について合意しない場合でも、収用プログラムは予定通り実施される。結局、同条文は各クラスの地方政府が強制的に土地収用を行う法的基礎となった。行政復議法第30条第2項によれば、「土地所有権者または土地使用者は、国務院、省、自治区、直轄市の人民政府により行われた土地収用決定について行政不服審査〔行政復議〕を求めることができるものの、行政不服審査が最終的裁決となる」とされる。

司法制度の側面からみると、各クラスの地方法院は人事、財政等において同クラスの地方政府からの制限を受ける。しかも、農村の都市化事業および

---

55)　鄒愛華・前掲注（11）150〜151頁。

政府の財政収入の面においては、地方法院と地方政府は既に利益共同体を形成しているため、法院は土地収用に関する紛争を受理しないことがほとんどであり、たとえ受理したとしても政府の介入により公正な判決を期待することはきわめて困難である。仮に、法院が事件を受理し裁判することを堅持する場合、法院はそれに相応する対価を支払わなければならない。すなわち、人事や財政の面において地方政府の采配を受ける法院は、今後の運営において政府からさらなる圧力を受けることになるとともに、地方の権力構図の中においてきわめて不利な立場に置かされることが予想される[56]。実のところ、地方法院は、地方政府からの介入を受けるとともに、上級法院からの介入も受けている[57]。

2011年8月7日、最高人民法院により公布された、農村集団所有土地関連の行政事件の審理に関する若干の規定（法釈（2011）20号）には、「行政機関により行われた農村集団所有土地に関する行政行為が当事者の権利を侵害したことによって提起された訴訟は、人民法院の行政訴訟の受理範囲に属する」と定められている。しかし、前述した立法や司法上の原因、さらに行政訴訟制度そのものに存在する欠陥により、合理性判断に関する紛争について、法院は介入する権限がないとされる。そして、規範的公文書の形で現れる抽象的な行政行為については、法院は審査する権限を有しないのはもちろん、違法行為によりもたらされた利益の損失についても、法院は補償を求める判決を下すことができない。たとえ地方法院が土地収用に関する行政事件を受理しても既存の司法環境の下では解決困難である[58]。しかも、憲法および関係法律は、いずれにおいても土地収用の前提条件である「公共利益」について明確に定義していないため、宅地使用権、集団土地における家屋の

---

56) 季金華＝徐駿書・前掲注（13）206～207頁。
57) 例えば、貴州省清鎮市政治協商委員会の調査によると、清鎮市の法院は土地収用に関する行政事件を往々に受理していないことが判明された。2008年以降、法院は、土地収用関連事件については、一般的に農村土地請負関連紛争案件の審理に関する貴州省高級法院の指導的意見を根拠に受理しないことにしている。戴澤軍「土地を収用された農民の権利利益に対する司法救済の分析——貴州省清鎮市の状況に関する調査」『中国土地』2012年3号。
58) 同上。

個人所有権に関する法的保護を欠き、法院による司法審査も依るべき法的根拠を有しない状況に陥っている[59]。農村集団または集団構成員の訴訟当事者としての適格問題は、土地収用における権利者が司法的救済を得られない原因の一つでもある。

④　村の「役人」に対する有効なコントロールが欠如している。法治とは、すべての公権力に対して制限をかけることを意味する。村の「役人」（例えば、党支部書記または村民委員会主任）は、各クラスの政府役人と異なり、事実上郷鎮政府の指導を直接受ける形で農村の公共事務を決定するため、公権力の性質を色濃く帯びている。本来ならば、20世紀80年代に現れた村民自治が農村の末端組織の幹部を拘束する機能を果たすべきだったはずだが、多くの地域における村民自治は有名無実なものに化している。その原因には以下の点が挙げられる。

第一に、村民委員会組織法にはいくつかの矛盾点が存在している。例えば、同法は、村民委員会が農村の自治組織である（第2条）と定める反面、他方では党支部が村民委員会の業務をリード〔領導〕し支持する（第4条）と定める。党支部は、村民によって選ばれた機関ではないため、ここには村民委員会と村の党支部の間の衝突と役割上の位置づけ問題が生じている[60]。

第二に、村民委員会組織法では、郷鎮政府は「村民委員会の業務に対し指導、支持および手助けを与える（第5条）と定めている。ここにある意味不明瞭な「指導」という言葉は、現実の運用状況においてはしばしば「リード」に変換され、郷鎮政府と村民委員会の間には事実上の上下関係が生まれている。その結果、村民委員会は郷鎮政府の命令を実行する下級機関と化し、村民委員会の自治は中身がなく、形式だけに留まる。こうした上下関係の下で、村民委員会の幹部は土地収用問題において常に政府を代表して業務を行っている。さもなければ、村民の利益を代表して業務を行使した場合、相当のリスクを負うことになり、ひいては刑事処罰を受けることも十分あり

---

59)　江蘇省高級人民法院行政審判廷「農村集団所有の土地収用に関する行政案件を審理するにあたっての難題に関する研究」「法律適用」2010年6号。

60)　陳錫文「我が国の農村における村民自治制度および土地制度に関するいくつかの問題」『経済社会体制比較』2001年5号。

得る。

　第三に、多くの地域における村民自治のための選挙は有名無実である。村民委員会組織法第3章（11〜20条）は選挙に関する内容を定めているが、多くの農村では公開された選挙形式さえ行ったことがないのが現状である。例えば、1993年から2001年まで連続5回にわたって広東省党委員会、省政府により「文明単位」評価され、さらに中央文明委員会により「全国文明村鎮先進単位」という名誉な称号を受けた烏坎村は、実のところ、41年間において1度も公開選挙が行われたことがない。村民は、2011年烏坎事件が発生してはじめて自分たちに幹部を選挙する権利があることを知る[61]。烏坎村事件は、決して孤立した現象ではない。これは、中国の農村部における村民自治の実態であり、そういう意味では農村部の村民自治はまだ実現されていない。

　最後に、村民自治が実現されない根本的な原因には、農民の政治的権利、経済的権利および社会的権利の欠如が挙げられる。例えば、農民にはいまだに農民自治組織、すなわち農会がなく、意思表示のツールに欠如がみられる[62]。

おわりに

　農村集団所有制自体に存在する歴史的欠陥、土地市場関連制度の不公平および憲法上の法治原則の不徹底により、中国式の農村土地収用行為は、多くの場合、各クラスの地方政府とディベロッパーが共同で最大限の収益を取得し、農民の利益を害するプロセスとして現れる。

　いかに農村集団所有土地制度自体の問題を克服するかについては、そもそも土地所有制度をいかに改革していくかの問題とかかわるが、これは本稿の

---

61)　張鷺・前掲注（30）。
62)　於建嶸「20世紀における中国農会制度の変遷および反省」『福建師範大学学報』（哲学社会科学版）2003年5号、張英洪『農民の権利論』（中国経済出版社、2007年）115〜116頁、趙万一「中国農民の権利の再構築およびその実現方法」『中国法学』2012年3号。

検討範囲を超える。既存の農村土地所有制の下で、農民個々人が集団メンバーとしての権利を享有するためには、まず広東省の烏坎村事件などのような農村各地の経験や教訓を学び、真の村民自治を実現することである。そのためには、憲法第35条が示す通り、農民の結社の自由と表現の自由を保障し、農民の民主的権利と経済的権利を実現していく必要がある。それと同時に、人口が多く土地が少ない、且つ耕地が分散している中国の農村においては、農民自身が自主的に結成した合作社を増やし、農業への保護と助成に関する政策を作っていかなければならない[63]。

憲法第10条に沿っていえば、国家機関は、法改正または全国人民代表大会常務委員会によって土地収用時に必要な「公共利益」について明確な解釈を行うことを通じて、農村の土地収用を公共利益の範囲内で行われるよう厳格にコントロールしなければならない。収用による補償については、土地管理法に存在する不合理な補償基準を改正し、各クラスの地方政府による一方的な価格決定権を変え、具体的な用途、市場価格および農民の生活保障など諸要素を考慮した上で補償金を引き上げなければならない。そして国は、農地の収用について公開された透明な手続を用意することで、農民の知る権利、参加する権利、決定権および司法的救済を受ける権利を保障しなければならない。その手続きには、収用土地の用途審査制度、土地価格の評価制度、土地収用およびその補償プログラムを作成する権利者が参加する交渉体制、収用の取り消しを求める制度、収用プロセスにおける監督システム、政府の違法収用に対する差止請求制度、権利者への司法救済制度および土地の払い下げ金の横取り防止システム等が含まれる。

要するに、中央政府および各クラスの地方政府が真剣に憲法規定を実行さえすれば、土地収用プロセスに起きているトラブルをある程度減らすことができるといえる。しかし、いかに憲法を有効的に実行していくかについては、依然として中国社会が直面する重要な課題である。

---

63) 朱啓臻＝趙晨鳴『農民はなぜ土地を離れるか』（人民日報出版社、2011年）354〜358頁。

※原載：龔刃韌「中国農村土地徴収的憲法困境」、『法学』2013 年第 9 期。

第 2 章　憲政における梁啓超の人権思想

杜鋼建（Du Gangjian）
鈴木敬夫　訳

序
I　良心的人格と在るべき権利
II　人権・民権と国権・君権
III　法律上の平等権と人権の平等性
IV　国家本位主義と権利義務観
結語　代価と矛盾

序

　近代中国の人権法思想史上、梁啓超（Liáng Qǐcbāo, 1873〜1929）の人権法思想は突出して重要な地位を占めている。彼は、人権とは人びとが生れながらにしてもつべき権利であると指摘し、人権の法定化と実際化を強調し、人権の平等性を唱え、人権の対応性を重んじただけではなく、団体主義と国家主義の思想的路線を開拓した。彼の人権、民権、国権を団体主義と国家主義の枠内に押し込める考え方は、20世紀における中国の思想界に深刻な痕跡を残した。彼の提唱した団体主義や国家主義は、およそ一世紀のあいだ、一貫して人権思想の領域において主導的な、甚だしい場合には独占的な地位を占め、そしてこの歴史的現象はさらに継続されている。現在においても、梁啓超の人権法の歴史的地位と現実的意義は、今もって後人に充分認識されるに至っていない。梁啓超の人権思想に関する研究は、彼の思想的価値を充分に発掘することにより、後人の人権をめぐる検討に啓発と援助を与え、また百年来の人権思想をめぐる紆余曲折や厳しい教訓を回顧し総括することに対

して、我われは避けることのできない重要な課題をもっている。

I　良心的人格と在るべき権利

　人は、人間としての権利を享有しなければならない。これは、人びとが近代以来、思索するまでもなく普遍的に認めることのできる命題であるといえよう。人権が在るべき権利（応有権利）として有している特定の内容とは何か、また人はどうして人権を享有「すべきである」のか、というような問題について、深く考察している者は必ずしも多くはない。自我意識の主体としての人間に対する考察を離れ、人性・人格の存在と実体に対する検討を離れて、人権の基礎と源の根本的で正しい説明を得ることはできない。梁啓超の人権法の奥深な点は、まず彼は人権の当為性をみて、その在るべき権利の角度から、正しくも人権は不可欠であることを論証しただけではなく、また人権の根本的な基礎を探求して、意識主体のなかに深く入り込み、人権の由来を発見するよう努力したことに現れている。

　人は人間としての権利を享有しなければならないという思想は、天賦人権の観念が人びとの心に深く入り込んでいる近代や現代の西方では誰にでも明らかなことであるが、梁啓超時代の中国人にとっては、いまだ知られていない迂遠な存在であった。梁啓超は「人びとが生まれながらにして得るべき権利」"人人而有応得之権利"[1] を提唱しつつ、中国人には「権利思想」がないことを厳しく非難して、彼が国民の劣等根性や奴隷性を暴く叫び声は、人びとの心を奮い立たせたといわなければならない。これは、専制主義の支配に慣れ親しんでいた国民にとって、従来は考えられなかったことである。中国人には、従来、法律上や実際の生活のなかに、生まれながらにして得るべき権利というようなものはなかったし、このような権利を追求する意識などもっていなかった。梁啓超の提唱した在るべき権利は、当為の観点から行った人権概念に対する総括である。彼が提起した人権概念は、比較的簡単ではあるが、人権の当為性（応然性）や当然性（応有性）を掲げ、人権の基本的

1）『新民説』、『飲冰室合集・専集之四』。

性質にふれたものである。人権が、まず在るべき権利であるというのは、主体が自我意識に対してもつ自覚の表現である。人類は、たえず人権を在るべき権利として追求してこそ、はじめて次第にこのような在るべき権利を法定の権利に変え、実際に存在する権利とすることができるというものである。

人はどうして人権を享有しなければならないか、および人権はどうして先ず在るべき権利であるのか、これは結びついてはいるが、異なる問題である。梁啓超のこの二つの問題に対する検討と解答には、重要な学術的価値と実践的意識がみられる。人は、人権を享有しなければならないというこの命題は、異なったレベルの抽象から理解することができる。人間と動物の区別という角度から、人権の当為性を理解するのはもっとも原初的ではあるが、不可欠な試みである。人間と動物の区別はさまざま見られるが、もっとも基本的な区別は、人には特有な人性があるということである。梁啓超が論究した人性には多層性がある。梁啓超は儒学の人性善に関する良心説を継承し、人が尊敬されるべき点は、まず人の仁性と良心にある、と認めている。最初に良心概念を提起したのは孟子である。孟子は"其の良心を放つ所以の者は、亦斧斤の木に於けるが如きなり""其所以放其良心者、亦猶斧斤之於木也"[2]といっている。孟子のいう良心は、人が生まれながらにして備えている固有の善良な心、すなわち仁性や仁心である。梁啓超は、このような良心や仁性説と王陽明の致良知説を結びつけて、人性は「考えずとも知り、学ばずともできる」"不慮而知、不学而能"、先天的に固有な「外求によらない」"不假外求"ものであるとした。このような人性は、すべての人が誰であろうと備えている「最初の一念」"最初之一念"である。彼はいう。「人心の霊魂には知というものがあるのは当然である。我われは学が途絶し失われた世に生まれている今日、風習に染まってしまうのは至極もっともなことであっても、最初の一念に戻り、真の是非を追求すれば明らかにならないとはいえない。これがいわゆる良知にほかならない」"夫人心之霊、莫不有知、固也。……我輩生於学絶道喪之今日、為結習薫染、可謂至極、然苟肯返諸最初之一念、真是真非、卒亦未嘗不有一隙之明、即此所謂良知也[3]"と。ここで、

---

2) 『告子篇上』。
3) 『徳育鑒・知本』、『飲冰室合集・専集之二十六』。

梁啓超の考える方向は、孔子の「習うことを責めても、その性を責めない」"責習不責性"という考え方と一致している。異なっているのは、梁啓超の良心説は、すでに孔子の性善観、孟子の良心観、王陽明の致良知論と、近代における西方の理性良心説と結びつけていることである。彼は、カント哲学が「良知説の本性」を以て権利論の基礎を把握したことを称えている。カント哲学の追求する「真我」は、すなわち梁啓超が提唱する「良心」であり、それは外界勢力の支配を受けない固有の自由意志であり、人がひとになるためのキーポイントである。梁啓超は説く。「人として、良心に従がわなければ」、「これは正に自己の自由を喪失することになる」[4]と。良心の問題においては、梁啓超の思想とカント哲学が一致する点は、良心は得るものではなく、人が本来備えているものと認めているところにある。良心は、まさに人間と動物を区別する重要な標識である。人が尊敬され貴ばれるのは、そして人が良心の自由権を享有すべきであるというのは、人がその本質上、良心が指し示す方向にそって前進することができることにある。良心とは、それぞれ具体的な存在者に対する善意と関心ではなく、普遍性を備えている人それ自身、すなわち梁啓超が抽象した「我」に対する善意と関心である。孟子は人には「四端」があり、そのなかの一つひとつの端は、いずれもすべての人に向けられており、どれもが対象の普遍性をもっている、と指摘している。梁啓超は、儒学のこの優秀な伝統を継承し、また西方の自由意志論と結びつけて、儒学の良心説または性善説を現代精神に符合する思想として展開したのである。良心は善悪の区別を求めるという認識からみて、梁啓超の思想は現代の実存主義良心論と一致している。実存主義の哲学者ヤスパース（K. Jaspers）は、良心の特性の一つは善意を区別することにあるとし、また彼はそのために良心の標準を設定している[5]。梁啓超は、良心自身は、良心は自ら是非や善悪を測る標準であることを強調している。彼はいう。「良心は唯是非の心にほかならず、是非とは善悪をいう」[6]と。それだけではなく、梁啓超は、またヤスパースのように良心を人類の意識と知識の根本的源

---

4) 『近世第一大哲康徳之学説』、『飲冰室合集・文集の十三』。
5) 雅斯貝爾斯：『哲学』、第二巻、『実存的闡明』。
6) 『徳育鑒・知本』。

泉であると見なしている。ヤスパースは、良心を絶対的な意識の源泉からくる運動であると把握し、梁啓超は、「良知以外に、別に知はない」"良知之外、別無知矣"と強調し、また良知論では、それは「今日の学会において、唯一の良薬である」[7]と断言している。梁啓超思想と近代や現代における人権の基礎理論の基礎の一つである良心論とまったく符号しているということができる。

梁啓超は儒学の欲性に関する主張を継承して、「利己は、人性なり」"夫利己者、人之性也。"(『論立法権』)という。人の利己性は、最終的には良心や良知に導かれて、己を利しながら自分以外の人を利するようになり、「したがって、多数の人びとと共に私を求めて、大公が出る」"故多数人共謀其私、而大公出"という、理想郷に到達する。

人が人権を享有しなければならないのは、人が人格を備えていることによる。人は自己の思想をもっており、それが自我意識の主体にほかならない。儒学は世界でもっとも早く人格概念を提起した学派である。梁啓超は、儒学の人格観を継承して人格は人の基本的標識であり、人格は人権の重要な基礎であることを強調した。彼は『人権与女権』、『論立法権』、『新民権』などの著作で、つねに人格権の思想を提起している。彼は「人の資質を人格といい、およそ人は必ず意志があるからこそ行為があり、意志がないにもかかわらず行為があるのは、決まって精神病者であって、そうでなければ夢を見つつうわ言をいっているにすぎない」[8]と述べている。人格の意志性、主体性、所有性を強調するのは、まさに梁啓超の人格観の現代的意識がそこに存在するからである。人格は自由意志の主体であるから、自己の主体性の主体を意識することができるのである。動物と外界の間には、主体と客観の関係は存在していない。動物自身は、自然界の一部である。だが、人はこれと異なる。人は社会や自然界に対して主体になるだけではなく、まさに自己の思想の主体である。人は自己を認識するだけではなく、またさらに自己を対象化して反省する、自己反省することができる。こうした意識からすれば、自我意識はまさに人格と人権の基礎といえよう。この面で、梁啓超が提起した

---

7) 同上。
8) 『論立法権』。

「権は智から生まれる」"權生於智"という思想は、まさに現代における人格権理論と一致している。梁啓超はいう。「権は智から生まれる。一分の智があれば一分の権があり、六、七分の智があれば、六、七分の権があり、十分の智があれば、十分の権がある。……故に、権は智に寄りかかっている」[9]と。智は人において完全に消滅することはない。人の良心や良知は、智の本源である。人が最初の一念に戻ることについて、さらに梁啓超は「最初の一念に戻って」、「内に力を入れるならば」、人は「良知」を求めることができる[10]、と述べている。梁啓超が内に力を入れようと主張するのは、人に自己の良心や良知を認識し、人の類的存在を認識して、人の自我意識を呼び覚ますよう求めるからである。この点で梁啓超の人格観は、カント（I. Kant）の人格観と同様である。カントは、人格について「異なった時間において、自己の数に同一性を意識する存在であるなら、この範囲において、はじめて人格である」"在不同的時間意識到自己的数的同一性的存在者、在此範囲内才是人格"[11]と定義した。ここで、人は自己の存在を意識することができるだけではなく、また他人の存在と、人それ自身の存在を意識し、換言すれば、存在者の存在を意識する。このような自我意識が多ければ多いほど、人格は強くなり、人権もそれにともない豊かなものとなる。梁啓超は、人には自由意志があり、人は自己の行為を意識するだけではなく、自己の行為をコントロールすることができることを強調している。意志性と主体性は、梁啓超の人格概念に示された人格の基本的な属性である。

同時に、梁啓超が強調した人格は、すべての人が所有するものであり、すなわち、この人が所有するという主張は、まさに人格の所有性を展開したものである。人格は所有権の主体であり、生命は人格が所有しなければならない最初の物件である。梁啓超は、生命と自由を、人の二つの大きな基本的要因とみなし、「両者の一つが欠けても、それは人ではない」[12]といい、『新民説・権利思想について』のなかで、自由や権利としての精神を「形而上」の

---

9) 『論湖南應辨事』。
10) 『徳育鑑・知本』。
11) 『純粋理性批判』、A361；『人学』、第一節。
12) 『十種徳性相反相成義』。

存在とみなし、肉体や生命を「形而下」の存在とみて、存在のこうした二種の形式は不可分なもので、相互に依存はしているが、「形而上」は「形而下」より高いものであるとする。そして『新民説・自由について』のなかで、彼はくりかえし「自由は天下の公理であり、人生として備えるべきものであって、誰ひとり適用しないものはない」"自由者、天下之公理、人生之要具、無往而不適用者也。"と述べている。これは、梁啓超の自由と人権に対する熱烈な追求と無限の憧憬の念を充分に表している。

　人が人権を享有するのは、また人が客体をすばらしい人間像を造り上げ、より良い人間へと改造する主体であるからである。人の主体性から人の社会や自然界における地位を把握するのは、梁啓超思想の一つの大切な特徴である。彼は、日本の学者小野塚の『国家言論』を紹介するさい、つぎのように指摘している。「要するに、宇宙の一切の事物は、真実のところ、有るのか無いのかわからない。だが、私は見て有ると言う。もし、私が無いと言えば、一切の現象は見られることすらない。これは私と縁があることである。この縁のため絶対的な存在にはならず、相対的な存在だけである。」"蓋言宇宙一切事物、其真有真無、不可知、不過我見之為有故耳。若無我、則一切現象或竟不可得見、是与我相縁也。相縁故不能為絶対的存在、而只能力相対的存在也"[13] ここで、彼は主観的感覚をあまりにも高く表示しているが、彼の人の主体的地位に対する重視と、客体的相対性に対する強調は、積極的な意義をもっている。ここで彼のいう「我」を何らかの具体的な存在者として理解してはならない。ここでいう「我」は、カント（I. Kant）のいう「自己の数の同一性的存在者」の性質をもっている。「我」は主体が現象化された表現である。「我」は、存在者自身、すなわち人それ自身である。マルクス（K. H. Marx）が『経済学・哲学原稿（一八四四年）』で強調したように、存在する人間は、他の動物のように自然界が確定した種族の秩序の中に埋没することはなく、したがって人が再び全自然界を生産するといえよう。これは、まさに人の主体性から出発するとして、梁啓超は説く。「境遇というものは心が造るものである。一切の生存競争は虚幻であって、心が作り出したもの

---

13) 冰訳日本小野家博士著『国家言論』注一、『新民叢報』第74期、1902年2月。

のみが真実である。」「したがって、天下に生存競争があるとすれば、それが心境である」[14]と。人の客観的外在の観念は、いずれも人の意識によって作られ、人がさまざまな観念や物象を作るとき、客観的世界も作ることになる。孟子の「万物はすべて我によりて備わる」"万物皆備於我"という高度な主体意識は、梁啓超によって充分に発揮された。人が客観的外在を対象化し、それを把握することは、まさに人が客観的世界を認識し改造するさいに、必ずや通過せざるをえない経路である。これも人の客観的存在より高く、万物より高い根本的存在である。人が尊貴であることは、万物にくらべ比較にならない。

　人格の概念と結びつけて、梁啓超はさらに儒教で伝統的に重視されている国格に論及している。梁啓超は『論立法権利』のなかで「国家に人格あり」と述べている。これは、人格の概念を多様化し発展させたものである。これは、私に哲学者シェラー（Max Scheler）の人格概念に対する考え方を想起させる。シェラーは、個別的人格（Einzelperson）があると認めただけではなく、また総体的人格（Gesamtperson）、社会的人格（Sozialperson）と内在的人格（Intimperson）などの概念も提起している[15]。意志の角度からみれば、およそ一定の意志に基づいて人間のように行動する団体は、いずれも人格的存在である。これがなぜ法律で「法人」を設置すべきかの原因である。梁啓超の国格以外に論じた「一人の資格」、「一家の資格」、「一家一族の資格」、「天下の資格」、「一国国民の資格」[16]など一連の概念は、シェラーと同様な考え方にそって提起されたものである。これらは、いずれも現代の人格論と人権論の範疇に属している。本論文で後に掲げるように、現代における人権論は、個人的人権をいうだけではなく、また団体的人権をいう傾向は、まさに梁啓超の人権法思想の基本的傾向、すなわち団体主義と国家主義の傾向と共通点があるが、当然にまた本質的区別もみられる。人格の個体的範疇から団体的範疇への伸張は、必ずや人権が個体的人権からさらに団体的人権を形成することを決定づける。人権はまさに人格と分離することはできない。人

---

14)　『自由書・惟心』。
15)　舎勒爾：『倫理学的形式主義和特質価値倫理学』、徳文版、第564頁。
16)　『新民説』。

権は人格と共に存在しなければならない。人格がいかに発展しようとも、人権は必然的にどこまでも附随して行かなければならない。法律の角度からみれば、一定程度の人格があれば、一定程度の人権があるべきである。しかし、法律における人格と哲学における人格とはまったく異なる。法律上、いかなる人間であろうと、生まれながらの人格権を享有しなければならない。だが、人格権にはさらに多くの表現形式がある。団体的人格権と個体的人格権の表現形式には大きな相違があり、それは成年と未成年の人格の表現形式が異なるようなものである。この問題に関して、梁啓超は検討していない。だが、彼の提起した人格多様化の思想は、むしろ後人に新たな研究の範囲を開拓したのである。

　人は人権を享有しなければならないが、こうした権利はまた在るべき当然の範疇に属している。法定の権利についていえば、それはまた一種の在るべき権利である。人権が現実性をもつならば、さらに法定の権利へと転化しなければならない。法律で人権を表し体現するのは、梁啓超が指摘した在るべき権利としての人権の発展方向である。梁啓超は『論立法権』のなかで、「そもそも立法は政治の本源であり、したがって国民が幸福になれるか否かは、それを得た者がいかに多数人であるかどうか、いずれも立法によって決定されなければならない」[17]と述べている。立法で人民の権利を規定するには、「文明の法」、「すなわち、人民の参政権、服官権、言論・結社・出版・移転・信教など、さまざまな自由権等を制定しなければならないが、何ゆえに立法によってその利益を求めなければならないのか」[18]。人権のこうした具体的内容を体現する「文明の法」は、「立法権は民衆に属する」によってのみ保障される。言論、集会、信教などの自由権、参政権というこれらの人権の範疇は、在るべき権利の段階に留まっていてはならず、さらに法定の権利に転化するために立法で規定しなければならない。いかに人権が正しく公正に法定の権利に転化することを確保するかは、そもそも梁啓超が『論立法権』を著わした本旨である。彼がベンサム（J. Bentham）の"国民の最大多数の最大幸福の原則"を推崇し、モンテスキュー（Montesquieu）の"三権分

17）『論立法権』。
18）同上。

立論"を宣揚し、さらには古代のアテネやローマの議会制度を考察し、どこに立法権が帰属するかを徹底して検討したが、これらのすべては、最終的に、いずれも人権と自由が立法上で真に正しく規定し保障されるためであった。梁啓超は、人権が法定の権利に転化するのをみて満足するのではなく、彼は、さらに法定の権利として、その権利が実際の生活のなかで実現されるか否かに注目した。人権が法定の権利からさらに実際に有る権利に転化してこそ、初めて真に現実性をもつことになる、と述べている。彼はまた「法というものは装飾品ではなく、実現してこそ貴重なものだ」[19]という。人権が法律に規定された後、より真剣に実施されなければならない。法律が真剣に実施されないとすれば、人権は一枚の空文にすぎなくなる。梁啓超は、袁世凱が作った「袁記暫定憲法」の虚偽性に対して、つぎのように暴露し、批判した。「今、暫定憲法を実施できるのか？　彼は詳細に論じていない。第二章の人権の権利に関する諸々の事項は、……当該法が公布された後、なぜどれ一つ実行されないのではないか、果たして将来、本当に実行されるのであろうか」[20]。このような内容は、『憲法起草問題について、客の問いに答える』からも読み取ることができる。従来、民意をもてあそぶ専制主義者たちは、つねにこのようなものであって、彼らは、世界的な民主や法治の進歩的潮流の圧力と、国内の人民による人権と自由に対する強力な要求をつきつけられ、やむをえず法律にこうした自由や権利を書き入れてはいるが、実際には、彼らがこれまでなに一つ実行しなかったことは、人びとがよく知っているとおりである。

　それだけではなく、人民が法に依って何か自分の在るべき権利を実行すると、ただちに大敵とみなされて、残酷非道な迫害を受け、さまざまな罪名も不明な罪を被せられることになる。人民は、袁世凱らの専制主義の本質を見抜き、その酷さが骨身にしみて、支配者たちの法律には欠陥があることを知り、およそ最低の興味と信頼しか示さなかったのである。梁啓超は非常に失望し、ひどく憤激して「暫定憲法の効力は数行の筆跡が残っているに過ぎず、それが法律を軽視し、人民を酷く蔑ろにした」[21]と嘆息している。ある

---

19)『憲法起草問題答客問』。
20) 同上。

者は、つねに中国人は法律意識が欠如していると咎めているが、梁啓超がみたように、中国人民は、どうして法律と権利を行使しようとしないのであろうか。問題のキーポイントは、専制主義支配者たちが法網を敷いて民衆を陥れ、偽装した法律を立法して、人民を徹底して規制したことにある。法定の権利を実際の権利に転化するのは、非常に厳しいことである。しかし、梁啓超は、それのために人権に対する法定化と実際化への追求を放棄したのではない。もとより清末の「豫備立憲」、民国の「暫定憲法」、あるいは袁世凱の「袁記暫定憲法」にも、一切の重要な立法活動に対して、梁啓超はいつも極めて大きな関心と注意を払っており、それに賛成か否かにかかわらず、いずれに対しても注視していた。

人権の法定化と実際化を促進するため、梁啓超は一生を通じて闘争を堅持し続けた。彼は、専制者との闘い、維新者との闘い、また自己との闘い、終始一貫して人権をかちとるよう、憲政の実現を追求して努力したのである。

梁啓超は、在るべき権利、法定の権利、実際の権利とを区分し、すべての不平等な法律とその現実に対して、鋭い批判的立場をとった。彼はフランスの「人権宣言」にみられる婦人に対する蔑視と、アメリカの社会現実にみられる黒人に対する差別を徹底して攻撃し、このような現象がある以上、それが千古不変の真理であるとは決して認めなかった。人間に対して階級的な差別をした彼らは、理想と現実、当為と存在を区別していなかった。彼らが、歴史における不平等な現象を暴露するのは、それを消滅させるためではなく、それを永久化するためであった。このような法律は善か悪か、このような"学者"がいかなる下心をもっているかについて、梁啓超は「問わなくても解っている」と述べている.。※

II 人権・民権と国権・君権

人類が文明社会の共同体に踏み込んで以来、はじめて人権問題が生まれ

---

21) 同上。

※ この末尾は、「論梁啓的人権思想」、載於『人大法律評論』第一輯(中国人民大学法学院編、2000年)の212頁では記述されているが、本書では削除された。

た。はっきり言えば、人権には対応性がある。それは、共同体に出現する異化可能性をもつ公権力に対して言うものである。さらに言えば、人権問題は、人類社会で法律問題が形成された後、はじめて出現したものである。個人は共同体を構成した後に、法律関係の保護を受けるが、強大な公権力による脅威ないし圧迫に直面すると、そこに人権問題が出現した。人権は本質上、公権力と対応するものである。人権の対応性問題について、梁啓超の百年前の論述は、今日の人びとが人権問題を検討するさい、やはり一定の啓発的意義をもっているといえよう。

　人権の対応性についていえば、人権はその本質において、一定形式の契約論と切り離すことはできない。梁啓超の人権対応性に対する観点と、彼の契約論思想は結びついている。彼は、つぎのように自由権の基礎を解釈した。「およそ、二人ないし数人がある仕事を一緒にしようとするなら、平等に自由権をもつべきであり、したがって共通な契約をしなければならない。たとえば、一国において人びとが相互交流するさいに、何かをしようとすれば、すべて契約手段で明らかにすべきである。人びとの交流は契約によらなければならず、すなわち国家の成立は必ず契約によるべきであり、知恵者を待って決定すべきではない。」[22] 中国古代の儒家は、もっとも早くから「群分説」という契約論の観点を提起していた。儒家は、個人の力には限りがあるので、互いが満足するために、はじめて社会を構成して共同体へ進み、国家を形成することになる、とした。公権力は人民が支配者に与えたものであり、すなわち「それが主になって事を治め、民衆が決定し、民衆がこれを受け入れる」[23] と考えていたのである。支配者の公権力の行使は、民意や民心に従って、仁政を推行しなければならない。そうしてこそ、人民は支配者に反抗して政府を交換することができる。儒家の「群分説」は、治者と被治者という二大社会構成を基礎にしている。群は分割され、分れてもまた群を成し、民は尊く君は軽いとして、分業して互いに助け合うのは、儒家契約論の基本的な内容である。梁啓超は、儒家のこのような契約論の基本的観点を継承し、また西方の契約論と結びつけて、国家の期限と概念を論証した。梁啓超

---

22)　『盧梭学案』。
23)　孟子：『萬章上』。

は、人は能力によって分業し、相互に助け合って国家を形成する、とする。彼はいう。「国家の成立は、やむを得ない理由による。すなわち、人びとはただ一身に頼らざるをえないことを知り、相互に団結し、助け合い、防御し合い、和睦して利益を得る経路を求めるものだ」[24] と。国家が形成されて以来、「国家」、「君権」、「朝廷権」など、系統的な公権力が誕生した。梁啓超の人権問題に関する論述は、主にこのような公権力に対応していったものである。人権と公権力の対応は、最終的にはやはり契約論の観点を基礎にしている。契約論から立論すれば、人権は共同体の中で公権力の保護を受けなければならず、公権力の圧迫を受けてはならない。そうしなければ、公権力は異化されてしまい、その本来の概念に合致しなくなる。

　まず、梁啓超が訴えた「人びとには自主権がある」という人権概念は、対応性をもっている。いわゆる「自主」は、公権力に対していうものである。彼は「西方では人びとに自主権がある、という。はたして何を自主権というのか。各人おのおのが自らが担当している仕事に尽くし、おのおのが彼に与えられるべき利益を得ると、大公無私となる。そうなれば、天下は太平になるというものだ」[25] と述べている。このような自主権を人びとは享有しなければならない。自主性は、まさに人権の基本的属性の一つである。人権は人びとの自主権であり、他の主権ではない。個人に対していえば、公権力は他の主権に属する。自主権は他の主権と相対する。たとえば、君権は一つの人民が君王に委託して事を治める他の主権である。「君と民は同じく、一群のなかの一人であるから、一群のなかで道理を知り、常に為すべきことをやれば、群と離れることはなく、集中して分散することはないから、これをいわゆる群術という。」[26] この内容は、『群序説』にみられる。人民が君王に権力を与えるのは、群を離脱することなく共同体の正常な運営を保証するためである。各級の官吏も同じく民事を取り扱う者である。彼らの権力もみな社会分業の要請によって形成される[27]。彼らの権力は君王に対していえば、自

---

24) 『新民説・論国家思想』。
25) 『論中国積弱由於防弊』。
26) 『説群序』。
27) 『湖南時務学堂課芸批』。

主性を有している。西方人が人びとには自主権があるというのは、主に個人の人権に対していうものである。梁啓超がこの概念を用いるとき、もっとも人権の対応性または相対性に注視して、「人びとの自主権を抑えて一人に帰属させる」"収人人自主之権而帰諸一人。"という封建的君主専制制度を批判した。

つぎに、梁啓超が提起した民権概念も、対立性ないし相対性をもっている。民権は君権と国権に対していう。民権は人権の主な内容として、もっとも人権との対応性を反映している。梁啓超が人権を唱えたのは、民権の主張からである。彼は「君権が日増しに尊くなり、民権が日増しに衰えるのは、中国を弱体化させる源である」[28]と指摘している。

国を救うため、彼は「中国の民権説を大々的に展開しよう」[29]と訴えた。彼が述べた民権説の対応性は、主として二つの面で表現されている。一面で、民権は国権と対応させている。彼は、国権は人権を基礎にするもの、とする。「国民のそれぞれが固有の権利を行使」[30]すれば、国家は豊かになり、力の強い「全権の国」になる。いわゆる「固有の権利」とは、人権的意義における民権である。彼は「民権が盛んであれば国権が樹立され、民権が滅べば国権も滅ぶ」"民権興則国権立、民権滅則国権亡。"[31]という。民権は国権の本であり、「国を愛することは、必ずや民権を盛んにすることから始まる」[32]と指摘した。彼が『憲法之三大精神』という論文で述べている第一の精神は、「国権と民権の調和」である。他面では、また民権は君権と相対する。儒教の伝統的思想と西方の君主立憲思想を結びつけることから出発して、梁啓超は君権と民権はいずれも必要とし合わなければならないと断定した。彼は、君権で民権を抑えることに反対しながら、民権で君権を廃止することにも反対した。彼の基本的な主張は、「君権と民権を結合させることは、互いに事情をよく通じ合わせる」[33]というものである。

---

28) 『西学書目後序』。
29) 『輿厳幼陵先生書』。
30) 『論中国積弱由於防弊』。
31) 『愛国論』。
32) 同上。
33) 『古議院者』。

民権と結びつけて、国権と君権のほかに、梁啓超はさらに「紳権」や「郷権」という概念を提起している。彼はいう。「民権を盛んにしようとすれば、まず紳権を盛り上げなければならない」[34]と。彼のいわゆる紳権とは、主に都市と農村で一定の資産と学識をもってインテリー集団の権利を指す。紳権を盛んにすることは、学会形式で有産インテリー集団を連合させ、彼らの政治面における役割を発揮させようとするものである。彼のいういわゆる郷権とは、地方自治権を指している。彼はまた「いま、万事を新らしく改めようとすれば、自ずと上下の事情に精通していなければならない。上下の事情に精通しようとすれば、古い意識を覆して西方のものを採り入れ、郷法を重んじなければならない」[35]といった。郷権が及ぶのは「地方の公事」であり、その組織的形式は「地方議会」である。

　梁啓超は、「国権」、「君権」、「紳権」、「郷権」などの概念で民権問題を説明しようとするが、彼はこれらの概念の内容と外延に対して、いずれにも厳格な限界を設けなかった。明らかに、君権は民権と対立しており、紳権や郷権は、ある意味では民権の構成部分である。これらの概念のなかで、「国権」がもっとも重要である。国権概念は、もっとも集中的に公権力の性質を反映している。人権や民権の対応性を闡明することからすれば、国権の概念にはもっとも意義がある。梁啓超は、民権と国権の対応性に関して、極めて明らかに説明したものといわなければならない。彼が説いた、民権と国権の調和が憲法の最重要な精神である、という観点は、相当に意味深いもので、憲法における人権の位置を闡明することに、一定の啓蒙的意義を有している。さらに、梁啓超の人権対応性に対する観点は、また人権を獲得する面でよく表されている。人権の淵源とその根拠は、静態的な角度からみれば、人権が法律になり、実際生活の権利になるには、さらに一つの長い闘争過程が必要である。人権の享有は、闘争に淵源をおいている。闘争がなければ権利もないとは、梁啓超の人権の淵源問題で表現されている歴史主義的な性質をもった闘争観である。彼は「権利はどこから誕生するか。強いところから生まれる」[36]、「権利はどこから起きるのか。勝利することに起き、選択される。

---

34)　『論湖南応辨之事』。
35)　同上。

勝利はどこから来るか。力を出し尽くしてかちとってこそ優遇される」[37]と説いている。梁啓超のこうした観方は、人権形成の歴史に対する実際的な考察によるものである。このような考察は、さらに進化論の「物竟天択、優勝劣敗」の法則を基礎にしている。彼は、日本の明治維新運動を考察し、フランスの大革命が生んだ《人権宣言》を研究し、アメリカの黒人奴隷解放運動を検討した。「民権を拡げなければならない」とは、彼が得た結論である。すなわち「国の有る者がその地位を固めようとすることより、民権を拡張すべきである。……いま、生存競争や勇者劣敗の世界では、民権に依拠しなければ国権の保衛はない。」[38] 民権を拡げるには闘争をしなければならない。闘争のもっとも重要な形式は、変法である。彼は清末の情勢は非常に危急であって、変法は一刻も猶予することができない、とみた。当時、国内においては法制が整っておらず、さまざまな事業は衰退し、国外では敵国が多く、それが不断に侵入して来るという騒動が絶えず、このように内憂外患が交わっている状況の下では、変法をもって強くならなければ、自立の道はなかった。彼は、さらにつぎのように指摘している。「法は天下の公器であり、変革は天下の公理である。……変わるものは変わり、変わることを望まなくても変える。変えることによって変わるのは、変権が自らを動かして、国を守り（保国）、民族を擁護し（保族）、教育を保障する（保教）ということである。変わることを望まなくても変えるのは、変権を人に譲りわたしてしまい、それが人を束縛して走り回るからである[39]。」民権や人権を拡げるという観点からいえば、変法とは封建的専制主義制度を廃止し、憲法を制定し、国会を設立して、憲政を実現することにほかならない。彼は『立憲主義』において、「君権を制限するには、民権を行使しなければならず、官権を制限するには、もっと民権を行使しなければならない。憲法と民権は分離することはできない」[40]と記している。民権を拡げる闘争の対象は、民権と官権で

---

36) 『新民説』。
37) 同上。
38) 『愛国論』。
39) 『論不変法之害』。
40) 『立憲主義』。

ある。憲法を制定するのは、民衆を保護し、さらに君権や官権を制限するためである。民権をかちとるのは、君権や官権との闘争と切り離すことはできない。梁啓超の説くこのような闘争観は、人権のための闘争の方向を指し示している。人権の闘争対象は、いったい誰か？　それは支配者であり、政府であり、官僚である。したがって人権闘争は、直接的に君権や官権に向かっている。人権をかちとる闘争は、政府や官僚との闘争でなければならない。これは、つねに避けることのできない歴史的論理である。公権力のあるところには必ずや公権力異化の可能性があり、それゆえ闘争の必要がある。人権闘争は、公権力による異化を克服するのと同様、歴史的な過程である。これは、梁啓超の人権闘争観が後世に遺した教えにほかならない。

　梁啓超の人権闘争観は、また突出して彼の抵抗権に関する主張の面にも現れている。梁啓超の抵抗権に関する主張は、儒家の抵抗権思想の影響を受けている。儒家は世界で最も早く抵抗権問題を提起したが、儒家の唱える抵抗権の形式にはさまざまなものがみられる。そのなかには、暴政や暴君に対し従うことを拒否するもの、自由に出国して暴政や暴君から遠く離れること、暴君を征伐して政府を更迭すること、暴君や独裁者を殺すなど、激烈な革命行動が含まれている[41]。これらは、いずれも儒教文化と伝統における民主主義的性質をもった優れた成分である。梁啓超は、儒家のこうした抵抗路線に沿って、また憲政を推し進めることとその保障問題を結びつけて、またつぎのように抵抗権に関する主張を行っている。「不幸なのは桀紂のような者が出て、大権を濫用し、恣意的に乱暴を行い憲法を蹂躙したとすれば、どうして持ちこたえられるか？　不幸なのは、垣霊のような者が出て、大権が悪賢い者に盗み取られ、憲法が蹂躙されたとすれば、どうして待つのであろうか？」[42]彼は、民権を確立して、上述した憲法を踏みにじる行為が発生した場合には、抵抗しなければならない、と答えている。憲政を推し進めるさい最も重要なことは、人民の抵抗権を確保することである。専制的権力に対していえば、民権自身には抵抗性がある。桀紂や垣霊らが出現すると「よって

---

41)　儒家の抵抗権思想の詳しい内容については、『儒家思与現代人権』（劉新合作）参照されたい。
42)　『立憲法議』。

立つ民権がなく、たとえ立派な憲法があったとしても一つの空文に過ぎず、何ら補うことができないことは、いとも明らかである。」[43] 以上の内容は『立憲法議』で読むことができる。専制権力者の非道で横暴な行為に対して、もし人民が抵抗権を行使することなく、ただ一つの空文憲法に頼るとすれば、それは何の役にも立たない。梁啓超はすでに法律の角度から、極めて明確に抵抗権問題を提起している。

　専制権力者が憲法を踏みにじり、自由と人権を蹂躙するという問題に直面して、梁啓超は、ただ人民に抵抗権があることを認めただけではなく、さらに抵抗権を行使して自由と人権を保護し防衛することも、また人民が履行しなければならない義務であるとしたのである。彼は、権利と義務が結合するという観点から、抵抗権をより一層重視するよう訴えた。人民の自我の解放を鼓舞し、奴隷性を根本から除去するために、自由と人権をかちとる闘争を徹底的に行うべく、彼は甚だしくも「自由を放棄する罪」"放棄自由之罪"[44] という概念すら提起している。彼は、自由と人権を踏みにじる専制者や圧迫者には、これまでのように「ただ問責するだけでは足りず、さらに教誨することでも潔しとしない。」[45] むしろ、問題の重点を圧迫を受けている者を呼び覚ます面にもおかなければならないとした。圧迫されている者には自己を解放する義務がある。梁啓超は、「自由を放棄する罪」は「自由を侵す罪」"侵人自由罪" よりもより重大だとみなしている。我われは、どうしても圧迫者や侵略者が、自由と人権を保護し防衛してくれるなど期待することはできない。自由と人権を保護し防衛するには、圧迫を受けている者と侵略されている者自身が、断固として抵抗しなければならない。権利は闘争から生まれる。自由と人権が蹂躙されるとき、抵抗しないとすれば、自由と人権を放棄することを意味する。人権闘争の観点からみて、これは疑いのない道理である。もとより自由と人権が侵害されている場合に、抵抗権を行使しない情況には多様なものがある。主観的な面からみると、被圧迫者や被侵略者には、一般的に抵抗しようとするが常に力がないという事情があり、甚だしく

---

43) 同上。
44) 『自由書・放棄自由之罪』。
45) 『致良有為書』。

は抵抗する実力がほとんどない。もし、これを一律に「自由を放棄する罪」に処するのなら、それは権利と義務を混交していることになり、「ご趣旨は承ったが、しかし謀反を起こす」というドタバタ喜劇を避けられない。だが梁啓超は余りにも急ぎ過ぎて、言葉は鋭いが、その鉄のような意志が鋼のようにならないように訴える愛民の心情、および自由と人権を擁護し専制主義と徹底して闘争する正義の精神は、人を深く感動させ、後に続く人びとの人権をかちとる闘争を極めて大きく鼓舞することになった。

　いかなる情況の下で、どのような抵抗権を行使するかという問題について、梁啓超は、より深く綿密な検討を行った。彼は、大略10項目の《立憲政治之信条》を提唱したが、その基本的精神は、「国においては、いかなる者であろうと、憲法に違反すれば、人に殺される」"国中無論何人、其有違憲者、尽人得而誅之。"というものである。「人に殺される」という抵抗権は、執権者が公然と憲法に反し、それも大規模な違憲行為とみられる情況の下で行使されるものである。もし、次にみられる部分的な違憲行為があった場合には、それ相応に具体的で一定の限界のある抵抗権を行使しなければならない。法律以外の形式をもって公民権を制限する場合、納税行為を通じて人民は抵抗する、または服従を拒絶する。議会の多数決を経ることなく制定された法律に対しては、人民は服従しない。行政命令で法律を変更したり、または侵害する行為に対しては、人民は反抗する。法律上の手続きに反する予算案に対しては、これを可決してはならない。独裁的な暴君に対してなされる激烈な革命、または暗殺を経なければ問題の解決ができないような場合、人民は暴力革命権または暗殺権を行使するが、法手続きの上で問題の解決ができるような違法な行為に対しては、不信任投票制度や糾弾制度を実施することができる。注意すべきことは、梁啓超は結社を結ぶ権利は、一つの非常に重要な抵抗権であるとする。彼は積極的に民衆を集めて政党を作り、議会の議席を獲得して、政府に制約を加え、コントロールすべきことを主張した。人民はさまざまな形式を通じ組織され、組織のある抵抗的実力を形成して、出現する可能性のある専制行為に対抗しなければならない。

　梁啓超の抵抗思想の徹底性は、またかれの悪法は無法にまさるという観点に反対すると同時に、さらに悪法はすなわち法であるという観点に反対する

場合にも表現されている。彼は中国古代批判するさい、思慮深く「法は不善であるとしても、無法よりは優れている」"法雖不善、優愈於無法"とする観点をもって、法が不善であれば治めることはできないとした。すなわち「法があっても善くない場合、不肖の者が私利を図っても手を束ねて為すことを知らない。人の支持を得られるか否かを問わず、いずれも治めることを何一つできない。」"法而不善、則不肖者私便而束手焉。無論得人不得人、皆不足以為治。"[46]と指摘した。悪法は無法より優ると主張する者は、通常は表面的な安定した秩序に満足し、人民の権益を犠牲にすることを惜しまない。その基本的な立場は、専制的権勢の一翼を担って専制主義のために世論を盛り上げる。このような人の論点は、当然に自由と人権のために奮闘する梁啓超から批判論駁された。純粋な実証主義がいう悪法は法であるとの観点も、同様に法の概念に符合せず、梁啓超の反駁を受けた。彼は「乱れている国の立法は、個人または少数の者の福祉を目的とするが、その目的は不正であり、法が多くなれば多いほど乱れ亡ぶのも速い」"乱国之立法、以個人或極少数人之福利為目的、目的不正、是法愈多而愈以速乱亡"[47]と指摘している。法律の本旨に反した専制主義の法律に対しては、梁啓超は悪法ないし非法論に立脚して根本的にこれを認めていない。それだけではなく、彼は人びとに対して悪法に服従することなく、抵抗権を行使するよう訴えた。彼の法治は、アリストテレス（Aristoteles）の法治概念と似ており、すなわち法治は必ずや良法や善法を前提とするものであった[48]。しかし、梁啓超の法治論は、もっとも近代や現代における抵抗権論のレベルに近づいており、人権主義の抵抗精神に満ち溢れている[49]。

梁啓超は、理論的に深く人権の対応性または抵抗性を論証し、人民は人権

---

46)　『箴立法家』。

47)　同上。

48)　アリストテレスの悪法に対する態度に関して、拙論「孔子・アリストテレス法律思想の比較研究」、載於『孔子法律思想研究論文集』（山東人民出版社、1986年）を参照されたい。

49)　現代抵抗権論に関して、拙論「抵抗主義法学運動与天野和夫的抵抗権思想」を参照されたい。この論文の日本語訳が鈴木敬夫訳「抵抗主義法学運動と天野和夫の抵抗思想」として、『札幌学院法学』第9巻第1号（1992年）181頁以下に掲載されている。

保護のために奮闘しようと訴えただけではなく、さらに彼は一生涯、実際的行動において自らの抵抗権の主張を堅持した。『分車上書』から『百日維新』まで、日本への亡命から『新民叢報』を創設するまで、護国戦争の勃発から張勲の復辟に反対するまで、梁啓超は、つねにおそれを知らない勇敢で不屈の抵抗精神をもって封建的専制主義と戦ったのである。

Ⅲ 法律上の平等権と人権の平等性

　法律における平等と人権の平等性は、区別されるが関連のある二つの問題である。法律の下で人びとは平等であるが、この点は人権の基本的な内容である。一方、法律における平等は、人権の本質が平等であることを物語っている。法律の平等をいかに理解するかによって、人権の平等性に対する理解がまったく異なる。この問題に対する梁啓超の論述は、人権の平等性を正しく理解するために一つのヒントを与える。

　西洋であれ中国であれ、法律的平等の矛先は階級特権であり、階級特権を批判するためであった。梁啓超が主張する法律の平等は、まず立法の面で階級特権と対立する。各階級が不平等な社会においては、法律はつねに特定階級の利益に奉仕し、また特定階級の特権を規定し保護する。梁啓超は、このように階級特権を擁護するような立法は、すべて悪法であると規定している。梁啓超はいう。「偶々誹謗した者が死刑に処せられ死体を市中に晒し、謀反を起こす者が三代にわたって親族は皆殺しにされるというのは、まぎれもなく専制君主の定めた法であることが分かる。」「女性は七つの場合に捨てられるが、一人の夫が複数の妻をもつことができるというのは、まぎれもなく男が定めた法律であることが分かる。」"婦人可有七出、一夫可有數妻、此不問而知為男子所立之法也。"※「奴隷が普通の国民の行列に加わることがで

※　ここに言う「七出」とは、昔の中国に見られた婚姻関係を解除する七つの条件を指す。すなわち、女性に対して、①子供を産めないこと、②淫らであること、③親孝行しないこと、④お喋りで親族関係を唆すこと、⑤盗みをすること、⑥嫉妬すること、⑦悪病にかかっていること、があれば夫に離縁されるというものである。この箇所の翻訳に関して、中国社会科学院法学研究所研究員、教授呂艶濱氏にご懇切なるご教示を得た。記して感謝の意を表する。

きず、農奴が田地とともに売られるというのは、まぎれもなく貴族の定めた法であることが分かる。信教の場合に、自由が許されず、祭司が別に権利を有するというのは、まぎれもなく教会が定めた法であることが分かる。今日の文明の目でこれをみれば、それが悪法であることは、それゆえに論ずるまでもない。」[50] この主張から明らかなように、もし法律の内容が不平等であれば、法律の平等性を論ずることは、およそ可能である。このような法律は、現代文明によって破棄されるべきものである。まさに梁啓超は立法において平等を重視する立場から、「立法権は人民に属する」"立法權屬於民"というテーゼを提起している。立法権を人民が掌握してはじめて、立法の面で特権規定を取り除くことによって、人権の平等を実現できるというものである。換言すれば、ある法律が階級特権のために奉仕し、特定の主義あるいは信仰を強要するとすれば、このような悪法こそ立法権が人民ではなく、特権階級に握られていることの反証となる。梁啓超が主張する法律平等の基本的な内容は、まさにこの点にあるのである。

二〇世紀の初めに、梁啓超がすでに立法上の不平等な階級特権を厳しく批判したにもかかわらず、今日にいたってもなお立法上の平等を拒否し、階級特権を主張し、法律の平等は、法律の実施にかぎるべきだと主張する者がいる。たとえば、梁啓超が生きていたとすれば、このような状況に対していかに憤慨するであろうか。もし、法律が一部の人の地位を他の一部の人よりも高く規定し、人民全体が一部の人がもっている信仰を強要された場合、梁啓超は、このような法律は「それを見なくてもそれが何であるか知ることができる」"不問而知"と述べている。思想が偏狭であり、無知な者たちが主張する法律に限定された平等というものは、その性質が善であるか、悪であるかは"不問而知"、つまり一目瞭然であろう。

人権の平等性は、人が誰であるかを問わず、人間であれば人権を享受できることをいう。もし、ある権利が特定の階級あるいは特定の一部の人間の権利であるならば、このような権利は人権ではなく、特権にすぎない。このよ

---

50) 『論立法権』。
51) 『人権与女権』。
52) 同上。

うな意味からすれば、梁啓超のフランスの《人権宣言》に対する批判は、まさに彼が人権の平等性に対していかに深く理解していたかを示すものである。彼は、フランスの《人権宣言》は、一般の人びとの人間としての資格を取りもどすよう定めているが、実際には女性の権利は軽視されている、と指摘した。すなわち「彼らは men ではない Women であるがゆえに、規定された人権がどれほど美しいものであれ、女性とはおよそ関係がない」[51] と。梁啓超によれば、女性は男性と同じく人権を享受すべき主体であって、フェミニズムは「人権運動」の重要な一部である。さらに梁啓超は、フェミニズムを人権運動と規定し、人権運動としてのフェミニズムを強力に支持している。彼は「フェミニズムは、それが教育の機会を求める運動であれ、就職の機会を求める運動であれ、参政の機会を求める運動であれ、私は原則的にそのすべてを支持する。なおかつ、私は、これらはきわめて必要なことだと思っている」[52] と述べている。教育、就職、参政の面における女性は、男性と平等な権利を享受すべきものである。フェミニズムの積極的意義は、それが人権平等の精神を表しているからにほかならない。こうして梁啓超は、人権平等の精神に基づきフェミニズムを支持したのであった。

　人権の平等を実現するためには絶えず闘争し、充実する過程が必要となる。段階的に人権平等を実現すべきとするのが、梁啓超の人権思想がもっているもう一つの重要な内容である。たとえば、フェミニズムは、それをそれぞれ三つの異なった内容の平等を含む段階に分けることができる。「一つは、教育の面における平等であり、二つは、就職の面における平等であり、三つは、政治上の平等である」[53] 段階論からみて、三つの平等は、その実現過程において前後に順番があり、一番目から順序よく実現しなければならない。梁啓超は「実現の順番からいえば、私はまず第一に教育の権利"学第一"、第二に就職の権利"業第二"、第三に政治的権利"政第三"を実現すべきであると思う」[54] と主張した。人権運動の段階からいえば、梁啓超の「教育の権利が第一」"学第一"であるとする主張は、人権の主体性と解放性に対する強調である。人権は主体の自己意識によって得られる権利である。人権意

---

53) 同上。
54) 同上。

識の発展程度は、主体の啓蒙の程度と直接に結びついている。人権運動の価値と意義は、主体の行為が悟性の使用による自覚的行為"自覚自動"、すなわち主体の自己解放のための闘争であるという点にある。人権に対する主体性と解放の程度が、人権運動の自覚の程度を決定づける。梁啓超は、人権運動は必ずや自覚的に行われなければならないと強調したのである。「アメリカの黒人解放運動は、黒人奴隷による自覚的解放ではなく、博愛の心をもった一部の白人によって実現されたが、これは他人による実現であり、自覚によるものではない。自覚による解放でなければ、たとえ解放されたとしても何の意味ももたない。そして、運動は多数の人びとの協力を必要とし、小数人によって決めるべきものではない。したがって、多数人の自覚に基づく共同行為でなければならない。」[55)] 人間は誰もが主体性をもっており、自覚的行為としての人権運動は可能である。しかし、人の智識に差がある以上、自覚の程度にもある程度の差が生ずる。「知識に基づいて権利を求めなければ、決して権利を獲得することはできない。偶然に権利を得ることができたとしても、それを維持することはできない。」[56)] 人権の知的基礎に対する強調は、梁啓超の人権思想がもつ重要な特徴である。人権の平等に対する認識は、人間の知識レベルと密接につながっている。知的レベルが高ければ高いほど、自覚レベルも高くなり、したがって人権意識も高い。このような観点からみて、「人民の智識程度を高める」"開民智"ことと、「知的基礎」"知識基礎"を不断に高めることは、人権を実現するための闘争において、もっとも重要な課題である。

　人権の知的基礎を重視する点に関して、梁啓超の『新民説』と厳復の『三民論』（鼓民力、開民智、新民徳）は、その理論的形式においても、具体的な主張においても、まったく同様である。すなわち、ともに人民の知識程度を高めることを権利主張の動力の源と考えている。しかし、人権平等と人民の智識の関係についていえば、梁啓超と厳復の見解は、大きく異なっている。厳復は、平等を人類が実現すべき理想状態、つまり力・智・徳の平等と理解していた。さらに厳復は「人民が主人になるためには、平等を実現しなけれ

---

55) 同上。
56) 同上。

ばならない」"民主之所以為民主者、以平等"[57]と述べ、厳復は、その「平等を実現するためには力、智識、徳の三つの平等を実現しなければならない。もし、この三つの平等が実現できれば、民主は実現できる」"顧平等必有所以為平者、非可強而平之也、必其力平、必其智平、必其徳平。使是三者平、則郅治之民主至矣。"とした[58]。力・智・徳の平等を民主的政治のシンボルの根拠とみなして、これらを民主政治の目標に掲げて、いまだ前途が漠然としている未来に向けて展開したのは、厳復の「過程分離論」の過ちが形成されたことによる[59]。梁啓超もこれに似た過程分離論的な認識によって過ちを犯した時期があったが、梁啓超が求めたものは、考えることはできても、決して実現することのできない力・智・徳の平等ではなかった。梁啓超が重視したのは、法律上の平等であったのである。法律上の平等は、一方では国民が立法過程において自分の意思を自由に表現することを意味し、他方においては、国民が立法上で不平等な階級として差別されないことを意味する。前者には、積極的な主体意識がこめられており、後者には、消極的客体的（被動的）意味が含まれている。梁啓超は、立法権の性質と意義を述べるさいには、才能が溢れ、博識に満ちた議論を展開し、感情的な面においても、論理的な面においても、充分にそれを論じ尽くしている。しかし、身分制度と四民問題を論ずるさいには、戦国時代に「世卿の制度」が廃止されて以来、中国の「四民平等」の問題は、ほぼ解決されていると簡単に触れただけであった[60]。この事実からみても、梁啓超がもっとも重視したのは、立法上の階級平等であったことがわかるであろう。梁啓超は、知識基礎を実現した上で、権利を求めることによって、立法上の階級不平等という現象をなくし、さらには、立法上の政党特権、教会の特権、男子の特権、君主の特権、貴族の特権を含む各種の特権を廃止すべきだ、と主張した。梁啓超が、特権を規定した法律のすべてを《悪法》と批判したことは、彼の求めていた

---

57) 厳訳孟徳斯鳩『法意』巻八按語。
58) 同上。
59) 今世紀における中国思想界の《過程分離論》問題に関して、拙論「論厳復的"三民"人権法思想」、『中国法学』1991年第5期を参照。
60) 『新民説』。

平等が法律上の平等であったことを根拠づけるものである。厳復も法律上の平等を語ってはいるものの、事実上の平等をより重視しており、彼の民主主義の理解もルソー的な直接民主であった。梁啓超も事実上の不平等には反対したが、法律的な平等をより重視することによって、彼は選挙権と参政権を強調したのであった。

　平等は確かに民主の基礎である。しかし、民主的な権利としての平等権は、また法律上の平等でなければならない。人が生まれながらにもっている平等を語るとき、この平等とは、人格的尊厳における平等を意味する。この平等を法律的に表現すれば、人びとに平等な権利を与えることである。この点からいえば、梁啓超の思想は厳復の思想よりもさらに現実に適応するものである。厳復が主張した素晴らしい民主は、実は人びとが自ら自治する小国寡民的な直接民主であって、選挙権や選挙手続といった直接民主において不可欠なものが欠けていたのである[61]。梁啓超は、中国の儒教思想の影響を深く受けており、中国の伝統的法律文化に深く嵌まっていたので、儒教の倫理にもっとも適応した理想の間接民主制度を選考した。したがって、選挙権と選挙手続きをとくによく研究したのであった。

　選挙権は、国民が平等に自分の意思を表明し、賛成するための不可欠な基本的権利である。選挙権に関して行った梁啓超の研究は、同時代の他の思想家にくらべ独特なものであり、かなり体系的なものであった。彼は憲政の視点に立脚して、選挙権制度を分類している。「選挙権とは、人民が議員を選出する権利である。選挙権の内容は各国において異なるが、それは普通選挙と制限選挙に分かれる。普通選挙とは、すべての人民が選挙権を有する選挙である。制限選挙とは、法律が一定の条件を示し、その条件を満たした者に限って選挙権を与えるという選挙である。」[62]「制限選挙」という概念を使っていることからみて、梁啓超の分類が明らかに日本憲法学者の影響を直に受けていたことが読み取れる。しかし、彼の概念は、表現の形式や述語の使い方の面において独自性がみられる。梁啓超は、どこの国においても選挙権は

---

61)　厳復が説くこのような思想に関しては、拙論「論厳復的"三民"人権思想」、『中国法学』1991 年第 5 期を参照。
62)　『中国国会制度私議』。

制限されており、普通選挙を徹底することは不可能と認め、各国の相違は選挙権制限の基準と、その程度の差にすぎない、と説いている。彼は「普通選挙」は「普通制限選挙」に、「制限選挙」は「特別制限選挙」に改めるべきだという。それは、前者においては、選挙権は年齢、性別などによる制限を、後者においては、財産や学歴による制限をイメージしたのである[63]。

梁啓超は、中国の現実状況からすれば、外国の法律にみられる選挙権資格に対する制限のなかで、中国において実行すべきものは、国籍に対する制限、身分（属性）に対する制限、住所に対する制限、公権力行使における制限、職業による制限などであるとする。彼は、階級による制限や財産による選挙権の制限には断固として反対した。当時、中国ではまだ教育が普及されていなかったという事情に鑑みて、彼は学歴に対する制限は、適宜適用してもよいと考えていた。当事においては、彼の選挙権に対する観念は進歩的であったといえよう。当時の西洋の一部の国家が定めていた規定からみても、彼の主張はより民主的であったと評価しても過言ではないであろう。

普通選挙権について、梁啓超はさらに平等選挙と等級選挙という考え方を示している。平等選挙とは、一人に一個の権利があり、かつ全国民平等であることを意味する。等級選挙とは、特定人に一般の国民に勝る特権を与える選挙である。その方法は二つある。一つは、複数投票制度、他は分級投票制度である。複数投票制度とは、選挙権をもつ国民を納税額によって幾つかの等級に分け、各等級の選挙議員人数に差をつける方法である。梁啓超は、基本的に等級選挙制度に反対の態度を示したが、当時の権利に対する知識基礎や知識人の参政制度を高めるためには、科挙官職および学歴証書をもっている者に限って、二票を与えるべきだ、と主張している。

梁啓超は、直接選挙と間接選挙について、ともにメリットとデメリットがあることを認めている。彼によると、直接選挙のメリットは、第一に、被選挙人は有権者が信頼できる人であるから有権者の意思を代弁できる。反対に、間接選挙においては、被選挙人は二次的に有権者の信頼を得ることはできても、最初の有権者には必ずしも信頼されないから、大多数の人民の意思

---

63) 同上。

は国会において直接的に反映されない。第二に、直接選挙において、有権者は選挙と直接的利害関係を有しており、選挙を重視する。反対に、間接選挙においては、最初の選挙人の意思が国会において直接反映されないため、有権者は選挙に対してあまり関心をもたない。第三に、直接選挙は、その手続きが簡便であるため、人民は間接選挙の煩わしい手続きを省くことができる。第四に、間接選挙の結果は、基本的におよそ最初の有権者が選挙を行うときに既に決まっている。なぜならば、二次の選挙人は最初の選挙人による選挙結果に大きく影響されるからである。この点からいえば、第二次の選挙人は不必要な存在となる。梁啓超によれば、間接選挙のメリットは、主として：第一．最初の選挙人の知的レベルは、およそ第二次の選挙人より低く、被選挙人の能力を見抜く能力に欠ける。したがって、人材獲得の面からすれば、間接選挙の方が優れている。間接選挙のメリットは、教育が普及されていない国においてもっとも明らかとなる。第二．最初の選挙人が熟知しているのは、およそ周りの人に限られ、他の人については余り知らない。間接選挙においては、選挙人は候補者をよく知ることができる。第三．間接選挙の選挙人は、最初の選挙人に受諾され、選挙により慎重であり、公的に選挙を行うことができる。直接選挙と間接選挙は両方ともメリットとデメリットが存在しているという認識を基礎にして、梁啓超は中国の国情に基づいて貴族院では間接選挙制度を、衆議院では段階的に直接選挙制度を広げるべきである、と主張したのである。

　選挙制度の面において、梁啓超は選挙区の分け方、当選を決定する計算方法、選挙人名簿の作り方、投票方法や選挙機関の構成などについて、自らの考え方を示している。とくに、梁啓超は法律による選挙権の保護を強調した。そのため、彼は国民の選挙意識を高めるために、憲政思想の普及を待つことなく、選挙を普及させるための強制的な選挙方法を設けて、国民に選挙を彼らの権利であるだけではなく、義務であることを意識させるべきだ、と主張した。

　参政権に関して梁啓超は、選挙権以外にも被選挙権について相当に詳しく論じている。とくに梁啓超は、政府官僚の議員の兼務、上院議員の衆議院議員の兼職、国会議員の地方議員の兼職などは、禁止されるべきであると強調

して、段階的に議員の専門家を実現しなければならない、と主張した。これらの主張は、今日に至っても、中国の人民代表大会制度の建設を強化するに当たって、重要な参考的価値を有している。参政権が人権の重要な一部であるのは、それは参政権が一種の「在るべき権利」"應然権利"あるいは「当たり前の権利」"当然権利"であるからである。この点について、梁啓超はかつて「人民の参政権は当然の権利である」[64]とはっきり指摘したことがある。梁啓超は、人権の内容をあえて基本的人権と非基本的人権に区分しなかった。しかし、彼は少なくとも参政権を基本的自由権の重要な一部であることを認めている。彼は『新民説・自由について』のなかで、自由を「政治の自由、宗教の自由、民族の自由、生計の自由」などの四種類に区分した。彼は、中国がもっとも必要とするのは、政治の自由であり、政治の自由のなかでも「参政権」は「中国がもっとも必要とする権利」である、と述べている。ここでは、参政の自由権が基本的自由の重要な内容に認識されている。『人権および女性の権利』のなかで、彼はフェミズムを広義の「人権運動」であると述べ、「参政運動」を三大フェミニズムの一つと論じている。さらに、彼は政治的平等を、教育の平等と職業の平等と同じレベルにおいている。以上からみて、彼が参政権の重要性を、基本的人権の立場から訴えていたことは明らかである。

　人権の平等に関するさまざまな問題に対する梁啓超の一貫した特色は、階級特権や階級不平等に反対したことである。しかし、梁啓超が権利の階級性を厳しく批判したが、すでに100年を経た今日においても、中国ではなお人権の階級性を主張する学説が流行している。偏狭的観点をもった一部の学者は、人権の本質を平等ではなく、階級性としてとらえている。そのなかには、歴史上に存在した不平等な現象を批判するために、人権の階級性を主張する善良な者がいるかも知れない。が、一旦、階級性を人権の本質として認めたならば、論理的にはすでに不平等の正当性を認めたことに等しい。したがって、論理的には、人権の平等性を主張することが逆に不当なことになる。人権の本質を、その階級性に求める論者たちの根本的な過ちは、梁啓超

---

64) 同上。

のように「権利の在るべき状態」"権利的應然状態"と、「権利の実際の状態」"権利的實然状態"を区別することができずに、物事の一般性、普遍性を示す概念と、特定の物事の性質を区別できなかったことに起因している。自由権の問題について、梁啓超は、古今の中国と外国の階級がもっている不平等現象を批判したが、このような事実から自由権の在るべき形が階級不平等であるという結論を決して主張しなかった。方法論的面から、彼は自由権の道義的に正当性をもった、在るべき権利であると規定した後、現実のなかに存在する不完全で偏狭的な、変形ないし歪曲された自由権の実際の状況を研究したのである。彼が歴史や現実のなかに存在する不平等現象を暴露したのは、これらの不平等現象を否定し、消滅するためであり、決して不平等現象を肯定したり、あるいは一部の物事の道理を知らない者のように不平等の永久化を主張するためではなかった。これとは逆に、人権の本質を階級性に求める人権階級論者たちは、階級不平等現象を明らかにすることによって、階級の不平等性の存続を求めようとすらしている。研究方法の面からいえば、梁啓超の人権と平等を一貫して主張する観点は、今日の人権階級論とはまったく異なる。梁啓超からすれば、リンゴの概念は、その色や香り、形および人間の健康の面から決められるべきであり、腐って変質し、健康を害するようなリンゴは、本来もっている本質を反映することはできない。人権階級論者たちによると、腐って変質し健康に害を与える性質が、逆にリンゴの本質となる。このように、人権平等論者と人権階級論者の見解は根本的に一つになることができない。研究方法の面では、物事の在るべき普遍性と正当性を追求しなければ、往々にして理性に反する誤謬に陥りかねないといえよう。

Ⅳ　国家本位主義と権利義務観

　近代における人権観念は、中国に伝播されて以降、二つの異なった思想傾向を現した。一つの傾向は、厳復を代表として、個人の自由の社会共同体における価値を強調し、個人の自由を保障することから出発して、政治と法律制度の成立を重視するものである。これは、自存を前提に個人の自由を核心

とする人権観であり、個人本位主義の人権観ということができる。もう一つは、梁啓超を代表として個人の権利が公権力と調和しなければならないことを強調し、集団や団体の利益が個人の自由よりは高くなることを主張して、集団や団体の利益を保障することに発して、個人の権利の発展を求めることを重視するものである。これは、集団や団体の存在を前提とし、公共の利益を核心とする人権観であり、集団本位主義の人権観と見ることができる。社会の動揺が頻発し、専制と権力の集中が不断に起きている20世紀の中国においては、この二つの思想的傾向は、重大な歴史時期においてつねに闘争をくり返したが、集団本位主義人権観が終始優勢を占めていたといえよう。当然、ここでいう集団本位主義とは、人権概念を認めることを前提としつつ、集団の発展を重視する思想的傾向である。したがって根本的には人権概念を否認し、集団主義の旗だけを掲げる専制主義の思潮は含まれない。

　思想的淵源からいえば、梁啓超の国家主義的人権観は西方からの近代学説と中国古代思想の両面から影響を受けていた。彼の提起した国家観は、ルソー（Rousseau）の『民約論』における人民主権論思想を基礎としている。「国家は全国人民の公共物である」"国家者、全国人之公産也"[65]とは、梁啓超の国家に関する基本的概念である。この概念の具体化は、「土地があり、人民があり、その土地にいる人民は自分が住んでいる土地を治め、法律を制定してこれを遵守する。主権と服従があり、人びとは主権者であり、かつすべて服従者である。これがいわゆる完全に成立した国といわれるものである。」[66] この一連の国家概念は、当為という理想の角度から提起したものである。そのなかの基本的要因には、土地、人民、自治（治事）、立法（自立）、守法（自守法）、主権、服従などがある。明らかに、このように人民から完全に自治を得た国家観は、歴史上まだ出現していない。人権観の面からみれば、その理想の姿は人権と主権の合一に表現される。いわゆる「何人もすべて主権者である」とは、まさにマルクスが想像した未来社会において人権の主権性が高度に体現されるように、理想的な色彩を有する。人権と主権との高度な統一のなかで、人権の観念は、むしろ軽薄にされやすい。主権の観念

65）『中国積弱溯源論』。
66）『少年中国説』。

は、根本的に団体と関連し、主権性が個体の自主権に留まることなく、最終的に団体の自主権へと発展して行くものであるからである。

　中国古代の思想は、梁啓超の国家主義人権観の形成にも一定の影響を及ぼした。彼は、秦統一以前の法家の理論に団体主義的な色彩があるが、儒家および墨家の理論には個人主義的な色彩があると思っていた。「また、法家の理論は、団体それ自身の利益を主張し過ぎるから、ついには団体構成員の利益を無視するようになるが、……儒家および墨家の理論は、また団体構成員の利益を主張し過ぎるもので、国家の強制組織の性質についてよく分かっていない」[67]と指摘した。法家の個人の利益を無視する理論は、「その道理が人心に合わない」[68]ので、社会の長期的な発展を不利にし、儒家や墨家の団体組織を無視する理論は、「その制裁力が不足」[69]しており、国家の安全を保つには適しない。個人の利益を無視する、団体の組織を無視する、こうした二つの極端な考え方に対して、梁啓超はいずれにも反対の態度をとっている。この二つの極端な主張のなかで、いずれが優勢であっても治安を持続して保持することはできず、いわゆる「専らそれに仕えて永く治めるには不充分」[70]なのである。梁啓超は、法律と道徳を結合し、団体の利益と個人の利益を結びつけるという観点から、「人道主義」の法治観を提起している。「それゆえ、今日の法治国家の法律は、いずれも人道主義をとる」[71]という見解は、その著『中国法理学発達史』にみることができる。古今東西の思想的な要素を吸収したという基礎に立脚して形成された梁啓超の人道主義法治観は、すでに法家の法治観とは異なり、また古今東西の思想のたんなる組み合わせでもない。梁啓超の人道主義法治観は、現代的意義に包摂された法治観である。それは人道主義から出発して、法律と道徳、個人の利益と団体の利益の相互作用によって、国家が長期にわたって治安が保たれ発展し、実現されることを保障するものである。このような理論は、他人との内在的感情と

---

67)　『中国法理学発達史論』。
68)　同上。
69)　同上。
70)　同上。
71)　同上。

理知的な正義の要求に呼応することに注目し、個人の自由と権利、国家の安定や繁栄に調和することを重視している。人道主義法治観は、実際において梁啓超の国家主義的人権思想の理論的基礎を構成し、その国家主義的主張に理論的枠組みを提供したといえよう。

　国家と法律の起源問題を考える上で、梁啓超の観点は、ルソーが唱えたような社会契約論の性質をもっている。彼は「国家の成立は止むを得ないことだ」[72]と解していた。人びとは、自分一人で自己の基本的な要請を実現することができないような場合は、なんとかして団体を結成して相互に団結し、互いに救済するものである。また利益を永久に保証しようとすれば、できる限りこの団体を擁護しなければならず、国家はこのような団体の最高の表現形式である。

　梁啓超は、権利思想を強調すると同時に、国民がもたなければならない国家思想を強調したが、これは実際には国家主義であった。彼の国家主義には四つの内容がある。そのいずれの面においても主に国家本位を主張している。彼は『新民説』のなかで、つぎのことを繰り返して強調している。まず、一身に対する国家の位置を知ることである。国家は個人に対していえば、個人的価値よりははるかに重要である。国家は人びとが利益を得るようにする。永久に利益を得るためには「人びとは一身の上には、もっと大きな存在者がいることを知らなければならない。」"則必人人焉知吾一身之上、更有大而要者存."[73] 各人の一言一行は、すべて国家の存在を擁護するのに役にたたなければならず、すなわち「そのいわゆる一身以上の存在者を、つねに重視しなければならない」"必常注重於其所謂一身以上者."[74] 梁啓超にとって、国家という政治団体は直接に人道の存亡に関係するものであった。国家がなければ人道もない。個人は終始、国家を自己より高いものとして見なければならず、そうでなければ「団体は成立することはできず、およそ人道はあり得ない」[75]という。つぎに、朝廷に対して、国家の存在を知ることで

---

72) 『新民説』。
73) 同上。
74) 同上。
75) 同上。

ある。彼は、国家と政府、すなわち朝廷を区別している。政府は国家を代表し、国家は政府より高いとする。国家に対する愛は政府に対する愛に及ぶよう要請されているが、その前提として、まず政府が「公式」に成立していなければならない。梁啓超は「公式」の成立という、その内容について解釈していないが、論文では政府の合法性を強調している。さらに、事情は自然法則の決定によるので「国と国との衝突は避けることはできない。」[76] そこで、真の愛国者は「全国民が流血し、粉骨砕身しても些かの権利であろうと他民族に譲るようなことはしない」[77]。最後に、世界における国家の位置を知るべきである。その要点は「国家を最上の団体とし、世界を最上の団体にはしない」[78] ことを主張することにあった。梁啓超のこの四つ面にみられる主張の基本的な要点を帰納すると、まさに国家本位主義であることが明らかである。これは、まさに彼が正しく表明しているように、「国は私愛の本位であり、博愛の極致」"国也者、私愛之本位、而博愛之極点[79]。"であった。彼にとって国家は、個人より、政府より、外国人（他民族）より、世界より高いものであって、神聖かつ不可侵の最高の存在以外のなにものでもなかった。今世紀の中国思想界において、おそらく他の者で梁啓超のように国家を至高無上のものに崇めた人はいないであろう。彼の国家本位主義は厳復の個人本位主義に対する否定であるのみならず、康有為の世界主義と博愛主義に対する否認でもある。国家が政府より高いということには、何ら疑いはない。国家の権利を外国人（他民族）に譲渡しないということも国を愛することに属しているが、いつも国家の地位を高く掲げ、節度なく盲目的に国家が個人や世界より高いとのみ強調するのは、実に本末を顛倒させている。ここには、梁啓超思想の内在的矛盾と無原則性、一貫性の無さが突出して現れているといえよう。

　彼は自ら法家が説く団体構成員の利益を蔑視する理論に対する批判を忘れているばかりか、さらに自己の人格の尊厳と在るべき権利に対する理論的追

---

76) 『新民説』。
77) 同上。
78) 同上。
79) 同上。

求についても忘れてしまっている。もし、国家が個々人の利益を求めることによって成立したものであるとすれば、国家は個人の権利を保護するという一般原則とその限度を超えてはならない。この原則と限度それ自身は、国家は私愛の本位ではなく、さらには博愛の極致でもないことを表明しており、国家の性質が団体にあるとすれば、国家よりも高い団体も必ず存在することになる。この問題において、梁啓超を康有為説と比べると、あまりにも理論的想像性と想像力が欠如している。彼は今世紀初頭の時代条件の下で、国際社会共同体の誕生問題に対して、大思想家が備えていなければならない最低限度の科学的予見と、理論的観点が欠如しており、これはある種、思想家個人に属する欠陥ではあるが、遺憾なことである。たとえ、梁啓超がもっと30年ほど長生きしたとすれば、国連の存在と発展に直面して、おそらく国家が世界よりも高いという狭い観念は堅持することはできなかったにちがいない。彼は、国家本位主義で世界主義を否定したのは、すでに理論的意味をもっておらず、それだけに多くの人びとにとって、それは純粋に実際的な政治主張にすぎないもので、時が経ち状況が変わると、一瞬に過ぎ去ってしまうものであるような感じさえする。

　梁啓超が声を大にして国家主義を提唱しているとき、彼の思う国家は、まだ国家の一般概念に留まっており、かつ一種の理想化され異化されていない、その本質に合致した事物にすぎなかった。彼の国家至上の主張は、彼が根本的に個人の自由や利益を求めないとか、国家や政府の人民の権利に対する侵害問題を考慮しなかったと言っているのではない。先に、彼の抵抗権思想について言及したさい、かつて彼が民権や人権問題に対して非常に重視していた、と述べた。問題は、彼の理論に多くの面でつねに一貫性と同一性が欠乏していることである。とくに、異なる歴史時代と思想発展の段階において、その理論的観点には、比較的大きな曲折と変化が現れ、甚だしい場合には、前後が矛盾し衝突している。しかし、国権と民権の一般的な年代からいえば、彼の思想的傾向は、基本的に終始国権主義に傾斜している。彼のいう憲法の第一の精神は「国権と民権の調和」であり、それは国権と民権の問題については、現実的な国情に関連づけて、彼は「やや国権主義に重きをおきすぎ」、「多数の国民の政治思想と方法が極めて幼稚」であることがもたらす

影響を克服しよう、とはっきりと訴えている[80]。国権と民権を調和させるのは、当然に憲法の基本思想にならなければならない。しかし、ここには、何が本位であるのかという問題がある。国権に立脚するか、民権に立脚するかについては、異なった立脚点から一つの系統的な相違が生まれる。梁啓超の立脚点は、ある時には国権主義と民権主義のあいだで動揺しているが、基本的には彼自身が述べているように、国権主義に偏重しているのである。

　一般的にいえば、団体主義傾向にある理論は、いずれも権利と義務の調和を強調する。梁啓超の国家主義的主張は、その権利と義務は統一されるべきという見方を切り離すことができないでいる。彼が権利を言うときは、同時にいつも相応する義務の重要性を強調している。ある時、彼は驚くべきことに、義務をもって権利の概念を解釈し闡明した。彼は、権利と義務は不可分であるとする。「人びとは生まれて以来、在るべき権利をもっている。すなわち、人びとは生まれて以来、尽くすべき義務がある」[81]という。この観念は正しい。また「人びとの自由は、人が自由を侵犯しないことをその限界とする」[82]という見解も正しいものである。ただ問題は、彼が説くこうした権利と義務の統一観の理論的基礎は、「団体の自由」[83]を重視する、そうした団体主義または国家主義にある。以上の内容は、すべて『新民説』に展開されている。個人の自由と団体の自由の間で、彼はとくに団体主義を重んじている。権利と義務の間で、ある場合には、彼は義務に対してもっとも関心を示していた。彼はまた「服従は、実に自由の母である」"服従者実自由之母"[84]と強調し、さらに「一国の人民にはそれぞれ権利をもっており、一国の人民の権利にはそれぞれ限度がある」[85]という考え方を示している。服従をもって自由を解釈し、制限をもって権利を注釈することは、梁啓超の著作のなかでよく見ることができる。このような、いわゆる権利と義務の統一観は、正しいようだが実は正しくない（似是而非）一つの論調といわなければ

---

80) 『憲法之三大精神』。
81) 同上。
82) 同上。
83) 『新民説』。
84) 『服従釈義』。
85) 『答某君問徳国日本載抑民権事』。

ならない。というのは、権利と義務の間に、依然として何が本位であるかという、一つの問題が残されているからである。権利を立脚点にするのか、それとも義務を立脚点にするのかは、二つの性質からみて、まったく異なった、はなはだしい場合には、相反する立場である。権利は義務によって生まれるものではなく、むしろ反対に義務は権利によって生まれるものである。もし権利を本位にしてなすのであれば、それは義務を本位とする傾向ではない。梁啓超は、権利と義務の調和を求めて努力はしたが、彼の思想的傾向は、時として人に疑問を抱かせることになった。中国人の法律意識における義務本位主義の普遍的現象は、梁啓超の権利と義務の観念のなかにも同様に反映されており、甚だしい場合には、人に梁啓超の権利義務観と現に流行している論調とがまったく同じものだと感じさせるが、それらはいずれも団体主義と国家主義の支配を受けたものである。自由と権利の概念をはっきりさせることなく、早急に服従を強調し、制限を強調した。国民に権利とは何かを知らせようとするのか、それとも国民がもつ権利の行使を心配しているのか、あるいは両方であるのか判然としない。彼は、本来、自由や権利の意義を説明しようとしたが、結果的には、むしろ人びとに緊迫した「防民」を感じさせることになった。これはその中にある、思想の奥深いところに潜伏している防民の動機ときっと関係があるであろう。結局、国権を重んずるか民権を重んずるか、権利を重んずるか義務を重んずるか。これは学者に対して明らかにしなければならない問題であって、もし、そうしなければ愚民政策を施す者と同様になってしまい、終には、国民の真の覚醒を望まないこととなる。この結果は決して梁啓超の初志ではない。しかし、もしその国家主義や団体主義の権利義務観に沿っていけば、彼が望まないとしても、必ずやその方向に向かっていくことになる。

結語　代価と矛盾

　近代中国における救亡図存の緊迫した歴史的重任は、多くの思想家が一意専心してなす深い専門的理論研究を不能にした。その中には人権理論の研究も含まれている。彼らは、もっとも多くの時間と精力を、実際的な政治運動

および愛国救亡の主題に関する検討に投入した。愛国主義は、多くの思想家の著作の主題であった。なかでも梁啓超は最も典型的な一人である。彼の人権の主張と、その他、啓蒙的意義のある思想は、最終的に彼の愛国主義に服従した。これはまさに「私の中心的思想は何か。すなわち愛国心である。私の一貫した主張は何か。すなわち国に報いることである」[86]という言葉に反映されている。愛国主義は、同様に彼の人権法思想にも貫徹されている。

　梁啓超の人権法思想にみられる愛国主義精神は、突出して彼の民族生存権に関する主張に表現されている。彼は不平等条約などの廃止を、中国人民の「生存自衛権」の根本的要求と見ていた。彼は、今にも破裂するかのような激情と憤怒をこめて、断固として次のように宣言した。「我われ全国民は、不平等条約から受けた深刻な苦痛は、すでに八十年になる。今やこれを容認することはできず、我われは一刻もはやく決断して、こうした不合理な国際的地位を改変しようとしている。いかに大きな犠牲的代価を払おうとも、このような立場を堅持する」、「いかなる国であるかを問わず、我われの国家的生存権を認めないならば、すなわち条約を改めないならば、我われは、むしろ暫定的にまたは永久的に、その国との国際関係を断絶すべきである。」この内容は『為改約問題警告友邦』という書物において読むことができる。こうした荘厳かつ慎重な声明における彼の訴えは、領事裁判権の廃止、関税権の回収など、どれも民族の生存自衛権を内容にしたものばかりである。これらの主張は、明らかに中国人民の屈辱的地位から徹底して離脱しようとする強烈な願いを表現したものであって、中華民族の独立と尊厳を擁護したものである。数十年の後、『世界人権宣言』と国連その他の人権法に関する文献は、すべて民族的生存権を人権の範疇に入れている。これに対して天上におられる梁啓超の霊魂は、満足し慰められるであろう。

　国を愛することは当然に良いことである。だが、思想家は愛国主義をその最高の原則に掲げ、梁啓超にみられるように国家主義を至高無上なものとして宣揚すれば、それは必ずしもよいとはいえない。梁啓超の超人的な学力と義理的正義からすれば、彼には人権論の面でもっと深い洞察と、より多くの

---

86) 董方奎『梁啓超与護国戦争』、第91頁。

貢献があるはずである。しかし、国家的危機の緊迫と、国家主義の不適当な膨脹によって、彼の人権思想の花火は、強大な国権の現実的な要求という圧力の下で、明らかに微弱なものであった。彼は、人権追求の道をさらに深く、先に向かって前進すべきであったが、国権主義が彼の前に立ち塞がり、障害になってしまった。もし、国権主義を民権主義や人権主義よりも重視することになれば、いかなる天才的思想家であろうとも、重い代価をはらわざるを得ず、または理論的な想像性を喪失し、さらに拡大させるべき思想の光明を消失してしまい、甚だしい場合には、民主から専制へ、自由と人権の提唱から圧制や特権を提唱するまでに至るのである。梁啓超の人権思想の光明は、民権を提唱することによって栄えたが、国権への傾斜によって終わってしまった。彼の人権思想は、その団体主義と国家主義の誘惑により、後退させられてしまったのである。その後、一世紀にわたり中国の思想界は、実に一貫して彼の提唱した団体主義と国家主義の支配下で、徘徊し停滞して、人権や民権は、終始、主題に上ることはできなかった。甚だしい場合には、団体主義と国家主義の名の下に、国、民、人そして自分自身に障害を発生させ、人権、民権、国権を蹂躙する罪悪をどれほど行ったか、はかりしれない。これに対して、梁啓超の天上の霊魂はいかに憤慨しているであろうか。

　多くの評論家が言っているように、梁啓超の思想は、それぞれの発展段階において多くの変化がみられる。しかし、そのために、彼は維新において栄枯盛衰し、終わりを遂げたとする評価があるが、それは不公平である。変化は変化に帰するが、その変化の総合的な方向は、必ず高く肯定しなければならないであろう。彼が歩んだそれぞれの歴史的時期においても、彼はつねに時代の潮流の全面に立って指導したといえよう。彼の一生の最大の特徴と優れた点は、絶えず自分の立場と主張を改変させつつ、今の自分で昔の自分を攻撃し、時代の進歩に追い着いたのである。清末の維新の変法提唱から国民政治の共和維護まで、その前期または後期を問わず、彼は中国における思想解放運動と社会政府改革に対して、いずれにも重要な貢献を果している。中期における革命派との論争についてみても、彼は毅然として時代の進歩的勢力のなかに立っていたことを否定してはならない。彼が『新民叢報』時代において、革命派との間でおこなった論争は、本来、その時代の進歩的勢力

間の路線の相違に関するものであって、決して後世の人びとが言うような革新と保守、進歩と反動の間における対立ではない。革命派の辛亥革命後における理論と実践は、いずれも梁啓超との論争のなかで画定した方策を超えていない。孫中山が提起した軍政、訓政、憲政が順を追って漸進するという方法は、その本質からみて、梁啓超の立憲に関する主張の具体化にすぎない。憲政問題における過渡段階論は、維新派と革命派の共同綱領である。相違はただ時間的かつ技術的な見通しの有無である[87]。

　梁啓超思想のなかに内在している問題は、主に異なった時期の変化にあるのではなく、その思想の深部に内在する矛盾にある。彼は、仁心や仁性または良心や良知の普遍的な存在を信じつつ、その一方で博愛主義の可行性と導向に懐疑的であり、また彼は主体人格の自覚と尊厳を提唱しながら、さらに競争や闘争な法則と優勝劣敗の社会的ダーウィン主義を崇拝している。彼は個性解放や思想の自由を提唱しながら、また団体主義で国民を教育し、人心を束縛しようとした。また彼は中国人に権利思想が欠如していることをひどく嫌って、主動的に人権精神を追求しつつ、一方で人民の権利行使が国権に影響を与えることに心配した。彼は人類社会共同体が必ず絶えず小さいものから大きなものへ、低い段階から高い段階へと発展することを認識し、あくまでも国家を団体の最高峰として、人びとがこれを超越することを許さなかった。彼は人類は終に必ずや暗闇から光明へ、苦難から幸福へと向かうことを堅く信じつつ、また世界大同と人類は一つの家族だという世界主義を唱えることには反対した。彼は、つねに観念的なためらいと彷徨のなかで、範疇の対立につきまとわれて、それから脱皮することはできなかった。彼がもつすべての思想的矛盾は、いずれも個人と団体の対立、自由と集権の対立に帰することができる。中庸をかかげて平和をもたらそうとしたが、その結果は、自由な人権の発展にとって不利な、理論的な暗闇の洞窟へと転落してしまった。「五四」運動以後、彼は自己の一生に表れた矛盾的病痾を感じとっていた。彼は言う。「現在より、マルクス想定の、レーニン実践の集権的社会主義をもって中国に移植すれば、それが国民性に反するがゆえに、最終的

---

[87] 「過渡段階論」問題に関しては、拙論「論厳復的"三民"人権法思想」、載於『中国法学』1991年第5期を参照。

には失敗にいたると敢えて言う」と述べている[88]。ここで、彼が社会主義について基本的な認識をもっていないから、集権が社会主義につながるということも、言わずもがなであり、また社会主義本来の発展に関する予言の不正確さも、言わずもがななのであるが、集権についてだけは、彼は、確かに、集権の弊害を意識している。これは、国権主義における国権を重んじ民権を軽視するという集権的傾向が、彼の生命の最後の時期では、すでに変化したことを明らかにしたものである。1921年以後、彼はもはや非常な競争や闘争を提唱することなく、人間の協力と助け合いを訴えるように転向し、理論的な基礎の上では喜ぶべき変化が生じた。残念なことは、彼の人生行路は余りにも短く、彼が人権、民権、国権の理論上で残した経験と教訓は、後人の総括を待つべきものとなった。

※原載：杜鋼建「梁啓超的人権思想」、同著『中国近百年人権思想』（汕頭大学出版社、2007年）。

---

88)『歴史上中華国民事業之成敗及今後革進之機運』。

第3章 司法の広場化から司法の劇場化へ
―― 記号学の視点から ――

舒国瀅（Shu Guoying）
周　英 訳

要　旨
I　司法と広場空間
II　司法広場の「陽光」と「陰影」
III　法廷：「劇場」の記号的意味
IV　結語

要　旨

　司法の広場化と司法の劇場化は、異なる二種類の法文化及びその価値を意味するものである。司法の広場化とは、人々が直接面と向かって、身分や空間の隔たりもなく、意見や気持ちを自由に表すことのできる司法活動の方式で、司法の大衆化の特徴をより多く体現している。司法の劇場化とは、「劇場」を記号的イメージ（"Symbol image"：原文「符号意向」，訳者）とする人工的な建築物という空間のなかで行われる司法活動の類型を指すもので、現代法治の制度、精神と習慣の形成に、内在的に知らず知らずのうちに影響を与える。社会の発展、社会生活と社会関係の複雑化、社会分業の専門化が次第に進むにしたがって、司法の広場化から司法の劇場化へと転じるのが、司法活動の類型の発展傾向となるであろう。しかし、司法の広場化にせよ司法の劇場化にせよ、潜在的な矛盾或いは深刻なパラドックスが潜んでいる。もっと広大な背景からみると、司法の広場化と劇場化問題は、自由／秩序、民主／独裁、実体的正義／手続的正義、大衆化／エリート化、通俗化／職業化、簡単化／複雑化、感性による創造／理性による選択、多様化／単一化などの

ような二元対立のコンセプトを代表しているのである。このような複雑なコンテクストとコンセプトのなかで、司法の広場化と司法の劇場化のどちらが正当性においてもっと優位に立つのかについて論じることは、実際には全く無意味なのである。

I 司法と広場空間

　司法は、国家が法治を行うために構築された広大な構造物のアーケードのようなもので、一つ一つの堅い石——厳格な制度規定、適正な手続と公平無私な裁判官などからなっている。制度、手続と裁判官の各部分が相互に交錯し、融合し、支えあいつつ、法治という構造物の重力を共に支えているからこそ、この構造物は長い年月、社会や歴史の風雨に耐えて安定した土台と頑丈な骨組みをいつまでも保つことができる。社会調整の視点からいうと、司法は社会生活への具体的な介入形式でもあり、法の品格とイメージを直接代表しているのである。法学者グスタフ・ラートブルフ（Gustav Radbruch, 1878-1949）は、「法は単に評価する規範であるばかりではなく、また実際に働く力でもあろうとする。法が観念の世界から現実の世界へ入って、現実の生活関係を規律しようとするとき、それが通るべき大手門が、すなわち裁判官である。法の化身は裁判官によって行われる。」「超国家的な法が有効なものとなるには、我々を超越した価値の天上のどこかに君臨していたのではだめで、必ずや地上で、社会学的な形態を獲得しなければならない。この形象化は、裁判という地位において行われる。」と指摘している[1]。

　司法はその独特な性質と社会生活への直接介入が原因で、社会の矛盾と衝突の真っただ中に立たされやすい。それによって処理される事項は、社会政治的、経済的、外交的、文化的、道徳的、民族的といった各種の複雑な関係

1）　Gustav Radbruch, Aphorismen zur Rechtsweisheit, Göttingen 1963, S. 16.〔補完：この書には『法律智慧警句集』舒国瀅訳、中国法制出版社、2001. がある。同36頁。邦訳は、『G. ラートブルフ　法思慮への箴言』Ⅰ，Ⅱ，Ⅲ，Ⅳ，Ⅴ，として『札幌商科大学論集』第15号（1975）〜第21号（1977）に掲載されている。この箇所は、Ⅰ，216頁。鈴木敬夫記〕

第3章 司法の広場化から司法の劇場化へ（舒国瀅） *367*

と利益が絡み合うものが多い。司法は、これらの複雑な社会問題と矛盾に対応する際、各種の関係と利益を有効的に釣り合わせて社会秩序を安定させられるだけでなく、終始一貫してどちらにも偏らず、公正中立の品格を保つこともできる。ところが、このような特殊な社会構造の結び目に位置しているからこそ、司法は社会生活に影響を与える一方、各種の社会勢力による法的活動への干渉をも可能にしてしまう[2]。異なる利益集団も機関も個人も、「正義の追求」という信念のもとで過分な期待を司法の活動過程に寄せる。たとえば、各レベルの政府は社会的危機を解消し、社会的統合を行う負担を司法機関に負わせる可能性がある。マスコミは事件の真実のなかで、人々の涙を誘うような枝葉の部分や判決の理由付けの部分だけを取り上げることによって、司法の公正な解釈と判断に介入しようとする。一般民衆は、無実の罪や不当な扱いで受けた苦しみから自分たちが救われるように、司法官に「青天老爺」（「青天老爺」とは固有法期において、法よりも情理を重んじて判決する裁判官に対する呼び方である。日本に即していえば、大岡越前のような裁判官に対する呼称である。訳者）或いは「神の手」を演じることを期待する。これらの初期的な期待を持つことで、人々は漠然とした「正義」感に駆られて司法の過程に積極的に参与したいという情熱が生まれる。そこで、人々は直接、面と向かって、身分や空間の隔たりもなく、意見や気持ちを自由に表すことのできる司法活動の方式を選ぶことをより強く望むことになる。我々はこのような司法活動の方式を「司法の広場化」と呼ぶ。

むろん、司法の広場化はまず何よりも法的地理空間概念である[3]。「広場化」は、歴史上の一部の司法活動、たとえば古代の「棄市」（街頭での処刑）、「市中引き回し」、近代「公開審判」、「糾弾集会」などが広場或いはその他の屋外空間で行われたことを物語っている。このような司法活動では、屋外広場は一種の地理空間的な記号として特殊な意味を持つ。

---

2) 司法が社会資源の再配置にある程度関与する必要がある。或いは、少なくとも「第三者」の身分でこのような配置に介入する必要がある。そのため、司法は社会生活に深く「陥る」ほど、社会の各種の利益に交互に影響される可能性が高くなる。
3) 法における地理的空間の概念及び地理学的分析は、Kin Economides, Law and Geography: New Frontiers, in Phlip A. Thomas (ed.): Legal Frontiers, Dartmouth, 1996, p. 180ff を参照。

① **屋外広場は一種の「場」として、あらゆる「場」に共通した機能を有する。**屋外広場の中心で何らかのテーマを持つ活動が行なわれやすく、人々の積極的な参与を引き付ける。司法の広場化は間違いなく広場の特殊な吸引力と拡散力を利用し、このような方式を通して司法活動の法的効果と社会的効果（たとえば教育効果）を図ろうとするのである。

② **屋外広場は異なる道と方向から自由に出入りすることのできる場所である。**ここには、司法のために特別に設けられた、たとえば固定された座席、隔離された区域、警備のためのバー（bar）などはない。屋外広場では、法へのアクセスのしやすさ（accessibility）を阻害するものが取り除かれるだけでなく、法的知識がないためにできた法に対する疎外感や異質感も取り除かれるため、人々は自分の目で見聞きすることによって生き生きとした（時には緊張感や刺激を伴う）法的活動の過程と効果を体験することができる。このように、司法活動全体が行ったり来たり行き交う人の群れと常に絶え間なく関係しあうのである。

③ **屋外広場は公共活動が行われる開放的でパブリックな場所であって、「人が他人に対して演技をする」場所である**[4]。間的な隔たりや禁止規定などのない広場は演出者と観衆が一体となるような集会（たとえば祝日の盛典、カーニバル）に適している。特定の広場集会では、人々の役職や身分の違いが分からない（わかる必要もない）時さえあるが、集会に参加するすべての人によって独立した人格を持つ公共主体——「公共的な大我」が作り上げられるのである[5]。屋外広場で行われる司法活動はその性質が「自由自在」な集会とは異なるが、「広場集会」に共通した特徴、たとえば、人々の直接対面、演出-観覧の境界線の曖昧さ、気持ちが高ぶる祝日感覚[6]などを有す

---

4) 朱学勤著『道徳理想国の潰滅』、上海三聯書店、1994年版、第134頁、第205頁。
5) フランスの思想家ルソーによる古代ローマの広場集会についての描写を一例として挙げることができる。ルソーは、集会の時、「ローマの人民は、主権者としての諸権利だけでなく、政府の諸権利の一部をも行使した。……人民全体が、公共の広場では、市民であると同時に行政官だった。」と述べている。ルソー著『社会契約論』、何光武訳、商務印書館、1982年復刻版、第119頁を参照。
6) ドイツ哲学者ガダマー（Hans Georg Gadamer, 1900-2002）は、次のように指摘している。祝日はすべての人をつなぐものである。それは、お祝いに参加している人々のた

る。

④　屋外広場は何かによって遮られることのない「陽光に照らされる場所」であって、それは、ある種の道徳的理想（たとえば「陽光の下の政治」）が実現される場所と想像される[7]。ある意味において、司法の広場化（少なくとも：現代社会において）に内在される道徳的正当性はまさにいわゆる「陽光の下の司法」への追求を目的とするのである。それは、司法活動の細かいところ（控訴、弁論、審判、処罰）をすべて民衆の反応に訴え、かつ民衆の眼前に置くことによって、司法の「取引」による冤罪と腐敗の発生防止を図る。また、「民衆の憤り」の正当性に名を借りて正当な手続では解決しがたい問題や事件を処理することもありうる。

司法の広場化は、先祖の司法儀式の神聖性に対する崇拝と法に対するイメージ的で感性的な認識にその起源を遡ることができる。大まかにまとめてみれば、人類史上最も古い司法活動（たとえば、神明裁判、儀式宣誓裁判、決闘裁判など）はほとんど屋外広場で行われたと言えよう。このような原始的な司法過程には「宗教的、民事的、或いは単なる道徳的な各種の命令」[8]が混合し、当事者の要求、弁解、裁判、処罰が巫祝による祭祀のような神秘的な儀式と結び付けられている。ここでは、詩的或いは神話的な思考、朦朧とした正当（正義）の概念、直感的でイメージ的な認識、ある種の「集団的な無意識」、隠喩的な象徴的意味及び観衆の集団的行動（たとえば、アングロサクソン法のなかで「絶叫」と呼ばれる司法的叫び、すなわちClamor)[9]はいずれ

めにだけ存在するもので、ありとあらゆるすべての自覚性を持って出席しなければならない一種の特別な活動（Anwesenheit）である。ガダマー著「祝日としての芸術」、『西方文芸理論名著選編』（下巻）、伍蠡・胡経之主編、北京大学出版社、1987年版、第601頁を参照。

7）　朱学勤著『道徳理想国の潰滅』（前掲）、第132頁、第205頁。
8）　イギリス法制史家ヘンリー・メイン（Sir Henry Maine, 1822-1888）は、東洋、西洋でも、古代ローマ、古代ギリシア、古代インドでも、どの法典にも「宗教的、民事的、或いは単なる道徳的な各種の命令が混合している」、「法を道徳から、宗教を法から引き離したのは、明らかに知恵が発展して比較的に後の段階のことである。」と指摘している。ヘンリー・メイン著『古代法』、沈景一訳、商務印書館、1984年復刻版、第9-10頁。
9）　具体的な史実は、ハロルド・J・バーマン（Harold J. Berman）著『法と革命』、賀衛芳等訳、中国大百科全書出版社、1993年版、第72-73頁を参照。

も、法的活動の過程に反映される。それらは、「人の経歴のなかの主観的なものと客観的なものの境界線」、神性と世俗性、詩歌と法、厳かな裁判と劇的な演出の境界線を曖昧にしてしまう[10]。このような活動過程を通じてはじめて、法が「潜在意識による創造の井戸」から徐々に流れ出て、やがて歌のような法の調べとなって、生き生きとした、朗々として口にしやすい規則へと発展してゆき、人々によって遵守され、記憶され、伝承されるのに好都合なものとなる。イギリス法制史家メイトランド（F. W. Maitland）はかつて深刻に、「法は不文法である限り、それは必ず劇化され、演出されることになる。正義は具体的で生き生きとした姿を呈していなければならない。さもないと、誰の目にも止まることはない。」と指摘した[11]。

　後世の広場司法は最も早い時期の屋外司法活動が持っていた宗教的な性質や詩的な特徴を多少失い、明らかに異なる様相を呈している。血生ぐささに満ちた処刑から、田舎の温かさを体現する「司法調停」に至るまで、屋外の空間（たとえば、市街中心地の広場、田舎の田畑や畦畔）で行われることができる。しかし、集団的無意識のレベルにおいても、正義の観念を幻影化する点や、具体的で生き生きとしたいわゆる「生きた法」（Lebendiges Recht）を追求する点においても、後世の司法の広場化には依然として歴史上の司法の広場化現象の名残がはっきりと残っているのである。法は演出のなかで生まれ、また演出のなかで実現される。これは、すべての司法の広場化に共通した特徴である。だから、このような方式の司法活動は以下のような三つの場合により適していると考えられる。1. 血縁・地縁関係が密接で、法的信念と法的認識が似ていて、人々が互いに熟知しているコミュニティーの場合。このようなコミュニティーのなかでは、人々は社会的空間関係が近いため、「発生した事件に対するローカルな認識を、発生しうる事件に対するローカルな想像と結びつけて」[12]、人々の頭のなかにあるご当地の生きた法或いは

---

10) ハロルド・J・バーマン著『法と革命』（前掲）、第67-69頁。
11) ハロルド・J・バーマン著『法と革命』（前掲）、第69頁。
12) 引用元は、クリフォード・ギアツ（Clifford Geertz）著『ローカル・ノレッジ，比較論的視点からの事実と法』、梁治平主編『法の文化解釈』、三聯書店、1994年版、第126頁。

慣習法を使って、直接面と向かってご当地の儀式に従って、司法的な事柄を処理することをより好む。**2．急進的な革命、社会改革運動或いは政治運動の場合。**本質的には、法とは、時間的次元を内在した「黙々と働きかける力」である。それがゆえに、その保守的な性質は、手続や規則を必要としない「荒々しい行動」（急進的な改革、革命と運動）とは相容れないのである[13]。この場合、急進的な改革、革命と運動はしばしば、屋外広場での行動を利用して従来の古い法と秩序の正統性を打破し、同時に、まだ制度化されたりプログラム化されたりしていないような新しい「革命の法と秩序」の確立を宣告する。時には、司法の広場化はこのような改革、革命と運動の一部をなすことさえある[14]。**3．法（特に刑法）の威嚇機能とイメージを喧伝する場合。**屋外広場を利用して法の強制的なイメージを直接見せることによって、法の威嚇力を効果的に伝播し、拡散することができる。しかも、他の伝播手段では得られないような効果が得られる。そのため、歴史上、歴代の統治者が司法の広場化という「即時的策略」を多かれ少なかれ利用して秩序の安定を図るという身近な目的を達成しようとしたのである。

II　司法広場の「陽光」と「陰影」

　現代の実践から見ると、司法の広場化は司法の大衆化という特徴をより多く体現している。その積極的なところを言えば、司法の大衆化は司法の民主化であって、「大衆のなかから生まれ出て、大衆のなかに持ち込み」という法的実践である。特定の歴史的条件の下では、このような法的実践は必要的かつ効果的な策略選択であると言えよう。最もよく知られる例証としては、馬錫五氏が抗日戦争期に陝甘寧辺区の司法実践で考え出した「馬錫五裁判方式」を挙げることができる。この裁判方式は、「訴訟資料を持って現地へ出かけ、大衆のなかに入って調査・研究し、巡回裁判、現地裁判を行う」こと

---

13)　詳しくは、舒国澄著「反腐敗と中国法治品格の構築——剛性法治能力の形成で直面する問題」、『社会科学戦線』1998年第6号、第257-258頁を参照。
14)　たとえば、「文化大革命」期の批判大会の多くは、司法活動なのか政治運動なのか、なかなか見分けがつきにくい。

と、「裁判と調停とを結びつける」ことを強調し、辺区の実際の生活状況と行動パターンに即しているため、当時ではとても良い社会的効果が得られた。今日に至ってもまだ「司法の民主化」のお手本と見なされている。「馬錫五裁判方式」は、人民の利益指向（人民を利すること）、人民に奉仕する（国民の利便向上を図る）価値観、法へのアクセスのしやすさを顕著に際立たせ、一般民衆と法との間の隔たりと距離をできるだけなくすことによって、無一文の人でも法律の条文について何も知らない人でも、権利を侵害された場合、法の陽光に照らされていることを同じように感じられ、さらに、法の陽光の下で正義の手によって助けられ、冤罪の苦しみから抜け出せるというところに、その真の意義があると考えられる。民主的な司法の広場化は、民主の伝統が欠けているところや、法への馴染みのなさ、距離感、恐怖感を絶えず生み出すところでは、その独特の価値と魅力が永遠に輝き続けるであろう。それらは、異なる姿形をして歴史に幾度も登場してくるであろう。

　あたかも陽光に照らされているところにも「陰影」が残るのと同じように、司法の広場化は、その長所があまりにも顕著であるため、その潜在的な問題点がうまい具合に隠されてしまう可能性もある。

　まず、司法の広場化は「生きた法」を人の心と歴史・伝統のなかから直接掘り出すことを強調し、かつ、そのような法を崇拝する。これは、人々がいわゆる「法の書き物」（紙などに書かれた法）をある程度軽視し、法の言説を第一的或いは最重要な地位を占めるものとみなすような状況を作ってしまう。法の言説は司法の広場化の生き生きとした状況と直接融合し一体になれば、広場空間の特定の雰囲気（たとえば、民衆の感情の表出）に影響されることを免れない。ここでは、人々は現代法治に求められる冷静で、控えめで、客観的で公正な判断力が育ちにくい。ここから形成された「多数による裁決」（たとえば、古代ギリシアの哲学者ソクラテスに対するアテネ市民の審判）[15]の合法性も当然薄くなる。イギリス法学者ハート（Herbert Lionel Adolphus

---

15)　関連資料と論評は、詳しくは、プラトン著『ソクラテスの弁明』、北京大学哲学部外国哲学史教研室編訳『西方哲学原著選読』（上巻）、商務印書館、1993年版、第65-71頁；梁治平著「ソクラテスの死からギリシア法の悲劇をみる」、同著『法弁——中国法の過去、現在と未来』、貴州人民出版社、1992年版、第158頁以下を参照。

Hart、1907-1992) が法的要素について考察を行った時、非政府側の規則体系を頼りに維持存続を図るのが小型社会のみだが、このような規則は「不確か」で、「静態的」で、「無効」である可能性があると指摘した[16]。このような欠陥は、司法の広場化にも同様に存在しているのである。

　次に、司法の広場化は具体的で生き生きとした、自由に参与できる法の演出を好み、裁判の結果と処罰の軽重を人々の直感的感性的な正義観念或いは道徳感情に訴える。これは、すべての参与者（司法官も含める）が結果の「実質的な公正」を重視するかわりに、この「実質的な公正」を実現するために使われる手続の安定性（Rechtssicherheit）と合法性を無視するような状況を作ってしまう。甚だしくは逆に、「心の中の正義」を追求することに夢中になるがゆえに、自我との間に隔たりを生ませてしまう複雑な法的手続の設計、厳格な法的論理、（専門家によって）特別に創られた法的用語と法的規範を嫌い、平明簡素な日常生活用語を好む状況を作ってしまう可能性がある。よって、司法の広場化は現代法治の複雑的、専門的な性質に完全に適応しているとは言えず、法治の品格と趣旨に完全に調和し合致しているとも言えない。しかも、一部の、長い伝統を持つ司法の広場化の類型は、現代法治に抵抗する主な要素になる恐れさえある。法治という背景の下で、一部の司法の広場現象は本質的には専門化された法制度に適さないため、機能にも効力にも限界がある。また他方では、司法の広場化は人格的魅力型（カリスマ的）裁判官[17]を育て上げ、彼らの「民衆の冤罪を晴らすことに励もうとする」精神が後世に永遠に語り継がれていくであろう。しかし、制度建設そのものについて言えば、彼らが努力して実践しようとするものは人治の理念や制度により適しているかもしれないが、現代法治の成長と変遷に必ずしも有利であるとは限らない。

　さらに、感性に対する司法の広場化の強い主張は、社会（コミュニティ）、

---

16)　H. L. A. ハート著『法の概念』、張文顕等訳、中国大百科全書出版社、1996年版、第5章。

17)　人格魅力型（カリスマ的）裁判官という語は、マックス・ヴェーバー（Max Weber）の概念を借りたものである。Max Weber, Die drei reinen Typen der legitimen Herrschaft (1992) と、Max Weber, Staatssoziologie, hg. von Johannes Winckelmann, 2 Aufl, Berlin 1996, S. 99ff. を参照。

国家或いは民族が、広場の演出によって生まれたローカルな経験と風習またはその民族の精神と意志を頑なに守り、法を「民族精神」、「民族意志」或いは「義理人情」の体現としてみなすような状況、さらに、それを口実に地域の境界線を越えた法的観念と原則を排斥し、法制度間の通約可能性を否定し、合理的に他の民族・国家の法文化を吸収するを拒むような状況を作ってしまう可能性がある。また、一国のなかで、司法の広場化によって形成された伝統が司法の地方保護主義のために、「正当化された根拠」と集団の心的資源による潜在的な支えをも提供している。これは国家法制（法治）統一の道に根深く頑冥な障害物を設けるに等しく、これによって司法活動を通して地方保護主義をなくすことがますます困難になってしまう。極端な場合は、一部の地域の民衆が公平や正義に対する自分たちの感性的判断力を高めて、他の地域の「義理」を以って「国の法」の効力に対抗しようとすることさえある。ここでは、純粋に異なる制度と規範の間で生じる衝突が原因で、社会的コストの増加、社会資源の無駄遣い及び社会進歩の停止を招いてしまう可能性はないわけではない。しかし、このような衝突はあくまでも非理性的なもので、そのためにコストと代価を払うに値しない。

Ⅲ　法廷：「劇場」の記号的意味

　司法の広場化に隠されうる弊害を認識した上で、我々はこれに対応するもう一種の司法活動の方式或いは類型、すなわち「司法の劇場化」と呼ばれるものについて分析し、考察することにしよう。明らかに、司法の劇場化は、「劇場」を記号的イメージとする人工的な建築物という空間内で行われる司法活動のことを指すものである。当然、ここの「劇場」は隠喩的な意味をより多く持つのである[18]。

　劇場といえば、まず我々の頭に浮かんでくるのはきれいに飾られ、人々に審美的な楽しさを与えてくれる建築物であろう。一方、法は「正義」の化身として、その構造、手続、言語、そして手続によって行われる活動などが特

---

18) 「劇場」と「広場」の記号的意味の比較については、朱学勤著『道徳理想国の潰滅』（前掲）、第132-135頁を参照。

殊な審美的性質を有する[19]。たとえば、法構造の対称性、法制度の論理的簡潔さ（logic simplicity）、法的言語の冷静さと質実剛健な特徴、司法の判決文のリズム（韻律）感及び個性的な風格と修辞技法に対する追求などには、いずれもある種の審美的な動機が見え隠れしている。アメリカの裁判官カードーゾ（Benjamin N. Cardozo、1870-1938）が、「いくつかの充足な理由のため以外に、私は一貫性のない、無関連的な人為的な例外を取り入れて法構造の対称性を壊すようなことをしたくない。」と言ったのは、まさにこのような意味においてなのである[20]。「劇場」を象徴とする建築物の空間内で行われることで、司法活動は、法と建築物の審美的特性を融合一体化させ、法の原則と規則における質実剛健かつ簡潔で対照的な風格を建築物という彫像形態に凝縮する。これは間違いなく法の荘厳で重々しい厳粛なる美を増すことになる。そうして、人々の順法精神を内在化させ、人々の法への信仰と尊敬を呼び起こす[21]。

　次に、劇場は建築物自体が持つ機能の特性を示している。劇場は、歌、踊り、芝居を演出するために設けられたもので、他の使い道を持ってはならない、或いは持つべきではない。さもなければ、その機能が変更されて（たとえば、劇場を貨物置場として使う）、劇場本来の意味を失ってしまう。司法の劇場化は実際に、司法活動が行われる建築空間が持つ特別な性質を強調しているのである。たとえば、法廷は裁判所が裁判活動を行うための場所でしかない。もし、それが一般の会議室として使われるのであれば、少なくとも法廷本来の機能と価値が理解されてもいない、十分に生かされてもいないと言えよう。

　さらに、劇場は仕切られた、非開放的な空間——制限された空間である。

---

[19] 法と美学の関係についての討論は、Gustav Radbruch, Rechtsphilosophie, 6 Aufl, Stuttgart, 1963, S. 205ff. を参照。関連資料は、ほかに Hugo Marcus, Rechtswelt and Aesthetik, Bonn, 1952 と、Patterson, Jurisprudence: Men and Ideas of the Law, Brooklyn, 1953, pp. 48-49 と、Llewellyn, "On the Good, the True, the Beatutiful in Law," (1929) 9 University of Chicago Law Review とがある。

[20] Cardozo, The Nature of the Judicial Process, 1921, pp. 32-33.

[21] 建築空間における法的意味についての分析は、ほかに王槐山著「空間分離主義と法的根源」、『当代』（台湾地区）1991 年第 63 号もある。

劇場という建築物は「壁」によって「劇場内」と「劇場外」に仕切られ、劇場内外の活動の直接的な交流が隔てられてしまう。ここでは、建築空間の境界線はそれ自体が秩序を意味するため、人々に「劇場内」で行動する際、予め制定した制度、規範、手続を遵守することを要求するのである。たとえば、順番に従って劇場を出入りするとか、決められた方式で各自の「座席」を選ぶとか、劇場内で大声で騒いだりしてはいけないなど。このほか、劇場では「舞台」と「観覧席」（観衆席）との間の距離も区域も境界線が厳格に決められ、「役者」と「観衆」の役割と行動も完全に分けられている。役者は舞台で演出する。観衆は観覧席で観賞する。両者は役割と行動を交換してはいけない[22]。法廷内で行われる司法活動も以下のような全く類似した特徴を持っている。1. 法廷は、法廷内の審理活動と法廷外の活動を隔てるだけでなく、「訴訟に参加する人」と一般「傍聴人」の役割と行動にも境界線を引いて、法廷内外の各種の「騒がしい声や音」による審理活動への支障を防ぐことができる。2. 舞台の演出と同様に、審理活動も裁判官と検察官と弁護士と当事者などによる役割演技の活動である[23]。このような演出も一定の手続に従って行われるもので、「序幕」、「クライマックス」、「終幕」からなっている[24]。ただし、彼らが演じるのは脚本家によって書かれた虚構のシナリオではなく、事件の「真実」が起きた実際の過程である（或いは、であるべきである）[25]。

---

22) 朱学勤：『道徳理想国の潰滅』（前掲）、第 127-132 頁。

23) サイコドラマ（心理劇）の創始者ヤコブ・L・モレノ（Jacob L. Moreno, 1889-1974）はかつて、人はみな「役割演技者」（role player）であり、その役割には「社会的役割」（たとえば、先生、親など）と、「身体的役割」（たとえば、酒を飲み、飯を食っているだけの、何の能力もない人）と、「心理的役割」（psychodramatic roles、たとえば、憂鬱な人、何かが好きな人、悲しい人、怒る人）とがあると指摘した。引用元は、遊麗嘉、Sauer 著「審理劇創始者モレノ」、『当代』（台湾地区）1991 年第 54 号である。

24) 司法手続についての研究は、Patterson, Jurisprudence: Men and Ideas of the Law, Chap. 19. を参照。

25) 極端なスカンディナヴィア派法学者カール・オリヴェクローナ（Karl Olivecrona）は、法そのものを「社会的事実」とみなしている。彼からみれば、法の定義づけをする必要はなく、事実を描写し、分析すればよいのである。See Karl Olivecrona: Law as Fact (1939), pp. 26, 127.

その本質について言えば、司法の劇場化は、単なる人類の「文明的な法制度」の産物であって、この制度の一部として切り離してはならないのである。司法活動のもう一つの方式として、司法の劇場化は現代法治の制度、精神と習慣の形成に内在的に、知らず知らずのうちに影響を与えている。(1) 人々の理性的精神と品格を内在化させる。いかなる演出も人々の感性を活性化させることができる。が、しかし、法廷内の司法は人々に（傍聴人にも裁判官にも）自分の感性を適度に抑制する（控える）ことを要求する。激怒或いは狂喜は法廷内にふさわしくないのである。司法の劇場化から育まれ、培われた客観的、冷静な理性の精神と品格は、現代法治にとって欠かせない構成要素である。(2) 手続と手続の観念を際立たせる。活動区域が決められた建築空間では、人々は手続と秩序を遵守するように訓練されるのである。つまり、法廷内での手続と規則に反するいかなる行為も、裁判官或いは一般傍聴人から警告或いは非難される。そして、法廷への侮辱と軽蔑は、犯罪（法廷侮辱罪、contempt of court）になり、刑罰を受けることさえありうる。法廷空間は手続と秩序を作り上げる。一方、手続と秩序は、法廷空間の記号的意味を充実させる。法廷に出入りするすべての人が審理活動に参加すると同時に、手続と秩序の薫陶をも受ける。また、自分の言動を以ってそういった訓練を受けたことのない人たちに手続と秩序の理念を伝える。ある国の法治の手続と秩序の硬さを評価するには、その制度規定が周延しているかどうか、安定性を有するかどうかを見ることもむろん重要であるが、民衆が手続と秩序にどれだけ依存しているのか、そして、それを自立的に遵守する習慣があるかどうかも、間違いなく非常に重要なバロメーターである。(3) 法的活動の技術化と専門化を促成し、法の神聖性と権威性を強化する。法廷活動は「劇場の演出」として、「演出」（審理）と「観賞」（傍聴）の役割と活動区域が明確に決められ、傍聴人が許可無しではいかなる身振り手振り、或いは言葉を利用して自分の役割を変更し、審理過程に積極的に影響を与え、或いは実質的に参与することも許されないという点で、「広場の演出」と区別される。裁判官の役割について言えば、法廷内外の人と空間的に適度な距離をおくことで、一方では、彼らは政治的、経済的、道徳的或いは他の情緒的な社会的要素の影響から免れ、法的手段を使って、「法的な立場と姿勢をもっ

て」、複雑な社会的衝突と矛盾を処理し、対応することができる。また他方では、このような隔たりがあるからこそ、裁判官の職業と法そのものが持つ神聖性と権威性が強化され、一般民衆に法に対する尊敬と尊重の念を普遍的に持たせることができる。しかも、裁判官は「法の演出者」(役者)の身分で登場し、その服飾(法服)、姿勢と言動が法的記号の象徴的な意味を含みこんでいるため、彼らが法を演じる時の技(技術)の良し悪しは「傍聴人」の感性的認識に直接影響を与えるのである。司法の劇場化という背景の下で、裁判官及び他の司法人員の活動の技術化と専門化水準を高めることがますます重要になってくる。また、現代法治も法的活動の専門化と技術化にますます依存するようになる。或いは、現代法治は本質において高度に技術化された制度、または高度な技術化が要求される制度だと言えよう。

　社会が発展し、社会生活と社会関係が絶えず複雑化し、社会分業がますます専門化するにしたがって、司法活動の類型は、司法の広場化から司法の劇場化へと転じていく傾向をたどるであろう。或いは、現代法治は司法の劇場化を選択する運命にあるとも言えよう。とはいえ、これは司法の劇場化は絶対完璧で非の打ち所がないものであると我々に認められたことを決して意味しない。実際のところ、司法の劇場化にも深刻なる矛盾とパラドックスが含まれているのである。

　全体的に言えば、司法の劇場化の真なる価値は、「距離的な隔たり」を通して法的態度と方法をもって「法的問題」を処理するところにある。しかし、この隔たりが原因で、法は「手続的正義」と制度の安定性を保証すると同時に、徐々に異化の道をも歩みつつある。法は「舞台」(法廷)の上で「演出」されるもので、複雑な業界(専門)用語に独占され、裁判官のお高くとまった(時には、不気味で怖いものでさえある。たとえば、中国古代における判官による「高堂での審理」の様子)顔に幻化される。それがゆえに、一般の民衆はさまざまな法のなかで毎日を過ごしているにもかかわらず、法は自分たちの生活からますます遠のいていくように感じるのである。法はますますわかりにくくなり、ますます隠蔽的で暗くなり、ますますわざとらしくなり、ますます法へのアクセスのしやすさと親近感を失っていく。人々は建築空間のなかの法的活動に身をおいて法を「傍聴」(傍観)してはいるが、我

を忘れるほど法の演出の過程に「没頭」することはできない。法的活動は文明によって偽装されたもので、完全に「異分子的」なものであるため、参与者たち（裁判官本人も含める）は、このような活動でもはや昔のような「祝日」感覚を取り戻すことはできない。司法の劇場化の情景のなかで、すべての人が法を完全に尊重しているかもしれない。が、しかし、この尊重は一種の「距離を保った」尊重で、一種の「敬遠された」尊重であって、親近感に基づく尊重には永遠になれないであろう。しかも、このような情景の中で、人と法の関係はますます「礼儀正しい」ものになって、裁判官も当事者も様々な「繁文縟礼」を経てからでないと、「合法的に」法的活動の過程に入ることができない。それゆえ、司法の劇場化は本質において一種の超高コストの司法活動方式である。それは、経済発展の客観的な要求に応じて生まれながらも、また発達した経済、豊富な財力によって支えるのである。貧しい国では、司法の劇場化に必要な経済的コストを払うことは難しい。これらの国で司法の劇場化モデルを優先的に選択し発展させるのは、分不相応な贅沢を選択するに等しい。同様に、貧しい当事者も司法の劇場化の環境に生きるのに適さない。彼らは高い訴訟費用を支払えないことで「一理はあるが、その一理を証明するためのお金はない」という苦しい立場に立たされることもあろう。一方では、経済利益が法的過程に介入してくる。他方では、法がその「公平中立」という超然的な品格を保たなければならない。これは、いかなる司法の劇場化ももたらしうる、法の本性と機能を分裂させる現象である。最後に、さらに指摘しておきたいのは、司法は法廷（劇場）という非開放的な空間内で行われるため、多数の人たち（空間という客観的な制限を受けて）の傍観と凝視が隔てられるだけでなく、「在席」の人たちの直接的な評論と批判も拒まれてしまう。そうなると、根が善良である裁判官でも「暗闇」に誘惑されて、暗い影に隠され、「安心して平然と」裏取引をして、司法全体のイメージを暗くし、不透明にしてしまうようなことはないとも限らない。

　総じて言えば、司法の劇場化が現代法治の発展傾向になっていくことを認識すると同時に、このような司法活動の類型に内在している奥深い矛盾と、そのために支払わなければならない社会的代価を認識するのも同様に非常に

重要なことである。これが、「問題を際立たせよう」と試みるすべての学者に必然的に備えるべき姿勢であり、必然的に求めようとする理論の趣旨なのである。

IV　結語

　本稿を終えるに際して、以下のような観点を再度強調しておきたい。すなわち、本稿では、「司法の広場化」と「司法の劇場化」を簡略化された（簡略化し過ぎたかもしれないが）二つの記号類型として歴史上と現実上の司法活動について叙述しているだけで、実際の司法活動の状況は理論的な叙述よりはるかに生き生きとして複雑なものである。それに、「司法の広場化から司法の劇場化へ」という本稿の題目も「想像によって歴史を取捨選択している」という誤ったイメージを読者に与えやすい。そうとは知りつつも、筆者はそれを解釈の一つの試みとして、問題の「正解」を追究することにこだわるのではなく、叙述の策略と方式の選択に重きをおきたい。実際のところ、この問題にもし本腰を入れて取りかかるのなら、その議論の領域は当初の想像よりはるかに広くて深刻なものになるであろう。より広大な背景からみると、司法の広場化と劇場化問題は、自由／秩序、民主／独裁、実体的正義／手続的正義、大衆化／エリート化、通俗化／職業化、簡単化／複雑化、感性による創造／理性による選択、多様化／単一化などのような二元対立のコンセプトと価値志向を代表しているのである。このような複雑なコンテクストとコンセプトのなかで、司法の広場化と司法の劇場化は正当性においてどちらがもっと優位に立つのかについて論じることは実際には全く無意味なのである。民主的習慣が欠けており、法治的伝統がまだ形成されていない国にとって、「司法の広場化」と「司法の劇場化」の両方の長所を兼ねそなえた司法方案は、とても魅力的ではあるが、間違いなくそれも単なる理想論でしかない。いわゆる本当に最善である司法モデルは、実践そのものによって選択されるよりほかはなかろう。学者たちによる予定案は、この問題に対する数多い理解のうちの一つの「理解」にすぎない。

※原載：舒国瀅「従司法広場化到司法的劇場化───一個符号的視覚」、『政法論壇』1999 年第 3 期。

第4章　中国法治の30年
―― その軌跡と曲線 ――

江　平（Jiang Ping）
鈴木敬夫 訳

I　人治と法治
II　集権と自治
III　私権と公権
IV　法制と法治
V　法治の未来

I　人治と法治

　30年来の法治の進捗を総括してみると、四つの軌跡がある。
　最初の軌跡は、人治と法治をめぐって行われたものである。
　我が国は長期にわたり、王朝、専制の国家であった。皇帝や指導者は神として拝まれがちであった。このような神に対する崇拝を打破するためには、どうしても法治を提唱しなければならなかった。改革開放の初めからこの問題を解決しなければならず、これを解決しない限り、何一つ進めることができない。
　この角度からみて、鄧小平氏の思想は、長期にわたって社会を安定させる政策を図ろうとするものである。世界的な視角に立てば、長期にわたって安定するためには制度の改善、あるいは制度と人間関係の解決をはかることが必須である。それは人が制度を凌駕するのではなく、すべての人間が制度に従うということである。
　この意味で改革は、制度の確立をはかり個人の権利が大きくなり過ぎるのを制限し、それを解決することから開始された。政治的な場面で言えば、そ

れは分権思想の提唱であって、権力を分散させ、特定の個人やある機構に集中してはならないということである。

　市場制度においても、その他のあらゆる制度でもこの問題を解決することが先決である。国家の建設に当たっては、制度に依拠すべきで個人だけ頼ってはならない。制度は人よりも重要であり、制度がすべてを決定するものである。これが法治思想の出発点であるといってよい。

　我われは制度の信頼性から、さらに法律の信頼性を連想することができる。もし、制度と人間の関係が解決できたならば、その次は、制度と法律の関係を解決するべきである。制度は法律上の規則として体現される。法律を基礎に作る規則は、ある種、制度の安定性の体現にほかならない。制度が完備されてはじめて法律が整備でき、あるいは法律が整備されてはじめて制度が完備されるというものである。

　改革開放の当初、四つの文章が提起された。従う法律があること、法律があれば従うべきこと、法律の執行は厳格にするべきこと、違法は必ず追究すること、である。これが当初の法思想である。現在、30年前の法律教育を顧みて、当時は、実に七つの法律しかなかった。果たして、この七つの法律にだけ依拠して国を治めることができるであろうか？　このような大枠な法律に縋って、完全な制度の構築が可能であろうか？　このような考えから、この道を歩んで行くには、まずもって法制度の整備から着手しなければならないことに気づき、ついに法制が提唱されることになった。

　我われは、法制度のない状況から法律がある状況に至るまで、いったいどれほどの時間を要したであろう。2010年には社会主義の法律体系を整備すべきだと提起し、すなわち2010年の時点には、立法するなどの措置がとられ、従うべき法律があることが解決できるよう要請された。顧みてこの30年来、少なくとも従うべき法律があることについては整備されたといってよい。だが、法律があれば従うべきこと、法律の執行は厳格にすべきこと、違法は必ず追究することについては、さらに改善の努力が必要である。

　法治はもう一つの課題がある。すなわち制度の科学性である。

　建国の当初においても、改革開放の当初に至っても、いったい法律とはいかなるものなのか、これをはっきりと説明できる人がいなかった。民衆に尋

ねると、どのようなものも法律になる、と言ったにちがいない。県当局の規定でも、さまざまな部門の規則であっても、それが法律だ、と人々はそう思っていたからである。裁判所が判決を下しても、判決にさいして従ったものが法律なのか、判決自体が法律なのか、どちらが法律なのかよく分からなかった。だが、現在は法律の効力が次第に分かるようになっている。憲法とはどのようなものか、法律とは何か、法規とは何か、規則とは何であるのか、そして規範性のある文書とは何であるのかが明らかになるようになった。地方立法、行政立法、授権立法、特区立法についての区別も分かり、立法も国際的に通用するルールに次第に合わせるようになった。

II　集権と自治

　二つ目の軌跡は、集権と自治である。集権とは国家集権であり、自治とは社会自治のことである。

　計画経済の時代に国家の特徴と言えば、国家の権力が巨大で、国家による鋭く抜け目のない関与が強調され、経済生活はもとより、教育でも医療でもすべてが関与の対象とされ、さらにある期間中は、どこで食事をするかまでも干渉されたので、我われはこれを「抜け目の関与」と呼んでいる。しかし、我われが採るのは社会主義であって、国家主義ではない。国家主義と社会主義には区別があり、社会主義は社会を本位とし、国家主義はすべてを国家の強制手段に求め、社会生活に関与する。

　従って改革開放は、国家が過度に強くならないようにすることを目途とする。ここに言う「強」とは、国家富強という意味での強でなくて、むしろ国家による関与が強く過度にならないように、社会にもっと自治の空間を与えなければならないことを指している。

　いま、我われはよく考えなければならない。歴史の発展から、あるいは世界や他の国々からみて、そして我が国の封建社会からみて、国家があまり関与しなかった領域は何であろうか。誰かが罪を犯した場合、国が関与するのは当然であり、徴税への国の関与も明らかであろう。それでは国家があまり関与しなかった分野とは何であろうか。この問題をよく考えてみると、法治

の領域が思い当たるであろう。法律は国家関与の手段であるため、社会において法律がどのような役割を果たしているのか、これを明らかにするには、この関与問題をしっかり解決することである。これは、我われが過去によく口にした市民社会という概念である。

　自治と管制、この二者の矛盾をいかに解決するか。マルクス理論によれば、少なくとも人間は自分の生存のために、食事、生産、消費など、この領域は長期にわたって自治によって完成するとされる。これらは、国家が関与しなくても社会では人が自ら実践するものである。これに対して、今日、国家が全く関与しないとは言えないが、過去は関与し過ぎたと言えよう。当時、中国の計画経済は一つ大きな工場であると外国人に言われてきた。事実、何を生産するのか、何を消費するのかなど、完全に国家の決定に従ってきたのである。それゆえ、この領域の変化は、実際に市場が調節して行われた。これは必然的な結果である。

　改革開放の当初は一つの問題として、すなわち、どうすれば大きな社会、小さな政府が実現できるかについて論争が展開された。そして海南省が建設される初期に、一つの報告が提出された。海南省は大社会、小政府になったというものである。この問題をめぐって、改革開放では、実質上、政府と社会はどのような関係であるべきなのか、大政府と小社会であるべきなのか、それとも小政府と大社会であるべきなのか、その道が探求された。

　「行政許可法」が可決された際に、国務院法制弁公室は、政府の許可が必要である行為が何であるかについて、下記のような素晴らしい発言をしている。曰く、市場ではどのようなことも政府の許可が必要というわけではなく、当事者自身で解決すべきものは無許可にして、当事者自身が解決するようにする。もし当事者自身で解決できない場合は、できる限り仲介組織や社会組織を経由し解決を図る。ただ仲介組織、社会組織によっても解決できない場合に限って、国家が前面に出て許可する、というものである。

　従って、社会には三つの意味内容がある。一つは、当事者間の意味合いで、「民法」の言葉で言えば、意思の自治である。二つは、社会の自治であり、三つは、国家権力である。改革30年以来、この「赤い線」がとくに鮮明である。この赤い線とは、経済における二本の軸で、一つは市場調節であ

る。それは計画調節を市場調節へと転換することであって、これに絡んでこの30年の間に関係した法律の変更は数えきれないほど多い。他の軸は、30年間、最も際立ったもので国有企業のシステム改革である。国有企業のシステム改革は、本質上、企業と国家との関係の解決であるといえよう。もとより国有企業は、企業の名称が法人ではあるが、国家という工場にある一本のネジにすぎず、国家の言いなりに物を生産して事柄をさばくだけで、企業は何らの自主権もなかったのである。

この30年をふりかえって、国有企業の改革は大きな成果を収めたと思われる。ただ国有財産の一部分に流失があったことは否めない。しかし、決して国有企業の改革がイコール国有財産の流失であると言ってはならない。国有企業の改革は流通を増やすことになり、その流通の増加に伴って流失も生ずる。しかし、流通には価値を増やす作用もあり、流通を通じてもっと大きな利益が得られる。深圳の国有企業には改革後、早いスピードで価値の増加が見られた。ソ連の改革と比べて、我々のやり方は比較的に穏当なもので、国有企業を株式制度へと売却することはしなかった。

ところで、国有企業をいかに改革するのか、もっと大きな自主権を持てるようにするのか。最初、所有権の改革には賛成しない者が多かった。そして、まず自主販売権、価格決定権、その後に下請け制が生まれた。だが下請け制も駄目になった時点で、ついに株式制を導入することになった。このプロセスを通じて、企業自治というものが、経済分野では社会自治の最も重要な一環になることが見て取れた。こうして、終に政府と企業を分離する、政府と資本を分離するという問題を解決したのである。

自治とはある意味では、自治イコール自由であるが、同時に秩序という問題も伴う。西側諸国の多くの学者は、自由と秩序が市場と社会の二大矛盾であると指摘している。誰もが自由を望んでいるが、同時に秩序はなくてはならないことも知っている。秩序のない自由はおよそ考えられず、秩序のない自由は無政府主義であり、自由のない秩序は独裁である。

従って秩序のある自由も、自由のある秩序も無くてはならない。このプロセスからみて政府の役割とはどのようなものか。いかにうまく政府の機能を発揮できるか。大学の授業で、再三、市場における自由とは三大自由であ

り、財産の自由、取引の自由、営業の自由である、と述べてきた。財産の自由は「物権法」で、取引の自由は「契約法」で、営業の自由は「会社法」でそれぞれはっきりと定められている。

法律においては、次第に自由の制度を完備することになる。しかし現在、市場秩序でも社会秩序でも、相当に酷い状態に陥っている。ある会議に出席した際、筆者は中小企業協会の主席で、かつて深圳市政府の指導者であった人と言葉を交わしたとき、彼は国際的には市場秩序の順位というのがある、中国の経済発展の速度は全世界でトップクラスだと認められてはいるが、国際市場秩序における中国の順位はもっとも低い、と教えてくれた。

これは政府の職能の問題である。政府による職務遂行能力は行政頭脳（原文："資源", think tank. 訳者）を独占することではなく、市場と社会に安全感を与えることでなければならない。社会に安全感がなければ、我々の人身に対する安全感もない。もし、我われが市場において安全感を保つことができなければ、信用のバランスを崩壊させるにちがいない。

少し前、北京大学の博士後期フォーラムに出席した。厲以寧教授も出席し、また呉敬漣教授もこの問題に触れた。市場経済の改革にとって、今日、最も重要な課題は政府の職務機能を転換させることである。政府の市場に対するコントロールは未だに多く、注意しなければならない。

Ⅲ　私権と公権

改革30年が辿ってきた三つ目の軌跡は、公権と私権の相互関係である。

我が国は、歴史上、私権の伝統を欠いた国家であって、我々の封建社会は専制的な封建社会であった。ローマ国家はローマ法でその名を世に馳せ、ローマ法はローマ私法で名高い。

ローマの有名な法学者が、最近、ある学者が「ローマ憲法」という書名の本を出版した、と伝えてくれた。私がローマは憲法をもつていなかったのではなかったか、と応答したところ、彼はそれが現代的意味での憲法でなく、当時の意味でいう憲法だ、ただそこでは、私法が公民の民事権益、主に財産の権益を保護している、という。いわゆるローマ憲法では、国家が公民の政

治的権利を保障しており、民衆を保護する官僚がいる、というのである。

　この角度から見れば、その制度では、民衆の利益、公民の利益が非常に重要な位置を占めている。我が国における私権の発展は極めて貧弱である。改革開放においては、私権の拡大や公民の私権意識、権利意識の増強、さらに私権に対する保護へと着手してきた。この軌跡を具体的にみると、私営企業から私的財産へ、さらに私的権利へと至ることが主要な柱になっている。

　長年、公と私の関係について、公は全であり、かつ目的であるとされてきた。だが反対に、どんな私的なものであろうと、それは不名誉であり、イデオロギーから言えば打倒すべきもの、と認識されてきたのである。当時のイデオロギーは、私に対する闘争であり、修正主義に対する非難であって、財産制なるものは罪悪の根源と認識された。ところが、一つの国としてみた場合には、はたして私的権利に対する保障がなければ国は繁栄できるであろうか？　もし、国が私人の才能を認めなければ、真の富裕で強大な政治的基礎を築くことができるであろうか？　いま改革開放を通じて、国家を強大にしようとすれば、私的財産を豊かにすることが不可欠であり、私人の利益を保護すべきだという理屈が分かってきたのである。

　私的企業の地位と私的財産に対する保護が憲法の条文として入れられた。「物権法」はこの問題を解決するために作られたものといってよい。農村の集団的な所有地は、広義では私的なものである。私的財産と集団的財産の徴用は、法律の定める手続きに従ってなされるべきものである。それゆえ、農村が集団的に所有している土地、農村の土地下請け制における農民の利益、農村における個々の個人住宅用地と建物、個々の企業、法人の利益をどのように保護するのか、これは実質的に見て、まさに私権保護の核心である。

　改革30年来、私権と公権の衝突は、さまざまな分野で発生している。たとえば土地徴用の問題では、農民に対する補償が充分なされているか？　都会では道路の建設、改造、住宅改造の強制的な立ち退きに対する補償が、いったいどの程度なされているか？　などである。従って、中国社会では未だに不穏当な要素が数多くみられる。現在、際立っているのが公権力と私権力の衝突である。その問題の要は、依然として私的権利が公権力によって不法に侵犯されているということである。

勿論、他面では私権が乱用される問題も否定できない。私権と公権の衝突において、どのように私権が侵され、いかなる私権が乱用されているのか。正直にいって、法学界では見解が一致していない。民法専門の我々にも見解の相違がみられる。

ところで、この問題について未だ必要な法律上の整備がなされていない。「物権法」第28条では、公共利益のため、民衆の財産を徴用する必要がある場合に、法律文書或いは政府の徴用決定が発効してはじめて効力が生ずる、と定めた。(訳者註)それでは、政府が私的財産を徴用するさい、決定した時から効力が発効するのか、補償後に発効するのか。あるいは訴訟終了後、救済措置が施された際に発行するのか？　これは確かな難題である。

もう一つある。政府による古い建物の強制立ち退き行われる際、補償は政府が定めた基準に従ってなされる。この基準に対して、はたして裁判所への告訴が可能であろうか。いま裁判所に告訴しても、裁判所がこれを受理せず、抽象的行政行為であると断っている。南京ではこのような事件が発生し、民衆が裁判所に不服の申し立てをしたが、裁判所は受理しなかった。民衆は、終に自分の建物を壊してしまったが、当局は未だに抽象的に行政行為云々と言っている。これに対して民衆は、それでは、一体いかなる事例が具体的なのか、と不満を漏らしている。いま訴訟法は改正中ではあるが、まだ十分なものになっていない。

訳者註記

中華人民共和国物権法　第28条　人民法院、仲裁委員会の法律文書または人民政府の徴収決定などにより、物権の設定、変更、譲渡または消滅を招くに至った場合、法律文書または人民政府の徴収決定などにより発効日から効力を生ずる。

(中華人民共和国物権法　2007年3月16日、中華人民共和国主席令第62号公布)

Ⅳ　法制と法治

四つ目の軌跡は、法制と法治の関係である。

西側諸国では良い法と悪法が区分されている。その法律を深く掘り下げて研究すると、制度自体が変わっていることに気が付く。ある制度が民衆の合法的な権益を侵せば、悪法と見なされよう。もし、ある制度が経済の発展を妨げるようであれば、それも悪法と言ってよいであろう。法律が万能でないことは明らかで、法律のすべてが良いものとは限らない。ただ法律には価値観がある。もし法律に価値観がなく、価値の方向性すらない法律であれば、それは悪法になってしまうであろう。

いま、法律があってもイコールで法治があるとは限らず、憲法があっても憲政があるとは限らない、と我々はよく口にするが、それはこうした理由による。憲法は数多くみられる。ヒトラーも憲法をもっていたが、彼の憲法が憲政の思想に依拠したものと言えるかどうか？ ユダヤ人を何故に殺戮したのか？ 彼の憲法は人権理念とまったく合致しない。

ところで、上に述べてきた三つの軌跡は、改革開放の当初から現れてはいるが、四つ目の軌跡は、はたして何時ごろから始まったであろうか？それは、我々の憲法に対して、法律に従って国を治めるという条文を入れ、人権保護の条文を挿入した時から始まったといえよう。昔、人権が提起されるのを恐れていた。人権と言えばイコール資本主義のことであって、西側の国の事柄であった。現在、それを提起すると、人権の重視と保障という意味であるまいか？ 勿論、その程度の差は別であるが。

2008年5月4日、温家宝総理は中国政法大学を視察したさい、学生から法治の観念は如何なるものかと質問された。温家宝総理は幾つかの基準を挙げた。これらは法治の価値観に対する観念であると思う。法治の核心的価値観は人権である。暫く前に私自身、発展というものは揺ぎのない理念であり、人権もまた揺ぎのない理念である、と提起したことがある。

鄧小平氏は、改革開放の早い時期に、とても分かりやすい言葉で民衆に、「発展は揺ぎのない理念である」といわれた。レーニンの言葉がもつ深い理念を表明したものである。これは、いつ社会主義が優越性をもつのか、労働生産率が資本主義国家を上回り、いつ資本主義国家に勝って優越性が得られるか、ということを指摘したものである。従って鄧小平氏が、発展は揺ぎのない理念である、と言われたことは、極めて重要である。マルクスとエンゲ

ルスは『共産党宣言』において、どのような社会を構築するのか、と問い、「個々人の自由な発展が全ての人間の発展の条件である」と、特に提起している。従って、社会主義の価値目標は二つの解放であり、一つは生産力の解放であり、他は人間の自己解放である。生産力の解放によって社会、国家、個人が富裕になれる。個々人の解放はイコールで誰もが自由を手にすることである。個々人の自由こそが、まさに人権をいうのではあるまいか？　誰もが享受できる自由権の保障、それがイコールで人権なのである。

改革開放の当初、『民主と法制』という雑誌は、大変人気があった。その雑誌に載った文章は、時代を超越する前衛意識をもっていたのである。民主と法制が並んで表記されていても違和感がなかった。民主は政治的制度を指し、法制は秩序についての制度をいう。思うに、民主と法治は並列させてはならない。法治自身は民主を含むからであり、民権と民主がなければ、どうして法治と言えるであろうか？　いわゆる人権と民主は、真実、法治の二大核心である。これが価値観というものである。

V　法治の未来

上述では軌跡を述べ、成果について多く言及してきた。確かにこの30年間、この分野での成果が大きく、特にそれ以前の30年に比べた場合、なおさらである。先に、現在の法治の発展ぶりはどうか、と聞かれたが、私の若い頃より大きく変化したと答えた。ただし改革開放30周年記念に当って、歴史上の成果を整理したにすぎず、やれるはずのことが結局できなかったことについては、反省すべきである。この意味で、この四つの軌跡を辿りながら、それが曲線になっていることを直視する必要がある。

第一．人治と法治の問題である。スピードある発展を妨げる要素として二つある。まずは、党の権力に対する制約と監督を強化すべきであり、あるいは権力のあるところは、例外なくそれを監督しなければならないということである。次に、問題は、今日に社会では多くの潜在的ルールとローカルルールが存在する。ミルクの購買でも潜在的ルールがある。潜在的ルールの裏には利益があり、利益の裏には間違いなく腐敗があることである。

第二．集権と自治の次元において、うまく解決すべき要素が二つある。一つ目は、政府職能の転換であり、政府は有限な政府でなければならない。国務院はこの方向に沿って、10年間の行政要綱を制定している。二つ目は、社会の自治をいかに推進するのか、という点である。30年来の最大の自治は、国有企業のシステム改革である。それでは大学では真の自治が実施できるであろうか？　もし、大学の全てを行政頭脳（原文：“行政資源”，前掲註）がコントロールすることになれば、どのような発展が可能であろうか？

　社会団体は、社会権の最も典型的なものである。先進国では誰が環境保護をしているのか？　もとより、それはまず政府の職能ではあるが、政府ではどの程度の人材を以てそれを管理するのか？　個人に頼るとしても、個人にはどれ位の能力があるのか？　環境の保護管理は数多くの社会団体に頼るべきであり、たとえば、外国人は日本の南極捕鯨に抗議し、多くの社会団体が捕鯨の現場に出かけ、その行為を妨げている。公益性のある社会団体は、福祉、災害救助、環境保護など、科学を研究するものを含めて、発展させるべきである。

　第三．私権と公権の問題である。これには現在でも二つの課題がある。一つは、公権による私権への「はっきりと形に見える（原文：顕性）」侵害が未だに非常に多いことである。そのために、我々の法律は、公共利益のため私権が犠牲になる場合には、補償する必要があると規定している。二つ目の課題は「表面には表れない形の（原文：隠性）」権利の侵害であることである。社会には二種類の産品がみられる。すなわち、私的産品と公共的産品である。かつて私的産品は極めて不足していたが、市場経済が実施されて以来、相応に豊富になっている。ところが公共的産品ではどうか。教育、医療、社会保障制度、福祉厚生などはすべて公共的産品であり、さらに我々の博物館や図書館も、ともに公共産品である。しかし、我々の農村では、国家が提供する合理的で、もっと良くもっと安い教育と医療サービスが得られるであろうか、これは政府の職能の問題である。もしも政府がこの分野でうまく進めなければ、私権の侵害になるであろう。

　最後に、法制から法治へ。人権が憲法の条文に入ったのは極めて素晴らしい一歩である。いかなる国であろうとも人権を重視しなければならない。し

かし、現在の人権状況には望ましくないところもみられ、不断に改善しなければならない、と認めるべきである。

　　※原載：江　平「三十年中国法治的軌跡和曲線」、『政府法制』2009年第2期。

結論　現代法の精神についての論考

李歩雲（Li Buyun）
鈴木敬夫 訳

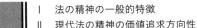
I　法の精神の一般的特徴
II　現代法の精神の価値追求方向性
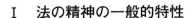

I　法の精神の一般的特性

　法の内容、法の形式と法の精神は、法を構成する三つの基本要素である。法の内容は法の骨組みと血肉であって、法の形式が法の構造と外観であるとすれば、法の精神は法の神経中枢と霊魂といえよう。

　法の精神は目には見えず、触れられないものであるが、客観的に存在し、法の内容に集中して体現しており、同時に法の形式においても体現している。折にふれて、人びとは自覚して法の精神を運用し、法律現象を観察し、解釈し、法の制定と実施を指導するが、時には、自覚することなく法学の研究や、立法と司法実践でそれを運用している。

　法の精神は、立法主旨と法律の原則に集中して反映されている。封建専制主義の君主は「一言で立法し、一言で法を廃止する」（"一言立法，一言廃法"）。このような寡頭政治にみられるごく少数の政策決定者によって制定される法律であっても、その国の立法主旨を多少とも表しており、それは法の存在とその時代における法の精神を反映している。現在、議会制民主主義の立法活動における法律の弁論は、往々にして法の精神について異なる理解と処理に集中しており、時には立法者の「法律説明」などの方式を以て、文字という形で、その国その時代の、法の精神を表現している。憲法を核心と

し、民法、刑法、行政法、訴訟法などが法律の主体となる法の体系において、一連の法律の原則は、一つの国家、一つの時期の法の精神を集中して現している。

　法の精神という概念の内容と外延は、非常に豊かで広い。人々は異なったレベルや角度から、それを運用することができる。ところで、その中心的思想或いは主要な内容は、五つの分野の問題に関わっており、しかもこの五つの分野の関係は、すなわち、(1) 法律と人類の関係、(2) 個人と社会の関係、(3) 利益と正義の関係、(4) 効率と公平の関係、(5) 権利と義務の関係であって、これを正しく処理する必要がある。いわゆる法の精神は、上述した五つの基本的関係を処理するにあたって、事物の本性と法則に符合しているのみならず、人類発展の一定の歴史段階と、その時代精神の正しい選択を体現するべきか、或いは体現しているか、である。

　法律と人類の関係を正しく処理することは、法の精神が解答すべきであり、かつ解決するべきものである。第一、法律の内容と形式は、それ自身が調整の必要がある各種の社会関係において、発展の法則と現実の要求を正しく反映する必要があるばかりでなく、また法律自身の性質と特性を反映するべきものである。ところが、法律は人間が制定するものであり、人間が実施するものでもある。従って、立法と法の執行者にとって、法の制定と実施が、客観的な物事の性質と法則に合わせることができるかどうか、それは決定的な意味をもっている。第二、法律は人類が世界を認識し、改造する武器でなければならない。人間を奴隷のように扱う、圧迫する道具にしてはならない。第三、全人類あるいは人類の絶対多数のために、最大の利益と幸せを図ることが、法の終極的目的でなければならない。これが法律のヒューマニズム精神である。法のヒューマニズム精神は、法の最高次元にある法の精神である。

　法は、個人が社会と繋ぎとめる重要な絆である。個人と社会の関係を正しく処理することは、法の精神が対応し、解決するべき根本的な問題である。個人は社会を構成する細胞であり、社会に存在する全ての人々の利益を図り、保障したりすることは、社会と国家にとって終極的目標である。個々人の自発性、積極性、創造性を発揮させることは、社会全体が発展する基礎と

前提である。しかし、個々の人びとが社会から離脱し、社会から落ちこぼれることのないという社会の全体の利益保障は、個人の利益を実現する基本的条件である。従って、個人と社会にみられる利益と道徳の衝突では、合理的な配慮とバランスを図り、個人と社会の調和をはかり、その存在と協調のとれた発展を図ることが、法の精神の重要な内容と原則である。社会的な秩序と個人自由、社会の安全と個人の権利、こうした関係を正しく処理することは、個人と社会の相互関係という範疇に属し、その具体的な表現と展開である。

利益と正義は、法の最も普遍的で奥の深い本質である。法は社会関係の調整役である。人々の間にある複雑な社会関係は、個人と個人の間柄、集団と集団の間柄、個人と集団の間柄という社会関係を含んでいるもので、本質上は一つの利益関係といえよう。権利と義務を形式とし、正義を基本的な道徳準則として、人々の利益の欲求とその合理的配分を実現するのは、全ての法が存在し活動する車軸である。人々の物質生活と精神生活に対する追求を満たし、人々の基本的需要—利益と正義を相互に配慮しつつ最大限に実現できるように、また両者に相互矛盾が生ずるような場合には、これを協調させ発展させるのが法の重要な基本的使命である。

効率と公平は、法の体系にある二つの重要な価値である。法は、それ自身がもつ特殊な性質と社会的機能を用いて、人々の行為を導引し、社会関係の調整を通じて社会の経済、政治、文化、科学技術の発展を促す一方で、社会的公平の実現を保障する。そして効率と公平は、一般的状況では相互作用しあい、特別な状況ではお互いに制約しあう。全体から見れば効率が優先されるが、同時に公平への配慮も怠らない。というのは、全社会において、より多くの物質的富と精神的富を作り出してこそ、初めて人々はお互いにもっと高い次元での公正と合理的な分配が得られるからである。

権利と義務は、法の最も基本的な範疇であって、法律関係を構成する内容である。一般的な法律関係であれ、具体的な法律関係であれ、法律関係の主体は、お互いに一つの権利と義務の関係にある。一般的状況の下では権利と義務は分けることはできないが、特別な状況においては分けることができる。権利と義務の関係においては、価値追求の方向性からみれば権利を本位

にすべきである。すなわち、権利を出発点と帰着点にして、権利を重心に主導にすること、権利は目的であること、義務は手段であること、義務の設定にあたっては、権利の実現を保障するのが目的である。というのは、相互依存する社会で人々が生活し、国家を確立して法律を制定する目的は、人々のさまざまな利益に対する欲求と満足を保障するためであり、「人々が努力して手に入れる全てのものは、彼らの利益と結びつく」のであって、人々の利益に対する追求は、「全ての創造的活動の原動力である」からである。

　法の精神は、それが調整する各種の関係それ自身の法則と、法律自身の特性に由来している。と同時に、異なる歴史時代と異なる国家の経済、政治、文化という現実の条件によって、決定され、影響され、制約される。従って、それは共通性と個性の統一体であり、動的な概念でもあって、異なった時代にはその時代に相応しい法の精神がある。古代における法の精神と現代法の精神は大きく相違する。ただ客観的な物事の一般的法則と、法律の本性を体現し、その時代の経済、政治、文化の現実的条件に符合する、またその時代の物質文明、精神文明、制度文明の発展を促進する法の精神である以上、それは正しく進歩的なものである。そうでなければ、まったく逆なものとなる。

　法の精神は客観的であり、かつ主観的なものである。その客観性とは、それ自身の性格、特性、発展の法則を享有するものとして、確かに具体的に一定の国と一定の歴史や時代の法律制度に存在するが、人々如何による、それに対する認識や評価に左右されないことを指す。その主観性とは、法律の制定と実施の過程における人々の理論、思想、認識能力が重要な役割を果たすことを指している。主観と客観をできる限り一致させることは、法の精神の科学化と進歩を保障する重要条件であるから、それは法律に従事する者、政治家、学者等の重要な任務でもあるといえよう。

　法の精神は当為であり存在でもある。法の精神の当為性は、法の調整する対象の一般的法則と法自身の特殊な本質を決定する。たとえば、法は人間を中心とすること、人類の幸せを図る道具であること、個人と社会が完全に分立し、公然と対立してならないこと、利益と道徳は人類にとって欠かせない欲求と追求であること、効率と公平は相互配慮と協調を備えるべきであるこ

と、権利義務は権利を本位とするべきであることなどである。法が正義を体現し、法が平等を要求するのは、法が法になるための必然の要求である。これらの全ては、時間と空間の制約を超越するものである。法の精神の存在は時間と空間に限られる。それは一定の歴史的な発展段階と一国の具体的な国情の下での経済、政治、文化など客観条件（その中には、経済の発展水準と制度性格に決定的な影響がある）に左右され、また人々の倫理観念と認識能力に制約される。若干の条件と範囲内で、法の精神の当為性と存在が完全に乖離するのは法の異化である。古代における奴隷制は人間を道具として自由に売買し、封建制では「人々を軽視し、蔑視し、人間を人間として取り扱わない」（"軽視人，蔑視人，使人不成其為人"）こと、近代でもこのような現象が個別の国で、一定の時期、あるいは一定の程度において依然として残存するのは、その例証である。

II　現代法の精神における価値追求の方向性

　現代法の精神と古代法の精神を区別する根本的な条件は、市場経済、民主政治、理性文化である。東側と西側には、上述三つの条件の三つの方面で共通点があるため、その現代法の精神の価値追求の方向性に一致する点がみられる。同時に、文化背景、歴史伝統、具体的国情が異なっているため、東側と西側で、それぞれの現代法の精神が多様化を呈しており、時には、正反対である一面もあるが、また補完しあう現象も見られる。

　法と人間の関係では、現代法のヒューマニズム（小生はこの概念を人文主義、人道主義と大体同じ意味に解している）精神は実現したか、或いは実現しつつあり、法の当為性と存在におけるヒューマニズム精神は、古代法の異化に伴って次第に復活しつつある。すべて人間から出発し、人間をすべての観念、行為、制度の主体としてみること、人間の価値と尊厳の尊重、人間の解放とその全面的な発展を実現すること、すべての人間の平等、自由、人権を保障すること、などがそれである。すべての人間の物質生活と精神生活の水準の向上は、既にあるいは次第に、現代法の究極的な関心事になっており、それは現代法制における文明の主要なシンボルや現代法の制定と実施の重要

な特性になって、法制改革を促進する巨大な動力となっている。法の道具性価値と倫理性価値は共に、既にあるいは次第に尊重されて、法は人間を奴隷にしたり人間を圧迫する道具から解放し、すでに全人類が幸せを追求するための手段になっており、むしろ、これからなるであろうことは明らかである。このような法の価値追求の方向性は、ますます多くの人々のコンセンサスになりつつある。今日、世界の絶対的多数の国と地域において、理性による認識に差異がみられ、歩む道や手法がそれぞれ違い、取る措置の手法が異なり、実際の進歩のスピードにも緩慢の差があるとはいえ、このような現代法制の文明は進展しており、それが大道を歩むのか。否、歩んでいるのである。

　歴史的な伝統において、東側と西側の精神は共通性を有している反面、それぞれに個性がある。西側の思想と制度史をみると、神性から人間性へ、王権から民権へ、神権から人権という、長い紆余曲折の発展過程を辿ってきた。ルネサンス時代における人文主義の勃興と伝播が、世界的規模で巨大な影響を及ぼしている。とはいえ、これらからみて中国の歴史に、人文主義、人道主義の伝統が無いというような結論を下し、もしくはそのように誤解してはならない。中国古代の「民が欲すれば、天必ずそれに従う」（"民之所欲，天必従之"）、「仁者は人を愛する」（"仁人愛人"）、「民は尊く、君主は軽い」（"民貴君軽"）、「人を愛する者、人のために尽くす者に対して、天は必ず幸せにする。人を邪悪に扱う者、或いは害加える者に対して、天は必ず罰を与える」（"愛人利人者，天必福之，悪人賊人者，天必禍之"）、「水は舟を浮かべることができるが、一方で、舟を転覆させることもできる」（"水可載舟，亦可覆舟"）、「人は世の中で、最も霊性があるものだ」（"人為万物之霊"）、「自分が欲しないものを、人に強制してはならない」（"己所不欲，勿施於人"）などから、さらに「法は天下の公の尺度」（"法乃天下之公器"）であり、要するに「天下の法を以って」（天下之法）行い、「天下の人々の振る舞いを拘束する」（"桎梏天下人之手足"）、法は「一家の法」（"一家之法"）に取って代わるなどがあり、まさに長い歴史と伝統をもっている。中国文化において、人を尊重し人を愛する、人間を本位に物事を考えるという特性は、中国の法の精神のなかで極めて大きく、積極的な役割を果たしたといえよう。その内容の

豊富さは、世界文明史上でも稀である。我々は、まず自国の歴史上みられる民主性と人民性のある精華としてのヒューマニズムの優れた伝統を受け継ぎ、これを発揚させるように努めなければならない。同時に、その他の国にある科学的で進歩的な要素を含んだヒューマニズムの歴史的財産を学ぶべき鏡として重視し、我が国の現代法制と文明の構築に役立てるようにするべきであろう。

市場経済は、現代法のヒューマニズム精神の存在と発展が依拠している大切な社会的基礎であり、また強大な推進力量である。市場経済発展の根本目的と意義は、価値法則と競争機能を通じて経済、科学技術と文化の発展を促進することにより、人々の物質生活と精神生活の充実をよりよく実現させることにある。現代における市場経済の特性は、市場主体が独立した自主的な主体であって、自由に契約を結び、対価交換を行い、公平かつ誠実信用という原則を堅持することにある。こうすることで、人々の主体意識、権利意識、自由思想そして平等の観念が大いに養われる。市場経済と計画経済を比べる場合、社会関係に重大な変化を齎されていることが見て取れる。たとえば、身分から契約への変化、「大国家、小社会」という状況を変えること、利益多様と文化多様の局面を作り出せること、がそれである。上述された変化は、人間性に対するコンセンサスの醸成、人格への尊重、人道への肯定、人権に対する保障を大いに促進させている。

個人と社会の関係では、東側と西側の歴史文化の差異が現代法に大きく影響している。古代西側では、相対的に発達した単純な商品経済があり、民営を主要特徴としていた。加えて都市国家の分立、交流、融合があり、個人の地位に対する肯定や個人の権利に対する保障が比較的に重視され、公民意識も相応に発達した。中国古代はこれと異なる。自給自足の農業による自然経済が支配的地位を占め、単純な商品経済はあったものの、役人に限られた商い（原文：官商）が主要な特徴である。それは家族と国家を重視し、家父長的な氏族制度を大事にしたものであった。このような状況が数千年にも亘っている。従って、二つの結果を招いた。一つは、国家の全体的な利益や民族の一体化と団結を重視したことによって、全体的な力量を運用し偉大な文明を作り出した。二つは、個人が自主と自由を得ることができず、本来、個人

の地位と権利が認められるはずであったものが認められず、保護されることがなかったため、生産力の発展と社会関係の改革に大きな障害になった。このような正反対の伝統は、いずれも現代中国の法制建設に影響を及ぼしている。その長所を発揚し、その短所を補うことは個人と社会の安定的な発展にプラスになるであろう。

　経済体制が転換する過程で、市場経済の客観的要求に基づき、我々は、個人と社会が調和の取れた、より協調して発展する道を模索した。そして、そのために政策上で偏重している点について重要な調整を行ったのである。確かに、過去おいては、全体力量の運用を通じて、科学技術、教育、文化及び社会的権利保障など、多岐に亘って大きな成果を収めた。しかし、そこには歴史的、文化的背景からくるマイナスの影響や政権党の特殊な歴史的経歴、さらに経済と政治体制が生んだ権力の過度な集中による個人的権益の重視、保護を軽んずるなどの問題が存在している。従って、一連の措置を講じてこの問題の解決を図ることが要請されている。社会秩序を保障する一方で、個人の自由に対する保護に力を注ぎ、社会の安全を保障すると同時に個人権利に対する保護にも力点を置くよう留意する。市場経済の法律体系を構築するに当たり、権利の保障を出発点とするべきである。このことは多くの場合、公法分野でも同じことが指摘できる。改正されようとしている刑事訴訟法を例にとれば、たとえば収容審査の制度に対する否定、無罪推定原則についての肯定、弁護士の事前介入、法廷審判方式の改革、類似推定制度の撤廃、非法証拠の処理、起訴制度免除が合理的であるか否かなどに関して、目下検討中である。これらは個人の権利保障と関係している。

　利益と正義の関係をいかに考えるか。これは中国であれ外国であれ盛んに議論されている課題である。西側法理学派の三大主流派、特に自然法学派と社会法学派（功利主義学説の影響を受けている）の論争は、この問題と密接に関係している。前者は正義を強調するのに対して、後者は利益を強調する。これらの学派の勃興と衰退は、特定の社会歴史的条件を背景にしていることが分かる。中国古代の「利と義」（"利義"）の論争では、儒家が義を重視し、利を軽視すべきと主張するが、法家は利益を重視し、義を軽視すべきと強調する。しかし、墨子がいう「愛は相互のものであり、利もまた相互のもので

ある。」("兼相愛，交相利")という学説や、筍子がいう「義と利は誰であろうと、両方をもっている。」("義与利者，人之所両有也")という学説は、両者の平衡を訴えるものである。事実上、中国史では、儒家の学説が圧倒的に主導的地位を占めている。孔子が述べた「君子は義を重んじ、小人は利を重んずる。」("君子喩於義，小人喩於利")という言葉から、朱熹が述べた「天理を残し、人間の欲望を無くす」("存天理，滅人欲")と言う言葉まで、古代の人々の思想と行為の方式を支配したばかりでなく、現代まで影響を与えている。このようなことが起きているのは、それが作用する社会経済、政治そして文化条件があったからである。市場経済が実施されて以来、人々は物質的に大きな成果を享受しているが、その一方で、道徳の分野ではさまざまな消極的現象が見られ、広い範囲で国民、官僚、学者の普遍的な関心と意見の相違が引き起こされるようになった。市場経済に法律体系を構築し、司法と法律の執行体制において利と義を協調させ、平和のうちに如何に発展させるか。このことについて人々の認識が大略一致し、相応の措置を取り、解決を図ろうとしている。だが政策上、重点の選択には依然として人々の見方に隔たりがある。これは効率と公平の関係という問題に、密接に関係しているといえよう。

　効率と公平は、自由と平等との間で一定の区別があるものの、内在的にはつながっている。世界的にみても、これは政策と法律論争の一つの焦点である。アメリカは自由主義が圧倒的に強い国であるが、両党の政策相違の重点は、やはりこの古い問題である。スウェーデンは福利国家の典型である。この国の社会学者は福祉政策の強化を強調するが、経済学者はこれに批判的な態度を取っている。その原因は、西側には個人の自由が十分あるが、社会的な平等が欠けており、問題が山積しているからである。発達した工業国は日増しに福祉国家になりつつあり、その大きな方向性は人類文明の進歩の一つ重要なシンボルである。この方向性とは異なり、中国大陸の政権党はとうの昔から経済建設を中心的任務として、党の十四大では文書に「効率優先を進めつつ、併せて公平への配慮が必要である」と正式に明記した。ここでいう現実の状況は、もし「平等」が過度になったならば平均主義になり、自由が小さ過ぎれば、各方面の手足を縛ることになる。改革開放で採用した一連の

政策と措置は、一言でいえば「縄を解く」ことで、地方や企業、機関、個人に対して一層の自由を与えることによって、各方面の積極性、主導性、創造性を発揮させ、物質文明と精神文明の建設を早めることである。これも生産力の向上が、人類社会の諸方面における進歩と発展に対する最終的で決定的な力であるという原理に合致している。

　権力と義務の関係は、西側でホット・トピックスではない。現在の世界は権利の時代であって、今や権利についての研究と分析が学者の注目の的になっている。しかし、権利と義務の相互関係の問題が実践では際立っていない。近代西側の工業と政治革命は、義務本位から権利本位への転換が終わって、この数十年、個人の権利本位から「個人─社会的な権利本位」へ変移している。中国の状況は違う。ここ数年来、大陸の学者間で権利本位論、義務重心論、権利義務の両者重視論を巡って活発な論議が展開された。ところが、二つの要素と事態の進展が、権利本位論を強力に援護射撃したのである。一つは、市場経済の発展モデルは人々に幅広く賛同され、支持された。しかも市場経済の法律が、権利の設定と保障を出発点と着地点にしていたからである。二つは、人権理論とその観念が肯定され、より突っ込んだ研究がなされたことである。ある一部分の具体的な法律関係の権利義務は、完全には人権の範疇に属さないかも知れないが、法律上の権利は正に人権である。人権理論における一連の基本原理、たとえば、あらゆる人間は人権を有すること、人権は本来の意味から言えば、人間の価値と尊厳に基づき、有するべき権利であり、外界が下賜するものでないこと、権利は権利を生み、権利は手段として、人権の保障のために使われるという考え方は、権利本位のための確固たる理論的な根拠を提供した。立法と司法実践の中においては「管理」や「義務」ではなく、如何に権利を中心に据えるかは、さらに解決を急ぐ問題である。

　私は人権について、二つの定義をしている。一つは「人権は人が人間としてその自然と社会的属性に従い、享有するべき権利である」。もう一つは「人権は一定の倫理道徳が支持し認めた、人間として享有する各種の権益である。」私個人が人権の内容と外延について理解したところによれば、本文が言及したのはすべて人権問題であり、或いは人権と密接に関係すること

らである。人権の実現は、人類文明の進歩に関する総合的な尺度である。「十分な人権を享有することは、長い歳月、人類が追求する理想である」。人権というものは、一つ「素晴らしい名詞」であり、無数の勇士と有志者が絶えず努力し、奮闘している崇高な目標である。まもなく到来する21世紀は、和平と発展の時代であり、また人権が今迄にないほど注目され、尊重される時代でもある。十分な人権の実現を促進し保障することは、各国政府の神聖な職責にほかならず、人々が関与し得る光栄極まる事業でもある。

　自然界であれ、人類社会或いは人々の思想であれ、差異、矛盾、衝突と闘争は普段に存在している。但し、万事万物は一つの統一体として育まれ、お互いに一つになり、補完し、共存し、調和がとれるように存在している。国家同士は平和共存する必要があり、民族同士は向心力を働かせ団結しなければならず、集団同士は誠意を以って交流すべきで、また個人同士は友愛を以て対応してこそ、この世界はもっと素晴らしいものになる。真善美と偽物、悪いもの、醜いものとが対立するため、闘争は不可避で必然である。しかし、戦いは手段に過ぎず、決して目的ではない。況や矛盾と衝突は、一層の意志疎通、協議、相互理解、相互譲歩などの形式を通じて解決できる。相互依存、調和が取れるように図り、共同繁栄は万事万物が発展する原動力であって、理想的な存在状態でもある。それは本文で言及した諸問題を解決するさいの、全面的な指導原則でもある。人々の共同による長年に亘る努力が実り、人間が徹底的に解放されて、人間の自由なる発展が可能になり、人間の需要がすべて満たされ、人々の平等と共同の裕福が叶えられる、制度と多彩な文化に満ちた大同世界が構築されるという、人類の理想は必ず実現するであろう。

後記

　本文は、筆者が1995年7月に台北市で開催された「海峡両岸社会問題フォーラム」に提出した論文である。その後、『法学』雑誌1997年第6号に載せられ、『新華文摘』1997年第10号にも転載された。「法の精神」という概念については、筆者の「法の当為と存在」、「法の内容と形式」（『法律科学』

1997年第3号）を参照。法理学の一つの概念として、「法の精神」はここ数年前に提起したばかりである。1994年8月に、一部分の法理学の専門家（作者を含む）が大連市で開催されたフォーラムで初めてこの命題を提起し、現代法の精神と内容について初歩的な論議を展開した。しかし、「法の精神」という概念が基本的に意味するものは、いったい何であろうか、法の内容や形式とどのような関係にあるのか、法理学体系においていかなる位置付けになるのか、これまで学者間で論じられたことが無かったように思われる。

　　※原載：李歩雲「現代法的精神論綱」、杜鋼建・白巴根編『法下的人権与国権』
　　　鈴木敬夫教授古稀記念文集（北京：法律出版社、2009）、第Ⅱ部第6章。

あとがき

　まず本書は、中国における「**2015李歩雲法学奨**」の奨学金の一部を当てて出版したものである。この法学奨を主導された上海金融与法律研究院及び李歩雲法学奨評奨委員会に対して衷心より感謝申し上げたい。編者は、すでに拙著『相対主義法哲学与東亜法研究』（法律出版社、2012）を北京で出している。出版に当たっては幾多の検閲を受けた。それだけに深い感慨を覚える。

　本書初校の段階で、中国の法治をめぐる新たな情報に接した。「三権分立」と「司法の独立」を否定する最高人民法院の周強院長の発言である。周強院長は、2017年1月11日、全国の高級法院院長会議で次のように訓示した。曰く、「断固として"三権分立"、"司法の独立"などという西側の誤った思潮と境界線を引き、中国共産党の指導を否定し、中国の特色ある社会主義制度を攻撃するような誤った思潮と言論に対して、断固批判し、敢えて亮剣（剣を抜き放つこと。訳者）し、断固戦わなければならない。司法の実践と緊密に結びつけつつ司法の理論研究を強化し、中国の特色ある社会主義の法治理論を絶えず豊かにし、発展させることで、法治中国の建設を推進していかなければならない」と[1]。

　このような主張は、これまでも学術論文に多々みることができる。たとえば、本書の冒頭、**編訳者序**に示した楊暁青論文、秋石論文等は、その典型であろう。市中の言説であればともかく、これが国家の意思を表す最高人民法院院長の発言だけに、現下、党国体制の意思表示とみて差し支えないであろう。憲法の上に位する党中央の、いわば「依党治国」の姿勢が、これまでなく鮮明になったものといえよう。

　だが、こうした重苦しい状況の中にあって、中国の人々の生の躍動を見逃

1）『人民法院報』2017. 01. 12　http：//rmfyb.chinacourt.org/paper/html/2017-01/12/content_120734.htm?div=-1；『朝日新聞』全国版、2017. 01. 17.

さず、「法」を「権利主張」と受け止める民衆の側の「覚醒」に、その新たな法意識を発見した研究者がいる。鈴木賢教授は、その著『中国にとって法とは何か　統治の道具から市民の権利へ』(2010)で、「現代中国における立憲主義」(第6章)、「現代中国の『司法』」(第7章)を解明する過程で、次のように記している[2]。この間、「憲法は依然として党の統治を合法化、正当化するための用具となっている。」「党による《指導》という裁判に対する介入がいまも続いている。」「法院は露骨に党が推進する社会発展の用具のひとつ、党のガバナンスを支えるツールに位置づけられている」と。この言説に、最高人民法院院長の訓示、つまり「三権分立」を忌避し、「司法の独立」を排除する「以党治国」の司法実態を、誰もが垣間見ることができるであろう。中国には、そもそも法であれ、法院であれ、「統治階級による統治の用具」とのみ認識されて、法を「個々の市民の請求や主張を基礎づける根拠」と考えることが至難な背景があったといえよう。しかし、今日においては、幾つかの訴訟事件や不法な権利侵害等を体験した民衆には、「下から上への法による権力の監視、コントロールの強化」を目途として、自ら立ち上がるという、「憲法や法律を異議申し立てや具体的な請求の正当化根拠として動員するという現象が現れている。法の役割における質的な変化の兆しとして注目される。」鈴木賢教授はいう。「こうした現象からは法が単なる権力者にとっての道具から、民衆の具体的な生活に根ざした正義への象徴へと転換する臭いを感じさせる」と。いま、その鋭い五感を共有すれば、民衆を支配する手段であった法ないし法律を、「正義への象徴へと転換」させる権利意識に、中国の「人権憲政」の新たな一頁を予見することができよう。先ずは中国億萬の民衆を信ずる、この一点に尽きる。民衆は、近現代史において「自由を放棄する罪」(梁啓超・本書、340頁)がいかに重罪であるか、学んでいるからである。

---

2) 鈴木賢「現代中国における立憲主義」、高見澤・鈴木賢著『中国にとって法とは何か』(前掲)、117頁、119頁、140頁、158頁、230頁など。この点について、鈴木賢「中国共産党と法」、『現代中国法の到達点』、高見澤磨・鈴木賢・吉川剛編(東京大学出版会、2017年予定)第2章を参照。

あとがき

　本書が世に出るに当たっては、多くの方々のご協力とご尽力をいただいた。先ず、2015李歩雲法学奨（11月）を得て、一年以内に編訳書を出版する計画を立てたことによって、内外5人の翻訳者には多大なるご労苦をおかけしてしまった。さらに、特色の一つに中国「法治三老」の珠玉の3論文を収めた。その手配に北京在住のご高齢の郭道暉教授、江平教授、李歩雲教授には一方ならぬご配慮をいただいた。さらに資料の収集について、舒国瀅教授、杜鋼建教授、宋海彬教授、陳根発教授、王前教授、斎延平教授、趙姍姍講師、本郷三好副教授、さらに原著者から届いた略歴・業績等の整理は、鄧乾坤氏にお世話になった。如上の教授諸氏に対して衷心より御礼を申し上げる。

　また出版事情が厳しい今日、拙訳書の出版を快諾された株式会社成文堂代表取締役阿部成一氏、多々ご配慮をいただいた編集部の飯村晃弘氏の両氏に深甚なる感謝の意を表したい。

　末尾ではあるが、小生の未熟なパソコン操作に関わって何度となく面倒をみてくれた家族に対し、また本書全巻にわたって校正の労を厭わなかった妻節子に対しても、いつものことながら、ここに改めて感謝いたしたい。

雪深い野幌原始林を眺めながら
編訳者　鈴　木　敬　夫
2017年1月30日

原著者・翻訳者紹介 （執筆順）

郭道暉（Guo Daohui, 1928 年～）

　湖南省湘陰市生。1951 年清華大学文学部卒業。中国全国人民代表大会常務委員会法律工作委員会（全国人大法工委）副主任、中国法学会研究部主任、『中国法学』雑誌社編集長・編審、法理学研究会副会長などを歴任。現在、中国法理学研究会、中国比較法学研究会顧問、北京大学憲法学・行政法学博士指導教員、西南政法大学名誉教授、広州大学人権研究センター学術委員会顧問、最高人民検察院専門家諮問委員会委員、東アジア法哲学会理事などを務める。著作に『法の時代精神』；『法の時代的呼び声』；『法の時代的挑戦』；『法理学精義』；『社会権力と公民社会』；『人権論考』；『政党と憲政』、編書に中国国家「八五」重要課題『現代中国立法』（四巻）；『現代中国法学家論争実録』等。多数の論文を以って中国で受賞され、そのうち 20 本余の論文は、英語、ドイツ語、日本語に翻訳され、海外の有名な学術雑誌で発表された。編集している『中国法学』は、1996 年に中国トップシックス優秀社会科学雑誌の一つに選ばれた。中国における"法治入憲"（法治を憲法に入れる）、"人権入憲"（人権を憲法に入れる）ことの主な推進者であり、中国現代法治の啓蒙思想家、「法治三老」の一人と呼ばれている。

徐顕明（Xu Xianming, 1957 年～）

　中国山東省青島市生。武漢大学法学博士。山口大学名誉法学博士。中国政法大学学長、山東大学学長を歴任。中国中央政法委員会副秘書長、全国人民代表大会常務委員会常務委員、法律委員会副主任委員、中国法学副会長、中国法理学会会長、中国法学教育指導委員会主任。研究領域は近現代中国法律思潮、法治理論、人権哲学と教育理論である。著作に『人民立憲思想の源の探求』；『公民権利義務通論』；『法理学』；『国際人権法』；『大学の道を追い求める』；『大学の精神を守る』等。『中国社会科学』に発表された「生存権論」；「人権のシステムと分類」；「司法の論理と監督」などの論文が多国言語に翻訳された。代表的な編著に『人権研究』第 1 巻（2001）があり、現在、第 16 巻を数える。全国第一回青年社会科学優秀成果一等賞、教育部社会科学優秀成果一等賞などを受賞。

龔刃韌（Gong Renren, 1954 年～）

　　湖北省武漢市生。1981 年北京大学法律研究科修士課程に入学、1982 年に中国教育部のプロジェクトによって北海道大学に留学。1988 年北海道大学法学博士学位取得。1988 年北京大学法学部に就任し、1990 年準教授、1993 年教授となり、北京大学法学院人権研究センター主任を歴任（1997 年～2015 年）。北京大学で研究と教育に携わる一方、米国コロンビア、日本京都大学、英国ノッティンガム大学、日本九州大学に訪問研究または講義活動などに従事。著作に『現代日本司法を透視する』（世界知識出版社、1993）；『国家免除問題の比較研究』（北京大学出版社、1994 年）等。論文に「中国農村土地徴収問題における憲法の窮境」『法学』2013 年第 9 期；「国際司法裁判所と人権」、浅田正彦・加藤信行・酒井啓亘編『国際裁判と現代国際法の展開』（三省堂、2014 年）等。

宋海彬（Song Haibin, 1975 年～）

　　新疆ウイグル自治区阿克蘇市生。西北政法大学準教授、民族宗教研究院副院長、全国西洋法律思想史研究会理事、陝西省民族問題と民族法学研究会理事長。西北政法大学で研究と教育に携わる傍ら、札幌学院大学に客員講師として留学（2005 年 3 月～2006 年 3 月）、さらに北海道大学に客員教授として留学した（2013 年 3 月～2014 年 3 月）。専攻は法哲学と民族法。論文に「民族と民族的な法についての若干の考察」『寧夏社会科学』2012 年第 6 期；「少数民族の文化権利についての法哲学的な考察」『民間法』第 15 巻（2015 年）；「わが国における少数民族の経済権利についての若干の考察」『民間法』第 14 巻（2014 年）等。その他、日本の渡辺洋三、鈴木敬夫などの学者の論著を中訳して、日中文化の交流のために尽力。

王福民（Wang Fumin, 1960 年～）

　　黒龍江省虎林県生。本籍は河南省の淅川県。現在、華僑大学哲学と社会发展学院副院長、研究員。1985 年 7 月に牡丹江農墾大学を卒業（専攻は政治学）。その後、約 2 年間、牡丹江農墾大学で教員として研究、教育に携わる。1987 年から、2011 年まで、中共洛陽市委黨校（中国共產黨洛陽市委員会の黨幹部の研修学校）の教員として勤務。著作に『マルクス生活哲学引論』（人民出版社、2008 年 1 月版）等がある。論文に「寛容と自由の張力」『華僑大学学報』2006 年第 2 期；「寛容の政治的な意味」『社会科学輯刊』2007 年第 2 期；「日常生活に対して、历史唯物主義の配慮」『哲学研究』2010 年第 8 期等。

鄒吉忠（Zou Jizhong, 1964 年～）

　四川省重慶市生。哲学博士。中央民族大学教授、副学長を経て、現在、中国湖南省懐化市の副市長。1986 年 7 月に、中国四川省の南充市にある南充師範学院の政治学部を卒業後、1997 年まで、同大学に勤務。この間、1989 年 9 に武漢大学の大学院に入学、1992 年 7 月に哲学修士の学位取得。1997 年 9 月に、北京師範大学大学院に入学、2000 年 7 月に哲学博士の学位取得。その後、中央民族大学で研究と教育に努め、2014 年 7 月から、2015 年 5 月まで、中央民族大学副学長。2015 年 5 月から湖南省の懐化市副市長となり現在に至る。政治哲学と民族政治哲学を専攻。著作に『自由と秩序——制度価値研究』（北京師範大学出版社、2004）；『政治哲学序論』（中央民族大学出版社）；『知識政治論』（人民出版社、2010 年）等。『哲学研究』、『哲学動態』、『光明日報』などの雑誌と新聞で掲載した論文は約 80 篇。代表的な論文に「現代における寛容及びその合理性」『社会科学輯刊』1999 年第 2 期；「政治哲学研究についての若干の考察」『哲学研究』2008 年第 10 期；「国境地帯、国境、辺境——多国間（トランスナショナル）の民族問題についての研究角度」『中央民族大学学報』2010 年第 1 期；「唯物史観と民族政治学の研究」『学習と探索』2010 年第 4 期等。

劉素民（Liu Sumin, 1967 年～）

　河南省安陽市滑県生。中国社会科学院哲学所の研究員。現在、武漢大学キリスト教と西洋宗教文化研究センターの研究員、中国宗教学会理事。2004 年 7 月に武漢大学哲学学院卒業。その後、北京大学でポスト ドクターとして研究に努めた。2006 年から 2015 年まで、華僑大学において研究と教育に努める一方、"トマス・アクィナスと中世思想研究センター"を創立し、その主任に就任。著作に『トマス・アクィナスの伦理学思想研究』（中国社会科学出版社、2014 年 4 月版）；『トマス・アクィナスの自然法思想研究』（人民出版社、2007 年 5 月版）があり、論文に「寛容：宗教自由及び宗教対話の前提」『哲学动态』2005 年第 11 期；「トマス・アクィナスの自然法の人学の意味——本性のルールとして」『哲学研究』2006 年第 6 期等。

尹華容（Yin Huarong, 1973 年～）

　湖南省邵陽市生。現在、湘潭大学法学院準教授。湖南省法学研究基地副主任、湖南省憲法学研究会総務長、中国憲法研究会理事、中国民主同盟湖南省湘潭市副主委を担当。湖南省長沙市中級人民法院院長アシスタント。代表的な論文に「憲政と寛容論」、「行政法院の設置——行政訴訟を突破する場合の落とし穴」『甘祝政法学院

学報』2006 年第 1 期;「憲政による政治的寛容を実現するメカニズム」『学術界』總第 124 期 2007.;「憲法訴訟による憲政を実現するアプローチ」『河北法学』2007 年第 8 期;「憲法判決の類型化分析——法律の違憲審査を視点として」『湖南大学学報（社会科学版）』2010 年第 1 期;「タクシー従業の許可における差別と比例原則」『湘潭大学学報（哲学社会科学版）』2016 年第 4 期。

陳根発（Chen Genfa, 1964 年～）

　浙江省嘉興市生。1985 年南京大学法学部を卒業後、当時の中国核工業部幹部局に就職。1987 年に中国政法大学法学部卒業。1989 年以降、弁護士業務に従事現在に至る。1991 年 4 月日本に留学、1994 年 3 月、北海道大学大学院法学研究科単位取得修了、学位取得（法学修士）。2001 年に中国人民大学大学院に入学、2004 年人民大学において法学理論の博士学位取得。2004 年 10 月、中国社会科学院法学研究所に就職。2013 年～2014 年の間に、「中国・カナダ交換学者プロジェクト」によって、モントリオール大学で研究及び教学に従事した。

　現在、中国社会科学院法学研究所研究員、中国社会科学院法学研究所法治宣伝教育と公法研究中心主任と総務長、中国政法大学中国・カナダ法律研究センター研究員、北京市国理弁護士事務所兼職弁護士。著作に『現代日本法学思潮と流派』（法律出版社、2005 年）;『日本法の精神』（北京大学出版社、2005 年）;『寛容的法理』（知識産権出版社、2008 年）;『司法とマスメディア』（知識産権出版社、2015 年）;『文化マスメディア法治の構築に関する研究』（中国社会科学出版社、2016 年）等。

杜鋼建（Du Gangjian, 1956 年～）

　江蘇省徐州市生。1982 年中国人民大学にて学位取得（法学修士）。現代中国における法理論家、法学家。中国大陸「新儒家」の代表者の一人。中国人民大学法学部副主任、中国行政学院教授、浙江工商大学『西湖学者』、汕頭大学法学院院長、湖南大学法学院院長を歴任。現在、湖南大学法学院学術委員会主任、湖南大学廉潔政治研究センター学術委員会委員。主な研究領域は人権、法律制度等。著作に『基本人権論』（台湾洪葉出版社、1997 年）;『新仁学—儒家思想与人権憲政』（京獅企画、2000 年）;『中国選挙状況についての報告』（法律出版社、2002 年）;『中国 100 年以来の人権思想』（汕頭大学出版社、2007 年）;『外国人権思想論』（法律出版社、2008 年）。論文は 300 篇余に及ぶが、上掲著書に掲載されて論文以外の主な論文に、「人権絶対論と人権相対論」『法学研究』1992 年第 2 期、「行政の法治：政府改革の制度的保障」『中国行政管理』2002 年第 4 期、「人権理念の普及と仁愛精神の光復」『緑葉』2010 年第 1 期、2 期等々がある。

高全喜（Gao Quanxi, 1962 年～）

　江蘇省徐州市生。1988 年中国社会科学院卒業。哲学博士。中国社会科学院法学研究所、北京航空航天大学法学院、北航人文科学高等研究院で研究と教育に従事。2016 年、上海交通大学凱原法学院の講座教授に転職。研究方向は、憲法学、中国西洋立憲史、法理学（法哲学）と政治哲学。著作に『理と心の間――朱熹と陸九渕の理学』（北京三聯書店、1992 年）；『デイヴィッド・ヒュームの政治哲学』（北京大学出版社、2004 年）；『相互承認の法権――精神現象学についての研究二篇』（北京大学出版社、2005 年）；『現代政治制度五論』（法律出版社、2008 年）；『立憲時刻――「清帝退位詔書」について』（広西師範大学出版社、2011 年）；『政治憲法学綱要』（中国文献出版社、2014 年）；The Road to the Rule of law in Modern China (Heidelberg, New York, Dordrecht, London: Spinger, 2015)；『政治憲法と未来の憲制』（香港城市大学出版社、2016 年）等。

許紀霖（Xu Jilin, 1957 年～）

　中国上海市生。華東師範大学法学修士学位取得。歴史研究科博士指導教員。教育部人文社会科学重要研究基地・中国現代思想文化研究所副所長。上海市社会聯合会常務委員、上海市歴史学会副会長、中国史学会理事を兼任。この間、香港中文大学、オーストラリア国立大学、シンガポール国立大学、ハーバード大学、台湾中央研究所、日本愛知大学、東京大学などで高級訪問学者または講座教授に従事。研究方向は、二十世紀中国思想史と知識人、及び上海の都市文化等。最近の著作に『中国知識者十論』（復旦大学出版社、2003 年）；『啓蒙の自己崩壊』；『大時代における知識者』；『近代中国知識者の公共コミュニケーション』等。

舒国滢（Shu Guoying, 1962 年～）

　湖北省随州市生。1979 年中国政法大学法律学部に入学、1986 年法学修士学位取得。研究領域はドイツ法哲学、法学方法論、法律論証理論および法の美学など。法理学、西洋法哲学の講義を担当。1993 年～1994 年の間に、中国政府奨学金を得て、ドイツのゲオルク・アウグスト大学ゲッティンゲンに留学。現在、中国政法大学教授。中国政法大学学位委員会副主席、学術委員会委員、法学院教授委員会主席、博士指導教員を担当。1995 年第一回の「北京市世紀を跨ぐ理論人材の百人プロジェクト」に入選。中国法学会法理学研究会常務理事、北京市法学会副会長、北京市政府立法専門家、外交学院兼職教授。1997 年～2001 年『比較法研究』の副編集長を兼任。著作に『法律の縁辺において』（2000 年）；『法学方法論の問題についての研究』（2007 年）；『法哲学沈思録』（2010 年）；『法哲学：立場と方法』（2010 年）；訳

書に『法律知恵警句集』（2008 年）；『グスタフ・ラートブルフ』（2003 年）；『法律論証理論』（2002 年）；『法社会学原理』（2008 年）等。

江　平（Jiang Ping, 1930 年～）

　浙江省寧波市生。1951 年モスクワ大学法学部卒業。中国政法大学民商法博士指導教員。中国政法大学副学長、学長、第七回中国全人民代表大会常務委員会委員、全国人民代表大会法律委員会副主任、中国法学会副会長、中国経済法研究会副会長、北京市仲裁委員会主任、中国国際経済貿易仲裁委員会顧問・仲裁者・専門委員会委員、最高人民法院特別諮問委員、中国法学比較法研究会会長などを歴任。郭道暉、李歩雲と共に「法治の三老」と呼ばれている。著作に『江平文集』（法律出版社）；『私にできるのは大きな声を上げること』（法律出版社）；『西洋国家民商法概要』（中国法制出版社）。編集作に『中国民法学』（中国政法大学出版社）；『民法学』（中国政法大学出版社）；『物権法』（中国法制出版社）；『民法学原理』（中国政法大学出版社）。主な論文に「中国における信託立法について」『中国法学』1994 年第 6 期；「ローマ法精神と現代中国の立法」『中国法学』1995 年第 1 期等。

李歩雲（Li Buyun, 1933 年～）

　湖南省婁底市生。1965 年北京大学法律研究科修士学位取得。広州大学人権研究院院長、上海金融と法律研究院院長。最高人民検察院専門家諮問委員会委員、中国共産党中央党校、中国共産党政法大学、西南政法大学の博士指導教員、中国法学会学術委員会名誉委員、行為法学会、法理学研究会、比較法研究会顧問を兼任。中国共産党中央書記部研究室研究員（1980 年～1981 年）、『法学研究』編集長等を歴任。郭道暉、江平と共に「法治の三老」と呼ばれる。代表的著作に『中国法治の道』（中国科学出版社）；『法治論』（社科文献出版社）；『人権論』（社科文献出版社）；『憲法論』（社科文献出版社、2013 年）；『法治の新理念』（人民出版社）；『憲政と中国』（法律出版社）等。編集した著作に『立法法研究』（湖南人民出版社、1997 年）；『憲法比較研究』（法律出版社、1998 年）；『法理学』（経済科学出版社、2000 年）；『人権法学』（高等教育出版社、2005 年）等。

翻訳者紹介

徐　寅（Xu Yin, 1986 年～）：

中国江蘇省出身。2012 年広島大学社会科学研究科法政システム専攻修士課程修了、修士号（法学）取得。現在上海財経大学法学院博士課程在籍。法律経済学専攻。東政法大学講師。主要論文として「ビックデーター時代におけるマクロコントロールの法治化」（『学術探索』）；「日本における住宅賃貸借立法の啓示」（『法制と社会』）；「中国法律用語の形成過程における日本語要素」（『法律言語と翻訳』）等。

陳　選（Chen Xuan, 1954 年～）：

中国北京出身。中国社会科学院日本研究科を経て、1992 年北海道大学大学院法学研究科修士課程修了、修士号（法学）取得。日本を代表する総合商社、自動車部門勤務、2015 年定年退職。鈴木敬夫編訳『現代中国の法思想』（成文堂，1989. 初版）の資料収集及び翻訳指導に携わる。

周　英（Zhou Ying, 1972 年～）：

中国江蘇省出身。2006 年名古屋大学大学院国際言語文化研究科博士後期課程満期退学。西安外国語大学助手、華東政法大学講師を経て、現在准教授。日本語学専攻、訳書に、『譲孩子有一口好牙（歯の強い子に育てる本）』（陝西人民教育出版社、2000）；『手的失窃案（盗まれた手の事件）』（華東師範大学出版社、2014）等。

徐　行（Xu Xing, 1981 年～）：

中国上海出身。2010 年北海道大学法学研究科博士課程単位取得退学（法学博士）。北海道大学アイヌ・先住民研究センター博士研究員を経て、現在、東京大学東洋文化研究所助教。比較法。主要論文に「現代中国における訴訟と裁判規範のダイナミックス（1）～（5-完）――司法解釈と指導性案例を中心に」（北大法学論集）等。

李　妍淑（Li Yanshu, 1974 年～）：

中国吉林省出身。2010 年北海道大学法学研究科博士課程単位取得退学、2013 年学位取得（法学博士）。北海道大学大学院法学研究科助教を経て、現在、北海道大学大学院法学研究科講師。比較法。主要論文に「中国のジェンダー法政策推進過程における婦女聯合会の役割」（北大法学論集）；「中国の人口政策と女性の権利」（亜細亜女性法学）；「中国家族法」（戸籍時報）等。

編訳者紹介

鈴木敬夫（Suzuki Keifu. 1938年～）

札幌学院大学名誉教授、日本札幌市出身。専修大学大学院法学研究科博士課程単位取得退学、高麗大学大学院法学研究科博士課程学点取得退学（法学博士）、フライブルク大学客員研究員。主著に『法哲学序説』（成文堂、1988）；『朝鮮植民地統治法の研究―治安法下の皇民化教育』（北海道大学出版会、1989）；『相対主義法哲学与東亜法研究』（法律出版社、2012）；編訳書として、『現代韓国・台湾における法哲学』（成文堂、1981）；『現代韓国の基本権論』（成文堂、1985）；『現代中国の法思想』（成文堂、1989）；『中国の人権論と相対主義』（成文堂、1997）等。

現代中国の法治と寛容
アジア法叢書 34

2017年5月10日　初版第1刷発行

編訳者　鈴木敬夫
発行者　阿部成一

〒162-0041　東京都新宿区早稲田鶴巻町514
発行所　株式会社　成文堂
電話 03(3203)9201(代)　FAX 03(3203)9206
http://www.seibundoh.co.jp

製版・印刷　シナノ印刷　　　　製本　弘伸製本
© 2017 Keihu Suzuki　　　　　Printed in Japan
☆落丁・乱丁本はおとりかえいたします☆
ISBN978-4-7923-0612-0　C3032

定価（本体8000円＋税）　　検印省略

アジア法叢書

1	現代韓国の法思想	品切 鈴木敬夫編訳		18	中国の死刑制度と労働改造	本体5000円 鈴木敬夫編訳	
2	アジアの少年法Ⅰ	本体2800円		19	アジア法の環境	品切 千葉正士編	
3	アジアの少年法Ⅱ	本体3000円 菊田幸一・辻本義男監訳		20	中国の土地法	本体4200円 野村好弘・小賀野晶一監訳	
4	現代韓国の憲法理論	本体3000円 鈴木敬夫編訳		21	アジアにおけるイスラーム法の移植	本体5000円 千葉正士編	
5	中国憲法概論	本体3000円 董成美編著／西村幸二郎監訳		22	中国の人権論と相対主義	本体5000円 鈴木敬夫編訳	
6	現代韓国の基本権論	本体3000円 鈴木敬夫編訳		23	アジアの多元的構造	本体7000円 千葉正士著	
7	インドの労使関係と法	本体3000円 香川孝三著		24	中国民族法概論	本体3700円 呉宗金編著／西村幸次郎監訳	
8	イスラーム婚姻法の近代化	品切 湯浅道男著		25	現代中国の民事裁判	本体4500円 小嶋明美著	
9	スリランカの多元的法体制	本体8000円 千葉正士編著		26	東アジアの死刑廃止論考	本体5000円 鈴木敬夫編訳	
10	中国憲法の基本問題	本体2500円 西村幸二郎著		27	中国少数民族の自治と慣習法	本体3800円 西村幸次郎編著	
11	現代中国の法思想	品切 鈴木敬夫編訳		28	北東アジアにおける法治の現状と課題	本体6300円 孝忠延夫・鈴木賢編	
12	法哲学概論Ⅰ	品切 李恒寧著／鈴木敬夫訳		29	中国における違憲審査制の歴史と課題	本体5000円 牟憲魁著	
13	法文化のフロンティア	品切 千葉正士著		30	日中経済刑法の比較研究	本体3300円 佐伯仁志・金光旭編	
14	現代中国相続法の原理	品切 鈴木賢著		31	中華人民共和国刑法	本体3800円 甲斐克則・劉建利訳	
15	法哲学概論Ⅱ	品切 李恒寧著／鈴木敬夫訳		32	中国会社法学	本体8000円 陣景善・荻原正編訳	
16	法人類学の地平	品切 湯浅道男・小池正行・大塚滋編		33	中国の森林をめぐる法政策研究	本体5000円 奥田進一編著	
17	アジアの死刑	品切 辻本義男・辻本衣佐編著		34	現代中国の法治と寛容	本体8000円 鈴木敬夫編訳	